폭력에 대한 철학적 성찰

폭력에 대한 철학적 성찰

Philosophical Reflection on Violence

「장욱 · 김규선 · 김영선 · 김용환 · 김희봉
이경재 · 이정일 · 정의채 · 최양석 · 황순우 지음」

철학과현실사

머리말

I

오늘날 폭력은 모든 곳에 만연한다. 그래서 우리는 다음과 같은 질문을 하지 않을 수 없다. 폭력이란 정확히 무엇인가? 폭력은 왜 발생하는가? 인간은 본래 폭력적인가? 폭력은 악인가, 그리고 필요악인가? 폭력과 맞서 어떻게 싸워야 하는가? 과연 새천 년기는 폭력의 시대가 될 것인가? 폭력과의 싸움에서 승리란 가능한가? 이 책은 이와 같은 질문에 답을 구하기 위해 이루어진 공동 연구의 결과물이다. 한국학술진흥재단(KRF-2002-074-AM1005)의 지원 아래 이루어진 이 공동 연구는 크게, 폭력에 대한 서구의 대표적 이론들을 검토하는 부분과, 이를 바탕으로 우리 사회의 폭력 양태들을 점검해보는 부분으로 대별된다. 이 가운데 본서는 전반부의 결과물에 해당한다.

폭력은 우리 사회뿐 아니라 전세계의 가장 큰 과제임이 틀림없다. 매스미디어는 하루도 빠짐없이 폭력에 대해 전하고 있다. 이제 폭력은 우리 삶의 모든 영역에서 무분별하게 일어나고 있다. 가정, 학교, 직장, 거리 그리고 우리 사회 전반에서 말이다. 배우자 구타, 아동 학대, 성폭력, 왕따, 패싸움, 조직 폭력배, 노사분규, 유괴와 인질, 총기 난사 그리고 테러리즘과 전쟁 등이 그것이다. 끊임없이 발생하는 테러리즘과 전쟁이야말로 그 자체로서 가장 큰 폭력이 아닐 수 없다. 오늘날의 폭력의 급속한 확산은 이런저런 유형의 폭력들을 거론하는 것마저 무의미하게 만든다. 차라리 우리의 삶 자체가 폭력으로 가득 차 있다고 보아야 할 것이다.

우리 사회는 아직도 상대적으로 폭력의 안전 지대다. 이스라엘과 팔레스타인, 아프가니스탄, 이라크를 포함한 수많은 나라에서는 언제 어디서 폭탄이 터질까 마음을 졸이고 있다. 테러리즘은 시간적 공간적으로 뿐 아니라 방법이나 파괴력에서 예측 불가능하다. 알려진 바와 같이 최근의 테러리즘과 전쟁에는 고도의 세련된 첨단 기술과 살상 무기가 동원되고 있다. 무엇보다 우려되는 것은 세계 전반에서 폭력과 전쟁의 강도와 빈도가 급격히 증가하고 있다는 사실이다. 폭력과 함께 출발한 새 천 년기가 과연 폭력의 시대가 될 것인지, 폭력과의 전쟁에서 승리란 있을 수 있는지가 의문이다.

인류는 항상 폭력에 시달려왔다. 문명 시대에 와서도 크고 작은 폭력은 계속되어 왔다. 현대에 이르러 제1차, 제2차 세계대전 및 유태인 학살 이후 공산주의 몰락과 더불어 냉전 시대의 만연된 폭력과 공포가 약화되는 듯하였다. 하지만 최근에도 예컨대 코소보의 인종 청소, 동티모르의 인명 학살, 이스라엘과 팔레스

타인의 반복되는 유혈 사태 그리고 9·11 사건이 일어났다. 그 이후 아프가니스탄전과 이라크전을 비롯한 끊이지 않는 폭력은 수없이 많은 무고한 희생자들을 낳고 있다. 인류가 폭력뿐 아니라 홍수, 가뭄, 지진, 폭우, 전염병과 같은 자연 재해와 계속해 싸워온 것은 사실이다. 그러나 자연 재해와는 달리 폭력은 인간에 의해 자초된 것들이므로 인간 스스로가 극복할 수 있으리라는 희박한 희망만을 가질 수 있을 뿐이다. 그런데 가시적이고 물리적인 폭력은 감추어진 폭력의 표현이거나 그것과 밀접한 관계를 맺고 있다. 그리고 우리 모두가 그처럼 심각한, 감추어진 폭력의 희생자들일 수 있다.

일반적으로 폭력은 물리적인 것으로 이해된다. 그리고 물리적 폭력은 그것의 가시성 때문에 가장 파괴적인 폭력으로 이해되곤 한다. 그러나 그것은 사실이 아니다. 예컨대 매스미디어 폭력, 제도적 혹은 법적 폭력, 경제적 정치적 제국주의 등의 폭력은 물리적 폭력보다 더욱 심각한 결과를 초래하고 있다. 이와 같은 현대적 유형의 폭력들은 현대 서구 문화와 문명에서 유래되거나 최소한 그것들과 밀접한 관계를 맺고 있다. 따라서 현대 사회의 폭력을 탐구하기 위해서는 서구 문화와 문명의 본질, 특징, 경향성들에 대한 탐구 그리고 궁극적으로는 폭력 자체의 본질과 근본적 유형들에 대한 철학적 성찰이 요구된다.

철학적 탐구는 대상을 전체로서 그리고 전체적인 관점에서 다룸으로써 다른 모든 탐구들의 초석이 된다. 그러한 탐구는 폭력에 대한 관념적이거나 논리적인 탐구가 아니라 경험적이며 실제적인 탐구다. 예컨대 폭력에 대한 인간학적 탐구는 인간의 본성과 실존적 의미의 문제 모두를 바탕으로 하며, 무엇보다 인간의 인격성을 드러낸다. 폭력에 대한 윤리학적 탐구는 인간의 본성과 공통적이고 궁극적 목적인 자기 실현과 자기 충족을 토대로 하는 도덕성의 기준 설정과 인간 행위의 자발성에 대한 분석을 제시한다. 폭력에 대한 정치철학적 탐구는 인간 공동체의 본질과 근본 원리들에 대한 분석을 토대로 인간의 사회적 삶의 근본 원리와 구조를 드러낸다. 이 같은 폭력에 대한 철학적 탐구만이 인간이 본질에 따라 폭력적인가 하는 문제와 폭력이 악인가 그리고 인간 사회와 문명에서 필요악인가 하는 문제들을 다룰 수 있다.

II

폭력 그 자체는 무엇이고 그것의 근본 종류는 무엇인가? 폭력이 무엇인가를 밝히기 위해서는 우선 '폭력(violence)'이라는 표현을 검토해야 한다. 폭력은 라틴어 '*violentia*'에서 유래되며, 그 단어는 '*vis*'에서 뿌리를 가지는데, 그 뜻은 힘을 의미하는 그리스어 '*bia*'에서 유래된다. 그래서 '*violentia*'는 '① 크거나 과도한 힘 ② 억압 혹은 강제'를 뜻한다. 폭력(*act of violence*)은 하나의 힘의 사용(*use of power*)이다. 그런데 힘들이 여러 종류인 이상, 힘의 가해자뿐 아니라 힘을 받는 자도 다양하다. 그래서 폭력 개념(concept of violence)은 *복합적 개념*이다.

폭력 개념은 여러 다른 개념들과 연관되어 있다. 폭력 개념은 특히 강제와 밀접한 관계를 맺고 있을 뿐 아니라 본질, 자연적 경향성과 목적 그리고 인간의 자발적 행위의 개념들을 전제한다. 그리고 폭력 개념은 인간 본성, 인격, 인권, 도덕적 악한 행위와 악덕들의 개념들과도 관계를 맺으며, 공동선, 권위 혹은 통치권과 공동체의 질서 개념들과도 연관을 맺고 있다. 이 맥락에서 법 개념과 형벌 개념과도 관계를 맺고 있다. 또한 폭력 개념은 권리, 정의, 자연법과 실정법들과도 관계를 맺고 있다.

아리스토텔레스는 강제, 폭행 그리고 폭력을 뚜렷이 구분하지 않았다. 그에 따르면 폭력은 외부 원인에 의한 행위로서 내적 원인에 의한 것이 아니다. 따라서 자연적 욕구와 본래의 목적에 위배되는 행위며 그 결과 자신 고유의 행위의 결과가 아닌 것으로 나타난다. 그런데 이러한 폭력에 대한 정의는 강제에 대한 정의에 불과하다. 그런데 모든 강제 행위가 폭력적 행위가 아니고 또한 강제 행위가 아닌 여러 폭력적 행위가 존재한다.

폭력적 행위를 정의 내리기 위해서는 다음과 같은 개념들의 정확한 의미 규명이 필요하다. ① 힘의 사용(*use of power*) ② 외적 원인의 행위(*act of an extrinsic cause*) ③ 강제 행위(*act of coercion*) ④ 폭행(*violent act*) ⑤ 폭력적 행위(*act of violence*)가 그것이다. 힘의 사용은 자신에게나 타자에게 힘을 가하는 행위다. 후자의 경우는 외적 원인의 행위다. 강제 행위는 위에서 언급된 바와 같이 사물의 본질과 자연적 경향성이나 인간의 자발적 행위에 반하는 행위다. 폭행은 자신이나 타자에 대한 가해 행위다. 그리고 폭력적 행위는 이성에 반하거나 정당화될 수 없는 모든 힘의 사용이다.

힘은 물리적이거나 비물리적이다. 물리적 힘은 행위자 관점에서 신체적으로나 도구를 사용하는 물리적 행위로 간주되거나, 피행위자 관점에서 신체를 포함한 모든 물리적인 대상에 가해지는 물리적 힘의 사용을 말한다. 강제 행위, 폭행과 폭력적 행위 모두는 물리적이거나 비물리적일 수 있다.

하나의 행위는 각기 다른 기준에 따라 그것이 강제 행위이거나 폭행이거나 폭력적 행위로 평가된다. 이에 따라 하나의 행위가 동시에 강제 행위이나 폭행이나 폭력적 행위일 수 있으며, 또한 그렇지 않을 수 있다. 그 결과 여러 종류의 강제 행위들, 폭행들 그리고 폭력적 행위들이 구분된다. 예컨대 하나의 강제 행위가 폭행이면서 폭력적 행위일 수 있으며, 다른 하나의 강제 행위는 폭행이 아니면서 폭력적 행위일 수 있다. 또한 강제 행위가 아닌 하나의 행위가 폭행이면서 폭력적 행위가 아닐 수 있다. 이와 같이 여러 종류의 폭력적 행위들과 그렇지 않은 행위들이 있다. 그러나 우리에게 중요한 것은 하나의 행위가 폭력적 행위인가 아닌가를 판단하는 일이다.

이상의 논의에 따라 강제 행위, 폭행과 폭력적 행위의 구분은 뚜렷해졌다. 하나의 행위가 강제 행위인가는 그것이 자연적 사물의 본질과 경향성에 반하거나 인간의 자율적 행위에 반하는가에 따라 규정된다. 하나의 행위가 폭행인가는 그것이 행위자 자신이나 타자에 대한 가해 행위인가에 따라 규정된다. 그리고 하나의 행위가 폭력적 행위인가는 그것이 인간 이성에 반하거나 합리적으로 정당화될 수 있는가에 따라 규정된다.

일상 언어에서는 '폭행'은 주로 물리적인, 크거나 과도한 파괴적 힘의 사용을 지시한다. 그러나 언급된 바와 같이 폭행은 비물리적일 수 있다. 그리고 폭행은 그 자체로 폭력적 행위가 아니다. 따라서 우리는 폭행이 일상 언어에서 가지는 의미와 그것의 엄밀한 의미를 구분하여야 한다.

비이성적이거나 정당화되지 않는 모든 행위는 도덕적으로 악한 행위와 같다. 그런데 인간 이성에 부합하는 행위는 인간 본성에 부합하며, 또한 인간의 궁극적 목적에 부합한다. 도덕적으로 악한 행위, 악덕과 정의롭지 않은 행위 모두는 내용적으로는 같으나 의미에서 서로 다르다. 그러나 이 모든 행위들은 동시에 내용적으로는 폭력적 행위와 동일하며 형상적으로만, 즉 그 의미에서 다르다. 다시 말해 *폭력적 행위는 다름아닌 도덕적으로 악한 행위들이 '힘의 사용'이라는 관점에서 고려된 것*이다.

폭력 개념은 모든 행위를 힘의 사용이라는 하나의 관점에서 고려하므로 그것의 외연은 넓을 수밖에 없다. 그런데 범주나 개념의 외연과 내연은 상호 반비례 관계에 놓여 있다. 그래서 폭력 개념도 자신의 내연의 빈곤함에 따라 외연은 개방되어 있다. 이에 따라 이 개념은 *2차적 개념*이 된다. 더 나아가 '비이성적임'과 '정당화되지 않음'이라는 폭력 개념의 속성들은 그 개념을 *부정적 개념*으로 만든다.

하나의 힘의 사용인 폭력적 행위는 여러 힘을 받는 자들에 따라 다양한 형식으로 인간 이성에 부합되지 않을 수 있다: ① 인간의 본성과 자연적 욕구, 인간의 이해 기능과 욕구 기능들 ② 인간의 자발적 행위 ③ 인간 인격의 존엄성과 권리 ④ 자연의 법과 질서 ⑤ 권위, 사회 질서와 공동선 ⑥ 다양한 종류의 정의의 원리들 ⑦ 공동체적, 국가적, 국제적 질서 ⑧ 다양한 인정법과 신정법 등이 그것들이다. 가장 포괄적인 폭력적 행위의 종류는 ① 자연에 반하는 폭력적 행위 ② 자신과 타자에 반하는 폭력적 행위 ③ 권위, 사회 질서와 공동선에 반하는 폭력적 행위 등으로 요약된다.

이상과 같은 폭력적 행위의 정의와 폭력적 행위의 종류들은 추상적인 것이므로, 특수한 폭력적 행위들로 세분화되어야 한다. 그리고 그와 같은 특수한 폭력적 행위 유형들 중 현대 사회에 존재하는 것들이 구분되어야 한다. 최종적으로 후자는 서구 문화와 문명과 어떠한 관계를 맺고 있는가가 탐구되어야 한다. 그런데 그것은 서구 문화와 문명에 대한 평가를 요구하게 된다. 이상과 같은 과정과 절차를 지닌 연구만이 현대 사회의 구체적인 폭력적 행위들의 유형들을 적절하게 탐구할 수 있을 것이다. 본 연구의 두 번째 부분은 그러한 탐구를 위해 기획되어 있다.

가장 포괄적인 폭력적 행위의 종류의 내용은 다음과 같이 요약된다. 자연에 대한 폭력적 행위는 자연의 질서를 불필요하게 해치는 모든 비이성적이고 정당화될 수 없는 행위다. 자신과 타인에 대한 폭력적 행위란 우선적으로 인간 자신 안에서 일어나는 폭력적 행위와 타인의 인격성 침해 행위를 말한다. 자신 안의 폭력적 행위에서 하위의 기능들에 대한 이성과 의지의 통치가 항상 강제는 아니다. 그래서 의지는 감각적 욕구들과 정념들의 영향 아래에서 이성의 규정에 대해 저항할 수 있을 뿐 아니라 때로는 이성을 설득하여 이성과 함께 이성의 규정에 반하는 것을 추구할 수 있다. 그런데 그것들 모두가 이성의 통치 행위를 방해하고 기능들 간의 질서를 파괴하는 행위로서 폭력적 행위다. 이와 유사하게 하위의 기능들이 의지의 통치를 거부하고 무질서를 초래하는 것도 폭력적 행위다.

타인에 대한 폭력적 행위는 인간의 인격성과 인권들을 침해하는 행위들이다. 인간의 인격성은 한 인간의 절대적 의미와 고유한 특수성에 있다. 인간 인격은 그 자체로 자기 목적적이다. 그것에 따라 인간의 인격은 불가침의 권리들을 갖는다. 결과적으로 타인의 인격으로서의 자기 창조를 방해하거나 그것에 반하는 행위는 폭력적 행위다. 모든 타인에 대한 폭력적 행위는 궁극적으로 그러한 인권 침해 행위다.

인간 공동체는 공동 이익을 목적으로 구성된다. 통치권은 공동 이익을 추구하기 위한 집단적 행동의 원리다. 사회 질서는 공동 이익을 위한 제도적 장치다. 법은 공동선을 추구하기 위한 공신력 있는 지침들이다. 그리고 정의는 인간 공동체의 근본 원리다. 그것들 중 어느 것에 반하는 행위도 간접적으로 다른 것들에 반하는 행위가 된다. 권위 혹은 공권력의 악용은 공동선에 직접적으로 반하며 동시에 다른 원리들에 반하는 폭력적 행위다. 또한 시민들의 정당한 통치권에 직접적으로 반하는 행위는 다른 원리들에 간접적으로 반하는 폭력적 행위다.

특수한 유형의 폭력적 행위들은 물리적 가시적 폭력적 행위와 비물리적 비가시적 폭력적 행위로 구분되어야 한다. 강제 행위는 물리적이거나 비물리적일 수 있다. 일상 언어에서 물리적 폭행을 지시하는 '폭행'은 폭력적 행위든 그렇지 않든 간에 특수한 결과들을 초래한다는 점에서 특별한 고려의 대상이 된다. 인간이 자연성을 극복하고 문명화됨에 따라 사회적 갈등들은 대화와 협상에 의해 해소되어야 한다. 따라서 물리적 폭행은 그것을 위해 합당하지 않은 것으로 판명되어야 한다. 그럼에도 불구하고 현대 문화의 유물론적이고 실용적인 성격은 물리적 폭행을 확산시키고 있다. 그러한 물리적 가시적인 폭행은 항상 그것의 원천인 비물리적 비가시적 폭력적 행위를 수반하는 데 반해, 일반적으로 후자는 그것의 표현으로서 전자를 수반한다. 따라서 그것들 둘은 서로 분리할 수 없는, 같은 것의 두 차원으로 이해되어야 한다.

폭력적 행위의 유형은 시대에 따라 변모한다. 그러나 몇 가지 유형을 제외한 현대 사회의 폭력적 행위들은 가장 근본적 종류로 환원될 수 있다. 그래서 전통 철학자들의 인격에 대한 형이상학적 이해, 인간의 자발적 행위에 대한 분석, 자연법론, 정의론, 평화에 대한 이해, 권위, 공동선, 사회 질서의 정립과 법 이론 등은 폭력에 대한 형이상학적 규정을 가능하게 한다.

Ⅲ

본서는 8편의 연구 결과 논문들과 두 편의 초청 논문으로 이루어져 있다. 연구 결과 논문들은 현대 사회의 폭력성을 이해하기 위한 예비 작업으로서, 서양철학사상에서 유효한 폭력 개념을 이끌어낼 수 있는 7명의 철학자들에 대한 연구와 자본주의 체제의 폭력성을 다루는 1편의 연구로 구성되어 있다.

먼저 최양석 박사는 플라톤 이론에 의거하여 철학적 정치적 관점에서 폭력의 원인과 양태를 분석하고 폭력을 배제하기 위한 가능하고 정당한 수단을 모색한다. 플라톤이 신들에서 세계에 이르는 일련의 존재론적 체계, 즉 신들에서 로고스(Logos)로, 로고스에서 피시스(Physis)로, 피시스에서 노모스(Nomos)로 연결되는 체계를 말하고 있다는 것과, 이에 따라 플라톤에게서 폭력이란 신, 로고스, 피시스, 노모스를 지키지 않을 때 발생하는 것임을 드러내고 폭력에 대한 해결책으로서 플라톤이 제시하는 영혼의 정화, 법의 준수, 교육이 이러한 위반을 어떻게 교정하고 예방할 수 있는지를 체계적으로 해명해내고 있다. 이 논의들을 바탕으로 플라톤에게서 폭력은 결국 적극적이고 직접적으로 드러나기보다는 무엇 무엇에 대한 반대 혹은 위반이라는 다소 소극적인 의미를 지닌다는 것과, 이러한 소극성은 결국 신, 로고스, 피시스, 노모스의 예측 가능성에 대비되는 예측 불가능성과 비합리성에 입각한 것임을 밝히고 있다.

장욱 교수는 13세기 스콜라신학자인 토마스 아퀴나스의 사상을 토대로 폭력이 인간 본성에 내재적인 속성인지 또는 폭력이 인간 공동체의 삶에 필수적이거나 인간의 문화와 문명에 필수적인지 그리고 궁극적으로는 폭력이 악이거나 필수적인 악인지 하는 근본적인 문제들을 검토하고, 이를 바탕으로 폭력의 다양한 현대적 양상이 사실상 몇 가지 폭력의 근본적 유형의 현상들로 이해될 수 있음을 밝힌다. 그럼으로써 사물의 본질과 자연적 욕구에 반하거나 인간의 자발적 행위에 반하는 행위라는 아리스토텔레스의 폭력에 대한 정의의 불충분성을 드러내고 결국 폭력은 '인간 이성에 반하거나 정당화되지 않는 힘의 사용'으로 정의되어야 함을 보여주면서 이러한 폭력은 부정되고 제거되어야 하는 대상일 뿐 필요악이거나 인간 본성에 뿌리내린 근본적 속성이 아니고, 인간화 과정에 필수적인 원리도 아니며, 그 어떤 식으로든 미화되어서는 안 되는 악에 불과함을 논증한다.

김영선 박사는 근대 정치 사상의 선구자인 마키아벨리의 신군주론에 나타난 폭력 이론을 비판적으로 검토한다. '필요한 경우'라는 단서를 통해 폭력의 행사를 정치 고유의 행위로 정당화할 뿐 아니라, 권력을 위한 폭력의 사용은 그 가장 극단적 형태인 전쟁까지도 포함하여 불가피하다고 함으로써, 폭력과 기계가 도덕적으로는 악일지라도 그것이 바람직한 결과를 낳는다면 권력의 유용한 수단으로서 정당하다고 주장하는 마키아벨리의 신군주론은 결국 선악의 문제를 유용함의 문제로 탈바꿈시키는 한계를 보여주고 있으며, 이러한 궤변은 결국 정의가 배제된 권력은 폭력에 불과하다는 사실을 간과한 데서 비롯되는 것임을 드러낸다.

김용환 교수는 근대의 초기에 인간의 폭력성을 고발하고 이에 대한 계약론적 해법을 모색했던 홉스의 이론을 규명하는 가운데 그가 제시한 폭력의 원인과 그 극복 방안으로 제시한 평화애호주의와 계약론의 현재적 가치와 시사점을 평가한다. 홉스가 말하는 폭력의 본질과 양태를 이해하는 실마리가 되는 기본 개념이 공포와 힘임을 드러내고, 이 관점에 따라 홉스의 심리학, 정치론 그리고 종교론에 함축되어 있는 폭력의 문제를 분석한다. 그리고 홉스가 제시한 두 가지 폭력 통제 수단 가운데 하나인 폭력보다 더 큰 힘으로 억제하는 것, 즉 정당한 힘의 사용을 통한 부당한 힘(폭력)의 억제는 현실적 대안이라는 이유에서 그의 정치철학적 논의가 집중되는 것이지만, 동시에 다른 하나, 즉 자연법의 정신에 호소하는 것은 더욱 근본적인 치유책으로서 홉스 당시뿐 아니라 우리에게 이성의 회복을 요청하는, 결코 공허하지 않은 외침임을 보여준다.

김규선 박사는 자연의 질서와 인간의 이성에 위배되는 것이 바로 폭력이라고 유추될 수 있는 스피노자의 입장을 통해 서구의 근대적 이성이 내적으로 포함하고 있는 폭력의 가능성을 검토한다. 특히 스피노자의 철학의 인간론을 중심으로 하는 이성, 감정, 자유, 등의 의미가 전통적인 견해와 차이가 있음을, 그 자신의 동시대의 철학자들과도 상당한 거리가 있음을 보임으로 오늘날 다시금 스피노자에 주목해야 하는 이유를 밝힌다. 구체적으로, 스피노자가 말하는 자연 질서의 인과적 상호 관계의 특징이 일반적인 결정론의 특징과 구별된다는 점에서 자유의 실마리를 찾을 수 있다는 것과, 이러한 가능성을 따라 유한한 양태로서의 인간이 어떤 방식으로 자연 내의 외적 존재들과 관계하는지 검토하는 가운데, 폭력의 근원이 힘의 관계성이 우선하는 자연 질서와 인간의 본성의 관계에서 논의될 수 있음을 밝힌다.

황순우 박사는 자유의 폭력성을 자유 자체의 모순성으로서 선험적으로 인식해 들어가는 칸트의 이론을 바탕으로 자유의 항쟁성 개념을 통한 인간의 대립적 구도에서 문화의 악덕으로 표출되는 자유의 폭력성과 목적적 인간 존재 이념의 실현을 지향하는 자유의 도덕성에 대한 그의 분석을 검토하고, 그에게 폭력이란 결국 목적적 인간 존재의 보편성에 대한 거부, 즉 모든 인간을 목적으로 대해야 한다는 이성적 인식과 명령에 대한 거부로 나타남을 보여준다. 폭력의 본질은 인간을 수단적 존재로 간주하는 것이며 이는 곧 인간 존엄의 개별성을 주장하는 자유의 폭력이기 때문에, 폭력에 대한 대응은 결국 이러한 개별성으로부터 보편성을 위한 자유로의 이행 가능성과 필연성에 대한 문제며, 이를 위해서는 자유의 아포리에에 대한 의식이 필연적임을 보여주고 있다.

김희봉 교수는 폭력과 질서의 단순한 대립 구도는 폭력의 이해와 파악을 위해 더 이상 유효한 도구가 아니며 폭력과 대항폭력을 포괄하는 근원적 폭력 개념에 접근하기 위한 새로운 철학적 논의가 불가피하다고 전제하면서, 그 가능한 하나의 해답을 인간 존재의 자유 문제에 불가피하게 연관된 폭력의 특성과 의미를 더욱 심화해 다루는 사르트르를 통해 모색한다. 인간의 실존은 타인과의 관계들에서 근본적으로 갈등을 면할 수 없는가? 존재들 사이의 차이는 반드시 폭력의 근원인가? 등의 문제제기를 통해 폭력의 존재론적 차원을 논의하는 사르트르는 폭력을 개인의 실존과 사회 구조의 측면에서 고려하는 것 이상으로 폭력의 존재론적 의미와 성격을 포괄적으로 해명하고 있음을 지적하면서, 이러한 사르트르의 존재론에서 타자에 대한 승리는 원천적으로 불가능하며, 우리의 대타 관계는 서로 상대방을 대상으로 만들기 위해 필사적으로 시선의 싸움을 벌이는 영원한 절망적 투쟁일 뿐이기 때문에 폭력은 영원히 실현할 수 없는 의식의 자유의 조건으로 나타난다는 점을 규명해내고 있다.

이경재 박사는 하나의 체제로서의 자본주의 자체와 폭력이라는 행위 일반 사이에 내적인 상관 관계가 있는지를 검토함으로써 자본주의 체제 자체에 폭력 유발 요인이 내재되어 있다고 말할 수 있는지를 검토한다. 이를 위해 자본주의 체제 자체의 정체성 확립을 위해 상업화 모델에 대한 비판적 관점에 서서 그 본질적 작동 원리를 구별해내고, 그것이 그 안에서 활동하는 경제 주체들의 기대에 부응하는 시스템인가를 확인한다. 그럼으로써 자본주의 시장 원리는 자본 축적을 위해 작동하는 것이지 정의로운 분배를 실현하기 위해 작동하는 체제가 아님을 확인함으로써 자본주의 체제는 본질적으로 그 체제 안에서 활동하는 주체들의 의지와는 상관없이 체제에 대한 반발과 저항적 폭력 유발 요인을 그 구조 안에 내재한 체제로 규정하고, 그에 대한 대응책은 자본주의 원리 자체에 의해서가 아니라 그 외적 원리로부터 주어져야 함을 지적한다.

현대 사회의 폭력적 행위들은 서구 문화의 여러 속성들에서 유래되거나 그것들과 긴밀한 관계를 맺고 있다. 따라서 그것들을 이해하기 위해서는 서구 문화의 본질과 속성들에 대한 평가가 요구된다. 그리고 또한 현대 사회의 특수한 폭력적 행위의 양태에 대한 이해뿐 아니라 그것들에 대한 적절한 방법에 대한 이해가 요구된다. 폭력은 완전히 제거될 수 없다. 다만 그 규모와 위력을 제한시킬 수 있을 뿐이다. 그러한 노력을 소홀히 한다면 우리는 삶의 터전마저 상실하게 될 것이 분명하다. 폭력을 효율적으로 대항하기 위해서는 폭력의 특수한 양태들 각각에 대한 개별적 투쟁이 아니라 폭력을 저지하려는 단호한 결의와 그것에 따르는 범인류적인 공동 대책이 요구된다. 물리적 가시적 폭력에 대한 투쟁마저도 물리적인 방식의 대처만으로는 불충분하다. 결국 폭력에 대한 투쟁은 무엇보다 생명과 인간 생명, 인권을 배려하는 꾸준한 교육 그리고 사회적 문화적 인간다움의 도야를 포함하는 복합적이고 장기적인 안목과 정책을 요구한다.

이 연구를 진행하는 과정에서 많은 분들이 여러 모양으로 적지 않은 도움과 성원을 보내주셨다. 값으로 계산할 수도, 말로 충분히 표현할 수도 없는 그 관심과 애정과 후원에 대한 감사의 마음을 이 자리를 빌어 조금이나마 표현하지 않을 수 없다. 무엇보다도 초청 강연을 통해 현대 사회의 폭력에 대한 포괄적인 조망의 단서를 제공해주신 정의채 신부님께 큰 감사를 드린다. 우리 연구팀의 모든 행보에 보여주신 신부님의 관심과 애정은 정말로 큰 힘과 도움이 되었다. 헤겔의 폭력 개념을 다루는 논문으로 연구에 기여를 해주신 이정일 박사께도 감사를 드린다. 궂은일들을 도맡아 수고해준 연구 보조원들 모두에게도 고마움을 전하지 않을 수 없다. 연구 활동의 편의를 위해 물심 양면으로 지원해주신 연세대학교 철학연구소 여러분들과 연구처 고덕송 선생님께도 감사를 드린다. 연구 결과가 빛을 볼 수 있도록 출판을 위해 이낌없는 지원을 해주신 <철학과현실사>에도 감사드린다. 그리고 이 모든 일이 가능할 수 있도록 본 연구를 지원해주신 한국학술진흥재단(KRF-2002-074-AM1005)에 깊이 감사드린다.

2006년 7월

연구책임자 **장 욱**

차 례

차 례

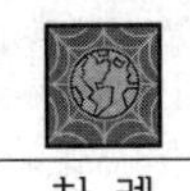

차 례

차 례

차 례

차 례

그리스 사회의 폭력 이해 : 플라톤을 중심으로

최 양 석

1. 서 론

폭력은 지나간 과거의 문제나 한 지역의 문제가 아니라 지금 우리를 위협하고 있는 전 지구적인 문제가 되고 있다. 폭력은 만연하고 있지만 폭력 그 자체를 분석하고 성찰한 경우는 드물다. 우리는 폭력을 단순히 무력을 사용하는 행위 정도로 이해하고 있을 뿐 막상 그 개념을 규정하기란 쉽지 않다.

폭력의 문제를 학문적 이론으로 근거 지은 인물은 플라톤과 아리스토텔레스다. 플라톤의 폭력에 대한 이해가 폭력의 연구에서 차지하는 위치는 폭력 문제를 더 엄밀하게 제기하고 이 문제를 이론적으로 상세하게 구명하기 위한 토대가 된다. 플라톤은 그리스의 서정시, 비극시 그리고 헤로도토스와 투키디데스의 역사서에 나타난, 학문적으로 체계화되어 있지 않은 일상적인 폭력 현상에 근거하여 자신의 이론을 전개하고 있다. 그는 아테네의 정치가 폭력적인 권력을 휘두르고 있을 때, 인간의 공동 생활에 좋은 국가 형태와 나쁜 국가 형태가 무엇인지에 대하여 체계적이고 철학적으로 해명하고 있다. 정당한 지배자인 왕과 부당한 지배자인 폭군, 정치적 지배 방식과 전제적 지배 방식을 개념적으로 구별하고 논쟁적으로 대비시킨 것은 기원전 4세기 아테네라는 특수한 상황에 근거한 것이지만, 이러한 구분과 대비는 17~18세기의 혁명적 변혁기까지 유럽의 정치 사상에 결정적 의미를 갖는다.

본 연구는 플라톤을 중심으로 인간 사회에서 폭력이 나타나는 원인을 살펴보고, 폭력이 어떻게 나타나고 있으며, 폭력을 배제하기 위한 가능하고 정당한 수단은 무엇인지, 철학적 관점에서 추적하는 것을 과제로 삼는다.

이를 위해 먼저 2절에서 형이상학적인 근거를 논구한다. 3절에서는 폭력을 용인하는 소피스트들의 정의관과 이를 비판하는 플라톤의 정의관을 고찰한다. 4절에서는 피시스(Physis)와 노모스(Nomos)를 분리하며, 피시스와 노모스에 의하면 부정의를 따르고 행하게 된다는 소피스트들의 주장에 반대하는 플라톤의 주장을 살펴본다. 5절에서는 실제 폭력이 등장하는 국가와 정치 체제에서의 폭력 문제를 다룬다. 그리고 6절에서는 폭력 문제에 대한 해결책을 제공해주는 영혼의 정화와 법의 준수, 교육을 다룬다.

2. 폭력 이해를 위한 형이상학적 기초

1) 플라톤의 우주론

플라톤은『티마이오스』편에서 우주론을 전개하고 있다. 그는 영원히 존재하고 생성하지 않는 원형으로서의 이데아와 항상 생성하면서 결코 존재하지 않는 생성으로 나눈다. 전자는 이성에 의한 사유에 의해서만 파악되며, 후자는 지각에 의한 독사로 파악되는데, 비이성적인 것으로 항상 생성 소멸하며 전자를 모방한 가시적인 것이다. 그리고 49A에서는 이것들 외에 제3의 것으로서 이성에 의해 파악되기 힘들고 어두운 상인 생성의 어머니를 말하고 있다. 생성은 원형으로서의 이데아를 아버지로 제3의 것인 공간을 어머니로 하여 태어난 아들이다. 이같이 모든 생성은 필연적으로 어떤 원인에 의해 생성된다. 원인 없이는 생성이 불가능하기 때문이다.

플라톤은 우주의 원인을 두 가지로 나눈다. 첫째로 신적 원인이다. 데미우르고스는 항상 동일하게 존재하는 이데아를 원형으로 하여 이 세상을 가장 선하고 아름답게 만들려 했다. 바로 데미우르고스가 생성되는 것들의 가장 진정한 원인이 되는 것이다. 다음으로 다른 것으로부터 활동성을 얻는 종속적 원인이 있다. 이것은 이성적 사유와 다른 것으로서 우연적이고 무계획적으로 움직이는 운동 원인이며, 맹목적 자의적 운동 원인이다. 이 원인은 필연에서 나온 것이다. 종속적 원인은 신적 원인에 의해 필연적 수단과 조건으로 조작될 때 우연과 맹목에서 벗어나 제일원인인 이성을 돕는 보조 원인이 된다. 소크라테스 이전의 철학자들은 보조 원인이라 할 수 있는 냉온, 경중, 농축, 희박 등을 모든 것들의 원인으로 놓는 착오를 범했다. 플라톤은 이런 원인 외에 이성을 모든 것들의 진정한 원인으로 설정했다. 필연에 근거한 물질적인 것은 제일원인에 보조적인 것이다. 그러나 그것은 이성적 질서에 저항하거나 방해되기도 한다. 사고는 최고의 탁월한 원인이며 영혼 속에 내재한다.

플라톤은 29a에서 47d까지 우주가 어떤 목적을 가지고 있는지 논했다. 그것은 이 세상의 모든 것을 되도록이면 이데아에 비슷하게 하려는 데미우르고스의 제작 목표에서 찾을 수 있다. 우주의 진정한 목적 혹은 원인은 결국 데미우르고스가 전형으로 삼고 바라보는 영원하고 불변하는 선의 이데아다. 그는 이 우주를 살아 있는 지적 존재로, 참 실재로 향하는 영혼의 존재로 만들었다. 그러나 이 세계에는 저 이데아와 같은 합리적이고 질서와 조화 그리고 선과 미 한 측면만 있는 것이 아니고 불합리하고 무질서한 악하고 어두운 측면이 있다. 플라톤은 이런 측면을 설명하기 위해 필연을 언급하고 있는 것이다.

플라톤은 인간 세계에서 생기하는 모든 현상에서 인간의 예견, 목적, 동기 등의 요인과 전혀 우발적인 예측 불가능한 요인을 구별했는데, 바로 이 상반되는 두 요인을 자연에도 그대로 적용했던 것이다. 플라톤은 필연이 가능한 이성에 설복되어 질서와 조화가 깃든 세계상, 즉 윤리적으로 선으로 수렴되는 세계상을 구상한다. 데미우르고스가 필연을 설복시키려 무한히 애를 쓰지만 물질 그 자체가 갖는 본성의 한계를 무시할 수 없다. 비합리적이고 단지 필연적인 운동과 변화들은 인과적이요 비계획적인 결과로서 자연에 항상 일어난다.

2) 플라톤 우주론의 의미

『티마이오스』에는 인간과 신의 원초적인 대립이 존재한다. 한편에는 영원히 존재하는 원형으로서의 이데아가 있는 반면, 다른 한편에는 변화하고 생성하는 인간이 있다. 첫 번째 것은 지성과 사유의 영원한 존재이고, 두 번째 것은 비이성적인 감각과 연결되고 생성과 소멸을 거듭하며 결코 실재하지 않는 가멸적 존재다.[1] 첫 번째 것은 지성적이고 절대적인 생명 그 자체, 지성적이고 아주 완전한 절대적 존재며 명령자다. 두 번째 것은 감각적인 육체다. 이것은 볼 수 있고 만질 수 있으며 변화와 생성의 지배를 받는다. 첫 번째 것은 모델 그 자체며, 두 번째 것은 모델의 복사다.[2] 이러한 상황에서 신과 인간은 따로 따로 존재하며, 인간에게 구원은 없다.

이와 함께 『티마이오스』에는 신과 인간의 우주론적 조화가 존재한다. 신이 세계의 영혼과 육체의 만들었듯이 마찬가지로 인간의 영혼과 육체를 만들었다. 이 만듦은 지성에 의한, 필요성에 의한 행위며, 지성과 필요성은 각각 신적 원인 필요 원인이다.[3] 이러한 만듦을 위해 신의 섭리는 지혜, 영혼, 육체와 원인들 중 가장 완전한 원인을 사용한다. 그리고 수학적 비율에 따른 혼합에 의해 세계의 영혼은 물론 인간의 영혼이 생겨난다.[4] 그러므로 인간에게는 지성계와 감각계가 동시에 존재하게 되며, 신이 내재되어 있다. 인간은 영혼 내에 존재하는 신을 분유함으로써 신과 조화될 수 있다. 이것이 인간의 존재론적 본성이다. 그리고

1) 『티마이오스』, 28 a.

2) 『티마이오스』, 49 a.

3) 『티마이오스』, 69 a.

4) 『티마이오스』, 34 c-33 b.

최고 존재인 신이 가지계를 거쳐 감각계로까지 내려오게 된다.

『티마이오스』에는 인간이 운명적인 부패의 구원을 위해 신에게로 나아가는 길이 있다. 인간은 영혼과 육체로 구성되어 있으며, 인간에게는 지성계와 감각계, 같음과 다름이 동시에 존재한다. 이러한 이율배반적인 조건 속에서 존재와 변화 사이에 자리하는 근원은 오류의 원인이 될 수 있으며, 인간의 움직임 특히 영혼을 추락시킬 수 있다. 영혼의 추락은 영혼의 조화를 깨뜨리고 인간은 영혼과 지성보다는 육체와 감각을 더 받아들이게 된다. 이러한 상태는 영혼의 병, 즉 쾌락, 고통, 욕망, 광란, 무지의 발광을 초래한다.[5] 그러나 인간은 신적인 뛰어남이 존재하기 때문에 조화와 전체의 움직임에 대한 지식으로서 또 본래의 본성과 일치하는 명상을 통해서 신이 인간에게 제시한 생명을 완전하게 완성시킬 수 있다.[6] 이것은 인간이 신에게로 나가는 길이다.

『티마이오스』에서 가지계와 가시계는 서로를 정당화하면서 확인하는데, 이는 정치 사상에 매우 의미 있는 시사점이다. 즉, 『국가』에서 이상성에 적합하지 못한 것으로 남아 있는 현실성은 『정치가』를 거치면서 차츰 그 가치를 회복하게 되며, 『법률』에 이르러서는 이상성과의 관계에서 그것의 진정한 윤리성을 강조하게 된다. 이러한 과정은 이상성이 현실 속에서 자신의 구체적이고 현실적인 요소를 발견함을 보여주는데, 이의 모델을 우리는 『티마이오스』에서 발견할 수 있다.

---

5) 『티마이오스』, 86 b 참조.

6) 『티마이오스』, 90 a-d 참조.

3. 정의와 부정의

1) 소피스트들의 정의관

도시가 생기기 이전의 헤시오도스의 세계에서 dike(정의)는 하늘과 땅 사이가 분리된 것처럼 두 차원에서 작동하였다. 왜소한 보이오티아(Boeotia) 농부의 차원인 지상의 이곳에서 dike는 선물의 독식자들인 왕들의 변덕에 종속하는 것이었다. 하늘에서의 그것은 접근할 수 없을 만큼 멀리 떨어져 있는 군주의 신성이었다. 기록된 글자에 의해 공중에게 알려진 결과로서의 dike는 여전히 이상적인 가치를 가지고 있으면서도 엄격한 인간적 차원으로 구체화되었다. 그것은 법이다.[7]

소피스트들은 "의도적으로 부정의를 행동하는 것, 치사하고 부정하게 처신하는 것과 의도적으로 거짓말하는 것이야말로 가장 강하고 가장 현명한 영혼, 즉 가장 정의롭고 훌륭한 영혼의 행동이다"[8]라고 주장한다. 그리고 344 c에 의하면 충분할 정도로 이루어진 부정의는 가장 강하며, 인간에게서 가장 바람직하며, 정의보다 더 충실한 것이다. 그리고 정의는 강자의 이익이다.[9] 글라우콘은 두 가정적인 사람, 즉 부정의한 평판을 갖는 정의로운 사람과 정의로운 평판을 갖는 부정의한 사람을 비교한다. 부정의한 사람은 정의를 위한 평판을 갖는 사람에게 생기는 모든 사회적인 선들, 즉 부귀와 권력과 지위를 요구한다. 정의로운 사람은 부정의를 위한 평판 때문에 "채찍질 받고 고통받으며

---

7) 브루노 스넬, 『정신의 발견』, 김재홍 옮김, 까치, 1994, 50-51쪽 참조.

8) 『국가』, 336 b-341 a.

9) 『국가』, 338 c-339 a, 그리고 부정의는 지혜며 탁월함이다(349 b-350 c). 부정의는 정의보다 강하다(351 a-352 c). 부정의가 정의보다 유익하다(352 d-353 a).

그리고 결박될 것이고 그의 눈은 식어버릴 것이고, 마지막에는 모든 악을 겪을 때 그는 심한 고통을 다 겪게 될 것이며, 그리고 사람들은 정의롭기를 원해서는 안 되고 정의로운 듯하기를 원해야 한다는 것을 인정할 것이다."[10] 아데이만토스는 361 e-362 a에서 정의는 항상 그 결과 때문에 칭찬 받으나 그 자체 때문에 칭찬 받지 않으며, 덕은 고된 반면에 악은 쉽고 신은 매수되어 과거의 잘못을 보고도 못 본 체한다고 주장한다.

플라톤에 의하면 이러한 소피스트의 정의는 사악함이다. 이 정의는 아첨이 분출하는 개인적 욕망과 정치가와 권력자들의 욕망을 만족시키는 수사학적 설득의 한 형태다. 이런 정의에서 중요시되는 것은 현세와 현세에서의 잠정적 행복뿐이다. 이 정의는 상대주의의 표현으로서, 이 상대주의는 오직 인간만을 모든 것의 기준으로 삼는 것이다. 플라톤은 프로타고라스의 "인간은 만물의 척도"라는 명제를 논박한 후 "신은 만물의 척도"라고 주장한다. 프로타고라스의 유명한 명제 "인간은 만물의 기준이다. 존재하는 것에 대해서는, 그들 존재의 기준으로, 존재하지 않는 것에 대해서는 그들 비존재의 기준이다."[11] 이 명제에 의하면 윤리적 실천 차원에서는 인간이 모든 것의 기준이 되기 때문에 절대적 무신주의며 각자 나름의 기준이기 때문에 절대적 상대주의다. 인식론적 입장에서 보면 이 명제가 대중 설득의 무기이기 때문에 더 심각하다. 이 명제에 의하면 어떤 오류 가능성도 존재하지 않으며 다만 무오류성만 존재한다. 그것은 어떠한 방법에 의하든지 각자의 판단은 정당하기 때문이다. 플라톤에 의하면 소피스트들의 판단은 가시적 감각적 사물에 의거한다. 가시적인

10) 『국가』, 361 e-362 a.

11) 『테아이테토스』, 152 a.

것은 바로 가지적인 것이며, 감각은 곧 앎이며, 감각과 표상에 의해 인지된 사물은 본질이며 진리다.[12] 기준들이 무수하게 많은 것은 이 감각의 상대성의 결과며, 따라서 인간 기준에 의하면 모든 개인은 진리 속에 존재하게 된다.

2) 플라톤의 정의관

플라톤에 의하면 정의는 신에 의해 인간에 주어진 몫에 알맞게 행동하는 것, 오류와 실수의 네메시스를 정화하는 것이다. 정의는 "디케-네메시스의 사자"를 맞이하는 것이다(법률 717 d). 님프 네메시스는 정의(Dike)의 딸이며 운명(Moira)의 여신으로서 아테네의 한 신전에서 숭배되었다. 네메시스라는 말은 인간적 오만에 대한 신들의 복수, 분개, 질투를 뜻한다.[13] 인간이 오만함을 갖고 있는 한 신들은 벌로서 그들의 네메시스를 준비한다. 즉, 운명적인 실명, 불행, 천상의 복수 등이 인간에게 주어진다. 플라톤에게서 네메시스가 휘브리스(hybris)에 주어지는 것은 신인동형설적인 질투에 의해서가 아니라 세상에 질서를 세우려는 신의 섭리에 의해서다. 휘브리스라는 말은 두 가지 다른 의미를 가지고 있다. 하나는 오만의 지나침, 건방짐, 폭력 등이며, 다른 하나는 모욕, 훼손 등이다. 휘브리스는 철기 시대에 귀족적 오만에 익숙하게 몸에 배게된 비이성적 요소들이다. "철기 시대의 도래로 인하여 강한 자는 모든 기존의 예의를 상실하였고, 수치심은 현실 세계와 동떨어진 먼 세계로 날아가 버렸기 때문에, 그러한 이상들은 더 강력한 것이 되었다. 이처럼 이완된 개인적

12) 『테아이테토스』, 152 a-152 c 참조.

13) 네메시스에 대해서는 『종교에서 철학으로』, 콘퍼드 지음, 남경희 옮김, 이화여대 출판부, 1995, 37-42쪽 참조.

정렬과 휘브리스로 인하여 분명하게 남겨졌던 삶의 방식과 더불어 사회적 관계는 폭력, 간계 독재와 부정의로 특징지어졌다."[14]

플라톤은 "인간은 의도적으로 악을 행하지 않는다"[15]고 단언하면서 소피스트적인 정의를 거부한다. "가장 큰 악은 부정의를 행하는 것이며, 부정의를 당하는 것과 행하는 것 중에서 선택이 불가피하다면 나는 차라리 부정의를 당하겠다"[16]고 선언한다. 그리고 플라톤은 정의는 아름답고 좋고 유익하며 필요하고, 부정의는 추하고 나쁘고 해롭고 불필요하다는 공식으로서 정의를 윤리적인 질서에 제한시켜 논하고 있다. 부정의한 생활은 가장 추하고 가장 고통스러울 뿐 아니라 실제로 정의롭고 성스러운 생활보다 더 불쾌한 것이다. 『고르기아스』에서 소크라테스는 폴로스에 반대하여 불의를 행하는 것이 영혼을 나빠지게 하는데, 이것은 인간이 겪을 수 있는 최대의 악이기 때문에, 예를 들어 폭군 노릇을 하는 것과 같이 불의를 행하는 것은 불의를 당하는 것보다 더 나쁘다고 주장한다. 그리고 불의를 행하고 처벌을 면하게 되는 것은 모든 것 중에서 가장 나쁜 것이다. 왜냐하면 그것은 단지 영혼 속에 있는 악을 공고히 할 뿐인 데 반해 처벌은 교정을 할 수 있기 때문이다. 『프로타고라스』 330 c 3 이하에서 소크라테스는 소피스트들과는 반대로 정의가 불경스러울 수 있거나 경건이 부당할 수 있다고 말하는 것에 반대한다. 절도 없는 사람은 인간에게서 실제로 해로운 것을 추구하는 사람이며, 반면에 절도 있는 사람은 참으로 좋고 유익한 것을 추구한다. 그런데 참으로 좋고 유익한 것을 추구하는 것은 현명하며, 반면에 해

---

14) 브루노 스넬, 『정신의 발견』, 김재홍 옮김, 자유사상사, 1993, 71쪽.

15) 『국가』, 354 a.

16) 『국가』, 360 e-361 d.

로운 것을 추구하는 것은 어리석다. 그러므로 정의와 절제는 완전하게 별개일 수 없다.

플라톤에 의하면 쾌락과 정열과 만취의 온상인 육체에 대한 관심보다는 인간은 스스로를 완성하거나 인간 속에 있는 신을 발견해야 한다. 자신 그 자체를 아는 것이 진정한 정의다. 『에우티프론』[17]에서 플라톤은 인간에 내재하는 신을 발견하는 것이 정의이므로 경건심은 자연히 정의와 연결된다고 주장하며, 이 정의는 조화와 피조물 간의 우정을 위한 것이다. 그리고 『법률』에 의하면 "신은 모든 것의 기준이 되어야 하며, 이것은 최고 수준에서 또한 인간이 모든 것의 기준이 아닌 것보다 훨씬 이상의 정도에서다."[18]

4. 노모스와 피시스

1) 소피스트들이 본 노모스와 피시스

다원적 사회 구조의 발전과 이로 인한 새로운 입법의 필요성으로 인해 노모스는 일상적 개념이 된다. 이러한 상황에서 피시스에 대한 새로운 개념은 노모스의 존재 기반에 변화를 초래하게 된다. 노모스와 피시스에 대한 새로운 개념의 형성은 여러 세대를 걸친 축적된 경험적 관찰의 결과다. 소피스트들은 자연법과 관습법의 위반자와 무신론자들 또는 신성 모독자들과 이들의 자손이 어떠한 벌도 받지 않을 뿐 아니라 오히려 남을 지배하고

---

17) 『에우티프론』, 11 e.

18) 『법률』, 716 c.

있다고 현실적으로 판단했다. 따라서 노모스 자체가 비판될 뿐 아니라 노모스와 사실 간의 갈등이 지적된다. 이 같은 상황이 소피스트들의 활동 근거다.

소피스트들에 의하면 법은 인간적 제도의 협정일 뿐이다. 글라우콘에 의하면 부정의는 자연의 법이며 정의는 인간들 사이의 계약의 결과다. 그러므로 법은 신적인 것이 아니다. 소피스트들은 노모스를 비판하고 사회의 개혁을 시도하면서 피시스로 복귀하려고 한다. 그러나 그들의 노모스에 대한 새로운 개념은 피시스에 대한 새로운 접근으로 이루어지고 있다. 『고르기아스』의 칼리클레스에 의하면, 피시스에 의한다면 사실상 가장 추하고 가장 해로운 부정의를 따르는 것이며, 노모스에 의한다면 부정의를 저지르는 것이다. 다시 말하면 노모스는 약자와 다수에 의해 이루어졌으나, 피시스에서 가장 요령 있는 것만이 원칙이며 약자에 대한 강자의 지배와 강자의 우월성은 받아들여진다는 것이다. 칼리클레스는 이 피시스가 진정한 피시스라고 본다. 고로 그는 피시스에 반대되는 노모스는 수정되어야 한다. 소피스트들에게 법률은 세상과 인간과 신의 지배로서의 힘을 정당화한다.[19] 강자들을 위한 노모스가 바로 정의다. 소피스트들은 현실주의를 택하며 현실주의에서 오직 부정의, 불경건, 정치적 덕에 반대되는 모든 것들만 설명되고 있을 뿐이다.[20]

플라톤은 선의 이데아 구원 국가 또는 올바른 판단으로서의 앎으로 이끌어가며, 이와 반대로 소피스트들은 감각적이고 즉각적인 쾌락이나 비이성적인 것, 무지와 개인의 자의식이 결코 나쁘지 않다고 주장한다. 갈등적인 인간성이 신과는 아무런 관계

19) 『법률』, 690 b 참조.
20) 『프로타고라스』, 323 d.

없이 나름의 존재 근거를 가질 수 있다고 한다. 플라톤에 의하면 소피스트들의 피시스는 법률과 관습의 감각적 평가로 초래된 감각, 쾌락 등의 즉각적 동의에 바탕을 두고 있다. 소피스트들에 의하면 피시스는 어떠한 대상에 대해서도 적당한 이름을 부여하지 못하며, 피시스의 이름을 부여하는 사람들에서의 용법과 관습의 문제다.[21)]

2) 플라톤이 본 노모스와 피시스

노모스의 플라톤 이전의 옛 의미는 관습, 방법 또는 태도를 의미했으나, 플라톤에게서는 거의 모든 용례에서 특히 『국가』와 『법률』에서는 성문법이든지 또는 불문법이든지 간에 법의 의미를 갖는다. 노모스를 관습으로 규정할 경우 노모스는 불문법이 된다. 즉, 전통적 종교 또는 아폴론의 권위와 일치하는 관습상의 법칙들이 된다. 이 노모스는 전통과 종교에 의거한 사회 생활을 개인에게 규율한다. 그러므로 개인과 사회의 존재를 위한 절대적 기준이 된다. 따라서 노모스는 사회의 팽창, 발전, 복합성에 영향을 받은 개체의 분출을 억제하는 전체적인 도구가 된다. 플라톤에 의하면 노모스는 본질적으로 피시스와 일치하는데, 그것은 피시스가 자연 자체이기 때문이다. 피시스는 현실 세계에 대해서 사물들과 섭리적 법칙들의 총체며, 현실 문제에 대해서 개별적 성격과 성향을 규정하는 존재 기반이며 존재 원리다. 피시스는 표상을 넘어서는 존재들의 본질 또는 본질적 실체며, 현실적이고 표상적인 모든 사물들과 사유들의 개념과 아레테를 규정한다. 피시스는 선의와 형평과 신적 권위에 의존하는 모든 법칙

---

21) 『크라틸루스』, 386 a-e.

들의 총체며 자연법이다.

플라톤은 소피스트들에 의해 노모스의 존재 기반으로서의 위치를 상실한 피시스에 노모스를 결합시키려고 한다. 소피스트들에서 노모스는 피시스와 독립된 별개의 것으로 존재한다. 그러나 플라톤은 다음과 같이 주장한다. 다수는 고립된 개인보다 훨씬 강하며, 개인에게 법률을 부과하는 존재다. 따라서 법은 뛰어난 자들과 힘있는 자들의 법이다. 그러나 이 다수조차도 정의는 불평등이 아닌 평등 속에서 성립되는 점과 부정의를 저지르는 것이 창피한 일인 것은 노모스에 의해서 뿐만 아니라 피시스에 의해서도 마찬가지다. 따라서 피시스만 주장하거나 노모스만 주장하는 사람 모두 피시스로 유도하는 것은 당연한 일이다. 그에 의하면 노모스와 피시스는 서로 모순되지 않으며, 가장 훌륭한 자는 가장 현명하며 지성적이고 이성적인 자이기 때문에 존재하는 모든 것은 어떤 방법으로든지 간에 피시스에 의거함은 당연한 일이다.[22)]

5. 폭력 이해의 근본 구조

1) 국가에서 발생하는 폭력의 문제

플라톤에게서 국가는 인간의 필요가 그 시발점이다. 국가에서 인간들은 의식주의 필요를 좀더 효과적으로 충족시키기 위해 서로 결합한다.[23)] 그러나 플라톤에게서 중요한 점은 이상국가의

22) 『법률』, 888 e, 『프로타고라스』, 323 d, 386 a.
23) 『국가』, 396 d.

이론을 수립하기 위해 국가를 인간에 선재하는 공동체로서 하나의 전체를 구성하는 것으로 본 점이다. 그에 의하면 국가와 개인 사이에는 같은 덕성이 존재한다. 다시 말하면 개인의 영혼에는 국가에서 볼 수 있는 같은 부분 또는 같은 그 부분의 수가 존재한다는 것이다.

일반적으로 고대 그리스인에게는 개인과 사회와 국가와 종교는 분리되지 않는 하나의 단일체 속에서 서로 융합되어 있었다. 따라서 개인을 말할 때 특별한 개인이 아니라 국가의 구성원으로서 일반적인 개인을 총칭하는 것이다. 가족과 집단성 속에서 개체성으로서의 개인은 사회적 국가적 전체성과 동일시되는 것이다. 그러므로 개인과 국가는 불가분의 관계며, 또 개인은 국가에 종속된다. 가족에서의 이기주의나 자립적인 개인은 국가 속에서 존재하지 않는다. 개인과 국가는 유사성에도 불구하고 "국가는 개인보다 더 크다"(『국가』 368 e). 여기서 크다는 것은 양적일 뿐만 아니라 질적인 것까지 포함한다. 그러므로 그에게서 개인적, 가족적, 사회적 생활은 아주 완전히 혹은 부분적으로 국가의 단일성 속에서만 그 존재 이유를 갖는다. 이런 관점에서 사회적 체계는 형성된다. 국가 속의 계급들과 그 덕목은 국가적인 정의와 관계한다.

국가에서 인간 영혼의 지혜, 용기, 절제의 덕목이 각각 지배자 계급, 전사 계급, 일반 시민 계급에 해당된다.[24] 그리고 이 세 덕목의 완전한 조화가 정의로 규정되었다. "다른 계급의 기능을 침범하고 세 계급이 혼합된다면 국가에 가장 큰 손해가 초래될 것이며, 그야말로 큰 범죄를 보게 될 것이다."[25] 그리고 이 위계

24) 『국가』, 443 de.

25) 『국가』, 434 bc.

적 구조의 유지는 국가의 제1관심사다. 그러나 『법률』에서 그는 기능의 상호 침범과 계급의 변화를 어느 정도 계급들이 합법적 범위를 넘어서서 국가 그 자체를 해치지 않는 조건에서 인정하고 있다.[26] 『국가』에서 계급 분류의 기준은 영혼의 질이었으나, 『법률』에서는 여기다 재산의 양이 부가되었다. 노예들은 비록 그들이 부유해지고 그 부로서 사회 지위를 바꾸기에 충분하여도 계급을 바꿀 수는 없다. 노예는 이상국가의 현상을 유지하는 데 봉사해야 한다.[27] 이런 플라톤의 태도는 문제가 있다. 그러므로 플라톤의 정의는 국가 이익의 완전한 일치 이외의 것이 아니라는 비판을 받게 된다.

플라톤에게서 개인은 국가의 일원이다. 그리고 개인은 가족의 일원이다. 개인을 국가에 완전히 결합시키듯이 가족에 대해서도 같은 태도를 갖는다. 가족은 전통에서처럼 국가에 귀속되어야 한다. 이 같은 관점에서 플라톤은 부녀자, 아이들 공동체와 모든 재산의 공유제를 주장한다. 효율성을 위해 여자는 남자와 동등하며 동등한 교육의 권리가 있다. 그리고 부인과 자녀의 공동 소유와 출산, 결혼, 재혼의 통제도 효율성과 기하학적 우생학적 필요에 의해 이루어져야 하는데, 그것은 이러한 제도의 효과가 선의 근원, 가장 큰 선의 근원이기 때문이라는 것이다.[28]

『법률』 제1권에서 크레이니아스는 크레타의 입법자들은 전쟁을 염두에 두고 입안했다고 말한다. 모든 도시가 다른 모든 도시와 자연적인 전쟁 상태에 있는데, 그 전쟁은 사실상 전령관이 포고하는 것이 아니라 영구히 계속되는 것이다. 그러나 플라톤은

26) 『법률』, 715 a-715 d.
27) 『법률』, 776 b-778 a 참조.
28) 『국가』, 458 d 참조.

외적과의 전쟁이나 국가 간의 전쟁에 관해, 최상의 입법자는 전쟁이 자신의 국가에서 발발하는 것을 억제하거나 또는 전쟁이 일어나면 서로 싸우는 사람들을 우정 속에서 화해시키려고 노력할 것이며, 평화와 선의 속에서 확보된 국가의 행복이라는 최상의 것을 목표로 해야 한다고 말한다. 그러므로 사려 분별이 있는 입법자라면 결코 전쟁을 위해 평화를 명하지는 않을 것이며, 만약 그가 전쟁을 명한다면 평화를 위해서일 것이다.[29] 그는 국가 조직이 전쟁을 위해 존재한다는 생각을 갖지 않았다. 그는 "많은 승리가 승리자들에게 자멸적이었으며 장차 자멸적일 것이나, 교육은 결코 자멸적이지 않다"[30]는 것을 지적한다.

플라톤은 국가와 개인을 전쟁과 싸움에서 보호하기 위해 빈부 문제가 중요함을 지적하고 있다. 그는 『국가』와 『법률』에서 가난함과 부유함이 그 극단의 형태로 발전되는 것을 금지하고 있다. "국가의 수호자는 모든 수단을 통하여 이 가난함과 부유함이라는 두 개의 악이 그가 알지 못하는 사이에 공동체에 나타나는 것을 방지해야 한다. 왜냐하면 하나는 나태함과 무위와 새로운 것에 대한 호기심을 낳고, 다른 하나는 추잡함과 악행을 하려는 충동을 낳기 때문이다."[31]

플라톤은 이상국가를 다스리는 사람으로서 『국가』에서는 철학자, 『법률』에서는 입법가, 『정치가』에서는 정치가를 상정하고 있다. 이들은 먼저 arete를 갖춘 사람이어야 하고 arete를 교육시킬 수 있는 사람이어야 한다. 그러므로 그는 "부, 명예, 야망, 이익, 쾌락 어느 것도 아닌 국가를 위한 절대적 필요에 의한"[32] 지

29) 『법률』, 628 c-e.
30) 『법률』, 641 c.
31) 『국가』, 421 e-422 a.

도자다. 그의 본성은 절제와 정의와 일치한다. 이기주의는 어떠한 가치도 갖지 못한다. 이런 목적을 위해 그의 공민권은 제한되어야 한다. 이들은 공동 식당을 가져야 하며 군인들처럼 병영에서 함께 살아야 한다. 금과 은은 그들이 거래해서도 안 되고 만져서도 안 된다. "이렇게 함으로써 그들 자신을 보존하게 될뿐더러 국가도 보존하게 될 것이다."[33] 그러나 만약 그들이 한 번 재산을 축적하기 시작하면, 그들은 매우 빨리 폭군으로 변할 것이다.

그는 진리 발견을 위해 철학을 수행해야 하며, 본성상 종교적이어야 한다. 이 점은 철학자로서의 의무가 규정되고, 또 형이상학적 전체성이 그 정당화와 검증의 필요에 의해 신에 의탁하지 않을 수 없음에 비추어 명백히 드러난다. 그는 "신의 특별한 은총을 받는 자"(『국가』 93 a, 492 e)며, 제우스의 입법가, 델포이 신정의 입법가다. 국가를 다스리기 위한 수단인 법은 『정치가』에서 정치가에게 절대적 필요로 나타나지 않지만, 『법률』에서는 입법가에게 필수적인 것이 된다. 플라톤은 현실에서 그의 지도자를 양성하는 것이 어렵다는 것을 발견하고 법은 점차 가장 덜 나쁜 방법으로 등장한다. 이상국가의 효과적 실현과 다스림을 위해서 지도자는 점점 더 구체적인 수단을 필요로 한다. 즉, 『정치가』에서의 정치학과 『법률』에서의 법이 그것이다. 마지막으로 플라톤은 그의 지도자에게 거짓말의 권리와 그릇된 자들에 대한 설득의 권리를 부여하고 있다.[34] 그는 국가의 단일성을 위한 국가의 자유를 위한 장인이기 때문에 "다양한 시민들과 군중들이 자발적으로 받아들일 수 있는 입법을 하는 한에서"[35] 이 권리를

---

32) 『국가』, 347 b.
33) 『국가』, 417 a.
34) 『국가』, 389 b.

갖는다.

2) 정체에서 발생하는 폭력의 문제

플라톤은 역사 혹은 신화의 대상이 될 수 있는 크로노스 시대에서 정치 체제의 이상적 모델을 찾고 있다.[36] 크로노스의 지배는 신적 지배며, 대화편의 다른 정치 체제는 인간적 지배다. 크로노스를 떠나서는 오직 인간적 로고스의 독재만 있을 뿐이다. 이 같은 것은 플라톤이 정치 체제 차원에서도 신에 의탁하고 있음을 보여준다. 법에 의해 신정 체제가 실현될 것이지만 『국가』에서는 신정 체제로부터 격리된 가시적 체제들만 정체 분석의 주류를 이루고 있다. 정치 체제의 변질과 다양성은 인간적 휘브리스와 피시스에 의한 것이다. 플라톤에게서 지배는 여러 가지 형태로 나타난다. 그는 『정치가』에서 가족 구성원에 대한 가장의 경제적 지배, 노예에 대한 경제적 지배, 시민에 대한 정치가의 정치적 지배를 이야기한다. 그리고 이 모든 지배는 인간에 대한 인간의 지배라는 면에서 원칙적으로 같다고 주장한다. 그리고 이러한 모든 형태의 지배 관계를 이론적으로 고찰하는 것은 단 한 가지 지식만으로도 충분하다고 한다. 플라톤은 자유민에 대한 자유민의 지배와 비자유민과 노예에 대한 자유민의 지배를 나누어야 한다고 본다. 지배에 복종하는 사람들의 신분이 다르면 지배권 행사의 양태가 다르기 때문이다. 그는 주인의 소유물인 노예는 주인의 생활 활동을 위한 도구에 지나지 않으므로 주인의 노예에 대한 지배는 단지 주인의 의사에 의해서만 결정되

35) 『법률』, 684 c.

36) 『국가』, 376 e-378 e 참조.

며 제한할 수 없고 법과 법률을 따를 필요가 없다고 본다. 그러므로 그의 관심은 가정을 중심으로 해서 형성된 최고의 공동체인 폴리스에서 행해지는 여러 형태의 지배에 관심을 기울인다.

플라톤은 『국가』 7, 8권에서 인간 영혼에 상응하는 다양한 정체들을 인간 영혼과의 관계에서 분석하고 정치 체제들의 윤리적인 위계 질서를 제시한다. 그 정상에는 귀족 정체 또는 군주 정체, 다음으로는 금권 정치와 과두 정체, 민주 정체 그리고 마지막으로 독재 정체다. 기하학적 수로부터 멀어진 이들 정체들은 신정 정체와 같은 상태와 존재 양식을 가질 수 없다. 이 위계 질서의 판단 기준은 정의와 부정의, 행복과 불행이다. 이 정체 중 최선의 것은 가장 정의롭고 행복하며, 폭력 투쟁의 정체는 가장 부정의하고 불행하다. 이들 두 최선, 최악의 정체 사이에 명예, 야망, 권력의 정체, 부유함과 가난함의 재산의 정체와 자유와 관용과 평등의 정체가 자리한다. 이 기준은 전적으로 윤리적이다.

완전한 국가는 귀족 정치의 국가다. 그러나 두 상위 계급이 결합하여 다른 시민들의 재산을 나눠 가지며 그들을 사실상 노예 상태로 전락시킬 때, 귀족 정치는 금권 정치로 변하는데, 이는 기개적 요소의 우세를 나타낸다. 다음으로 금권 정치가 과두 정치로 변할 때까지 배금의 경향이 증가하여 정치 권력은 재산에 의존되게 된다. 그러므로 가난으로 고통받는 계급은 금권 정치하에서 생기며, 마침내 가난한 사람들은 부유한 사람을 내쫓고 민주주의를 설립한다. 그러나 민주주의의 특징인 자유에 대한 엄청난 사랑은 반동을 거쳐서 참주 정치(전제 정치)로 흘러간다. 처음에는 전사가 허울 좋은 핑계로 호위자가 된다. 그리고 나서 핑계를 벗어던지고 쿠데타를 감행하여 폭군으로 변한다. 참주정은 범죄 계급에서의 가장 사악한 살인자의 정부다. 그들은 정적을 살해하고 부자의 재산을 몰수하므로 공포 시대를 도입한다. 권력에 남아 있기 위하여 참주는 덕이 있는 모든 사람을 사회로부터 제거한다. 왜냐하면 그런 사람들은 그의 통치 행위에 위험 요소이기 때문이다. 참주는 환자에게 약을 투약하는 좋은 내과 의사와 정반대다. 왜냐하면 의사들은 가장 사악한 요소를 도려내고 최선의 요소를 남겨두나 참주는 그 반대의 것을 하기 때문이다.[37] 참주적인 국가가 국가에서의 최악의 요소들에 의하여 통제되는 것처럼, 참주적인 개인은 그의 영혼에 있는 최악의 요소들에 의해 통치된다. 과두 정치의 집정자와 민주 정치와 같이, 참주는 쾌락에 몰두하게 되나 그들과 달리 전혀 쾌락을 절제하거나 억누르지 못한다. 그는 불필요한 쾌락들 중에서 가장 무법적이고 난폭한 쾌락을 추구한다.

『정치가』에서 정체의 분리의 방법은 수에 의한 것이다. 일인의 명령에 의한 체제는 군주 정체, 다수의 명령에 의한 체제는 귀족 정체 혹은 과두 체제 그리고 대중의 명령에 의한 체제는 민주 정체다. 다음으로 합법성과 불법성에 의한 분류이다. 법에 의해서는 왕권 정체와 독재 정체가 일인에 의한 정체에서, 귀족 정체와 과두 정체가 다수에 의한 정체에서, 의법적 민주 정체와 탈법적 민주 정체가 대중에 의한 정체에서, 각각 합법성과 불법성의 기준으로 분류된다. 합법적 분류는 왕권 정체, 귀족 정체, 의법적 민주 정체며, 불법적 분류는 독재 정체, 과두 정체, 탈법적 민주 정체다. 『정치가』에서 플라톤은 합법적 정체들 중에서 군주 정체는 가장 좋은 것이며, 민주 정체는 가장 나쁘다. 불법적 정체 중에서 민주 정체는 가장 좋은 것이며 군주 정체는 가장

---

37) 『국가』, 567 c.

나쁜 것이다.[38] 그러나 합법적 정체로서 가장 나쁜 민주 정체도 좋음 집합에 속하며, 불법적 정체로서 가장 좋은 민주 정체도 나쁜 집합에 속한다. 왜냐하면 "다수에 의한 정부는 관직이 많은 사람들 사이에 분할되기 때문에 모든 점에서 약하며, 다른 정부들과 비교했을 때 어떤 거대한 선이나 어떤 거대한 악도 행할 수 없기 때문이다."[39]

6. 폭력의 극복을 위한 처방

1) 영혼의 정화

국가를 윤리화하는 일은 국가의 구성원인 개인도 윤리화하는 것이다. 개인의 윤리화는 국가를 윤리화를 위한 실현 또는 준비 과정이다. 플라톤은 『법률』에서 영혼과 영혼 돌보기의 중요성에 관해 다음과 같이 말한다. "인간이 가지고 있는 모든 것들 중에서 영혼은 신들 다음으로 가장 신성하고 또 참으로 그 자신의 소유다." 그리고 "땅 속에 있거나 또는 땅위에 있는 모든 금도 덕과 바꾸기에 충분하지 않다."[40] 플라톤에게서 인간에게 참된 행복을 가져다줄 수 있는 덕의 본질적 요소는 건전한 영혼, 즉 내적 질서와 조화를 갖는 영혼의 소유에 있다. 영혼의 덕은 지혜, 용기, 절제, 정의로 분류된다. 이 네 가지 덕을 획득할 때 인간 내에서 뿐만 아니라 국가 내에서 완전한 조화, 즉 정의를 성취할

---

38) 『정치가』, 302 e-303 a.

39) 『정치가』, 303 a.

40) 『법률』, 726 a-728 a.

수 있다.

플라톤에 의하면 인간은 영혼과 육체가 결합되어 있는 존재며 그 결합은 일시적인 것이다. 인간에서 영혼은 최고로 중요한 존재며, 불멸하며, 선재하며, 육체의 사후에도 존재한다. 플라톤은 오르페우스-피타고라스의 윤회설을 받아들이면서 그것을 철학적으로 증명하려 한다. 『파이돈』에서는 영혼의 단순성을 강조하며, 『국가』에서는 영혼을 삼분하고 있다. 이성, 기개, 욕망 등의 구분이 그것이다. 인간 영혼의 3중 구조론의 지혜, 용기, 절제의 덕목이 각각 지배자 계급, 전사 계급, 일반 시민 계급에 해당하며, 세 덕목 간의 완전한 조화가 정의로 규정되었다. 그리고 『법률』에서 지혜, 용기, 절제에 대한 병적인 상태는 몰상식, 비열, 방탕으로 규정한다. 그는 『국가』[41]에서 무지에서 출발하여 이성의 결여를 거쳐 질서에 이르는 위계 질서를 세 영혼 속에 부여하고, 지혜로운 자의 기쁨만이 순수한 기쁨이라고 말하고 있다. 즉, 탐욕스러운 영혼, 조급한 영혼, 철학적인 영혼 가운데 탐욕스러운 영혼은 금전과 이익만 추구하고, 조급한 영혼은 승리와 명예만 추구하기 때문에 부정의에서 정의로 이어지는 위계 질서가 있을 수밖에 없다는 것이다. 첫 번째 영혼은 욕망의 폭력에, 두 번째 영혼은 야망에 가득 차서 지배욕에만 관심이 있기 때문에, 이 두 영혼은 정의에 합당치 않으며, 지혜로운 자의 영혼만이 고통과 기쁨에서 벗어나 진정한 앎을 얻을 수 있다는 것이다.

영혼의 세 부분 중에서 폭력과 관계되는 부분은 욕망과 기개 부분이다. 욕망에서 부는 육체적인 욕망이 만족되는 주요한 도구이므로 부를 사랑하거나 이득을 사랑하는 요소다. 그는 육체

41) 『국가』, 580 d-592 a.

적인 만족과 부가 전형적인 목적들이었던 그런 욕망을 상정했다. 기개는 올바르게 교육된다면 참된 용기가 되지만 잘못 교육된다면 맹목적인 잔인성 아니면 방자함으로 타락한다. 그것은 경쟁 의식이나 호전성으로도 발전하므로 균형을 잃은 기개적 요소는 단순히 무차별적인 호전성의 근원이 된다. 그래서 만인에 대항하는 만인의 파괴적인 전쟁으로 끝날 것이다.

플라톤은 『국가』와 『법률』에서 덕(arete)와 악(kakia)의 관계를 구체화한다. 인간적 이성은 영혼의 조건이며, 이성을 통하여 아레테에 참여하며, 이성이 없으면 "욕망, 겁, 과도, 분노, 무지, 탐욕, 나태"[42] 등의 악으로 퇴락한다. 인간은 이성적인 영혼과 더불어 비이성적이고 탐욕적인 영혼을 갖고 있다.[43] 인간 본성의 이중성 때문에 인간은 덕과 악 사이에서 중용을 찾아야 한다. 그리고 인간적 유약함에도 불구하고 덕의 실천을 통하여 인간에게 주어졌던 신성을 가능한 한 모방해야 한다.[44]

2) 법률의 준수

국가의 절대성을 위한 플라톤의 해결책은 현실성의 측면에서는 준법이며 이상적인 측면에서는 법의 보전인 것이다. 가장 훌륭한 정체인 신정 체제에는 법이 없다. 그러나 여기서의 법은 신법, 자연법, 피시스와 노모스다. 『정치가』에서 법은 우리가 본 바와 같이 정치 체제의 기준이 된다. 법이 있는 체제는 좋고, 법이 없는 체제는 나쁘다. 이때의 정치 체제 내에서의 법은 성문법이다. 철학자와 정치가는 열등한 체제들의 생존을 위해 악인들을

42) 『법률』, 650 b.

43) 『국가』, 439 d, 440 e.

44) 『법률』, 644 d-645 c 참조.

금지시키고 처벌하기 위해 입법가가 되어야 한다. 정치 체제 내에서 성문법이 없으면 정의와 부정의, 폭력과 덕이 혼동된다.[45] 성문법의 필요성은 절대적이다. 그러나 그는 성문법 대신에 왕의 학문과 관습법을 선호한다. 법은 으뜸가는 것이지만 더욱 좋은 것은 법에 힘을 부여하는 것이 아니라, 신중함을 갖춘 사람에게 힘을 부여하는 것이다. 왜냐하면 법은 가장 유익한 처방을 만드는 방법으로는 가장 훌륭한 것과 가장 정의로운 것을 한꺼번에 파악할 수 없기 때문이다. 사람들과 행동 사이에 존재하는 다양성이 존재하므로, 항상 가치 있는 절대적인 것은 있을 수 없기 때문이다. "항상 절대적인 것으로 남아 있는 것이 결코 그렇지 않는 것에 적용된다는 것은 불가능한 일이다."[46] 따라서 공동체의 관습이 『국가』에서처럼 성문법보다 바람직하게 된다.

국가는 참된 국가 조직이어야 한다. 민주주의, 과두 정치, 참주 정치는 모두 바람직하지 못하다. 왜냐하면 그것들은 계급 국가이고, 그것들의 법률은 특수한 계급들의 이익을 위하여 가결된 것이지 국가 전체의 이익을 위한 것이 아니기 때문이다. 그러한 법률들을 가지고 있는 국가들은 진정한 국가 조직이 아니라 붕당이며, 정의에 대한 그것들의 개념은 단순히 무의미할 뿐이다.[47] 정부는 어떤 사람에게도 출생이나 재산에 대한 고려 때문에 맡겨져서는 안 되고, 개인의 성격과 지배에 대한 적합성에 따라야 한다. 지배자들은 반드시 법에 복종해야 한다. 법률이 지배자들보다 위에 있고 지배자들은 법률보다 낮은 국가는 신이 내려주실 수 있는 모든 구원과 축복을 가진다.

---

45) 『정치가』, 296 d.

46) 『정치가』, 294 c.

47) 『법률』, 715 a-b.

『법률』에서의 입법 및 법률에 관한 내용은 신법 및 자연법에 다른 성문법의 제정, 성문법에서의 중용적 요소, 필요에 의한 준법, 성문법의 보조로서 관습법의 가치를 논한다. 진정한 입법에서 신법과 자연법은 『국가』에서 변증법에 의해, 『정치가』에서 정치학에 의해 발견된 원칙이다. 성문법이 참고해야 할 제일의 것은 신법과 자연법이다. "입법가는 신들의 존재와 모든 진리를 인정하는 전통적인 원리들을 지지해야 하며, 신들이 원래 존재하고 있음을 보여 주면서 법 그 자체를 구해야 한다."[48] 이 원리에 의해 제정된 성문법은 중용이며 황금의 원칙으로서, 지배자들만을 위한 것도 아니고 갖지 못한 자들을 위한 것도 아니다. 법은 산술적이 아닌 기하학적 종합으로서 오직 공동체만을 위한 것이다. 성문법이 자연법과 신법을 해석한 것이기 때문에 법은 모두를 위한 것이다. 바르게 제정된 법률의 지배하는 곳에서는 진정한 조화만 있을 것이다.

플라톤은 가족, 재산, 범죄 등에 관해 입법한다. 입법의 원칙은 공동체의 자유, 합리성, 단일성을 위해 이루어져야 한다. 이를 위해 정치 권력의 분립과 권력의 상호 통제가 필수적이다. "너무 큰 권력이나 통제 받지 않는 권력을 제정하지 말아야 한다."[49] 또 하나의 원칙은 좋은 질서뿐 아니라 가장 덜 나쁜 질서를 목적으로 입법해야 한다. 이것은 열등한 영혼을 위한 것이다.[50] 가장 좋은 질서, 오직 철학적 영혼만을 위한 질서만 있다면 합리성을 간직할 수는 있지만 열등한 영혼의 자유는 법 체계 속에서 위축되기 때문이다. 그러므로 입법은 조급하고 탐욕스러운 영혼들을

48) 『법률』, 890 d.
49) 『법률』, 693 b.
50) 『법률』, 841 b.

포괄하는 차선 질서의 윤리성을 정의하여야 한다.

훌륭한 입법이 이루어진 다음에는, 시민들에게 준법의 의무가 주어진다. "가장 우수한 자는 국법에 대한 영광스러운 봉사에서의 승리자다."[51] 왜냐하면 법에 복종하는 것은 신에 복종하는 것이기 때문이다. 법의 정신 속에는 공동체의 존재 이유뿐 아니라 신의 섭리가 깃들어 있다. 신과 공동체와 법은 서로 같은 수준에 있게 된다. 윤리와 같이 입법하기 어려운 분야에서는 관습법 혹은 불문법이 성문법과 같은 가치를 갖는다. 관습과 불문법이 입법가에 의해 정화되지 않았다 하더라도 이들은 전통적인 제사 또는 종교를 대변하는 것이기 때문이다.

3) 교 육

국가의 중요한 기능은 인격을 개발하고 마음을 훈련하는 교육에 있다. 그러므로 국가의 많은 부분이 교육의 문제에 할애하고 있다. 입법자와 사법관은 모두 법률을 보전하는 역할을 하지만 사법관의 역할은 좀더 교육적이다. 법이 구체적인 사항, 즉 윤리에 적용되지 못하는 사실은 입법의 한계성 때문에 불가피한 일이다. 윤리적 측면에서는 사법관이 행하는 교육에 의해 열등한 영혼들을 구하게 된다. 법은 다양성을 전부 포괄하지 못하므로 법에 의해 모든 범죄를 처벌하는 것은 불가능하다. 또한 법 체계만의 엄격한 적용으로는 교육적 효과를 얻을 수 없다. 플라톤에게서 국가는 단순하게 경제적 문제만을 해결하기 위한 것이 아니고, 인간의 행복을 위하여 선한 삶 속에서 정의의 원리들에 따라 인간을 발전시키기 위해 존재한다. "현재 우리는 이러한 말의

51) 『법률』, 729 d.

의미(상인, 선장 등)에서 교육에 대해 이야기하지 않고 시민성의 이상적 완성을 사람이 추구하게 하고 그에게 올바르게 통치하는 방법과 복종하는 방법을 가르치는 발달 초기로부터 덕의 교육에 대해 이야기한다. 이는 교육으로서 특징지워지게 될 유일한 훈련이다. 부의 습득이나 체력의 습득, 아니면 지성과 옳음과는 별도의 영리함의 습득에 목적을 두는 그 밖의 종류의 훈련은 수단적이고 자유적이 아니어서 전혀 교육이라 불릴 수 없으므로 가치가 없다."[52] 인간은 운이 좋은 천성과 적절한 교육을 받으면 가장 신성하고 문명화된 동물이 되지만, 불충분하고 그릇된 교육을 받으면 지상의 피조물 중에서 가장 야만적인 동물이다. 그런 이유로 입법가들은 아동들의 교육이 이차적이거나 부수적인 문제가 되지 않도록 해야 한다.[53]

플라톤은 가능한 데까지는 교육은 의무적이어야 하고 그런 법칙은 소년들과 마찬가지로 소녀들에게도 적용되어야 한다. 교육적 효과는 놀이다. 어린 시절부터 미래의 시민들은 규칙 준수를 연습해야 하는데, 왜냐하면 이것이 공동체를 위한 훌륭한 준비이기 때문이다.[54] 규칙이 잘 지켜지는 놀이와 사법관이 행하는 교육을 통해, 아이들과 범죄자들은 비록 법이 성문법의 형태로서 포괄적이지 못하다 할지라도 정의와 덕이 법에 내재되어 있으며 공동체 생활을 위해 필수적이라는 것을 배우게 될 것이다.

국가의 지도자 교육은 교육 계획에 의한 철학자 양성을 위한 지적 교육에 초점을 맞추고 있기 때문에 무엇보다 철학적이다. 철학자가 국가의 대표가 된다 해도 신정 체제는 완전히 실현되

52) 『법률』, 643-644.

53) 『법률』, 765-766.

54) 『법률』, 797 a-b 참조.

지 않을 것이다. 시민들은 다양하여 철학적 영혼을 이해하지 못할 것이다. 자발적 복종이 아니라 맹목적 추종만 있을 것이다. 지배자들의 정의는 피지배자들에게는 부정의며, 철학적 영혼의 행복은 탐욕스럽고 조급한 영혼들에게는 불행일 것이다. 그러므로 지도자 교육뿐만 아니라 시민 교육도 필요하다.

철학자 교육은 『법률』에서도 계속 존재하지만 시민 교육이 철학자 교육 못지 않게 강조된다. 그것은 시민 교육 없이 폭력의 배제는 힘들기 때문이다. 윤리에 관해 입법하는 것은 어렵지만, 윤리 및 지성을 위한 교육 체제에 대해 입법은 가능하다. 교육은 법의 테두리에서 "법이 정당하다고 명시한 원칙", "덕 있는 사람과 가장 나이든 사람들이 모두 정당하다고 인정하는 것"[55]에 의해 이루어져야 한다. 어린 시절부터 시민들은 이 원칙에 따른 교육을 받아야 한다. "훌륭한 교육을 받아 좋은 성격을 갖게 되면 인간은 보통 모든 존재들 가운데 가장 신성하고 가장 부드러운 존재가 되지만, 충분하고도 잘 이루어진 교육을 받지 못하면, 인간은 땅이 만들어낸 모든 것들 가운데 가장 야만적인 것이다."[56] 이러한 플라톤의 교육관에는 보수주의적 경향이 발견된다. 모든 교육 보수주의자 가운데 당연 가장 위대한 보수주의자는 고대 그리스의 유명한 사상가 플라톤이라는 것이 그것이다. 전시대를 통하여 보수주의자들의 모토는 "플라톤으로 돌아가자"였다.[57]

---

55) 『법률』, 659 d.

56) 『법률』, 766.

57) 임태평, 『플라톤 철학과 교육』, 교육과학사, 1997, 225쪽.

7. 결 론

플라톤에게서는 신에서 세계에 이르는 일련의 존재론적 체계가 있다. 그것은 신에서 로고스(Logos)로, 로고스에서 피시스(Physis)로, 피시스에서 노모스(Nomos)로 연결되는 체계다. 이러한 체계에서 볼 때 플라톤에게서는 신, 로고스, 피시스, 노모스를 지키지 않을 때 폭력이 발생한다고 볼 수 있겠다. 논문을 요약하면서 이에 대해 이야기해보자.

플라톤은 『티마이오스』에서 우주론을 전개하는 가운데 『국가』에서 구체적으로 제시된 이상국가의 계획을 상기시키면서 나중에 『법률』에서 실현될 이상국가의 모델을 추구하고 있다. 그는 여기에서 신의 섭리에 의한 우주론 속에서 신과 인간을 대비시키면서 신의 제작에 의해 인간과 세계가 생겨났음을 제시하면서 소피스트적인 계약의 덫 속에서 방기된 인간성을 구제하고 있다. 그에게서 개인, 가족, 사회, 국가, 체제, 법률 등 모든 것은 그 이론적 실천적 완전성을 위해 신에 의존한다. 신의 뜻을 어기는 것, 신적인 로고스를 어기는 것이 플라톤에게서는 가장 폭력적인 것이 된다.

플라톤은 인간적 부정의의 표본이며 현실주의적인 소피스트의 정의를 공박한다. 그는 윤리적 실천을 위해 정의를 행복에 결합시킨 다음 이론적 차원에서 정의를 신에 결합시키고 있다. 신은 정의롭고 지혜롭고 전체적이며 이 신의 도움으로 인간의 부정의와 비양심적인 게으름 등을 극복해야 한다. "신법으로서 범법을 다스리는 것"[58]이 정의다. 플라톤이 볼 때 신과 결합되어

58) 『법률』, 716 c.

있는 정의를 지키지 않는 것은 폭력적인 것이다. 이 같은 관점에서 볼 때 잘못된 정의관을 가진 소피스트들은 폭력옹호론자가 된다.

소피스트들은 성문법, 불문법 등의 모든 법, 한마디로 노모스를 비판한다. 이들은 노모스에서의 관습, 법 등의 의미가 피시스라는 존재 기반을 갖고 있지 않으며, 갖고 있다 할지라도 인간에게 피시스를 보장해주지 못할 뿐 아니라 인간의 피시스를 침해하고 있다고 생각한다. 플라톤에 의하면 피시스는 인간을 지상에서 활동하게끔 하는 신의 표현이다. 그리고 소피스트들의 노모스를 비판하면서 노모스의 존재 기반은 신이라고 생각한다. 소피스트들과 반대로 플라톤은 피시스에 기초한 노모스의 수립을 원한다. 이 노모스는 소피스트 이전의 피시스와의 관계를 회복하는 노모스며, 신의 존재를 인정하는 법률, 즉 정신의 신적인, 경탄할 만한 노모스인 것이다. 플라톤의 입장에서는 피시스와 노모스는 신과 연결되어 있으며, 이를 무시한 채 행동하는 것은 타락과 질병인 폭력의 시작이다.

플라톤은 신법, 자연법, 불문법, 관습법, 성문법 등 여러 형태의 법을 제정하는데, 이들은 신법에서 성문법에 이르는 위계 질서를 가지고 있다. 국가와 정체에서 현실적으로 발생하는 폭력은 이러한 법률을 지키지 않을 때 발생한다. 결론적으로 말하면 플라톤에게서 폭력은 직접적으로 드러나기보다는 무엇 무엇에 대한 반대가 폭력이 된다. 즉, 그에게서는 대부분 간접적으로 폭력이 드러난다. 플라톤은 신, 로고스, 피시스, 노모스를 예측 가능한 것으로 보고 있으며, 이를 어기는 것은 예측 불가능한 것으로 보고, 이를 어기는 예측 불가능성을 폭력이라고 넓게 보고 있는 것 같다.

□ 참고 문헌

▷플라톤의 저서

Platon, *Werke in acht Baenden Griechisch und Deutsch*, Herausgegeben von Gunther Eigler, Darmstadt, 1973.

플라톤, 『국가』.

_____, 『법률』.

_____, 『정치가』.

_____, 『테아이테토스』.

_____, 『에우티프론』.

_____, 『프로타고라스』.

_____, 『크라틸루스』.

▷국내 문헌

김내균, 「소크라테스 이전 철학자의 정의 개념에 대한 고찰」, 『서양 고전학 연구』, 1991.

_____, 「초기 그리스 철학자들의 존재론에 나타난 정치철학적 사유」, 『중앙대학교 인문과학 논문집』 제35집, 1992.

김재홍 역, J. P. 베르난트, 『그리스 사유의 기원』, 자유사상사, 1994.

남경희 역, F. M. 콘포드, 『종교에서 철학으로』, 이화여대 출판부, 1995.

박만준 · 이준호 역, G. L. 디킨슨, 『그리스인의 이상과 현실』, 서광사, 1989.

박종현, 『그리스 사상의 이해』, 종로서적, 1982.

심재우 역, 헬라 만트, 『폭정론과 저항권』, 민음사, 1994.

양문흠 역, G. C. 필드, 『플라톤의 철학』, 서광사, 1986.

이진우 역, A. 바루치, 『정치철학』, 서광사, 1991.

이윤기 역, 토마스 벌핀치, 『그리스와 로마의 신화』, 대원사, 1996.

이태수, 「호메로스 서사시에 나타난 신의 모습」, 『희랍 라틴 문학 연구』, 성균관대 출판사, 1993.

조대호 역, 조지 톰슨, 『고대 사회와 최초의 철학자들』, 고려원, 1992.

조요한, 「그리스 자연철학자들의 신관」, 『박종홍 박사 환력 기념 논문집』, 1966.

_____, 「그리스 철학의 정의관」, 『정의의 철학』, 대화출판사, 1977.

______, 『아리스토텔레스의 철학』, 경문사, 1991.
한국서양고전철학회 편, 『서양 고대 철학의 세계』, 서광사, 1995.

폭력에 대한 토마스 아퀴나스의 이해

장 욱

1. 서 론

이 글은 현대 사회의 폭력 문제를 이해하기 위해 성 토마스의 폭력에 대한 사상을 검토하려 한다. 이 글의 궁극적 목적은 그의 사상을 토대로 폭력이 인간 본질에 내재적인 속성인지 또는 폭력이 인간 공동체의 삶이나 인간의 문화와 문명에 필연적으로 발생하는지 그리고 궁극적으로 폭력이 악이거나 필수적인 악인지 하는 문제들을 검토하는 데 있다. 현대 사회의 폭력의 유형을 분석하기 위해 성 토마스의 원리들은 시대착오적인 것으로 보일 수도 있다. 그러나 그의 폭력에 대한 이해는 형이상학적이고 포괄적이므로 폭력을 다루기 위한 시대와 문화를 초월하는 원리들을 내포하고 있다. 그리고 이른바 거의 모든 현대 사회의 폭력적 양태들은 몇 가지 폭력의 근본적 유형들의 현대적 현상들로 이해될 수 있다.

이 글은 폭력 개념을 조명하고 구체적으로 성 토마스의 원리들과 학설들 중 폭력과 직접 관계하는 것들을 검토한다. 다음으로 그의 폭력에 대한 종합적인 이해를 구성하려 한다. 결론에서는 폭력에 대한 그의 사상의 핵심적 통찰들을 요약한다.

2. 폭력의 본질

1) 폭력 개념의 기원

'violence'라는 단어는 라틴어 'violentia'에서 유래된다. 그 단어는 'vis'에 뿌리를 가지는데, 이것은 힘을 의미하는 그리스어 'bia'에서 유래된다. 그래서 'violentia'는 ㉠ 큰 힘 ㉡ 과도한 힘 ㉢ 억압 혹은 강제를 뜻한다. ㉠과 ㉡의 의미는 행위자의 관점에서 이끌어졌다. ㉡은 하나의 기준을 전제한다. ㉢은 힘을 수용하는 피행위자의 관점에서 이해하는 것인데, 아리스토텔레스는 그러한 의미로 폭력을 정의하였으며, 성 토마스는 그것을 수용한다.[1)]

폭력에는 두 개의 원리들이 적용된다. 강제자와 피강제자가 그것이다. 피강제자는 행위자에 대해 수동적이며 폭력을 긍정적이거나 수동적 원리로 수용한다. 그 원리가 능동적일 경우 피행위자는 폭력을 수용한다. 이것은 그것이 자신의 경향성에 반하는 방식으로 행위하거나 그것을 따르지 못하게끔 강제됨을 뜻한

---

1) Cf. *Nico. Eth.* 1110b 15 ; 1110a 2 ; 아리스토텔레스의 폭력적 운동에 대한 설명, *Phys.* 230a 18-231a 20, 255a 1-256a 4, *Cael.* 269a 7-269b 17, 300a 21-301b 32.

다. 여기에서 거론되는 경향성은 행위의 내적 원천, 즉 이성적 삶에서의 의지, 감각적 삶에서의 감각적 욕구, 자연물에서의 자연적 경향성들이다. 그 원리가 수동적일 경우는 예컨대 어떤 것이 외적 행위자에 의해 가능태에서 현실태로 이행되는 경우다. 피행위자가 자신의 자연적 경향성에 반대되는 형상이나 규정성을 수용할 경우 폭력을 수용한다. 피행위자는 폭력을 수용함으로써 자신의 내적 경향성에 따라 행동하지 않으므로 그 결과의 원인이 아니다. 자연적 경향성은 목적을 전제로 하므로 폭력은 목적인과의 연관 하에서만 이해될 수 있으며 따라서 목적론적 세계관을 전제한다.

자연 세계에서의 폭행적 현상은 자연이 어떠한 목적을 향해 능동적이거나 수동적으로 관계한다는 것을 전제함으로써만 이해될 수 있다. 무생물의 세계에는 목적이 항상 뚜렷하게 드러나지 않으므로 자연적 행위와 폭력적 행위의 구분이 인간의 행위나 생명체들의 행위에서와 같이 명확하지 않다. 그것들의 운동들이 하나의 목적을 위해 기여한다는 것에 대한 이해는 것은 우주 전체의 질서를 고려할 때만 가능하다. 생성과 소멸이 그러하듯 어떤 운동은 하나의 관점에서는 자연적이고 다른 관점에서는 폭행인데, 그것이 '자연의 의도'라 할 수 있다.[2)]

2) 폭력 개념의 내포

폭력(act of violence)은 하나의 힘의 사용(use of power)이다. 그런데 힘들이 여러 종류인 이상 힘의 사용이 다양할 뿐 아니라 힘을 받는 자도 다양하다. 그래서 폭력 개념(concept of violence)

2) Cf. 'violence' by S. O'Flynn Brennan in *New Cath. Encyclop.*, vol. XIV, p.690.

은 모든 힘들과 그것을 받는 자들을 내포함으로 복합적 개념이다. 결과적으로 폭력 개념은 모든 힘들과 그것을 받는 자들의 개념들과 직접적으로 연관을 맺고 있을 뿐 아니라, 또한 그러한 개념들과 연관된 다른 개념들과도 간접적으로 관계를 맺고 있다.

목적론적 우주론에서 폭력 개념은 자연(natura), 본질(essentia), 자연적 욕구(appetitus naturalis) 그리고 능동인(causa efficiens)과 수동인(causa finalis)의 개념들과 연관되어 있다. 하나의 자연물은 규정된 목적을 향한 자연적 욕구를 가지며 내적 원인에 의해 행위한다. 그래서 '자연적인 것'은 항상 목적론적 우주를 전제한다. 결론적으로 폭력이란, 외부 원인에 의한 행위로서 내적 원인에 의한 것이 아니다. 따라서 자연적 욕구와 본래의 목적에 위배되는 행위며 그 결과 자신 고유의 행위의 결과가 아닌 것으로 나타나는 것을 뜻한다.

폭력 개념은 원리(principium), 원인(causa)과 질서(ordo) 등의 개념들과 내적으로 연관되어 있다. 질서란 하나 이상의 것 사이의 관계 맺음을 말한다. 그것들 둘이 완전히 동일하거나 대등하지 않을 경우 하나는 다른 것을 선행한다. 그 경우 전자는 후자의 원리다. 원리란 어떤 것에서 어떤 것이 어떠한 방식으로든 유래되는 것을 말한다. 원인도 원리 중 하나다. 원인은 어떤 것이 다른 것보다 더욱 현실태(actualis)에 있음으로 인해 그것을 결과로 초래하는 것을 뜻한다.

폭력 개념은 강제(coactio)와 밀접한 관계를 맺고 있다. 폭력의 정의를 시도하는 과정에서 '외적 원인에 의해 움직여짐'과 '강제'는 동일한 것으로 간주될 수 있다. 강제 개념은 자연물의 본질과 자연적 경향성 및 목적뿐 아니라 인간의 행위의 자발성(voluntarium) 혹은 자발적 행위(actus voluntarius)의 개념들을 전제한다. 왜냐하면 후자의 모순된 행위도 강제 행위이기 때문이다. 그리고 폭력 개념이 인간의 자유 의지와 자발적 행위에 반하는 행위인 이상 폭력 개념은 다음과 같은 개념들과도 관계를 맺고 있다. 예컨대 인간 본질(natura humana), 인격(persona)과 인권(jura naturalia) 뿐 아니라 도덕적으로 악한 행위(actus humanus malus)와 악덕들(vitia)의 개념들과 관계를 맺고 있다. 타인에 대한 폭력은 우선적으로 인간 인격의 존엄성과 권리들에 대한 침해 행위다. 그러한 행위는 또한 도덕적으로 악한 행위며 동시에 악덕이다.

폭력 개념은 공동선(bonum commune), 권위(auctoritas) 혹은 통치권(potentia, potestas)과 공동체의 질서(ordo communitatis) 개념들과 연관을 맺고 있다. 공동선이란 공동체가 목적으로 하는 것으로써 그 공동체가 구성되는 원인이다. 권위란 공동선을 목적으로 하는 집단적 행위를 위해 요구되는 원리로서의 도덕적 힘이다. 공동체의 질서와 공동선의 관점에서 고려될 때 권위와 통치권의 악용이 폭력일 뿐 아니라 또한 합법적인 통치권, 사회 질서 및 공동선에 대한 대항도 폭력적 행위다. 이 맥락에서 폭력 개념은 법(lex) 개념 그리고 형벌(malum poenale) 개념과도 관계를 맺고 있다.

폭력 개념은 권리(jus)와 정의(justitia) 개념들과 관계를 맺고 있는데, 그 이유는 통치권과 사회 질서가 정의의 원리에 기초하고 있기 때문이다. 그리고 폭력 개념은 시민법이 자연법(lex naturalis)에 기초하기 때문에 자연법 개념과 관계를 맺고 있다. 어떠한 행위든 그것이 통치권, 사회 질서 및 공동선, 정의로운 법과 자연법이나 인권에 반하게 되면 그 행위는 항상 한 유형의 정의에 반하는 행위로 나타난다. 이후에 살펴보겠지만, 강제 행위나 물리적 폭행은 그 자체로 폭력적 행위가 아니며 그러한 행위들이 비합리적이거나 정당화되지 않는 힘의 사용일 경우 폭력적 행위가 된다.

폭력적 행위는 간접적으로 합일(concordia)과 그것의 반대되는 불화(dissensio) 및 내분(seditio) 그리고 또한 사랑(amor, amicitia), 전쟁(bellum)과 평화(pax)의 개념들과도 관계를 맺고 있다. 이러한 것들에 반하는 모든 행위는 폭력적 행위다. 그리스도교 신학의 관점에서 고려될 때 영원법, 신의 섭리와 통치, 신정법, 초자연적 덕들과 은총의 삶에 반하는 모든 행위들은 폭력적 행위들이다. 이상의 논의는 폭력 개념이 매우 복합적인 개념이라는 것과 그 개념이 다양한 개념들과 연관되어 있으며 그 결과 폭력의 문제는 매우 광범위한 문제라는 것을 드러낸다.

3) 폭력의 정의

1. 아리스토텔레스는 『니코마코스 윤리학』에서 인간의 자발적 행위를 다루는 과정에서 강제 행위와 폭력적 행위를 다루었다. 그런데 그는 강제 행위, 폭행과 폭력적 행위를 분명하게 구분하지 않았다. 성 토마스는 그의 폭력의 정의를 수용한다. 그것에 따르면 사물들의 자연적 행위와 인간의 자발적 행위는 내적 원리에 의한 것이다. 그러나 폭력적 행위는 외적 원인의 강제 행위로서 결과가 내적 원인에 의해 초래된 것이 아니다. 그 결과 폭력적 행위란 내적 원인에 의한 행위가 아니고 사물의 본질과 자연적 경향성이나 인간의 자발적 행위에 반하는 행위다.

그러한 폭력적 행위에 대한 정의는 충분한 것으로 받아들여질 수 없다. 왜냐하면 그러한 행위들 모두가 폭력적 행위가 아니고, 또한 다른 종류의 폭력적 행위들이 존재하기 때문이다. 그렇다면 이상의 정의는 폭력적 행위의 본질을 드러내기 위해서는 적합하지 않은 것이 분명하다.

폭력적 행위를 정의 내리기 위해서는 다음과 같은 개념들의 정확한 의미 규정이 필요하다. ① 힘의 사용(use of power) ② 외적 원인의 행위(act of an extrinsic cause) ③ 강제 행위(act of coercion) ④ 폭행(violent act) ⑤ 폭력적 행위(act of violence)가 그것이다. 힘의 사용은 자신에게나 타자에게 힘을 가하는 행위다. 후자의 경우는 외적 원인의 행위다. 강제 행위는 위에서 언급된 바와 같이 사물의 본질과 자연적 경향성이나 인간의 자발적 행위에 반하는 행위다. 폭행은 자신이나 타자에 대한 가해 행위다. 그리고 폭력적 행위는 이성에 반하거나 정당화될 수 없는 힘의 사용이다.

힘은 물리적이거나 비물리적이다. 물리적 힘은 행위자 관점에서 신체적이거나 도구를 사용하는 물리적 행위로 간주되거나, 피행위자 관점에서 신체를 포함한 물리적인 대상에 가해지는 물리적 힘의 사용을 말한다. 강제 행위, 폭행과 폭력적 행위 모두는 물리적이거나 비물리적 행위일 수 있다.

하나의 행위는 각기 다른 기준에 따라 그것이 강제 행위이거나 폭행이거나 폭력적 행위로 평가된다. 이에 따라 하나의 행위가 동시에 강제 행위이거나 폭행이거나 폭력적 행위일 수 있으며, 또한 그렇지 않을 수 있다. 그 결과 여러 종류의 강제 행위들, 폭행들 그리고 폭력적 행위들이 구분된다. 예컨대 하나의 강제 행위가 폭행이면서 폭력적 행위일 수 있으며, 다른 하나의 강제 행위는 폭행이 아니면서 폭력적 행위일 수 있다. 또한 강제 행위가 아닌 하나의 행위가 폭행이면서 폭력적 행위거나, 그렇지 않을 수 있다. 이와 같이 여러 종류의 행위들은 폭력적 행위들이거나 그렇지 않은 행위들이다. 그러나 우리에게 중요한 것은 하나의 행위가 폭력적 행위인가 아닌가다. 이상의 논의에 따라 강제 행위, 폭행과 폭력적 행위의 구분은 뚜렷해졌다. 하나의 행위가 강제 행위인가는 그것이 자연적 사물의 본질과 경향성에 반하거나 인간의 자율적 행위에 반하는가에 따라 규정된다. 하나의 행위가 폭행인가는 그것이 행위자 자신이나 타자에 대한 가해 행위인가에 따라 규정된다. 그리고 하나의 행위가 폭력적 행위인가는 그것이 인간 이성에 반하거나 합리적으로 정당화될 수 있는가에 따라 규정된다.

일상 언어에서는 '폭행'이 물리적 폭행을 지시하며, 주로 물리적인, 크거나 과도한 파괴적 힘의 사용을 지시한다. 그러나 언급된 바와 같이 폭행은 비물리적일 수 있다. 그리고 폭행은 그것이 물리적이든 비물리적이든 간에 그 자체로 폭력적 행위가 아니다. 따라서 우리는 폭행이 일상 언어에서 가지는 의미와 그것의 엄밀한 의미를 구분하여야 한다.

'폭행'이란 말은 일반적인 단어로서 위에서 구분한 강제 행위, 폭행과 폭력적 행위들 중 어느 것이나 지시할 수 있다. 일상 언어에서 '폭행'은 폭력적 행위와 구분되지 않는 동의어로서 주로 물리적인 크거나 과도한 파괴적 힘의 사용을 지시한다. 그런데 폭행이 일반적으로 물리적인 것이지만, 엄밀히 말하면 물리적일 필요가 없다. 말로 하는(verbal) 폭행은 일면 물리적이지만 모든 언어적(linguistic) 폭행이 물리적인 것은 아니며, 또한 다른 비물리적인 폭행들, 예컨대 심리적이거나 정신적인 것도 가능하다. 이러한 비물리적인 폭행들은 강제 행위에 속한다. 일상 언어의 폭행은 주로 폭력적 행위로서의 물리적 폭행을 지시하지만 엄밀한 의미에서의 물리적 폭행은 폭력 행위일 수도 그렇지 않을 수도 있다. 그 자체로 폭력적 행위가 아닌 폭행은 폭력적 행위이거나 그렇지 않은 행위의 외적 표현이거나 그것을 동반하는 행위일 수 있다. 그래서 우리는 '폭행'의 일반적인 의미가 근본적으로 모호하다는 점과, 그것이 폭력적 행위와 쉽게 혼동될 수 있다는 점을 주의하여야 한다.

2. 비이성적이거나 정당화되지 않는 행위는 도덕적 악한 행위와 동일하다. 도덕적으로 악한 행위는 인간의 공통적인 궁극적 목적에 부합하지 않는 행위다. 그런데 인간 이성에 부합하는 행위는 인간 본질에 부합하며 그러한 목적에 부합한다. 인간 이성이란 실재의 질서(ordo naturae)를 반영하는 '올바른 이성(recta ratio)'이다. 실재의 질서를 반영함이란 인간이 파악할 수 있는 실재의 모든 원리들, 예컨대 우주의 법칙과 인간 본질을 포함한 모든 것들의 본질과 그것들의 원리들, 인간 사회 생활의 근본 원리들, 전통과 역사의 법칙들 등이다. 결론적으로 우리는 이상의 폭력적 행위에 대한 정의에 그것이 잠재적으로 내포하는 '올바른 이성에 부합함'이라는 속성을 부가할 수 있다.

3. 도덕적 악한 행위, 악덕, 죄와 정의롭지 않은 행위 모두는 질료적으로(materialiter)는 동일하나 형상적으로(formaliter)는 서로 구분된다. 다시 말해 그것들은 내용에서는 같으나 의미에서 다르다. 그런데 이 모든 행위들은 질료적으로는 폭력적 행위와 동일하며 형상적으로만 다르다. 다시 말해 폭력적 행위란 다름아닌 이 행위들이 '힘의 사용'이라는 관점에서 고려된 것이다.

4. 세계의 어떤 것이든 하나의 힘을 소유하고, 어떤 일이든 힘에 의해 일어난다. 그런데 언급된 바와 같이 힘은 여러 종류며 그것을 받는 자들도 여러 종류다. 이에 따라 힘의 사용도 다양한 종류며 그 결과 폭력 개념은 유비적 개념(analogical concept)이

다. 유비적인 것이란 그것이 적용될 때 그 의미가 부분적으로 같으면서 다르다. 강제 개념과 같이 폭력 개념은 힘의 사용을 형상적 대상으로 갖는다. 다시 말해 이 개념은 모든 행위를 힘의 사용이라는 하나의 관점에서 고려한다. 그래서 그 개념의 외연(extension)은 넓지만 내연(comprehension)은 매우 제한되어 있다. 사실상 그것의 외연은 아리스토텔레스의 가능태와 현실태 원리만큼이나 넓다. 그런데 범주나 개념의 외연과 내연은 상호 반비례의 관계에 놓여 있다. 따라서 폭력 개념은 자신의 내연의 빈곤함에 따라 이차 개념에 불과해진다. '힘의 사용'이란 그 내용이 매우 협소하기 때문이다. 더 나아가 폭력 개념의 속성들, 즉 '비이성적임'과 '정당화되지 않음'은 부정적 속성들이다. 이에 따라 폭력 개념은 부정적 개념이 된다. 결과적으로 폭력 개념은 그것의 외연의 빈곤함뿐 아니라 그것의 부정적 속성 때문에 더욱 부차적 개념이 된다.

5. 그런데 이상과 같은 폭력적 행위에 대한 정의 내림의 시도는 '물리적 폭행'의 특수성을 충분히 드러내지 못한다. 물리적 폭행은 그것이 폭력적 행위이거나 그렇지 않거나 특수한 힘이며 특수한 결과들을 초래한다는 점에서 특별한 고려의 대상이다. 물리적 폭행의 파괴력과 그 결과는 대상에 따라 다르게 평가된다. 그런데 물리적 폭행이 말로 하는 또는 언어적이거나 심리적이고 정신적인 폭행보다 항상 파괴적이지는 않다. 그럼에도 불구하고 물리적 폭행은 그것의 가시성 때문에 폭행 가운데 가장 일반적인 폭력적 행위로 간주되고 또한 그것의 결과 때문에 가장 가혹한 폭력적 행위로 간주된다. 육체가 인간의 부분을 형성하는 이상 구타, 고문, 물리적 가해, 상해와 살인과 같은 타인에 대한 물리적 폭행은 특별한 유형의 파괴적 행위임을 부인할 수

없다. 이 같은 물리적 폭행은 우선적으로 그리고 또한 궁극적으로 인간 인격성에 대한 침해다. 인간이 자연성을 극복하고 문명화됨에 따라 물리적 폭행은 개인적이거나 사회적 갈등을 해소하기 위한 대안으로서 적합하지 않은 것으로 판명되고 있다. 그럼에도 불구하고 오늘날도 물리적 폭행은 확산되고 있다.

6. 힘의 사용은 여러 힘을 받는 자들, 즉 여러 대상들에 따라 다양한 형식으로 인간 이성에 부합되지 않을 수 있다. 따라서 폭력적 행위들은 그 대상들에 따라 구분된다 : ㉠ 인간의 본질과 자연적 욕구 및 인간에의 이해 기능과 욕구 기능들 ㉡ 인간의 자발적 행위 ㉢ 인간 인격의 존엄성과 권리 ㉣ 자연의 법과 질서 ㉤ 권위, 사회 질서와 공동선 ㉥ 다양한 종류의 정의의 원리들 ㉦ 공동체적, 국가적, 국제적 질서 ㉧ 다양한 인정법과 신정법들이 그것들이다. 가장 포괄적으로 폭력적 행위들은 ㉠ 신에 반하는 폭력적 행위 ㉡ 자연에 반하는 폭력적 행위 ㉢ 자신과 타자에 반하는 폭력적 행위 ㉣ 권위, 사회 질서와 공동선에 반하는 폭력적 행위 등으로 구분된다. 그런데 주지할 점은 폭력적 행위란 그것이 반하는 대상에 따라 항상 같은 것이 아니며 각기 다른, 즉 내용과 의미가 다른 폭력적 행위들이 된다는 것이다.

7. 폭력은 위에서 언급된 바와 같이 이차적이고 부정적이기 때문에, 독자적 연구의 대상보다는 다른 문제들에 대한 연구 과정에서 검토되어 왔다. 이 사실은 폭력이 실제로 활발히 연구되었음에도 불구하고 일반적으로 매우 소홀히 취급되었다는 인상을 준다. 그럼에도 불구하고 현대 사회를 위협하는 폭력의 수위는 폭력 문제에 대한 체계적인 연구를 요구한다.

3. 성 토마스의 폭력과 연관된 신학적, 형이상학적, 인간학적, 윤리학적 그리고 정치철학적 원리들

1) 신학적 원리들과 형이상학적 원리들

성 토마스는 violentia와 coactio를 매우 다양한 맥락에서 사용하고 있다.[3] 예를 들어, 자연물의 자연적 경향성, 인간의 자유의지, 자발적 행위,[4] 정의와 부정의,[5] 정의에 반하는 악덕들, 신체 상해, 살인,[6] 사기, 절도, 내분, 악덕 일반,[7] 법의 다양한 양식들,[8] 형벌,[9] 자기 방어[10] 그리고 전쟁[11] 등이다. 이러한 용어들의 외양성에 근거한 텍스트의 분석은 성 토마스의 폭력에 대한 전반적인 윤곽만을 드러낼 수 있는 외연적인 연구일 수밖에 없다. 그러나 그러한 부수적인 연구를 넘어서서 성 토마스의 폭력에 대한 이해를 심도 있게 탐구하기 위해서는 그의 신학적이고 철학적인 원리들과 학설들에 대한 '내적인 탐구'가 필수적이다.

성 토마스는 신, 즉 완전자[12]와 무한자[13]의 존재가 증명 가능하

---

3) Cf. *Tabula aurea*, F. Petri de Bergomo, Editiones Paulinae, Editio fototypica, Alba-Roma.

4) Cf. *S. th.*, I-II, q. 6.

5) Cf. *S. th.*, II-II, qq. 63-64.

6) Cf. *S. th.*, II-II, q. 64-73.

7) Cf. *S. th.*, I-II, q. 71.

8) Cf. *S. th.*, I-II, qq. 90, 94.

9) Cf. *S. th.*, I-II, q. 87.

10) Cf. *S. th.*, II-II, q. 54, a. 7.

11) Cf. *S. th.*, II-II, q. 40.

12) Cf. *S. th.*, I, q. 4, a. 1.

13) Cf. *S. th.*, I, q. 7, a. 1.

다고 한다. 그는 신의 존재 증명에 있어 참여론, 인과율, 세계의 질서와 목적론을 타당한 논증의 근거로서 받아들인다. 신은 세계를 자신의 자유 의지에 따라 창조했으므로, 세계는 전적으로 우연적이다.[14] 다시 말해 이 세계는 존재하지 않을 수도 있었으며 신에 의해 무로 복귀될 수도 있다.[15] 신은 모든 피조물들의 존재의 원인으로서 그것들의 제일의 전체적이고 직접적인 원인이다.[16]

형이상학적으로 고려할 때 이 세계는 목적론적 질서를 갖는다. 이 세계에는 뚜렷한 질서(ordo certus)가 있으며 그것은 신에 의해 통치(gubernatio)[17]되며 통치자가 유일하다[18]는 것을 보여준다. 창조자 신은 피조물에 대해 섭리(providentia)를 수행한다.[19] 신은 모든 비이성적이거나 이성적인 피조물들을 목적들(fines)에게로 질서지우며(ordinare) 자신에게로 궁극적으로 질서지운다.[20] 피조물들은 자신의 고유한 본질들(essentiae)을 가지며 또한 목적을 향한 자연적 경향성들(appetitus naturales)을 갖는다. 신은 섭리의 수행인 통치에서 모든 것을 직접적으로(directe) 그리고 또한 피조물들을 통해 간접적으로(indirecte) 다스린다.[21] 신에게 제일원인으로 의존함으로써만 원인들이 될 수 있는 제2원인들(causae secundariae)은 신의 제일원인의 행위에 대항할 수 없다.[22] 신의

14) Cf. *S. th.*, I, q. 4 a. 1 ; q. 104, a. 3.
15) Cf. *S. th.*, I. q. 104, a. 3.
16) Cf. *S. th.*, I, q. 8, a. 3 ; q. 104, a. 1, 2.
17) Cf. *S. th.*, I, q. 103, a. 1.
18) Cf. *S. th.*, I, q. 103, a. 3.
19) Cf. *S. th.*, I, q. 103, a. 5.
20) Cf. *S. th.*, I, q. 44, a. 1 ad 1 ; a. 4.
21) Cf. *S. th.*, I, q. 103 a.6.
22) Cf. *S. th.*, I, q. 22, a. 2, also ad 2 ; q. 103, a. 7.

뜻은 항상 이루어진다.[23] 자신들의 행위의 주인인 이성적 피조물을 통치하는 데에서 신은 그들을 본질에 따라 내적으로 움직일 뿐 아니라 규율을 통해 외적으로도 움직인다.[24]

피조물들은 신의 보편적 섭리에는 대항할 수 없다. 왜냐하면 그것들은 자신들의 본질에 의해서나 자발적 행위에 의해서 궁극적 목적으로서 신에게로 질서지워져 있기 때문이다.[25] 만일 신의 보편적 섭리의 질서 외부에서 어떤 것도 일어날 수 없다면 이 세계에는 악(malum)과 우연성(contingentia)이 존재할 수 없는 것처럼 보인다. 그러나 악은 존재의 결핍(privatio entis)으로서 선에 기초하며 또한 어떠한 것도 완전히 악하지 않다. 악은 선들의 특수한 원인(cause particulares)의 질서에서만 존재한다.[26] 악은 신이 허용하는 한에서 존재하므로 신의 통치 하에 있다. 우연적인 것(contingentia) 또한 특수한 원인들의 질서 안에서만 존재할 수 있다.[27] 신의 관점에서 볼 때 우연적인 것이란 존재하지 않는다.

2) 인간학적 원리들

가. 인간 본질의 특징

알려진 바와 같이 성 토마스는 인간을 아리스토텔레스의 영혼론과 그의 질료·형상론을 적용하여 규정한다. 인간은 인간적 영

23) Cf. *S. th.*, I, q. 19, a. 6.

24) Cf. *S. th.*, I, q. 103, a. 5 ad 2.

25) Cf. *S. th.*, I, q. 103, a. 8.

26) Cf. *S. th.*, I, q. 103, a. 7 ad 1.

27) Cf. *S. th.*, I, q. 103 a. 7 ad 2.

혼(anima homana)과 제1질료(materia prima)의 복합물이다. 제1질료는 순수 가능태의 원리다. 따라서 육체의 모든 존재성(entitas), 현실성(actualitas)과 완전성들(perfectiones)은 인간 영혼에서 유래된다. 인간 영혼은 동물적 영혼의 근본 기능을 가지며 또한 자신의 고유한 기능을 갖는다.[28] 인간 영혼은 비물질적(immaterialis) 혹은 영적(spiritualis)인 이해 기능과 욕구 기능을 자신의 고유 기능으로 갖는다. 결과적으로 인간은 동물적, 영적 삶들을 갖는다. 다시 말해 인간은 물리적, 심리학적 그리고 영적 차원을 지닌 존재다.

성 토마스는 인간 영혼이 영적(immaterialis, spiritualis)이라고 한다. 이것은 이성(intellectus)과 의지(voluntas)의 영적 행위에 의해 입증된다. 그러한 작용들은 감각적 이해 기능과 욕구 기능의 작용의 도움 없이는 불가능하지만 그 작용들은 후자에게 절대적이거나 본질적인 방식(per se, simpliciter)이 아닌 우연적이고 도구적인 방식(secundum quid, instrumentaliter)으로만 의존한다. 모든 형상과 영혼이 질료에서 구분되는 이상 비물질적인 것은 사실이다. 그러나 인간 영혼은 그것이 질료에서 이끌어지지(educere ex materia) 않았다는 점에서 비물질적이거나 영적이고 따라서 부모들의 영혼에서 유래될 수 없다. 그래서 신에 의해 개별적으로 창조된다.[29] 모든 생명체의 영혼들이 그러하듯이 인간 영혼은 인간의 실체적 형상(forma substantialis)이며 제1의 현실태(actus primus) 원리다.[30] 성 토마스는 인간 영혼이 영적이라는 진리를 표현하기 위해 그것이 육체의 실체적 형상이

28) Cf. *S. th.*, I, q. 86, a. 3.

29) Cf. *S. th.*, I, q. 90, a. 3.

30) Cf. *S. th.*, I, q. 75 a. 1.

며 동시에 그 자체 자립적인 형상(forma per se subsistens)이라고 한다.[31] 이 같은 그의 규정이 모순으로 보일 수 있지만, 실제로는 인간 영혼의 존재론적 위상에 대한 정확한 철학적 규정이다. 인간 영혼이 그 자체 실체적 형상이라는 것은 그 영혼이 동물의 영혼과는 다른 존재론적 등급을 갖는다는 것을 뜻한다.

나. 인간 실존의 특징

인간 영혼이 영적이라는 진리는 인간 본질이 영적임을 뜻하며 따라서 인간 자신이 영적 존재라는 것을 뜻한다. 인간은 육체를 지님에도 불구하고 영적 존재다. 다시 말해 인간은 육체를 지닌 영적 존재다. 인간 본질이 질료로부터 자유로움으로 인해 인간은 물질적 우주를 초월하는 존재다. 영적 존재란 절대적인 것을 추구하며 그것으로 인해서만 자기 충족할 수 있는 존재를 말한다. 그래서 영적 존재의 특징들은 절대적 선으로 인한 자기 충족, 인격성 그리고 불멸성으로 나타난다. 영적 존재와 인격적 존재는 존재론적으로 같은 것이다. 그러나 그 둘의 의미가 다를 뿐이다. 인간이 영적 존재라는 것은 인간이 절대적인 것 혹은 영원한 것에 대해 갈망하는 존재로서 절대자와의 만남으로서만 자기 충족할 수 있음을 표현하며 세계 초월적인 운명을 가진다는 것을 표현하고, 인간이 인격이라는 것은 가치의 중심으로서 자기 목적적이고 하나의 절대적 의미를 가지며 또한 대체 불가능한 유일한 특수자임을 뜻한다.

□ 인격 개념

성 토마스가 어떻게 인격을 이해했는가에 대해서는 많은 저술

---

31) Cf. *S. th.*, I, q. 75, a. 2.

이 있다.[32] 그러나 여기서는 인간 인격이 무엇인지만 간략히 살펴보기로 한다. 보에티우스는 인격을 다음과 같이 정의했다. "인격이란 이성적 본질을 지닌 개별적 실체다."[33] 성 토마스는 이 정의를 수용했고[34] 또한 대부분 현대 토마스주의자들도 이것을 수용한다. 성 토마스는 자신의 '실재론적 실존적 형이상학(realist existential metaphysics)'의 범주와 원리들을 적용하여 보에티우스의 인격 개념을 심화시키고 확장하였다. 그러나 여기서는 그것의 구체적 과정을 생략한다.[35]

□ 인간 인격의 자기 창조

인격에 관한 형이상학적 개념의 중요성을 깨닫게 해주는 철학자들은 누구보다도 토미스트들이다. 형이상학적 개념인 인격 개

32) 인격에 직접적으로 관련되는 책과 논문은 다음과 같다 : Max Müller, *Sein und Geist* (Freiburg / München : Verlag Karl Alber, 1981) ; Theo Kobusch, *Die Entdeckung Der Person* (Darmstadt : Wissenschaftliche Buchgesellschaft, 1993) ; Battista Mondin, *Philosophical Anthropology*, trans. Myroslaw A. Cizden (Rome : Urbaniana University Press, 1991) ; Jacques Maritain, *The Rights of Man and Natural Law*, trans. Doris C. Anson (New York : Charles Scribner's Sons, 1951) ; Horst Seidl, "The Concept of Person in St. Thomas Aquinas : A Contribution to Recent Discussion", *The Thomist* 51 (1987) : pp.435-460 ; Water G. Jeffko, "Action, Personhood, and Fact-Value", *The Thomist* 40 (1976) : pp.116-134 ; James Collins, "Contemporary Theories of Man", *The Thomist* 12 (1949) : pp.17-47.

33) *De duabus naturis*, c. 3 ; ML 64. 1343 : Persona est rationalis naturae individua substantia ; cf. Contra Eutychen et Nestorius in Anicius M. S. Boethius, Boethius : *The Theological Tractates*, ed. G. P. Goold (Cambridge : Harvard University Press, 1973), Ch. 1-5.

34) Cf. *S. th.*, I , q. 29 a. 1, 2.

35) Cf. *I Sent*. d. 1, q. 1, a. 1 ; d. 2 3, q. 1, a.1 ; *II Sent*. d. 3, q. 1, a. 2 ; d. 11, q. 1, a. 2, ad 4 ; *SCG*, III, 128, 130 ; IV, 26, 52 ; *De Pot*., q. 9, a. 2 ; q. 8, a. 4 ad 5.

념보다 인간이 무엇이고 왜 그러한가에 대해서 적절하게 규정할 수 있는 개념은 없는 것 같다. 그렇다면 인격은 구체적으로 무엇을 의미하는가? 인격은 자립적이고 자기 중심적이며, 또한 자발적이고 자기 목적적이며, 대체 불가능(incommunicabilis)하고 유일하다. 그래서 인격은 하나의 절대적 가치를 지니며 타자로부터 양도받지 않은 자신의 존엄성(dignitas)을 갖는다. 인격이 가지는 침범되어서는 안 되는(inviolabilitas) 절대적인 권리는 협상의 대상이 아니다. 인격은 영적 존재로서 모든 물질적 존재에 비해 특별한 존엄성을 갖는다.

N. 클라크 교수는 토미스트들의 인격에 관한 이해를 다음과 같이 요약하고 있다.[36] 인간 인격성은 세 가지 차원에서 자신을 드러낸다. 자기 소유(self-possession), 자기 헌신(self-giving) 그리고 자기 초월(self-transcendence)이 그것이다. 존재함은 하나의 활동이며 활동을 위해서다. 인간 인격의 영적 본질은 인격을 고도의 활동적인 존재이게끔 한다. 인간 인격은 자신을 드러내고 전달한다. 그는 자기를 소유하며 또한 헌신한다. 궁극적으로 인간 인격은 자기를 초월한다. 궁극적 차원에서 자신을 찾기 위하여 인간 인격은 자신으로부터 벗어남으로써 자기를 초월한다. 그는 물질적 세계를 벗어나서 절대적이고 영원한 것과 소통한다는 점에서 자기를 초월한다.

인간 인격의 권한과 자유는 책임이 수반되는 자유로운 자기 창조의 자유와 권한으로 요약된다. 그런데 그의 자기 창조는 다음과 같은 조건 하에서만 의미가 있다. ㉠ 인간은 자신의 본질을 따라야 한다. ㉡ 이성적 동물(animal rationale)인 인간은 자신의

36) W. Norris Clarke, "To be is to be Self-Communicative : St. Thomas' View of Personal Being", *Theology Digest* 33 (1986) : p.453 참조.

삶에서 합리성을 추구하여야 한다. ㉢ 인간은 자신의 모든 기능을 최대한으로 현실화함으로써 자기 충족을 이루어야 한다. 즉, 존재론적 의미의 행복(eudaimonia, beatitudo)을 추구하여야 한다. 이미 검토된 바와 같이 인간 본질은 규정된 구체적인 내용과 경향성을 가지며, 따라서 인간 행위는 그 본질에 적합해야 한다.

행복은 최소한 두 가지 의미를 갖는다. 심리학적 행복은 순간적 심리적 만족함을 뜻하며, 존재론적 행복은 인간의 존재론적 자기 실현(self-achievement)과 자기 성취(self-fulfillment)를 뜻한다. 후자는 주관적 의미에서 인간의 모든 기능의 극대화를 뜻하며 객관적 의미에서는 그 기능들에 대응하는 추구의 대상들인 선들을 뜻한다. 인간은 자신의 본질의 지평에서 벗어나 기능들에 대해 그리고 선들에 대해 주관적으로 평가하거나 하나의 주관적 가치관을 토대로 자기 창조하거나 자기 실현하는 권한을 갖지 않는다.

□ 사회 구성원으로서의 인간 인격

인간은 계약에 의해서만이 아니라 근본적으로 자기 본질에 의해 그리고 또한 계약에 의해 사회 구성원이 된다. 근대 이후 개인 이익의 추구와 공동 이익의 추구는 그 자체로 상호 모순적인 것으로 이해된다. 이 둘을 구분하는 것은 타당하다. 그러나 그것들을 상호 모순적이거나 조화 불가능한 것으로 간주하는 것은 잘못된 일이다. 개인은 자신의 이익을 추구하며, 공동체는 공동체로서 공동 이익을 추구한다는 것은 타당한 명제들이다. 그러나 개인은 자신의 이익뿐 아니라 공동 이익도 동시에 추구하는데, 그 이유는 공동 이익의 추구가 자신의 개인 이익 추구에 유익해서만이 아니라 개인 이익의 추구의 관점에서 벗어나 인간은 공동 이익이 그 자체로 가치 있다는 것을 이해하기 때문이다. 결과적으로 공동 이익과 개인 이익의 추구는 상호 경쟁의 관계가 아니며 화해 불가능하지 않다. 특별한 경우, 이 둘은 상호 배타적으로 나타날 수 있다. 예컨대 나라를 위해 군인이 전사하는 사례가 그것이다. 그러나 사회의 공동 이익보다 더욱 포괄적이며 중요한 인간의 보편적 이익이 있다. 이것은 모든 인간이 자신의 본질에 적합한 것으로 추구해야 할 모든 선들이다.[37] 이 선들의 추구는 인간이 특정한 사회에 속한다는 것과는 무관하게 모든 인간에게 주어진 임무다. 이 같은 보편적 선들에 기초하여 개인 이익의 추구와 공동 이익의 추구의 대립은 궁극적으로 조화 가능하다. 인간은 무엇보다 앞서 이러한 보편적 선들을 추구할 의무를 갖는다.

인간이 본질적으로 사회적인 것은 사실이다. 인간의 인격성과 사회성은 그가 가지는 두 가지 기본 차원이며 이 양자가 서로 상호 침투될 뿐 아니라 부분적으로 중복된다. 그러나 그것들 중 하나가 다른 것으로 환원될 수는 없다. 그런데 이것들은 대등하지 않다. 인격성이 사회성의 근거다. 인간의 사회성은 인간 인격이 지니는 존재 그 자체에 대한 근본적인 자기 개방성의 한 측면이다. 인간의 인간성과 인격성은 존재론적으로 사회성에 기초하지 않는다. 반면 인간의 사회성은 인간의 인격성에 기초한다. 인간 인격성은 존재론적으로 인간 사회 질서에 앞선다. 인간 인격은 사회를 무한히 초월하는 존재로서만 사회의 구성원이다. 따라서 인간적이라고 할 수 있는 사회는 계약만이 아니라 공통적인 영적 인간 본질이라는 존재론적 원리에 기초하는 인격들의

37) Mortimer J. Adler, 『열 가지 철학적 오류(*Ten Philosophical Mistakes*)』, 장건익 옮김, 8장 인간의 본질, pp.163-171 참조.

공동체다. 그래서 인간 사회의 질서는 인간의 인격성에 기초하여야 한다. 그러한 사회 질서만이 인간이 인격으로서 자기 창조와 자기 성취를 이루기 위해 필요한 모든 것을 제공할 수 있다. 인간 사회의 모든 원리와 제도는 인간의 인격성의 관점에서 그리고 그것을 중심으로 재형성되어야 한다.

인간이 인격으로 존중되는 경우에만 인간은 사회의 하나의 기능이나 역할로 전락되지 않는다. 그리고 또한 궁극적으로 영적 존재로서의 인간이 자기 실현을 위해 필요한 사회적 · 경제적 · 정치적 · 가시적인 문화적 가치로서의 물질적 가치뿐 아니라 지적 · 도덕적 · 종교적 가치로서의 영적인 가치를 촉진하는 질서가 이루어질 수 있다. 인간 사회의 포괄적이고 궁극적인 목적은 인격으로서 인간의 자기 실현에 있다. 따라서 인간 사회의 모든 규정과 지침들은 인간 인격성의 관점을 토대로 이루어져야 한다.

3) 윤리학적 원리들

가. 행복을 추구하는 존재로서의 인간

인간은 자기 본질에 따라 행복 일반(eudaemonia, beatitudo)을 추구하는 존재다.[38] 행복은 주관적 의미에서 가장 고귀한 인간의 기능의 현실화 및 극대화다. 그리고 객관적 의미에서는 그러한 기능들에 대응하는 선들이다.[39] 인간은 그가 무엇을 하든 행복 일반을 위해서 한다. 그런데 인간은 자발적으로, 즉 이해하고 의도하며 행동함으로 자신의 행위의 주인이다. 인간의 모든 행위는 궁극적으로 그의 최종적 목적인 행복 일반에 대한 합당함

38) Cf. *S. th.*, I-II, q. 1, a. 4.
39) Cf. *S. th.*, I-II, q. 3, a. 4.

에 비추어 평가된다.

나. 인간의 자발적 행위

□ 자발성의 불완전성

인간 행위의 자발성(voluntarium)의 불완전성은 무지(ignorantia)와 의지 박약에서 유래된다. 무지는 극복될 수 없는(invincibilis) 무지와 극복될 수 있는(vincibilis) 무지로 구분된다. 전자는 비자발성(involuntarium)을 초래하지만 후자는 비자발성을 초래하지 않는다. 두려움(metus)도 때로는 비자발성을 초래한다.[40] 그러나 정욕(concupiscentia)은 비자발성을 초래하지 않는다.[41] 의지는 하위의 욕구 기능들[42]에 의해 간접적으로만 움직여질 수 있다. 그러나 외적 원인에 의해서는 움직여지지 않는다. 외적 원인에 의해 의지의 명령된 행위(actus imperatus)는 움직일 수 있으나 의지 자신의 욕구 행위(actus elicitus) 자체는 움직일 수 없다. 인간은 자신의 극복될 수 있는 무지와 자신의 본질에 따르는 진정한 선에 대한 거부에 대해서 책임을 갖는다. 이러한 행위들은 폭력적 행위들이 될 수 있다.

□ 자발성에서의 기능들의 무질서

자발적 행위를 위해 인간은 숙고(deliberatio)하고 결정한다. 그러한 숙고의 과정을 자발성의 과정(voluntarium)[43]이라고 한

---

40) Cf. *S. th.*, I-II, q. 6, a. 6.
41) Cf. *S. th.*, I-II, q. 6, a. 8.
42) Cf. *S. th.*, I-II, q. 10, a. 3.
43) Cf. *S. th.*, I-II, q. 6 a. 1.

다. 숙고 과정에는 이성, 의지, 영혼의 정념들(passiones animae), 감각적 욕구들 그리고 덕들 모두가 함께 작용한다. 이성은 어떤 것을 선으로 이해하고 그것을 의지에게 추구의 대상으로 제시한다. 의지는 눈 먼 기능과 같이 그러한 이성의 대상에 대한 규정(specificatio) 없이는 어떠한 추구의 대상도 갖지 못한다.[44] 일상언어에서 우리는 의지가 이성이 제시하는 선을 거부한다고 말한다. 그런데 이것은 마치 의지가 욕구 기능뿐 아니라 이해 기능인 듯 표현하는 것이다. 그러나 실제로는 의지가 욕구 기능뿐인 이상 이성이 선으로 이해하는 것을 필연적으로 추구한다. 그래서 우리가 의지의 거부를 거론하는 것은 의지가 이미 이성을 설득하여 인간이 이해하며 의도적으로 의지가 원하는 것을 욕구하는 것을 뜻한다. 도덕적 판단은 항상 이성과 의지의 공동 작용의 결과다.[45]

그런데 왜 의지는 이것이 아닌 저것을 추구하려 하는가? 그 이유는 영혼의 정념과 감각적 욕구들의 영향력에서 찾을 수 있다. 욕구의 대상이 감각적 욕구 기능을 자극하고 또한 정서들을 유발시킬 수 있으며 그것들은 의지의 작용에 간접적으로 영향을 미친다.[46] 영적 욕구 기능인 의지는 모든 감각적 욕구 기능과 정서들을 통제하는 임무를 지님으로 인해 그것들과 밀접한 관계를 맺고 있으며 그 결과 그것들에 의해 간접적으로 영향을 받을 수 있다. 인간은 이성적인 동물이다. 이성은 인간의 모든 자발적 행위에 질서를 부여하여 그것들이 합리성을 지니게 하는 임무를 갖는다. 그러나 이상에서 거론된 바와 같이 자발적 행위가 비이

---

44) Cf. *S. th.*, I-II, q. 9, a. 1.
45) Cf. *S. th.*, I-II, q. 13, a. 1.
46) Cf. *S. th.*, I-II, q. 9, a. 2.

성적일 수가 있다. 그것을 이해하기 위해서는 위에서 언급된 여러 기능들과 덕들이 구체적으로 어떻게 서로 영향을 주고받는지를 탐구해야 한다.[47] 우리는 그 과정의 중요한 계기들만을 고려하겠다.

의지의 대상은 선 일반(bonum in communi)인데 선은 목적의 의미를 갖는다. 의지는 영혼의 다른 기능들과 그것들의 작용을 움직이는데 그것은 그것들이 선 일반에 포함된 특수 선들(bona particularia)과 연관을 맺고 있으므로 가능하다. 그런데 대상은 행위를 규정한다. 즉, 그것을 어떠한 행위로 만든다. 제1의 형상적 원리는 존재(ens)와 이성의 대상인 진리 일반(verum in communi)이다. 그 결과 이성은 대상을 제시함으로써 의지를 움직인다.[48] 이성의 대상은 그것의 완성인 진리다. 그런데 진리는 선 일반에 특수 선으로서 내포된다. 의지는 이성의 작용이 선 일반에 포함된 그러한 특수 선으로서의 진리에 관한 만큼 이성을 움직일 수가 있다. 그러나 대상에 기초하는 행위의 규정에서는 이성이 의지를 움직인다. 그 이유는 선은 어떠한 하나의 형상에 따라 선의 의미 하에서 이해되는 진리이기 때문이다. 따라서 이성과 의지는 다른 관점에서 서로 행위자와 피행위자일 수 있다.[49]

그리고 그 자체, 즉 절대적으로(per se et simpliciter) 더 높은 것이 어떤 점에서는 더 낮은 것일 수 있다. 그래서 의지는 정념들이 지배함에 따라 감각적 욕구에게 종속될 수 있다.[50] 그러나 특수한 기능인 감각적 욕구 기능이 선 일반을 대상으로 하는 의

47) Cf. *S. th.*, I-II, q. 9, a. 1, 2, 4 ; q. 10, a. 3.
48) Cf. *S. th.*, I-II, q. 9 a. 1.
49) Cf. *S. th.*, I-II, q. 9, a. 1 ad 3.
50) Cf. *S. th.*, I-II, q. 9, a. 2 ad 1.

지의 작용을 움직일 수 없다고 주장할 수 있겠다. 하지만 인간의 행위와 선택들은 특수자들이다. 그리고 특수 선과 관계하는 감각적 욕구는 인간이 개별자들과 거래할 때 큰 영향력을 갖는다.[51] 의지가 거주하는 이성의 감각적 욕구 기능들에 대한 통치 행위는 절대적 군주로서가 아니라 지도자나 정치적 리더로서 비유될 수 있다. 그 결과 감각적 욕구 기능들은 의지의 명령에 복종하지 않을 수 있다.[52] 의지는 가능태에서 현실태로 이행되어야 하므로 어떠한 외적 원리에 의해 움직여져야 한다.[53] 그런데 의지의 개념 자체가 그것의 원리가 내적이라는 것을 말한다. 그러나 이것은 의지가 타자에 의해 움직여지지 않는 제일원리라는 것은 아니다. 왜냐하면 어떤 것이든 때로는 가능태 그리고 때로는 현실태에 있는 것은 타자에 의해서 움직여져야 하기 때문이다. 그 결과 자발적 행위가 의지를 내적인 가까운 원리(principium proximum)로 가짐에도 불구하고 외부에 제일원리를 갖는다.[54] 의지의 궁극적 원인은 그것의 창조자며 절대적 선인 신이다.[55] 의지가 어떤 것을 추구하는가에 대해서는 외적 원인을 갖지 않는다. 왜냐하면 그럴 경우 의지 행위가 의지 자신에게 모순되기 때문이다.[56] 감각적 욕구 기능들은 의지를 직접적으로 움직이지 못한다.[57] 의지 행위는 자신의 원인이 아닌 어떠한 외적 원인에 의해서도 움직여질 수 없다.[58] 그러나 은총은 의지의 본질에 적합한 특별한

51) Cf. *S. th.*, I-II, q. 9, a. 2 ad 2.
52) Cf. *S. th.*, I-II, q. 9, a. 2 ad 3.
53) Cf. *S. th.*, I-II, q. 9, a. 4.
54) Cf. *S. th.*, I-II, q. 9, a. 4 ad 1.
55) Cf. *S. th.*, I-II, q. 9, a. 6 ; q. 10, a. 4.
56) Cf. *S. th.*, I-II, q. 9, a. 4 ad 2.
57) Cf. *S. th.*, I-II, q. 9 a. 5.

내적인 방식으로 개입하여 의지가 어떠한 규정된 선을 추구하게 한다.[59]

질서지우는 명령은 이성의 몫이다. 그런데 이성은 의지를 통해 그것을 수행한다.[60] 그것들 둘은 함께 감각적 욕구 기능과 신체를 움직인다. 그런데 의지가 때로는 행위의 작용에서 영혼의 기능들의 제1운동자로 이해된다.[61] 의지는 이성에 대항할 수 있고 또한 정서도 의지에 대항할 수 있다. 의지는 자신의 본래의 '유발된 행위(actus elicitus)'와 '명령된 행위(actus imperatus)'를 갖는다.[62] 의지는 명령된 행위에서만 외적 원인에 의해 움직여질 수 있다.[63] 의지 자신의 행위는 이성적인 주체의 내적 원리로부터 유래되는 것으로서 외부의 강제 행위와 폭행에 의해 움직여질 수 없다. 강제 행위와 폭행은 자발성에 직접적으로 모순되며 또한 자연적인 것에 모순되므로 그것은 비자발성과 비자연성(involuntarium et innaturale)을 초래한다.[64] 영혼의 욕구들이 조화를 이루는 것이 평화의 상태다.[65]

□ 자발성의 폭력

우리는 이상의 논의로부터 몇 가지 결론을 이끌어낼 수 있다. 의지가 이성을 설득하여 그것과 함께 참된 선이 아닌 한 관점에

---

58) Cf. *S. th.*, I-II, q. 9 a. 6.

59) Cf. *S. th.*, I-II, q. 9. a. 6 ad 3 ; q. 109, a. 2.

60) Cf. *S. th.*, I-II, q. 17, a. 1.

61) Cf. *S. th.*, I, q. 82, a. 4.

62) Cf. *S. Th.*, I-II, q. 6, a. 2.

63) Cf. *S. th.*, I-II, q. 6, a. 4.

64) Cf. *S. th.*, I-II, q. 6, a. 5.

65) Cf. *S. th.*, Ⅱ-Ⅱ q. 29, a. 1-4.

서의 선이거나 외관상의 선을 추구하는 행위는 폭력적 행위다. 이와 유사하게 의지의 명령된 행위가 그러한 것을 추구하는 것 또한 폭력적 행위다. 의지의 명령된 행위에 가해지는 행위는 강제 행위이지만 그것이 항상 폭력적 행위는 아니다. 완전히 덕스러운 인간에게서는 자발성의 과정의 질서가 완벽할 것이다. 다시 말해 그러한 이에게는 모든 하위의 기능들이 상위의 기능들에게 순종함으로써 완전한 질서의 평온이 있게 된다. 그런데 그러한 이상적인 인간은 존재하지 않는다. 결론적으로 이성의 규정에 반하는 의지의 행위 그리고 선한 의지의 통제와 명령에 반하는 감각적 욕구들의 행위는 폭력적 행위다. 이러한 행위들 모두는 욕구들의 올바른 위계 질서를 파괴하는 행위로서 폭력적 행위다.

다. 인간 행위의 기준

□ 올바른 이성

성 토마스의 도덕철학은 목적론적(teleological)이다. 인간 행위의 선과 악은 궁극적으로 인간의 궁극적 목적에 대한 적합성에 비추어 평가된다. 하나의 종에 속하는 모든 인간에게는 하나의 종적 궁극적 목적이 있다. 그런데 우리는 어떻게 한 개별적 행위가 그러한 궁극적 목적을 성취하기 위해 적합한가 아닌가를 판단할 수 있는가? 성 토마스는 행위의 선과 악이 인간 이성 그리고 궁극적으로는 영원법에 비추어 평가되어야 한다고 한다. 인간 행위에 가까운 기준(regula proxima)은 올바른 이성(recta ratio)이고[66] 궁극적 기준(regula ultima)은 영원법(lex aeterna)이

66) *In II Ethic.*, lec. 2 ; ed. Pirotta, p.89, n. 257 ; Vernon J. Bourke, *Ethics*,

다.[67] 성 토마스가 따르는 원리는 한 존재자의 행위의 선과 악은 그 존재자의 형상적 본질(essentia formalis)에 대한 적합성 여부에 의존한다는 것이다. 그런데 이성성(rationalitas)은 인간의 종차(differentia specifica)며 그의 실체적 형상(forma substantialis)인 영혼은 이성적이다. 따라서 인간은 이성에 따라 행위할 때 자신의 형상적 본질에 따르는 것이다. 그리고 인간은 또한 이성의 힘에 의해 존재자들의 본질들과 그것들의 연관들을 이해한다. 그래서 인간은 그러한 이해를 바탕으로 간접적으로 신성한 이성의 기획에 대해 이해를 가질 수 있다.

이론 이성과 실천 이성 모두에는 제일원리들이 있다. 실천 이성의 추리의 궁극적 시원은 무엇을 행해야 하는 것에 대한 제일원리다. 즉, 선을 행하고 악을 피하라는 것이다. 이것은 선천적 습관으로서의 선과 악에 대한 이해력, 즉 '근원 양심(synderesis)'에 의해 알려진다.[68] 개별적이고 구체적인 판단에서, 즉 실천 이성의 최종적 판단에서 이것은 양심(conscientia)의 내용으로도 나타난다. 즉, '이것은 옳고 선하다. 그래서 행하라' 또는 '이것은 그릇되고 악하다. 그래서 행하지 말라'가 그것이다. 올바른 이성이란 순수한 형식적 이성이 아니다. 올바른 이성은 구체적인 내용을 담보한다. 이것의 내용은 알려질 수 있는 세계의 질서(ordo naturae ut cognitus)다.[69] 다시 말해 이 내용은 알려진 바로써의 세계의 모든 법칙성이다. 이 내용은 자연과 우주의 법칙뿐만 아니라 인간이 맺을 수 있는 모든 관계들에 대한 법칙이다. 다시

---

p.128, 주 8 참조.

67) Cf. *S. th.*, I-II, q. 21, a. 1; q. 93, a.1, 2, 3, 4, 6.

68) Cf. *S. th.*, I-II, q. 79, a. 12; q. 94, a. 2.

69) 올바른 이성의 객관성에 대해 : Vernon J. Bourke, *Ethics*, pp.126-136 참조.

말해 인간이 자연 및 우주, 타인과 공동체, 역사와 문화 그리고 때로는 절대자와 가지는 관계들이 그것이다. 이 올바른 이성이 기초하는 세계의 질서 혹은 법칙 자체가 이성적 존재인 인간에게 행위의 기준일 수 없다. 따라서 인간의 행위의 기준은 그러한 세계의 질서 및 법칙을 반영하는 이성이다.

□ 양 심

모든 법과 같이 도덕법은 보편적 지침이다. 그런데 한 인간 행위는 구체적인 것으로 특수하다. 그러한 하나의 인간 행위는 자유 의지에 의한 것이고 반복될 수 없는 구체적 상황에서 이루어지는 것이므로 필연적이 아니라는 의미에서 우연적(contingens)이다. 실천 이성은 도덕적 행위의 원리며 그것의 질서지움의 원리다. 따라서 보편적 도덕적 지식을 구체적 행위에게 적용하는 것은 실천 이성의 몫이 된다. 개별적 행위자가 자신의 행위가 옳은지 그른지를 판단해야 하는데, 이것은 그 자신만이 할 수 있다. 왜냐하면 그 자신만이 자신의 의도와 구체적 상황을 자세히 알 수 있기 때문이다. 그런데 행위자 자신의 특수한 행위에 대한 판단은 자의적인 것일 수 없다. 마치 사변적 이성이 존재의 본질들과 그것들의 연관에 의해 지배되듯이, 실천 이성도 객관적인 올바름과 그릇됨에 의해 지배된다. 그러한 실천 이성의 판단 혹은 결정이 바로 양심의 내용이다. 양심이란 나의 실천 이성의 최종적 판단이다.[70]

한 행위자의 실천 이성은 이분화되어 의지와 함께 숙고 과정을 거쳐 결정 혹은 선택(electio)을 하며, 또한 다른 한편으로 올바른 이성으로서의 실천 이성은 보편적 도덕적 법칙을 개별적

70) Cf. *S. th.*, I , q. 79, a. 13 ; Vernon J. Bourke, *Ethics*, p.198 참조.

행위에 적용하는 것이다. 그런데 이것은 동시에 생득적이고 항구적 습관인 근원 양심에 의해 파악된 선과 악에 대한 이해를 개별적 행위에 적용하는 것이기도 하다. 따라서 양심으로서의 실천 이성의 판단은, 행위자 자신의 행위에 대한 결정 혹은 선택과 다르다. 양심은 행위에 대한 선택이 지식과 함께 이루어졌다는 의미에서, 라틴어로 'con-scientia'라고 한다.[71] 양심은 하나의 행위가 옳거나 그릇됐다는 지식일 뿐이다. 그래서 양심은 한 행위에 대한 도덕적 추리의 인지적 종착이다. 양심은 흔히 심리학적으로 이해된다. 그러나 양심은 이상과 같이 형이상학적으로 이해되어야 한다.

4) 성 토마스의 정치철학의 원리들

가. 법과 자연법

□ 법의 정의

인간 행위의 도덕성은 여러 차원의 기준을 갖는다. 그것의 궁극적 기준은 신의 지혜와 동일한 신의 세계에 대한 기획과 통치를 표현하는 영원법(lex eterna)이다.[72] 모든 도덕적 법들은 그것에 기초하며 그것에서 유래된다. 더 가까운 도덕의 기준은 영원법의 일부를 반영하는 자연법(lex naturalis)이다.[73] 그리고 행위의 도덕성의 가장 가까운 기준은 올바른 이성(recta ratio)으로서의 실천 이성이다. 인간은 우연적이고 구체적인 상황에서 자

---

71) Cf. *S. th.*, I, q. 79, a. 13.

72) Cf. *S. th.*, I-II, q. 91, a. 1; q. 93, a. 1.

73) Cf. *S. th.*, I-II, q. 84, a. 1.

신의 개별적 행위에 대해 결정을 할 때, 자신의 실천 이성의 최종적 판단인 양심에 비추어 그 행위를 평가해야 한다.

성 토마스의 법 이론은 서구 정치 사상사에서 중요한 위치를 차지하고 있다. 영원법과 자연법을 이해하기 위해서는 우선 법이 무엇인지 이해해야 한다. 그는 법을 다음과 같이 규정한다.[74) ㉠ 법은 행위에 대해 그것을 행하거나 행하지 말라는 이성의 지침(dictamen rationis)이다. 법은 구체적 사례들에 적용될 수 있는 보편적 지침이다. 그런데 이성은 행위의 원리며 그것의 질서 지움의 원리다. 따라서 어느 법이든 법은 이성의 규정이다. 즉, 이성이 명령하는 지침이다. 성 토마스는 다음과 같이 말한다: "법이란 어떤 이가 행위하도록 인도하거나 행위하기를 금지하는 행위들의 규범 혹은 지침이다. … 인간 행위의 규범 혹은 지침은 인간 행위의 제일원리인 이성이다. … 이에 따라 법은 이성에 속하는 어떤 것이다."[75) ㉡ 법은 공동 이익(bonum commune)을 목적으로 한다.[76) 그래서 어느 누구도 개인 이익을 위해 입법할 수 없다. 개인 이익을 위해 만들어진 법은 법이 아니고 법의 타락인 악법이므로 구속력을 갖지 않는다. ㉢ 법은 개인이 아닌 공동체나 공동체로부터 위임받은 대표자에 의해 만들어진다. 법을 마련하는 것은 집단 전체 아니면 그 전체를 돌보는 공적 인격이다.[77) 이 속성은 위의 두 속성에서 유래된다. 법은 집행 가능하여야만 하는데 한 개인에 의해 만들어진 법은 구속력을 갖지 않으므로 집행될 수 없다. ㉣ 법은 공표(promulgatio)되어야 한다. 법

74) Cf. *S. th.*, I-II, q. 90, a. 1-4.

75) Cf. *S. th.*, I-II, q. 90, a. 1; q. 90 ad 2; q. 91, a. 3.

76) Cf. *S. th.*, I-II, q. 90, a. 2.

77) Cf. *S. th.*, I-II, q. 90, a. 3.

이 행위의 지침인 이상 그것이 행위자에게 적용되지 않을 경우 무의미하다. 그런데 법이 집행되기 위해서는 알려져야 한다.78)

유한한 영적 존재인 인간의 고유 속성은 자신이 자신에게 법이 되는 것이 아니다. 따라서 인간 이성이 도덕법의 궁극적인 원리일 수 없다. 인간 이성은 신성한 이성에서 유래되는 실재에 내재하는 법칙에 의해 지배된다. 사변적으로는 인간이 원하는 무엇이든 생각해볼 수 있다. 그러나 실재에 대한 판단을 할 때, 그는 존재의 객관적이며 보편적 진리에 상응하여야 한다. 명령하는 것은 의지의 특권이 아니다. 의지가 자신이 욕구하는 목적을 성취하기 위해 행위를 명령할 때 의지는 이성의 명령에 따라야 한다. 그러한 이성의 규정 하에서만 의지의 행위가 법의 성격을 갖는다. 결과적으로 법은 항상 이성에서 유래되는 명령이다. 법은 다음과 같이 구분된다.

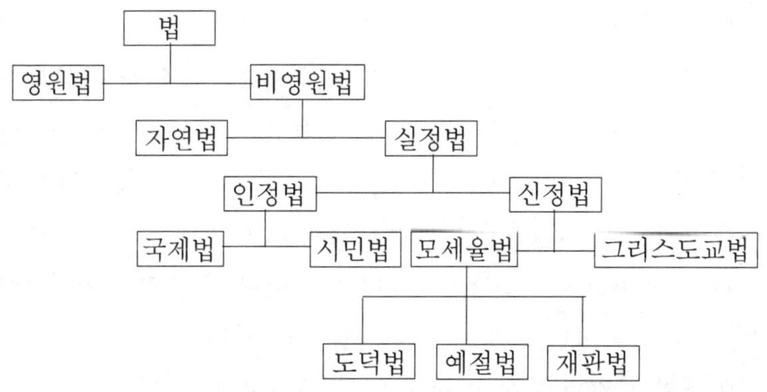

법은 영원법과 비영원법으로 구분된다. 영원법은 세계를 통치하는 신성한 기획이다. 이 법은 신성한 이성 안에 있다. 비영원법

78) Cf. *S. th.*, I-II, q. 90, a. 4.

은 자연법과 실정법으로 구분된다. 실정법은 인간적 실정법과 신성한 실정법으로 다시 구분된다. 자연의 법칙은 신성한 법에 의해 지배된다. 인간적이거나 신성한 실정법은 자연의 법칙에 내포된 신성한 법에 대해 외적이다. 그런데 도덕법으로서의 자연법은 어떠한 의미에서는 자연의 법칙에 내재적이다.

□ 자연법

성 토마스는 자연법이 "이성적 피조물 안에서 영원법의 참여다(participatio legis aeternae in rationali creatura)"라고 말한다.[79] 다시 말해 자연법은 인간이 이성적 동물인 이상 불완전한 방식으로 참여하는 영원법의 부분을 말한다. 주목할 것은, 자연법은 인간 이성에 의해 형성되는 것이 아니라 이미 인간 이성에 내재한다는 것이다. 이 점에서 칸트의 실천 이성의 자율성 이론과 성 토마스가 말하는 인간 이성에 의해 이해되는 도덕법이 구분된다. 자연법은 인간의 자유 행위에 적용되는 영원법의 부분이다. 인간 이성 그 자체가 사물의 지침이 아니고 인간 이성 안에 자연적으로 심어진 원리들이 자연적 이성의 지배 하에서 인간에 의해 행해지는 모든 것들의 지침이며 기준이다. 그러나 인간 이성은 자연, 즉 인간 본질에 의해 행해지는 모든 것들의 기준은 아니다.[80] 따라서 자연법은 물리적이거나 인간 본질의 필연성에 의한 행위가 아닌 자발적 행위만을 지배한다.

인간의 실정법은 두 방법에 의해 자연법에서 유래된다.[81] ㉠ 인간 실정법은 마치 원리에서 결론(conclusio)이 도출되는 것과

79) Cf. *S. th.*, Ⅰ-Ⅱ, q. 91, a. 2.
80) Cf. *S. th.*, Ⅰ-Ⅱ, q. 91, a. 3 ad 2.
81) Cf. *S. th*, Ⅰ-Ⅱ, q. 91, a. 3.

같이 유래된다. 예컨대, 살인을 하지 말라는 법은 타인에게 피해를 주지 말라는 법에서 유래된다. 자연법의 결론으로서의 실정법의 부분들은 자연법과 실정법 모두의 힘을 갖는다. ㉡ 또한 인간 실정법은 규정함(determinatio)에 의해 자연법에서 유래된다. 지침들은 가변적이고 우연적인 상황에 따라 구체적으로 규정된다. 이 지침들은 실정법의 힘을 갖는다. 도덕적 자연법의 결론들의 일부는 모든 인간들이 이해하는 것들이다. 그것들은 모든 이에게 무엇이 옳고 그른지를 가르친다. 이것은 모든 민족들의 법(jus gentium)이며 시민법(jus civile)과 구분된다. 자연법이 지시하는 보편적 선들은 시민사회의 공동선 이상의 것이다. 성 토마스는 이것을 인간 본질에 의한 보편적 선이라고 한다.[82] 이성적 동물이라는 종적 본질에 의해 모든 인간들은 보편적 목적을 공유한다. 예컨대 사적 부도덕성은 비록 그것이 직접적으로 타인과는 관련되어 있지 않으나 행위자 자신의 행복에 대한 추구에 위배되고 따라서 인간의 자연적 보편적 선에 위배된다.

모든 도덕적 덕들은 자연법에 의해서 지시된다. 인간의 형상적 본질에 적합한 모든 행위는 덕스러운 행위이고 자연법에 적합한 것이다. 그러나 선한 행위들 모두가 도덕법에 의해 직접적으로 지시되는 것은 아니다. 자연법은 제1과 제2의 법칙들로 구분될 수 있다. 제1법칙들은 보편적인 것들이다. 그리고 제2의 법칙들은 제1법칙들에서 유래되는 가까운 결론들이다.[83] 자연법의 제1법칙은 '선은 행하고 추구해야 하며 악은 피해야 한다(Bonum est faciendum et prosequendum et malum vitandum)'는 것이다.[84] 이 지침은 그 자체로 자명(per se notum secundum

82) Cf. *S. th.*, I－II, q. 94, a. 3 ad 1 ; Veron J. Bourke, *Ethics*, p.170.
83) Cf. *S. th.*, I－II, q. 94, a. 6.

se)하다. 그래서 이것은 증명될 필요가 없으며 또한 증명될 수도 없다. 이 법칙은 모든 인간들에게 알려진다. 즉, 정상적인 성숙한 인간은 이것을 이해한다. 이 법칙의 보편성은 논리적이거나 수학적인 엄밀한 의미의 보편성이 아니라 드문 예외를 허용하는 보편성이다. 실천 이성의 영역에서는 이러한 보편성만이 가능하고 또한 요구된다. 이 법칙은 인간이 선천적으로 선과 악을 파악하는 이해력을 가졌을 뿐 아니라 선은 행하고 악은 피해야 한다는 당위에 대한 이해력을 가졌다는 것을 의미한다. 인간은 그 자체로 선하거나 악하지 않다. 그러나 인간은 악보다 선에게로 더욱 치우쳐 있으며, 즉 선에 대한 경향성을 가지며 선을 행해야 하는 당위성을 갖는다.

일반적으로 말해, 자연법의 제1법칙들은 다음과 같은 속성을 갖는다. ㉠ 자연법의 제1법칙들은 보편적이다. 즉, 보편타당하다. 이 법칙들은 모든 이들에게 알려질 뿐 아니라 모든 이를 구속한다. ㉡ 이 법칙들은 모든 상황에서 불변(immutabilis)한다. 이 법칙들은 어떠한 구체적인 상황에도 적용될 수 있다. ㉢ 이 법칙들은 소멸 불가능(deleri non potest)하다. 이 법칙들은 항구적인 것으로 인간들의 마음에 항상 자리잡고 있다.

이론 이성의 보편적 원리들과는 달리 실천 이성의 보편적 원리들은 엄밀한 의미의 보편성을 갖지 않는다. 따라서 실천 이성의 원리들과 같이 제2의 자연법의 법칙들은 항상 예외적인 사례를 허용하며 이들 법칙들은 첨가(additio)나 삭감(substractio)의 방식에 의해 수정될 수 있다.[85] 비록 성 토마스가 자연법을 신학적 형식으로 규정한다 해도 자연법은 신 존재를 전제하지 않으

84) Cf. *S. th.*, I-II, q. 94, a. 2.

85) Cf. *S. th.*, I-II, q. 94, a. 4, 5, 6.

며 그 내용에서 철학적이다. 다시 말해 인간 이성 안에 선과 악에 대한 이해가 선천적으로 존재한다는 것은 철학적 진리다.

나. 정 의

□ 정의의 규정

성 토마스는 정의와 부정을 『신학대전』에서 포괄적으로 다루고 있다. 우리는 권리(jus),[86] 정의(justitia),[87] 부정의(injustitia)[88]와 정의의 부분(partes justitiae)[89]에 대한 절들만을 간략하게 검토하겠다.

성 토마스는 정의를 권리와 연결시킨다. 덕의 행위에서 올바름(rectum)은 행위자 자신이나 타인에게 연관된다. 정의는 어떠한 평등 원리에 따른 타인과의 연관에서의 올바름이다. 정의로운 것(justum)은 정의의 올바름이다. 정의는 그 자체로 정의로움이라는 대상에 의해 규정된다. 그런데 이것이 바로 권리다. 그래서 권리는 정의의 고유한 대상이다.[90] 정의로움(justum)은 타인과의 관계에서의 평등의 대응에서 올바른 것(rectum)이다. 권리는 본질에 따르는 것으로서 자연적이며 관습에 따르는 것으로서 실증적인 것이다.[91] 성 토마스는 자연적 권리를 엄밀한 의미와 넓은 의미로 구분하며 민족들의 법(jus gentium)은 후자에 속한다고 한다.[92]

---

86) Cf. *S. th.*, II-II, q. 57.
87) Cf. *S. th.*, II-II, q. 58.
88) Cf. *S. th.*, II-II, q. 59.
89) Cf. *S. th.*, II-II, q. 61.
90) Cf. *S. th.*, II-II, q. 57, a. 1.
91) Cf. *S. th.*, II-II, q. 57, a. 2.

정의에 대한 규정을 위해 성 토마스는 우선 정의에 대한 법적 정의를 검토한다. 정의의 법적 정의는 '각자에게 그의 권리를 부여하는 확고하고 항구적인 의지'다.[93] 그래서 정의는 '각자에게 올바른 몫을 주는 덕이며 의지의 습관적 상황'이다.[94] 덕은 인간 행위와 그 행위자를 선하게 만든다. 그런데 이것이 정의에 해당된다. 정의는 인간 행위를 올바른 것으로 만든다(rectificare).[95]

정의로운 행위는 인간이 수행해야만 하는 행위이지만 덕스러운 행위다. 왜냐하면 수행해야 하는 것일지라도 즉각적이고 자율적으로 행하는 것은 덕스럽기 때문이다.[96] 이 맥락에서 성 토마스는 두 종류의 필연성을 구별한다. 하나는 '강제의 필연성(necessitas coactionis)'이고 또 다른 하나는 '규율의 의무이거나 목적에서 유래되는 필연성(necessitas ex obligatione praecepti sive ex necessitate finis)'이다. 한 인간은 정의롭게 행위하지 않으면서 덕들의 목적을 달성할 수가 없다. 따라서 정의로운 행위는 두 번째 필연성에 속한다. 성 암브로시우스를 따라 성 토마스는 정의를 '각자에게 그의 것을 부여하는 것'으로 정의한다(reddere unumcuique quod suum est).[97]

정의는 도덕적 덕들 중 가장 근본적이고 가장 중요한 덕이다. 왜냐하면 그것 없이는 다른 덕들이 목적을 달성하지 못하기 때문이다. 정의는 또한 모든 도덕적 덕들을 총괄하는 덕이다. 정의

92) Cf. *S. th.*, II-II, q. 57, a. 3.

93) Cf. *S. th.*, II-II, q. 58, a. 1.

94) Ibid.

95) Cf. *S. th.*, II-II, q. 58, a. 2.

96) Cf. *S. th.*, II-II, q. 58, a. 3 ad 1.

97) Cf. *S. th.*, II-II, q. 58, a. 11, Sed Contra.

가 특별히 중요한 덕인 이유는 이것만이 타인과의 관계 그리고 직접적으로 공동선과 연관되어 있기 때문이다. 성 토마스는 모든 덕들을 보편적 혹은 법적 정의의 관점에서 고려한다. 왜냐하면 모든 행위들이 궁극적으로 공동선으로 질서지워지기 때문이다.[98] 결론적으로 성 토마스가 정의를 도덕적 덕들 중 가장 근본적인 것이라고 생각하는 궁극적 이유는 첫째, 공동선이 개별자의 선을 능가하고,[99] 둘째, 행위자 자신이나 타인과 연관되는 모든 덕의 행위들이 공동선에게로 연관될 수 있는데 정의가 바로 모든 행위를 그것에게로 질서지우기 때문이다.[100]

덕은 그것이 올바르게 만드는 행위의 기능 안에 있다. 정의가 이론적 덕이 아님으로 이성에 있다고 할 수 없다. 질서지우는 명령을 하는 것이 이성의 임무이지만 행위의 가까운 원리는 욕구 기능이다. 그런데 인간에게는 두 가지 욕구 기능들이 있다 : 이성 안에 있는 의지와 감각적 욕구 기능들이다. 감각적 이해는 타인과의 관계에서 균등성의 비례를 검토하지 않는다. 그것을 수행하는 것은 이성의 임무다. 따라서 정의는 이성에 있으며 정확하게는 의지에 있다.[101] 의지는 영혼의 모든 부분을 명령하면서 움직인다. 이 점에서 정의는 자신의 충만함에 의해(per redundantiam) 영혼의 모든 부분에 속한다.[102] 행위의 직접적 원리며 영적 기능인 의지에 존재하는 정의는 이성과 함께 한 개인과 타자와의 관계의 균등성의 비례를 검토한다.[103]

---

98) Cf. *S. th.*, II-II, q. 58, a. 5.
99) Cf. *S. th.*, II-II, q. 58, a. 12.
100) Cf. *S. th.*, II-II, q. 58, a. 6.
101) Cf. *S. th.*, II-II, q. 58, a. 4.
102) Cf. *S. th.*, II-II, q. 58, a. 8, 1.

이성에 의해 올바르게 될 수 있는 모든 것이 도덕적 법의 대상이다. 내적 정서들, 외적 행위들이 그것이다. 전자는 인간 안에서 올바른 것이 되며 후자는 타자와의 연관에서 올바른 것이 된다. 정의는 타자와의 관계에서의 모든 것을 특수한 대상으로 갖는다.[104] 비록 내적 정서들이 타자와의 연관과 관련되어 있지는 않지만, 그것들의 결과인 외적 행위들은 타자와의 연관과 관련된다.[105] 정서들은 의지의 행위가 아닌 감각 작용의 행위다.[106] 용기와 절제와는 달리 정의는 그것의 대상에 따르면 정서들과 관계하지 않는다.[107] 그러나 감각 작용들의 행위가 외부에서 종결될 수 있으며 정의가 그것을 올바르게 함으로 감각 작용들과 관계를 갖는다.[108] 타인과의 관계와 거래하는 정의는 균등성의 비례성을 고려한다. 따라서 정의의 중용은 사물의 중용(medium rei), 즉 객관적인 중용이다.[109]

□ 특수 정의와 일반적 정의

정의는 한 인간의 타인과의 관계에 질서를 부여한다. 정의는 한 인간을 개별자로 그리고 사회 구성원으로 간주한다. 그런데 각 개별자인 개인은 공동체의 부분이다. 그리고 부분의 선은 전체의 선에게로 연관지워질 수 있다. 이에 따라 덕의 모든 행위들은 자신과 관계하든 타인과 관계하든 모두 공동선으로 연결될

---

103) Cf. *S. th.*, II-II, q. 58, a. 4.
104) Cf. *S. th.*, II-II, q. 58, a. 8.
105) Cf. *S. th.*, II-II, q. 58, a. 8 ad 3.
106) Cf. *S. th.*, I-II, q. 22, a. 3 ; q. 59, a. 4.
107) Cf. *S. th.*, II-II, q. 58, a. 9.
108) Cf. *S. th.*, II-II, q. 58, a. 9 ad 2.
109) Cf. *S. th.*, II-II, q. 58, a. 10.

수 있다(ordinabile). 그런데 정의가 바로 이러한 관계맺음을 이룬다. 그러한 이유로 정의는 보편적 덕이라 불린다. 그리고 법이 인간의 행위를 공동선으로 질서지우기 때문에, 보편적 정의는 '법적 정의(justitia legalis)'라고 불린다.[110]

'특수 정의(justitia particularis)'는 도덕적 덕이다.[111] 그런데 언급된 바와 같이 자신과 관계하는 모든 덕은 타인과의 관계로 연관되며 특별한 방식으로 공동선과 연결되므로 정의는 동시에 보편적 덕이다.[112] 이것이 '일반적 정의(justitia generalis)'다. 그런데 어떤 것이 두 가지 방식으로 보편적일 수 있다. 즉, 술어화에 의해(secundum praedicationem) 그리고 힘에 의해(secundum virtutem) 그러하다. 첫째는 특수자들이 같은 본질을 가짐으로 인해 보편자에 속하는 경우이고, 둘째는 마치 태양이 다양한 결과를 초래하는 것과 같은 경우다. 특수한 덕인 애덕(caritas)이 모든 행위를 신성한 선으로 연관짓는 것과 같이 특수한 도덕적 덕인 정의도 모든 덕의 행위를 자신의 목적인 공동선으로 연관지운다.[113] 일반적 정의에서 권리의 담지자는 공동체다. 이 권리는 공동선을 위한 것이다. 본질 면에서는 특수한 덕이며 힘에서는 보편적 덕인 정의는 모든 선들을 공동선에게 연관지운다. 이 점에서 법적 정의는 다른 덕들과 본질 면에서 같지만 그 형상, 즉 의미에서 다르다. 법적 정의로서의 정의는 그것이 모든 덕들을 공동선으로 연관지운다는 점에서 다른 덕들보다 탁월하다.[114]

110) Cf. *S. th.*, II-II, q. 58, a. 5.
111) Cf. *S. th.*, II-II, q. 58, a. 5 ad 1.
112) Cf. *S. th.*, II-II, q. 58, a. 5 ad 3.
113) Cf. *S. th.*, II-II, q. 58, a. 6.
114) Cf. *S. th.*, II-II, q. 58, a. 6 ad 4.

□ 분배 정의와 회복 정의 및 보복 정의를 포함하는 교환 정의

정의는 '분배 정의(justitia distributiva)'와 '회복 정의(justitia retributionis)' 혹은 '보복 정의(justitia vindicativa)'를 포함하는 '교환 정의(justitia commutativa)'로 구분된다. 아리스토텔레스는 특수 정의를 이 두 정의로 구분하였다. 그러나 성 토마스는 분배 정의를 공권력과 그리고 교환 정의를 개별자들과 연관시키는 경향을 보인다.[115] 교환 정의는 공동체의 부분으로서의 개별자들 사이의 교환과 관계하며 분배 정의는 전체의 부분으로서의 개별자들에게 공공적인 것들을 분배하는 것과 관계한다.[116] 분배 정의에서는 중용이 대상과 대상 사이의 균등(secundum agalitatem rei ad rem)을 따르는 것이 아니라 대상과 인간들 사이의 비례적 균등(secundum proportionem rerum ad personas)을 따른다. 이 비례는 기하학적(secundum geometricam proportionalitatem)이라 할 수 있다. 그러나 교환 정의에서는 중용이 산술적 중간성의 균등(secundum arithmetricam medietatem)을 따른다.[117]

회복의 정의도 교환 정의에 속한다. 이 정의는 다름아닌 소유와 주권을 다시 원상태로 돌리는 것이다. 이것은 침해된 정의를 회복하고 적절한 형벌을 가하는 것이다. 따라서 보복의 정의는 '형벌적 악(malum poenale)'을 가함으로써 집행된다. 이 정의는 대상 대 대상에 대한 보상에 기초하는 균등을 따른다.[118] 보복의 정의에서 중요한 것은 집행자의 의향(animus)이다. 그 의향이 복수를 목적으로 하면 안 된다. 왜냐하면 타인에게 고통을 가함

115) Cf. *S. th.*, II-II, q. 61, a. 1.
116) Ibid.
117) Cf. *S. th.*, II-II, q. 61, a. 2.
118) Cf. *S. th.*, II-II, q. 62, a. 1.

으로써 기쁨을 누리는 것은 애덕에 어긋나기 때문이다.[119] 신학적으로 고려할 때 신은 정의로우며 신의 정의로운 행위는 항상 자비와 사랑을 전제로 한다.[120]

□ 사회적 정의

성 토마스는 'justitia generalis'와 'justitia legalis'라는 표현은 사용하지만 'justitia socialis'라는 표현은 사용하지 않는다. 사회적 정의는 성 토마스의 보편적 정의에서 직접적으로 도출된다기보다는 그의 인간 인격성에 대한 이해, 자연법론, 법 이론과 정의론 일반에 기초하고 있다.

사회적 정의에 대한 오해를 해소하기 위해서는 성 토마스의 일반적 정의에 관한 텍스트를 면밀히 살펴볼 필요가 있다.[121] 사회적 정의라는 표현은 가톨릭 저자들에게 처음으로 다셀리오(Luigi Taparelli d'Azeglio, S. J.)에 의해 제기되었다.[122] 사회적

---

119) Cf. *S. th.*, II-II, q. 108, a. 1.

120) Cf. *S. th.* I, q. 21 a. 1, 4.

121) *S. th.*, II-II, q. 58, a. 5 : Manifestum est autem quod omnes qui sub communitate aliqua continentur comparantur ad communitatem sicut partes ad totum. Pars autem id quod est totius est ; under et quolibet bonum partis est ordinabile in bonum totius. Secundum hoc igitur bonum cujuslibet virtutis, sive ordinantis aliquem hominem ad ad seipsum sive ordinantis ipsum ad aliquas alias personas singulares, est referibile ad bonum commune, ad quod ordinat justitia. Et secundum hoc actus omnium virtutum possunt ad justitiam pertinere, secundum quod ordinat hominem ad bonum commune. Et quantum ad hoc justitia dicitur virtus generalis. Et quia ad legem pertinet ordinarein bonum commune, ut supra (1-2 q. 90 a. 2) habitum est, inde est quod talis justitia , praedicto modo generalis, dicitur justitia legalis ; quia scilicet per eam homo concordat legi ordinanti actus omnium virtutum in bonum commune.

122) Cf. *Saggio teoretico di dritto naturale* 2v. (Palermo, 1840) no. 353.

정의라는 표현이 채택된 이유는 법적 정의가 분배 정의와 혼동될 수 있고 또한 법적 정의는 평등주의적 사회주의의 의미를 함축하기 때문이다. 교회의 가르침에 사회적 정의를 소개한 것은 교황 비오 XI세다. 그는 이미 1923년에 성 토마스가 '법적 혹은 사회적 정의의 원리들'을 형성했다고 말한 바 있다.[123)]

교황 비오 XI세는 회서 '40주년(Guadragesimo Anno)'에서 사회적 정의라는 표현을 최소한 여덟 번 사용하였다. 교황이 그 표현을 사용한 맥락에서 우리는 그것의 내용을 알 수 있다. ㉠ 사회 정의는 공동체의 공동선에 대한 배려와 동일하다.[124)] ㉡ 사회적 정의는 노동자들의 가족들이 필요로 하는 충분한 봉급과 고용 기회의 최대화를 요구한다.[125)] ㉢ 노동자들의 인간 존엄성에 대한 배려, 경제적 삶의 사회적 성격, 사회적 정의나 공동선을 배제하는 노동의 사용은 올바른 질서를 해친다.[126)] ㉣ 사회적 정의는 복지 시설의 설립을 요구한다. ㉤ 경제적 질서는 사회적 정의의 기준에 종속된다. 자유 경쟁은 경제에서 충분한 통제 원리가 아니다. 경제는 더욱 고귀한 '사회적 정의와 사회적 카리타스'에 호소해야 한다.[127)] ㉥ 국가의 제도들은 모든 사회들의 공동선, 즉 사회적 정의의 기준의 요구 사항을 충족시켜야 한다.[128)]

회서 '하느님이신 구세주(Divini Redemptoris)'(1917)는 사회적 정의를 확정하고 있다.[129)] 그럼에도 불구하고 '사회적 정의'라

---

123) Cf. *Studiorum Ducem, ActApS* 15 (1923) 322.

124) Cf. *ActApS* 23 (1931) 196, 1971.

125) Ibid. 200, 2002.

126) Ibid. 210.

127) Ibid. 206.

128) Ibid. 212.

129) *ActApS* 29 (1937) 92 : It is of the very essence of social justice to

는 표현은 내용이 모호하고 일반적 정의와 분배 정의를 혼동한다는 비판을 받아왔다. 교황 비오 XII는 사회적 정의라는 표현을 드물게 사용하였으며 그것을 공동선에 대한 배려로 이해하였다. 개인주의와 자유주의 철학의 영향 아래서 다수의 19세기와 20세기의 가톨릭 사상가들은 정의를 교환 정의로 이해하려 하였다. 이 경우 교환 정의의 의무를 능가하는 의무는 카리타스의 의무가 된다. 그 결과 교회는 다시 전통적 정의의 사상을 재천명하게 되었다. 즉, 부분들을 전체로 그리고 개인들과 그들의 모든 행위를 공동선으로 연결시키지 않는다면 진정한 의미의 정의는 존재할 수 없다는 것이다. 실제로 공동선은 특수한 선들과 무관하지 않다. 공동체의 구성원들을 모든 가능한 선에 참여하게끔 하는 것은 공동선들의 공동체다. 그런데 그러한 목적은 공동체의 선의 매개 없이는 불가능하다. 공동체의 선이란 공동선으로서 개인들에게 부과되며 그들로 하여금 공동선을 위해 여러 임무들의 수행에 참여하게 한다. 따라서 사회적 정의는 인간들을 선의 공동체를 위한 공동체의 선에 종속시킨다.130)

교황 요한 XXIII는 회서 '어머니시오 스승(Mater et Magistra)'에서 경제적 질서가 인간 존엄성을 배려하지 않으면 정의롭지 못하다고 한다.131) 교황들의 회서들이 사회적 정의를 설명하는

---

demand from each individual all that is necessary for the common good. But just as in the living organism it is impossible to provide for the good of the whole unless each single part and each individual member is given what it needs for the exercise of its proper functions, so it is impossible to care for the social organism and the good of the society as a unit unless each single part and each individual member … is supplied with all that is necessary for the exercise of his social function. (New Cath. Encyclop., (McGraw-Hill, 1967) vol.13, p.320, Social Justice.)

130) Cf. Gaston Fessard, *Autorite et bien commun* (Paris 1944) 55.

데에서 그리스도교 원리들이나 종교적 언어를 사용하는 것은 사실이다. 그러나 사회적 정의는 그것이 그리스도교 정의 개념이기 이전에 진정한 인간적 정의라고 할 수 있다. 사회적 정의는 분배 정의와 법적 정의의 이론들이 드러내지 않는 정의의 차원을 드러내고 있다. 사회적 정의에서 문제시되는 것은 외적인 제도적이고 법적인 정의의 영역이 아니라 인간의 본질과 인간 공동체의 본질에서 유래되는 인간 존엄성과 권리들이다. 이 점에서 사회적 정의는 보편적인 인간적 정의라고 할 수 있다.

진정으로 인간다운 정의는 외적이고 법적인 질서를 넘어서 구성원의 개인 대 개인 관계 그리고 개인들과 사회 공동체의 관계를 인간다움이라는 관점에서 고려해야 할 것이다. 이것은 바로 인간이 인격적 존재이고 인간 사회는 인격들의 공동체라는 것을 뜻한다고 할 수 있다. 이미 아리스토텔레스는 자신의 윤리학설에서 공동체의 삶의 조화는 정의에 의해서만이 아니라 사랑(philia)에 의한 것이라고 지적한 바 있다. 인간다운 정의는 사랑과 밀접한 관계를 맺는다. ㉠ 사랑은 정의보다 중요하다. ㉡ 모든 정의의 의무는 사랑의 의무며 정의의 결함은 사랑의 결함이다. ㉢ 사랑은 정의의 요구를 충족시키는 것을 보증한다. ㉣ 정의의 구현은 사랑 안에서 이루어져야 한다. ㉤ 인간은 타인을 위해서 정의가 요구하는 것 이상을 행해야 한다. 사랑은 인간을 자신의

---

131) *Mater et Magistra*, *ActApS* 53 (1961) 422 : if the organization and structure of economic life be such that the human dignity of the workers is compromised, or their sense of responsibility is weakened, or their freedom of action is removed, then we judge such an economic order to be unjust, even though it produces a vast amount of goods, whose distribution conforms to the norms of justice and equity. (*New Cath. Encyclop.*, (McGraw-Hill, 1967) vol.13, p.320, Social Justice.)

정의로운 권리마저도 희생하게 한다.

사회적 정의는 개인과 공동체의 관계, 개인의 선과 공동선의 관계를 부분들과 전체의 관계로 설명한다. 그런데 이 내용은 일반적 정의의 것과 다르다. 그러한 관계에 대한 설명에서 사회적 정의는 인간 존엄성과 인권 및 사랑을 강력히 주장한다. 그런데 그럼에도 불구하고 그러한 주장들은 더욱 논리적으로 전개되어야 한다고 본다.

□ 정의의 속성들

정의의 속성들은 다음과 같이 요약된다:

1. 정의란 '각자에게 그의 것을 부여하는 것'이다.

2. 정의는 각자의 몫을 고려하는 이성 안에 있는 의지에 내재한다.

3. 정의는 '분배 정의'와 '보복의 정의'를 포함하는 '교환 정의'로 구분된다. 아리스토텔레스는 이 정의들을 특수 정의 내에서 구분하였다. 그러나 성 토마스는 분배 정의를 권력과 연관시키며 교환 정의를 개인과 연관시킨다.[132]

교환 정의에서, 권리의 주체는 개인뿐 아니라 공동체와 법인들이나. 교환 정의는 권리 주체들 사이의 교환의 올바름을 요구한다. 분배 정의는 각 개인에게 공동체의 구성원으로의 몫을 부여하는 것을 요구한다. 보복의 정의는 파괴된 정의를 재구현함으로써 권리의 주체들 사이의 공정한 몫을 요구한다. 따라서 보복의 정의는 교환 정의에 속한다. 악한 행위나 위법 행위에는 형벌이 따를 수밖에 없다. 이것은 가해자가 실제로 형벌을 받게 되는 것과는 무관하다.

---

132) Cf. *S. T.*, II-II, q. 61, a. 1.

4. '특수 정의'와 '일반 정의'의 구분은 정의의 본질에서 유래되는 것으로 매우 중요하다. 특수 정의는 개인의 도덕적 덕이다. 이 덕은 다른 도덕적 덕들의 기반이 된다. 왜냐하면 도덕적 덕들이 자신들의 목적을 달성하는 것이 정의로움이기 때문이다. 그 결과 특수 정의는 도덕적 덕을 총괄하는 덕으로 이해된다. 특수 정의는 그 자체로 다른 덕들보다 탁월한 덕이다. 왜냐하면 이 덕만이 타자와 공동선과 관계하기 때문이다. 바로 이러한 이유로 정의는 특수 정의와 일반 정의로 구분된다.

일반적 정의는 모든 인간의 행위와 모든 도덕적 덕들을 공동선으로 질서지운다. 이것은 인간 행위가 자신과 관계하든 타자와 관계하든 도덕적 덕들도 한 인간에게 해당하든 타자와의 관계에 해당하든 그러하다.[133] 성 토마스는 공동선이 개인 선에 우선하는 만큼 일반적 정의가 모든 도덕적 덕들보다 큰 중요성을 갖는다고 말한다.[134] 일반적 정의에서 권리의 주체는 공동체며, 공동선을 목적으로 한다. 그런데 공동선을 산출하고 실현하는 것은 공동체뿐만 아니라 구성원들의 의무다. 일반적 정의와 분배 정의는 하나의 비례성에 기초하는 평등성에 의존한다. 공동체 구성원들은 자신이 공동체의 공동선에 기여하는 만큼 자신의 몫을 갖게 된다.

5. 사회적 정의란 교황들과 가톨릭 신학자들이 성 토마스 사상에 기초하여 규정한 포괄적 정의 개념이다. 성 토마스의 일반 정의에서 유래된다고 말해지는 이 정의는 그 내용에서 인간의 본질과 인간의 사회 공동체의 본질에 대한 이해에 기초한다. 사회적 정의는 인간의 사회성뿐 아니라 인간 인격성에 기초하는 정

133) Cf. *S. T.*, II-II, q. 58, a. 5.
134) Cf. *S. T.*, II-II, q. 58, a. 12.

의로서, 한 인간이 어떤 특정한 공동체에 속한다는 점을 지양하여 그가 인류의 공동체에 속한다는 점을 근거로 모든 인간의 공통된 선들, 즉 인권들을 고려하는 정의 개념이다. 이러한 정의 개념은 일반적인 인간의 사회성에만 기초하는 정의 개념에서 구분된다. 이 정의 개념은 인권이나 인간 상호 간의 형제 사랑을 외적인 요인으로 정의 개념에 부가해야 할 필요성을 넘어서 있다. 비록 사회적 정의가 가톨릭 교회의 공식적 정의 개념으로서 신학적인 것은 사실이지만, 이 정의는 그 내용에서 철학적이다. 따라서 사회적 정의는 일반적으로 받아들여질 수 있는 정의다. 이상의 다양한 종류의 정의에 반하는 모든 행위는 폭력적 행위다.

5) 평 화

합일(concordia)은 여러 의지들이 하나로 통일되는 것을 말한다. 그러나 평화(pax)는 그 이상의 것이다. 한 인간 마음은 다양한 것들에 대해 두 가지 방식으로 지향한다. 1. 감각적 욕구 기능들이 영적 욕구 기능인 의지의 방향을 역행한다. 2. 같은 감각적 욕구 기능이 한 순간에 달성할 수 없는 다양한 대상들을 지향한다. 그 결과 욕구 기능의 작용들 사이에 갈등이 발생한다. 그런데 평화는 욕구 기능들의 합치며 조화다. 어떤 이가 자신이 원하는 것을 소유하지만 지금 소유할 수 없는 것들을 욕구할 때 그는 마음의 평화(cor pactum)를 얻지 못한다. 합의는 추구자들의 다양한 욕구들의 합치이지만 평화는 그것과 함께 그들 각자 안에서의 욕구들의 합치며 조화다.135)

성 아우구스티누스가 두 인간들 사이의 합일(concordia)과

135) Cf. *S. th.*, II-II, q. 29, a. 1.

질서 있는 합일(concordia ordinata)도 평화라고 부르는 것은 사실이다. 그러나 평화는 그것 이상의 것이다. 예컨대 절박한 두려움에 의해 강제로 이루어지는 합일은 평화가 될 수 없다. 왜냐하면 합의자들 사이에 질서가 존중되지 않고 침해되기 때문이다. 따라서 성 아우구스티누스는 평화는 무엇보다 질서의 온평(tranquillitas ordinis)을 뜻한다고 한다. 그런데 이것은 모든 욕구의 기능들이 한 인간 안에서 함께 조화를 이루는 것(conquiescunt)을 뜻한다.[136] 모든 것은 평화를 추구한다.[137] 그리고 모든 인간은 평화를 추구한다. 어느 누구나 추구하는 것을 안전하게 추구하고 방해물 없이 얻으려 하는 만큼 평화를 추구한다. 평화와 합일에 어긋나는 것은 불화(dissensio)다. 불화는 두 방식으로 평화에 위배된다. 인간 자신 안의 불화와 타자의 관계에서의 불화다. 그러나 불화는 둘째 방식으로만 합일에 위배된다.[138] 모든 평화에 어긋나는 행위는 폭력적 행위다.

6) 카리타스

인간에게 모든 욕구의 조화와 타인과의 욕구들의 조화를 표현하는 평화의 원인은 카리타스다. 카리타스는 모든 힘을 다해 신을 사랑하고 모든 것을 신 안에서 행함으로써 인간의 모든 욕구들이 하나로 통일되는 것이다. 그리고 타인을 자신과 같이 사랑하여 그가 원하는 것을 자신의 것과 같이 충족시키려 하는 것이다.[139] 평화는 카리타스의 고유한 결과다.[140] 이러한 평화는 은

---

136) Cf. *S. th.*, II-II, q. 29, a. 1 ad 1.
137) Cf. *S. th.*, II-II, q. 29, a. 2.
138) Cf. *S. th.*, II-II, q. 29, a. 1 ad 3.
139) Cf. *S. th.*, II-II, q. 29, a. 3.

총의 삶에서만 가능하다. 완전한 개인적 평화는 카리타스로 인한 욕구들의 완전한 조화로서 최고선인 신을 지향한다. 그러나 불완전한 평화는 이성과 의지가 감각 욕구 기능에서 발생하는 비합리적인 욕구들을 통제할 때 이루어진다. 평화가 카리타스의 근본적인 합일시키는 힘(vis unitiva)에 의한 것이지만 정의가 평화를 위한 노력의 방해물을 제거(prohibere)하는 만큼 또한 정의의 내실(opus)이기도 하다. 완전한 평화는 복락 직관에서 가능하지만 불완전한 평화는 이 세상에서도 가능하다.[141)]

평화는 성령의 선물(갈라 5, 23)이며 또한 성서에 나타난 축복 중의 하나다(마태 5, 9). 카리타스의 행위를 위해서는 초자연적 덕인 카리타스가 필요하다. 철학적으로 고려할 때 은총은 하나의 영혼에 부과되는 초자연적인 우유적 형상(accidens)이다. 카리타스는 사랑의 행위를 즉각적으로 그리고 기쁘게 행하도록 한다. 카리타스와 정의는 형상적 대상에서, 즉 그 의미에서 다르다. 아리스토텔레스의 정의와 사랑의 구분에 따라 성 토마스는 정의가 타인과 관계하는 행위의 법적인 의무에 관한 것이지만 카리타스는 타인과의 관계에서 우애와 도덕의 의무에 기초하는 무상의 봉사로 보고 있다.[142)] 모든 카리타스에 위배되는 행위는 폭력적 행위다.

4. 성 토마스의 정치 사상

성 토마스는 정치철학에 대한 체계적인 저작을 서술하지 않았

140) Cf. *S. th.*, II-II, q. 29, a. 4.

141) Cf. *S. th.*, II-II, q. 29, a. 2. ad 4.

142) Cf. *S. th.*, II-II, q. 23, a. 2.

다. 그의 정치철학적 사상은 그의 신학 저작들에 산재되어 있으며, 일부는 엄밀한 의미에서 신학적이다. 우리는 성 토마스의 신학과 철학의 원리들 중 그의 정치 사상에 가장 큰 영향을 주는 것들을 검토하고, 그의 정치 사상을 개괄적으로 소개하려 한다.

1) 성 토마스의 정치학에 대한 저작

사회적 폭력적 행위들에 대한 성 토마스의 사상을 이해하기 위해서는 그의 정치철학 일반에 대한 이해가 요구된다. 그래서 그 사상의 몇 가지 중요한 계기들을 소개하겠다. 성 토마스는 『신학대전』 II-II를 서술하는 시기에 『니코마코스 윤리학』에 대해 주석(1271-72)을 달았다. 그는 아리스토텔레스의 『정치학』의 일부에도 주석을 달았다. 그는 『왕권에 관하여(*De Regno*)』를 1265년에 집필하기 시작했으나 완성하지 못했다. 성 도미니코회에는 두 개의 정치학에 대한 저서들이 존재하였는데 그것들의 역사는 매우 복잡하게 전개된다. 하나는 성 토마스의 『왕권에 관하여』이고 다른 하나는 『군주들의 통치(*De Regimine Principum*)』다. 후자는 성 토마스의 친구이자 제자로서 1327년에 사망한 디 루카(Tolemeo di Lucca)의 것으로 간주되었다. 성 토마스의 『왕권에 관하여』는 그가 사망한 지 얼마 되지 않아 출판되었다. 그러나 그 두 저서들은 13세기 말부터 『군주들의 통치』라는 제목으로 통일되었다.

『왕권에 관하여』는 성 토마스의 정치철학 전체를 표현하지 않는다. 이 글은 중세 그리스도교의 세계에서 군주를 계몽하는 것을 목적으로 한다. 이 책의 심오한 정신적 의미와 깊이 있는 영혼의 의미는 시민사회가 인간 본질에 기초하여 형성되었으며 인간의 최종적 목적 하에서 뚜렷한 임무를 갖는다는 것을 성토하는데 있다. 이러한 학설은 아리스토텔레스의 원리들에 의해 형식화된 은총과 자연의 관계에 대한 성 토마스의 이해의 표현이다.

『신학대전』의 전체적 틀은 신플라톤주의적이다. 모든 것이 창조자인 신에게서 유래되고 각기 다른 방식으로 그에게 회귀한다. 성 토마스는 신, 천사를 다룬 다음 제2권(I-II)부터 신에게로의 인간의 복귀를 다룬다. 그는 인간의 기능들, 자발적 행위와 덕을 다룬 이후 악덕,[143] 죄,[144] 법들[145]을 다룬다. 그는 차례로 은총과 보상을 다룬다.[146] 제3권(II-II)에서 성 토마스는 초자연적 덕들과 도덕적 덕들 그리고 그것에 대응하는 악덕들과 죄들을 다룬다. 정치철학과 관계 있는 주제들은 다음과 같다 : 악덕과 죄,[147] 형벌,[148] 법들,[149] 평화,[150] 전쟁,[151] 권리,[152] 정의와 부정의,[153] 복종과 불복종[154] 등이다. 일부 특수한 악덕과 죄들, 예컨대 절도,[155] 살인,[156] 상해[157] 그리고 사기[158] 등도 사회 생활과

143) Cf. *S. th.*, I-II, q. 71.
144) Cf. *S. th.*, I-II, q. 71-89.
145) Cf. *S. th.*, I-II, q. 90-108.
146) Cf. *S. th.*, I-II, q. 109-114.
147) Cf. *S. th.*, I-II, q. 71-89.
148) Cf. *S. th.*, I-II, q. 87.
149) Cf. *S. th.*, I-II, q. 90-109.
150) Cf. *S. th.*, II-II, q. 19.
151) Cf. *S. th.*, II-II, q. 40.
152) Cf. *S. th.*, II-II, q. 57.
153) Cf. *S. th.*, II-II, q. 58-62.
154) Cf. *S. th.*, II-II, q. 104-105.
155) Cf. *S. th.*, II-II, q. 66.
156) Cf. *S. th.*, II-II., q. 64.

밀접한 관계를 맺는다.

2) 국 가

성 토마스에 의하면 국가는 창조자 신의 왕국의 한 부분을 형성한다. 따라서 그것의 법들은 신의 왕국의 영원법의 특수한 규정들이다. 그리고 그것의 입법하는 통치권은 신 안에 그 원천을 갖는다. 그것의 목적과 정당화는 인간에게 충분한 삶의 물질적 조건을 제공함으로써 그것을 바탕으로 그리스도 교인의 영적 삶을 위하여 지적 그리고 도덕적 교육을 도모하는 데 있다.

성 토마스는 인간이 본질에 따라 정치적 동물이라는 아리스토텔레스의 학설을 수용한다. 인간이 본능이 아닌 이성에 따라 행위하는 만큼 사회 공동체는 필요하다. 신은 인간에게 본능과 생존을 위해 필요한 이미 만들어진 요인들을 대신하여 이성을 줌으로써 인간을 정치적 동물이 되게끔 각인시켰다. 동물에게는 자연이 먹이, 몸의 보호, 공격과 방어의 도구들, 생존을 위해 도피하는 방법 등을 제공한다. 그러나 인간은 이 모든 것들 그리고 그 이상의 것을 자신의 이성을 사용하여 마련해야만 한다. 하위의 동물들은 본능에 따라 행동하지만 인간은 이성에 따라 행동한다. 그런데 인간은 정확한, 완전히 규정된 행위의 유형인 본능을 대신해 규정되지 않은 보편적인 이성을 지닌다. 그래서 인간은 집단적 노력과 일의 분배를 필요로 한다. 결과적으로 인간은 사회 안에서 살아야 한다.[159]

---

157) Cf. *S. th.*, II-II., q. 65.

158) Cf. *S. th.*, II-II, q. 77.

159) ST. Thomas Aquinas, *On Kingship. To The King Of Cyprus*, tra. by Gerald B. Phelan (PIMS, 1949), I, 6(이하에서는 *DR*로 약칭).

인간은 자신의 사회적 삶에 대한 욕구를 가정이나 마을이 제공하는 것으로조차 충족시킬 수 없다. 왜냐하면 그것들은 경제적 기초나 교육적 욕구를 충족시키지 못하기 때문이다. 인간은 자기 본질에 따라 물질적 필요 요인 이외에도 지식과 덕을 추구한다. 집단들은 단점들을 토대로 더욱 큰 공동체로 통합된다. 그것의 결과가 아리스토텔레스가 말한 '자족적 공동체(communitas perfecta)'다. 모든 다른 자연적 집단들이 추구하고 그리고 그 안에서 충족할 수 있는 것이 바로 이러한 자족적 공동체다. 그리스도교인들은 경제적 선들을 산출하고 도덕성을 함양하는 그러한 자연적으로 형성된 공동체에 더 높은 관심을 갖는다. 즉, 인간의 영적 삶과 신과의 삶을 위해서는 사회 공동체의 연관들이 필수적이지만 매우 불충분하다.

경제적 그리고 문화적 영역에서의 삶의 함양이 국가의 목적이다. 인간의 공동선과 그의 가장 높은 세속적 열망이 여기에 있다. 그러한 목적들이 국가의 모든 방법의 동원을 정당화한다. 이성이 구체적으로 어떠한 임무들이 요구되고 어떠한 직업들이 필수적이라는 것을 결정한다. 그리고 자연은 그러한 인재들을 제공한다. 공권력은 적재적소를 규제한다. 그것의 결과가 질서다. 질서는 다양성이 통일성으로 연결되는 것을 뜻한다.[160] 성 토마스에 의하면 국가 통일체는 '인민의 통일체(unitas populi)' 혹은 '대중의 통일체(unitas multitudinis)'며 정의와 공동선을 바탕으로 한 공동체다.[161]

160) Cf. *DR*, I, 10.

161) Cf. *S. th.*, II-II, q. 42 a. 2; *De Civitate Dei*, IV, 4. 1, 1.

3) 공권력

개별적 인간들이 함께 모여 공동 목적을 위해 노력할 때 사회 공동체가 이루어진다. 그런데 어떠한 목적을 위해 집단적 행위를 질서지우는 것은 권위 혹은 공권력을 필요로 한다. 그래서 어떠한 집단에든 통치는 있어야 한다.162) 모든 욕구들의 충족이 기초하는 사회 공동체에는 더욱 그러하다. 성 토마스가 보여주듯이 성 아우구스티누스는 권력에 의해 명령하고 복종하는 합의가 신의 섭리에 의해 이루어지지 않는 이상 세속적인 선들을 탐욕하는 인간들은 피를 동반하는 투쟁에서 자신들을 서로 파멸시킬 것이라 지적한다.163) 통치자와 피통치자의 관계는 원죄의 결과가 아니다.164) 다만 통치가 원죄 이전에 지향하는 공동선은 지금의 것과는 다른 것이었으며 통치에서 강제의 요인은 없었을 것이다.165) 자발적으로 복종하는 인간들에 대한 통치는 입법하고 법의 준수를 재산, 자유, 생명에 대한 형벌로 집행하는 것으로 대치되었다. 이 같은 두려운 공권력의 집행은 그것의 필요성에 의존할 뿐 아니라 신의 권위에 의해 승인된 것이다. 정치적 권력으로서는 신의 법에 의해 형성된 것이다. 성 바오로는 모든 힘이 하느님에게서 온다고 한다(로마 13, 1). 성 토마스는 공권력과 법인의 특수한 속성들에 대해 상세히 설명한다.166) 공적 인격에겐 공적인 최고 통치권(publica, suprema potestas)이 속하고, 통치

---

162) *De Regimine Principum, Ad Regem Cypri*, in : *Aquinas. Selected Political Writings*, ed, A. P. D' entreves, Tra.by J. G. Dawson (Basil Black Well, Oxford, 1978), I 8, 이하에서는 *RP*로 약칭.

163) *De Civitate Dei*. XIX. 17.

164) Cf. *S. th.*, I, q. 92 a. 1, 2 ; q. 96, a. 3, 4.

165) Cf. *S. th.*, II Sent. 44. I. 3.

166) Cf. *S. th.*, II-II, q. 65, a. 1.

자는 전체적 통치권을 갖는다(plenaria potestas).[167)]

성 토마스가 비록 권력의 원천이 신이라는 학설을 폈다고 해도 그가 국가를 신정법에 의한 것으로 이해한다고 해석할 수 없다. 국가는 인정법에 기초한다.[168)] 국가가 자연적 공동체임에도 불구하고 그 권력은 신에게서 유래되고 그것으로 인해 형성된 다양한 정치적 제도들은 자연법의 결과들이다. 이 맥락에서 성 토마스는 민족들의 법(jus gentium)에 특별한 의미를 부여한다. 즉, 이것은 자연법의 원리들의 합리적인 해석으로서 자연법과 유사하게 전 인류에게 적용된다.[169)]

통치권은 세 가지 요인을 내포한다. 즉, 통치권을 획득하는 방식, 그것의 사용 그리고 그것의 양태 혹은 형식이 그것이다.[170)] 셋째 요인에는 어떤 문제도 발생하지 않는다. 형식적으로 모든 통치권은 선하며 신에게서 온다. 왜냐하면 통치권은 어떤 통치자를 피통치자와 연관시키든 하나의 질서를 창출하기 때문이다.[171)] 따라서 절대적인 의미에서(simpliciter) 통치권은 선하다 할 수 있다. 그 이유는 어떤 것이든 그것의 무제약적인 절대적인 의미에서 고려되기 때문이다.[172)] 그럼에도 불구하고 통치권의 결함은 다른 두 요인으로 인해 발생한다. 즉, 권력의 획득 과정과 그것의 사용이다. 권력의 원천이 두 가지 방식으로 인해 악하고 따라서 신성하지 않을 수 있다. 첫째, 통치자의 불충분한 자격이

167) Cf. *S. th.*, II-II, q. 67, a. 4.
168) Cf. *S. th.*, II-II, q. 12, a. 2.
169) Cf. *S. th.*, I-II, q. 94, a. 5 ad 3.
170) Ibid.
171) Cf. *S. th.*, I-II, q. 94, a. 4.
172) Ibid.

나 비합법적인 획득의 방법이 그것이다.[173] 후자의 경우 통치권이 완전히 파괴될 수 있다. 그 경우 통치자는 기회가 되는 대로 제거되어야 한다.[174] 전자는 불복종을 정당화하기에 부족하다. 왜냐하면 권력은 형식적으로 신에게서 유래되는 것으로서 복종의 의무가 철회되지 않는 이상 주권자들은 자격이 결여된 통치자에게도 복종하여야 한다. 둘째 요인인 권력의 사용에 관한 성 토마스의 의견은 다음과 같다. ㉠ 통치자의 명령이 권력의 목적에 위배될 때, 예컨대 덕들의 함양을 위해 주어진 힘을 덕들을 파괴하기 위해 사용할 때 불복종은 의무적이다. ㉡ 통치자가 주어진 권한을 능가할 때 복종이나 불복종은 요구되지 않는다.[175]

4) 군주 ; 통치자, 입법자, 최고 재판관

정의의 수호자인 군주는 입법자, 법의 집행자며 최고의 판사일 수 있다. 성 토마스는 자유 시민들이 자치적으로 입법하는 경우와 그렇지 않은 경우를 생각한다. 첫 번째의 경우 시민 전체가 입법하거나 군주에게 위임할 수 있다. 후자의 경우 군주는 위임받은 만큼 입법할 수 있다.[176] 어떤 것을 공동선으로 질서지우는 것은 시민들 전체 혹은 위임자(curam communitatis habet)에게 가능하다. 군주는 그래서 대리인이 된다. 그러나 토마스는 정확한 법적 용어를 사용하는 데에서 군주의 대표성을 약화하여 군주가 공동체의 수호자의 자격으로 군주 역할을 한다고 보았다(gerentis vicem totius multitudinis).[177] 성 토마스는 심지어 그

---

173) Cf. *II Sent.*, loc., cit.

174) Ibid.

175) Ibid.

176) Cf. *S. th.*, I-II, q. 97, a. 3 ad 3.

러한 수호자로서의 군주가 입법하는 것에 대해 어떠한 가능한 문제점도 거론하지 않은 채 승인한다.[178] 법을 정의하는 데에서 성 토마스는 군주가 공동체의 수호자라는 점도 삭제하여 법은 자족하는 공동체를 통치하는 군주에서 유래되는 실천 이성의 명령이라고 정의를 내린다.[179] 다만 법은 본질적으로 공동체를 통치하는 자에 의해서 입법된다는 것이다(a gubernante civitatis).[180]

군주는 입법자며 최고 판사이고 또한 최고의 법 집행자다. 다시 말해 입법 행위와 법에 대한 해석이 그의 임무다. 그래서 법이 공권력에 의해 입법되다시피 법적 판단도 공권력에 의해 행해진다.[181] 그러한 통치자는 최고 판사로서 정의를 위해 필요에 따라 사람을 죽이거나 몸을 해치거나 재산을 압수하고 자유를 박탈하는 성스러운 임무를 갖는다. 통치자는 전체적인 공권력의 소유자다.[182] 외부의 적의 침략에서 공동선을 보호하는 의무를 가진 통치자는 전쟁에 대한 모든 권한을 갖는다. 그의 권력의 본질에 따라 통치자는 전쟁이 정의로울 경우 생명과 재산을 파괴할 수 있다.[183] 공격적 전쟁은 다음 조건 하에서 타당하다. ㉠ 전쟁은 군주의 권한에 의해 공표되어야 한다. ㉡ 전쟁은 정의로워야 한다. 침략 받은 자들은 자신들의 결점으로 인해 침략의 대상이 된다. ㉢ 전쟁을 유발한 자들의 동기가 옳아야 한다. 다시 말해 전쟁의 목적은 더 좋고 더 항구적인 평화를 위해서다.[184] 정치적

177) Cf. *S. th.*, I-II, q. 90, a. 3.

178) Ibid.

179) Cf. *S. th.*, I-II, q. 90, a.1

180) Cf. *S. th.*, I-II, q. 95, a.4.

181) Cf. *S. th.*, II-II, q. 60, a. 6

182) Cf. *S. th.*, II-II, q. 65, a. 2 ; q. 66, a. 8.

183) Cf. *S. th.*, II-II q. 66, a. 8.

질서는 정의의 통치에 의한 것이다. 군주는 법에 근거하여 통치하고 법은 정의로워야 한다. 다시 말해 법은 개인이나 집단의 자의적인 의지의 표현이 아니고 신이 인간에게 부여한 정의의 원리들에서 합리적으로 연역된 것들이다. 법의 내용이 그것의 타당성을 결정한다.[185]

성 토마스가 로마법의 두 항을 어떻게 해석하는가는 공권력에 대한 그의 이해를 잘 드러낸다. 그 두 항은 ㉠ 군주가 원하는 무엇이든 법의 힘을 지닌다. ㉡ 군주는 법에 의해 속박되지 않는다. 이것들 둘은 서로 모순인 것처럼 보인다. 이 딜레마에서 성 토마스는 정치적 문제와 도덕적 문제를 조화시키려 한다. 결론적으로 통치자가 자신의 법을 지키게 하기 위해서는 어떤 다른 힘이 요구된다. 그 힘은 법을 입법하는 동일한 실천 이성의 다음과 같은 명제가 성립될 때다. 즉, 실천 이성이 요구하는 것은 신에게서 법을 만들고 집행하는 권한을 부여받은 집행자가 타인에게 법을 준수하라고 요구하는 것만큼 자신도 자발적으로 그것을 준수하는 것이다. 다시 말해서 통치자는 신에게 자발적으로 복종하라는 양심에 의해 구속된다는 것이다. 그래서 법은 통치자를 강제력이 아닌 '인도하는 힘(vis directiva)'에 의해 법을 준수하게 한다. 이 같은 인도하는 힘은 인정법을 신정법에서 이끌어내는 힘이며 이 힘은 또한 양심 안에 의무를 창출할 수 있는 힘이다.[186]

5) 저항권

성 토마스는 공동 이익이 아닌 사적인 자기 이익을 추구하는

184) Cf. *S. th.*, II-II, q. 40, a. 1.
185) Cf. *DR*, I, 7.
186) Cf. *S. th.*, I-II, q. 96, a. 5 ad 3.

통치자를 폭군으로 규정한다. 따라서 공동선으로 질서지워지지 않은 통치는 정의롭지 못하여 정의와 공동선에 기초하는 국가의 통치 이념에 어긋나게 된다.[187] 성 토마스는 내란을 정의에 어긋나는 최고의 불법으로 본다. 그러나 폭군을 제거하는 것은 내란이 아니다.[188] 개인이 아닌 공동체가 폭군에게 저항할 수 있다.

폭군을 제거하는 데에서 성 토마스는 시민들의 정치적 권리보다는 국가의 안정성에 더욱 비중을 둔다.[189] 그는 폭군을 제거하는 것을 일부 승인하지만 전체적으로는 과격한 대안으로 간주한다. "군주들은 선한 일이 아닌 악한 것에게 두려움이다"(로마 13, 3)라는 성 바오로의 구절을 해석하는 데에서 성 토마스는 그것들 중 하나만을 선택한다.[190] 첫째 해석은 성서 해석의 관점에서 고려될 때 매우 용감한 입장이다. 그의 입장은 "군주들은 두려움을 위해 형성되지 않았다", "좋은 이들에게 두려움이 되는 것은 군주의 기능의 일부가 아니다"라는 것이다.[191]

그러나 성 토마스는 일반적으로 그러한 해석보다는 더욱 보수적인 해석을 선호한다. 악한 통치자는 선한 이들에게 공포의 대상이 아니며 그들이 때로는 선한 이들을 학대하지만 후자는 그들을 두려워할 필요가 없다. 왜냐하면 그들이 겪는 수난은 유익한 것이 될 수 있기 때문이다. 성 베드로는 "만일 너희기 정의를 위해 핍박을 받는다면 너희는 축복 받은 자들이다"[192]라고 말한

187) *RP*, I, 1 ; II-II, q. 42, a. 2 ad 3 참조
188) Cf. *S. th.*, II-II, q. 42, a. 2.
189) Cf. *II Sent*. 2. 2. 2. 5.
190) Cf. 로마 13, 3.
191) Cf. 로마 13, 1.
192) Cf. 베드 3, 14.

다. 힘에 대항하는 자들은 자신에게 저주를 초래한다. 이것은 통치자에 의해 반란자들에게 가해지는 힘이거나 신이 인간에게 형벌을 내리는 경우이거나 마찬가지다.[193] 성 토마스의 결론에 따르면 악한 왕들은 신의 승낙을 받아 악한 이들을 처벌하고 선한 이들을 시험하기 위해 이 세상에 온다. 악한 통치자들을 정치적 관점에서 고려할 때 성 토마스는 여러 대안들을 제시하지만 무엇보다도 국가의 안정과 혁명을 야기할 수 있는 행위의 위험을 염두에 두고 있다. 그는 폭군이 제거될 경우 시민들 사이에 더 큰 분열이 발생하여 더 악한 폭군의 통치를 초래하게 되는 것을 우려하는 것이다. 그래서 그는 폭군이 과도하게 억압적이지 않은 이상 그를 제거하지 말아야 한다고 생각했다. 성 토마스는 구약은 폭군을 제거하는 개인의 행동들을 열망하고 승인하지만 신약은 그것을 거부한다고 한다. 그러나 언급된 바와 같이 폭군은 정의롭지 못하므로 공동체에 의해 제거될 수 있으며 경우에 따라 제거되어야만 한다는 것이다.

6) 교회의 권위와 국가의 권위

성 토마스는 '자족적인 공동체'의 궁극적 목적은 덕에 따라 사는 것뿐만이 아니라 덕스러운 삶을 통해서 성스러운 삶을 사는 것이라고 보고 있다. 만일 그 목적이 인간 본질의 힘에 의해 달성될 수 있었다면 세속적 통치자가 그것을 위해 인간을 인도해야 할 것이다. 그러나 "인간이 신의 힘에 힘입어 신을 소유"할 수 있기 때문에 그러한 목적으로 인도하는 것은 신적인 통치다.[194]

---

193) Cf. 로마 13, 1.

194) Cf. *RP* II, Par. 107-108.

성 토마스는 다음과 같이 말한다: "영적인 것들이 세속적인 것에서 분리되어 있기 위해 이 왕국의 통치는 세속적인 왕들이 아닌 사제 그리고 가장 높은 사제인 그리스도의 대리인인 성 베드로의 후계자, 그리스도의 대리인 교황이며 모든 왕들이 우리 주 예수에게와 같이 그에게 종속된다. 파생적인 목적에 대해 배려하는 자들은 궁극적인 목적에 배려하는 자에게 종속되며 또한 그의 법칙에 의해 지도된다."[195]

정치적 통치권의 영역은 마련되어 있으나 그것이 교황의 통치권에서 벗어나 있지는 않다. 시민들은 영혼의 구원에 대한 것들에서는 세속적 권위보다는 영적 권위에 복종하고 정치적인 것에서는 영적인 권위보다는 현세적 권위에 복종해야 한다. 성 마태오가 황제의 것은 황제에게 주라고 말했으나 영적인 통치권과 세속적인 통치권이 교황의 사례와 같이 한 인간 안에 통일되었을 때는 예외가 된다. 교황은 영적인 통치권과 세속적인 통치권의 총수다. 왜냐하면 그는 왕이며 사제 그리고 멜키세덱의 질서에 따라 영원한 사제인 그리스도의 대리인이기 때문이다.[196]

성 토마스는 교회가 그리스도의 신비체(corpus mysticum Christi)라는 것을 상기시킨다.[197] 그리고 교황은 그리스도의 유일한 대리인으로서 그리스도 제국의 머리다.[198] 교황은 신정법으로 다스리는데, 신정법은 자연법이 가르치는 모든 것뿐 아니라 그 이상을 포함한다. 신정법은 자연법을 취소하지 않으면서 그것을 내포한다. 결론적으로 국가가 자연법에 의한 한계 내에

195) Cf. *RP* II, par. 110.

196) Cf. *II Sent.* 44 *explicatio textus.*

197) Cf. *S. th.*, III, q. 8 a. 1.

198) Cf. *Contra Errores Graecorum* ii. 32.

머무를 때 어느 누구도 개입할 수 없다. 그래서 누구도 국가에 의해 부과된 정의로운 의무들에 대해서는 신정법에 호소할 수가 없다. 성 토마스에 의하면 그리스도에 대한 신앙이 정의의 원리며 원인이다. 따라서 신앙은 정의의 질서를 파괴하지 않고 고양시킨다. 그런데 정의의 질서는 하위의 인간들이 상위의 인간들에게 복종하는 것을 요구한다. 왜냐하면 그렇지 않을 경우 인간 공동체는 존재할 수 없기 때문이다. 따라서 그리스도의 신앙을 구실로 세속적 통치자들에게 복종을 거부할 수 없다.[199]

성 토마스는 국가의 자율성을 인정하고 있으며 그것을 이교도 통치자들이 그리스도교인들에게 요구하는 복종의 문제에 적용한다.[200] 성 토마스는 바오로 사도의 『고린도서』(5, 12)의 말을 따라 신앙을 전혀 받아들이지 않았던 이교도들을 처벌하는 것은 교회의 임무가 아니라고 말한다.[201] 그러나 신앙을 포기하는 통치자들의 경우는 다르다. 이 경우 그들이 교회에서 추방되는 순간부터 시민들은 그들의 통치권에서 벗어난다.[202] 통치권과 권위는 인정법에 의해 성립되었지만 이교도와 신자의 구별은 신정법에 의한 것이다. 그런데 은총에서 오는 신정법은 자연에서 오는 인정법을 파괴하지 않는다.[203] 교황은 자연적 제도인 국가에 대해 통상적으로 직접적 통치권을 수행하지 않는다. 그는 두 개의 검을 사용하지 않는다. 교황은 그것들 중 세속적 정의의 검을 세속적 통치자에게 주고 후자는 그것을 기울여서 교황의 검 끝

199) Cf. *S. th.*, II-II, q. 104, a. 6.

200) Cf. *S. th.*, II-II, q. 12 a. 2.

201) Ibid.

202) Ibid.

203) Cf. *S. th.*, II-II, q. 10, a. 10.

에 맞추어 꺼낸다(ad nutum).[204]

7) 성 토마스의 국가에 대한 이해의 특징

성 토마스의 사회정치철학은 매우 포괄적이지만 체계적이지 않다. 그러한 그의 사회 정치 사상의 전제들과 원리들은 다음과 같이 요약된다.

1. 인간 사회는 신의 왕국의 한 부분에 불과하다. 국가 통치권은 신의 제2원인들을 매개로 하는 신의 통치권의 한 부분이다.

2. 인간은 본질에 따라 사회적 존재이고 국가는 자연적 현상이며 제도다. 국가의 통치의 강제성은 원죄의 결과다. 마치 모든 권력과 같이 국가의 통치권도 궁극적으로 신 안에 그 원천을 갖는다.

3. 인간의 궁극적 목적은 초자연적 방식으로 신을 만남으로써 완전한 행복을 누리는 것이다. 그의 지상에서의 자기 충족과 자기 실현으로서의 행복은 부분적이고 매우 불완전하다. 자족적 공동체로서의 국가는 삶의 물질적 필요 요인들을 제공하고 지적·문화적·도덕적 발전에 이바지하는 것을 목표로 한다. 그런데 성 토마스에 의하면 국가는 또한 초자연적인 은총의 삶에도 기여하여 인간이 자신의 초자연적 목적을 달성하는 데 이바지해야 한다.

4. 교회는 신정법에 의해 형성된 제도다. 자연적 원천을 가진 국가는 교회에 대해 전체적인 통치권을 갖지 못한다. 국가의 법들은 자연법에 기초하는데, 자연법은 영원법에 기초하므로 신정법에 의한 제도인 교회의 통치권은 이론적으로는 세속적인 통치

---

204) Cf. *IV Sent. expositio textus*; *S. th.*, II-II, q. 64, a. 4 ad 3.

권도 갖는다. 그러나 교황의 통치는 국가가 자연법의 범위에서 본연의 목적을 추구하는 것에 대해서는 관여하지 않는다.

5. 국가의 통치는 정의의 원리에 의존한다. 분배 정의와 교환 정의 모두는 개인과 공동체의 관계 그리고 개인과 개인의 관계를 부분들과 전체의 관계를 전제로 하는 합리적인 평등의 원리에 의존한다. 그런데 공정하고 올바른 평등의 연관들은 정의뿐 아니라 동시에 사랑에 의존한다. 성 토마스는 사랑을 초자연적인 카리타스로 이해한다. 카리타스는 신을 그리고 신 안에서 모든 것을 사랑하는 것이며 이웃을 자신과 같이 사랑하는 것이다. 진정한 인간적인 인간 사회는 평화를 목표로 한다. 평화는 정의의 산물이 아닌 카리타스의 산물로서만 이루어진다.

철학의 다른 분야에서와 같이 성 토마스는 정치적 공동체에 대해서도 매우 소중한 통찰들을 제공하였다. 그의 정치철학적 원리들은 정확하고 때로는 궁극적이며 그의 학설들은 심오하고 또한 균형 잡혀 있다. 성 토마스의 인간 인격성에 대한 이해, 법이론과 자연법론 그리고 정의론은 사회철학적으로 큰 의미를 갖는다. 후세대의 과제는 이 원리들과 통찰들을 토대로 시대에 적합한 사회 정치 사상을 창출하는 것이다.

5. 성 토마스 사상에서의 네 가지 폭력

1) 신에 대한 폭력

신 안에는 어떠한 폭력도 존재하지 않는다. 무한자이자 완전자인 신은 타자로서의 타자를 가지지 않으므로 어떠한 외적 원인을 가지지 않는다. 또한 신은 전능함으로 어떤 것도 신에게 폭력을 가할 수 없다.

신은 피조물에 대해 어떠한 폭력적 행위를 가하지 않는다. 신은 피조물들의 본질들을 존중한다. 따라서 신은 그 자체로 외적 원인을 가질 수 없는 인간의 자유 의지를 존중한다. 그러나 창조자, 제일원인 그리고 최고선인 신은 인간의 자유 의지를 내적인 방식, 즉 그것의 본질에 적합한 방식으로 움직일 수 있다. 그리고 신의 은총은 자연을 전제하고 파괴하지 않으며 완성하고 고양시킨다.

신의 의지와 통치에 반하는 인간의 행위들은 어떠한 실재적 효과를 갖지 않는다. 인간의 모든 행위는 신의 섭리와 통치 하에 있다. 그러한 인간의 행위들은 신에 대한 직접적인 불복종일 뿐 아니라 모든 간접적인 신의 섭리와 통치를 반하는 행위들을 내포한다. 이와 같은 신의 섭리와 통치에 반하는 인간의 행위들 모두는 폭력적 행위들이다. 그러한 행위들은 도덕적으로 악한 행위들, 악덕들이며 죄들이다. 그러한 행위들은 신의 형벌을 초래하며 동시에 자기를 상실하게 한다.

2) 자연에 대한 폭력

신의 의지는 자연의 법칙들에 담겨 있다. 무생물의 속성들, 식물들의 본질과 동물들의 본질 및 본능적 행위들은 신의 의지를 반영한다. 원죄는 자연의 질서를 본질적으로나 실체적으로 변모시키지 않았다.[205] 인간은 신의 모상(imago Dei)을 지녔으며, 신의 대리인으로서 세계의 통치자다. 신은 모든 것을 인간을 위하

---

205) Cf. *S. th.*, I, q. 94, a. 1, 2, 3 ; I-II, q. 109, a. 2.

여 만들었다. 인간은 현재의 자연의 질서를 존중하고 보존하여야 한다. 인간은 신 앞에 자연의 질서에 대해 책임을 져야 한다. 따라서 자연의 질서를 불필요하게 해치는 모든 행위는 폭력적 행위다.

3) 자신과 타인에 대한 폭력

가. 자신 안의 폭력과 자신에 대한 폭력

인간 안에서는 상위의 기능들이 하위의 기능들을 통치하는 질서가 존중되어야 한다. 의지는 이성의 규정을 수용하고 따라야 하며, 감각적 욕구 기능들과 정념들은 의지와 이성의 통치를 수용해야 한다. 이성의 의지에 대한 통치는 강제 행위가 아니다. 왜냐하면 의지가 그것에 대해 항상 저항하지는 않기 때문이다. 하위의 기능들에 대한 이성과 의지의 통치는 독재자의 통치와 다르다. 따라서 그것들의 통치가 항상 강제 행위는 아니다. 하위의 기능들은 그러한 통치를 수용하기도 한다. 그러나 의지는 감각적 욕구들과 정념들의 영향 하에서 이성의 규정을 때로는 수용하고 때로는 그것에 대해 저항할 뿐 아니라 심지어는 이성을 설득하여 이성과 함께 이성의 규정에 반대되는 것을 추구할 수 있다. 그런데 그것들 모두가 이성의 본래의 통치 행위를 방해함으로써 기능들 간의 질서를 파괴하는 행위로서 폭력적 행위라 할 수 있다. 이와 유사하게 하위의 기능들이 의지의 통치를 파괴하여 무질서를 초래하는 것도 폭력적 행위라 할 수 있다. 결론적으로 인간 내에서 하위의 기능들이 상위의 기능들의 통치와 통제를 방해함으로써 무질서를 초래하는 것은 폭력적 행위로 간주된다.

도덕적으로 선하거나 악한 행위 모두는 감각적 욕구 기능들과 정념들의 영향을 받는다. 도덕적으로 악한 행위는 상위와 하위의 기능들 간의 무질서의 결과이므로 항상 폭력적 행위다. 또한 도덕적으로 악한 행위는 인간의 최종적 목적, 올바른 이성 그리고 인간의 이성적 본질에 반하는 폭력적 행위라 할 수 있다. 그러한 도덕적으로 악한 행위는 신학적 관점에서 볼 때, 신의 의지와 통치에 반하는 폭력적 행위며 죄다.

나. 타인에 대한 폭력

타인에 대한 모든 유형의 폭력은 타인의 인격성에 대한 침해로서 폭력적 행위다. 인간의 인격성은 한 인간의 절대적 의미와 고유한 특수성에 있다. 인간 인격은 하나의 가치의 중심이며 그 자체로 자기 목적적이다. 그것에 따라 인간 인격은 불가침의 권리들을 갖는다. 인간 인격의 존엄성은 그러한 자기 목적성과 권리들에 기초한다. 그런데 인간 인격의 존엄성은 책임이 수반하는 자유로운 자기 창조의 권리로 요약될 수 있다. 따라서 타인의 자기 창조를 방해하거나 그것에 반하는 행위는 타인의 인격성에 반하는 폭력적 행위다.

4) 공권력에 대한 폭력

인간 공동체는 공동 이익을 목적으로 구성된다. 권리 혹은 통치권은 공동 이익을 추구하기 위한 집단적 행동의 원리다. 사회질서는 공동 이익을 위한 제도적 장치다. 법은 공동선을 추구하는 것을 목표로 하는 공신력 있는 지침들이다. 그리고 사회적 정의는 인간 공동체가 기초하는 근본 원리다. 그런데 이것들 모두는 서로 밀접한 관계를 맺고 있다. 따라서 그것들 중 어느 하나에 직접적으로 반하는 행위는 간접적으로 다른 것들에 반하는 행위다. 예컨대 권위 혹은 공권력의 악용은 공동선에 직접적으로 반하며 동시에 다른 원리들에 반하는 폭력적 행위다. 또한 시민들의 정당한 권리에 직접적으로 반하는 행위는 다른 원리들에 간접적으로 반하는 폭력적 행위다. 그리고 이 두 종류의 행위는 간접적으로 시민들의 인격성에 반하는 폭력적 행위다. 국가는 국가로서 공동 이익을 추구한다. 시민은 개인 이익을 추구하고 동시에 공동 이익도 추구한다. 그런데 모든 개인 이익 추구로 인한 공동 이익의 추구에 반하는 행위는 폭력적 행위다. 그러나 동시에 모든 공동 이익에 대한 추구가 개인 이익의 추구에서 벗어나 그 자체로 절대적인 것으로 나타나는 것도 폭력적 행위다.

토미스트들의 '사회적 정의'는 인간의 인격성과 사회성에 동시에 기초하는 정의로서 한 인간이 속하는 하나의 공동체의 공동 이익뿐 아니라 인격으로서 인간들의 보편적 공동선에 기초한다. 이 점에서 사회적 정의는 일반적으로 이해되는 인간의 사회와 인간의 사회성에 기초하는 정의 개념과 구분된다. 인간들의 보편적 선들은 한 인간이 어떠한 공동체의 구성원인가와는 무관하게 존중되어야 하는 상위의 공동선들이다. 하나의 공동체의 공동선에 대한 추구가 그러한 상위의 공동선들에 반하는 행위로 나타날 때 폭력적 행위가 된다. 결론적으로 모든 권리의 악용은 공동선, 사회 질서에 반하는 폭력적 행위며, 동시에 시민들의 합법적인 권리에 반하는 행위 또한 이상의 같은 것들에 반하는 폭력적 행위다. 그리고 인격으로서의 인간의 권리들에 반하는 모든 개인 이익의 추구와 공동 이익의 추구는 폭력적 행위다.

6. 결 론

성 토마스는 신학적이고 철학적인 다양한 문제들을 다루는 과정에서 폭력의 문제를 검토한다. 이에 따라 그의 사상에서 폭력 문제의 외연은 방대한 것으로, 도덕적 악한 행위, 정의롭지 않은 행위, 악덕과 죄의 문제를 포함한다. 그의 폭력에 대한 이해의 배경으로서 본 논문은 서두에서 그의 신학적, 형이상학적, 인간학적, 윤리학적 그리고 정치적 과제들을 개괄적으로 소개하였다. 다음으로 그의 폭력에 대한 이해를 그의 근본적 원리들과 학설들에 비추어 종합하려고 시도하였다. 성 토마스의 폭력에 대한 이해는 다음과 같이 요약된다.

1. 성 토마스는 아리스토텔레스의 폭력에 대한 정의를 수용한다. 아리스토텔레스는 폭력을 강제와 뚜렷이 구분하지 않은 채 그것에 대해 정의를 내렸다. 그에 따르면, 폭력이란 사물의 본질과 자연적 욕구에 반하거나 인간의 자발적 행위에 반하는 행위다. 그런데 모든 강제 행위가 폭력적 행위가 아니며 강제 행위가 아닌 여러 종류의 폭력적 행위도 가능하다. 따라서 그의 폭력에 대한 정의는 불충분하다. 그 정의는 사실상 강제에 대한 정의에 불과하다. 폭력적 행위에 대해서 적절하게 정의 내리기 위해서는 우선적으로 다음과 같은 개념들의 의미에 대한 분석이 필요하다. ㉠ 힘의 사용(use of force or power) ㉡ 외적 원인의 행위(act of an external cause or agent) ㉢ 강제 행위(act of coercion) ㉣ 폭행(violent act) ㉤ 폭력적 행위(act of violence)가 그것이다. '힘의 사용'은 그 힘을 받는 자들을 전제한다. 힘을 받는 자가 타자일 경우, 힘의 사용은 외적 원인의 행위가 된다. 그런데 폭력적

행위를 정의하기 위한 시도에서는 이상의 두 개념들의 구분이 중요하지 않다. 힘의 사용은 필연적으로 강제 행위가 아니다. 왜냐하면 강제 행위란 사물의 본질과 자연적 욕구나 인간의 자발적 행위에 반하는 특수한 종류의 힘의 사용이기 때문이다.

'강제 행위', '폭행'과 '폭력적 행위'의 구분에는 폭력적 행위에 대한 정의가 전제된다. 폭력적 행위란 인간 이성에 반하거나 정당화되지 않는 힘의 사용이다. 폭력적 행위는 항상 위에서 정의된 바로서의 강제 행위가 아니며, 강제 행위 또한 항상 폭력적 행위는 아니다. 그리고 폭행이란 다름아닌 가시적·물리적 강제 행위다. 일상 언어에서 '폭행'은 '폭력적 행위'와 동의어로 사용되며 통상적으로 '물리적 폭행'을 지시한다. 이른바 일상 언어에서의 폭행은 매우 크거나 과도한 파괴적인 힘의 사용을 뜻하며, 그것이 지시하는 것은 실제로는 강제 행위이거나 폭력적 행위일 수 있지만 그렇지 않을 수도 있다. 그런데 말로 하는 폭행을 제외한다면 언어적 폭행은 물리적이지 않으며 또한 심리적인 폭행도 물리적이지 않다. 폭행이 가지는 폭력적 행위와의 의미적 유사성은 많은 혼돈을 야기한다. 결과적으로 이상의 다섯 가지 개념들 중 '외적 원인의 행위'와 '강제 행위'는 폭력적 행위의 본질과 무관하며, 또한 '폭행'도 필연적으로 폭력적 행위가 아니다. 이성에 반하거나 정당화될 수 없는 힘의 사용이라는 폭력적 행위에 대한 정의는 모든 유형의 폭력적 행위를 내포할 수 있는 장점을 갖지만, 그러나 동시에 그러한 추상적인 정의는 각기 다른 폭력적 행위들의 유형의 고유성을 드러내지 못하는 한계를 갖는다.

2. 그런데 비이성적이거나 정당화되지 않는 힘의 사용은 도덕적 악한 행위와 동일하다. 도덕적 악한 행위란 인간의 공통된 궁극적인 목적에 부합하지 않는 행위다. 그런데 인간 이성에 부합

하는 행위는 인간 본질뿐 아니라 그의 궁극적 목적에도 부합한다. '인간 이성'이란 '실재의 질서'를 충분히 반영하는 것으로서 '올바른 이성'이다. 그래서 올바른 이성은 인간이 파악할 수 있는 실재의 모든 원리들, 즉 우주의 법칙과 인간 본질을 포함한 모든 존재자들의 본질들, 인간 공동체의 근본 원리들, 전통과 역사의 근본 원리들 그것이다. 결론적으로 폭력적 행위는 올바른 이성에 반하는 힘의 사용이다. 올바른 이성이라는 기준은 모든 유형의 폭력적 행위들을 평가할 수 있는 포괄적인 기준이다.

3. 모든 존재는 어떤 힘을 소유하며 발생하는 모든 사태는 하나의 힘에 의한 것이다. 그런데 힘의 사용은 항상 그것의 수용자를 요구한다. 힘들이 여러 종류인 이상 그 수용자들도 여러 종류다. 그 결과 힘의 사용을 내용으로 하는 폭력 개념은 복합적 개념이며 또한 다양한 개념들과 연관을 맺고 있다. 따라서 폭력 개념은 유비적 개념이며, 더 나아가 폭력 개념은 그것의 형상적 대상이 '힘의 사용'이므로 이차적인 개념일 수밖에 없다. 그런데 개념의 외연과 내연은 상호 반비례적 관계를 지니므로, 폭력 개념의 외연이 매우 방대한 만큼 그것의 내연은 매우 빈곤하다. 그리고 폭력 개념은 부정적 힘의 사용을 뜻하므로 근본적으로 부정적 개념이 된다. 또한 폭력 개념의 부정적 속성은 그것을 더욱 부수적인 개념으로 만든다.

도덕적 악한 행위, 악덕, 죄와 부정한 행위는 질료적으로, 즉 그 내용에서 동일하지만, 형상적 규정이나 의미에 따라 구분된다. 그리고 이 모든 행위들은 폭력적 행위와 형상적 규정이나 의미에서 구분되지만 질료적으로는 그것과 동일하다. 따라서 이들 모든 행위들은 힘의 사용의 관점에서 고려될 때 폭력적 행위들이다.

4. 인간의 행위는 그것의 목적에서 형상적 규정 혹은 의미를 갖는다. 따라서 다양한 폭력적 행위들은 그것이 무엇에 반하는 행위인가에 따라 각기 다른 내용을 가짐으로써 각기 다른 유형들로 규정된다.

5. 성 토마스 사상에서 폭력적 행위는 다음과 같이 구분된다:

㉠ 성 토마스는 인간이 철학에서 신의 존재뿐 아니라 그가 창조자며 세계의 통치자임을 증명할 수 있다고 생각한다. 완전자이자 무한자인 신 안에는 폭력이 있을 수 없다. 또한 신은 타자로서의 타자를 갖지 않으므로 폭력의 피해자일 수 없다. 그리고 신은 피조물에 대해 어떠한 폭력도 가하지 않는다. 왜냐하면 신의 무한한 지혜로부터 발생하는 행위는 비이성적일 수 없으므로 폭력적 행위일 수 없기 때문이다.

㉡ 신의 뜻은 피조물들의 본질들에 각인되어 있다. 모든 것이 인간을 위해 창조됐으므로 인간은 모든 것을 자신의 충족을 위해 사용할 수 있다. 인간은 지상에서 신의 대리인으로 자연에 대한 지배권을 갖는다. 그런데 인간은 자연의 법칙을 최대한으로 존중하며 자연의 질서를 보존해야 한다. 따라서 자연에 대한 불필요한 파괴적 행위는 폭력적 행위다.

㉢ 하나의 인간 안에서 폭력이 가능하다. 기능들이 상위와 하위의 것으로 구분된다는 사실은 이미 후자가 전자에 의해 통제되어야 한다는 질서를 말한다. 하위의 기능들이 상위의 기능들의 통치와 자제 행위를 방해하는 행위들은 폭력적 행위들이다. 다시 말해 이성의 기준에 반한 의지의 행위 그리고 의지의 통제에 반한 감각적 욕구 기능들의 행위는 폭력적 행위다.

도덕적 악한 행위, 악덕과 죄들은 인간 본질, 인간의 합리성, 인간의 인격성에 반할 뿐 아니라 자연법, 영원법, 신의 섭리와 통치뿐 아니라 신의 의지에 반하는 폭력적 행위다. 그런데 그 역 또한 사실이다. 모든 폭력적 행위는 도덕적 악한 행위이자 악덕이며 죄다.

㉣ 폭력적 행위들 중 인간 인격에게 가해지는 것들은 특별한 관심의 대상이 된다. 타자에 대한 우리의 어떠한 행위도 힘의 사용이다. 그러한 우리의 행위는 강제 행위일지라도 항상 폭력적 행위는 아니다. 왜냐하면 그것이 필연적으로 인간 이성이나 인간 본질에 반하지 않기 때문이다. 모든 강제 행위가 폭력적 행위가 아니며 모든 폭력적 행위가 강제 행위가 아니다. '올바른 이성'으로서의 인간 이성은 인간이 파악할 수 있는 이 세계의 모든 법칙과 원리들을 반영하는 이성이다. 따라서 폭력적 행위는 올바른 이성에 부합하지 않는 힘의 사용이다.

신을 폭력의 대상에서 제외한다면 폭력의 대상은 자연이나 인간이다. 그런데 자연보다는 인간에 대한 폭력이 더욱 심각한 것은 자명하다. 인간에 대한 폭력적 행위는 개인들 사이의 폭력적 행위와 사회 안에서 발생하는 폭력적 행위다. 그런데 그것들 모두는 궁극적으로 인간의 인권에 대한 침해 행위다. 다시 말해 모든 폭력적 행위는 궁극적으로 인간의 인격성에 대한 침해 행위며 인간의 인격성에 대한 직접적 침해 행위는 폭력적 행위 중 가장 심각하다.

위에서 언급된 바와 같이, 원리적으로 '올바른 이성'에 부합하는 행위는 인간 본질과 인간의 궁극적 목적에 부합한다. 그리고 원리적으로 인간 본질에 부합하는 행위는 올바른 이성에 부합한다. 그러나 힘의 사용이 피해자의 본질에 반하거나 그의 자발적 행위에 반하는 행위가 올바른 이성에 부합할 수 있으며 그 결과 폭력적 행위가 아닐 수 있다. 이 사실은 올바른 이성이 그 피해자의 본질이나 자발적 행위를 존재론적으로 선행하는 원리들에 기초한다는 점과 이성적 존재로서의 인간의 본질에 기초한다는 점에 의해 설명될 수 있다. 결론적으로 타인에게 가해지는 힘의 사용은 그것이 피해자의 본질이나 자발적 행위에 반하는가와 관계없이 인간 이성에 반하거나 정당화되지 않을 경우에 폭력적 행위가 된다.

㉤ 인간의 '자족적 공동체'인 국가는 신의 왕국의 한 부분에 불과하다. 신은 모든 것을 직접적으로 그리고 동시에 피조물들을 통해 간접적으로 다스린다. 국가는 자연적 제도이지만 통치권은 마치 모든 힘과 같이 신 안에 궁극적인 원천을 가진다. 그래서 국가의 법은 자연법에 기초하며 자연법은 영원법에 기초한다. 사회적 폭력적 행위란 공동선, 권리 혹은 통치권, 사회의 질서, 법과 정의의 원리에 반하는 행위다. 그런데 이러한 원리들은 상호 의존적이므로 그것들 중 하나에 반하는 행위는 간접적으로 다른 것들에 반하는 행위가 된다. 사회적 폭력적 행위는 근본적으로 권리 혹은 통치권을 악용하는 행위이거나 아니면 정당한 통치권이나 다른 사회적 원리에 반하는 피통치자들의 행위다. 권리 혹은 통치권은 공동선을 위한 것으로서 그 목적에 위배되는 모든 개인 이익의 추구 행위는 폭력적 행위다. 통치권의 악용은 동시에 다른 사회적 원리들에 반하는 행위며 또한 간접적으로 공동체 구성원들의 인권에 반하는 폭력적 행위며 또한 시민들의 인권에 대한 침해 행위로서의 폭력적 행위다. 이와 유사하게 정의로운 통치권이나 다른 사회적 원리들에 반하는 시민들의 모든 폭려 행위도 궁극적으로 타인의 인권에 대한 침해 행위다. 통치권, 법의 집행과 형벌을 부과하는 데에서의 강제 행위는 폭력적 행위가 아니다. 그리고 부정한 통치권에 대한 저항과 정의

로운 전쟁을 포함한 자기 방어 행위는 폭력적 행위가 아니다.

6. 일상 언어에서 '폭행'이 지시하는 것은 물리적 폭행이며 그것은 주로 폭력적 행위로 이해된다. 그런데 강제 행위가 항상 물리적이지는 않으며 폭행 또한 항상 물리적이지 않다. 물리적 폭행이란 행위자의 신체적이거나 도구를 사용하는 물리적 행위이거나 신체를 포함한 물리적 대상에게 물리적 힘을 가하는 행위를 의미한다. 물리적 폭행은 그 대상에서 그리고 의미에서는 물리적 강제 행위와 다르지만 그 내용에서는 매우 유사하므로 동일한 것으로 간주할 수 있다. 우리는 물리적 폭행과 물리적 강제 행위 그리고 비물리적 폭행과 비물리적 강제 행위를 각각 동일한 것으로 간주할 수 있다. 이에 따라 일상 언어의 폭행을 물리적 강제 행위와 동일한 것으로 볼 수 있다. 그러한 일상 언어가 지시하는 물리적 폭행으로서의 폭행은 물리적 강제 행위일 뿐 폭력적 행위가 아닐 수 있다. 그러한 일상 언어에서의 폭행은 다른 힘의 사용보다 더 큰 피해를 야기하지도 않는다. 자연을 훼손하거나 기물을 파괴하는 것보다 심각한 물리적 폭행은 타인을 대상으로 하는 물리적 폭행이다. 육체가 인간 인격을 구성하는 부분으로서 그것에게 가해지는 물리적 폭행은 동시에 그 인간 인격에게 가해지는 더욱 큰 비물리적 폭행이다. 물리적 폭행은 그것이 폭력적 행위가 아닐지라도 회복할 수 없는 상해나 살인마저 초래할 수 있으므로 특별한 관심의 대상이 된다. 인류의 문화가 발전하고 인간 정서가 세련됨에 따라 물리적 폭행은 개인들, 사회, 국가 간의 갈등을 해소하는 수단으로서 정당성을 상실하고 있다.

7. 성 토마스의 폭력에 대한 이해는 우리에게 다음과 같은 중요한 것들을 가르쳐준다:

㉠ 폭력에 대한 성 토마스의 사상은 매우 포괄적인 것으로, 형이상학·인간학·윤리학·사회철학 등을 내포한다. 그는 그것을 배경으로 모든 유형의 폭력적 행위들을 다루고 있다. 따라서 그의 폭력에 대한 사상을 연구하는 것은 폭력의 본질과 근본 유형들을 이해하는 데 길잡이 역할을 한다.

㉡ 성 토마스는 인간의 이성을 '올바른 이성'으로 이해하며, 폭력적 행위를 그것에 반하는 것으로 규정한다. 그런데 '올바른 이성'의 내용은 뚜렷하지 않다. 따라서 올바른 이성에 부합하는지 혹은 반하는지를 가리는 작업은 많은 숙고와 토론을 요구한다. 그럼에도 불구하고 그 기준은 원리적인 것으로 포괄적인 기준이 된다.

㉢ 성 토마스는 인간이 인격이라는 것을 지적할 뿐 아니라 인간의 인격성을 형이상학적으로 정초한다. 그는 인간 영혼의 영성에 기초하여 인간을 인격으로 규정한다. 이 같은 인간에 대한 규정은 궁극적이며 매우 중요한 의미를 갖는다. 따라서 타인에 대한 모든 폭력적 행위는 우선적으로 그의 인격성에 대한 침해 행위다.

㉣ 성 토마스는 인간의 자존적 공동체의 근본 원리들인 공동선, 권리, 사회적 질서, 정의 및 법을 합리적으로 정당화한다. 그리고 그는 실정법을 자연법에 기초하는 것으로서 근거지운다. 따라서 모든 유형의 사회적 폭력적 행위의 대상들이 뚜렷하게 드러난다. 그를 따르는 사상가들의 '사회적 정의'는 자존적 공동체의 근본 원리로서만 이해되지 않고 신적, 우주론적 그리고 인간적 근거로서 제시되고 있다. 이에 따라 사회적 정의는 인간의 인격성과 사회성에 동시에 기초하여 인간이 어떤 특정한 사회의 구성원이라는 점뿐만 아니라 인간이 인격이라는 점을 고려하여

인간의 보편적 선을 우선적으로 추구의 대상으로 갖는다. 다시 말해 사회적 정의는 인간이 인격으로서 추구해야 하는 상위의 선들, 즉 인권들을 대상으로 하는 정의 개념이다. 따라서 폭력적 행위는 단순히 사회에 기초하는 정의에 반하는 행위일 뿐 아니라 좀더 근원적인 차원의 정의인 사회적 정의에 반하는 행위로 나타난다.

ⓜ 성 토마스의 폭력에 대한 이해는 형이상학적인 것으로 궁극적이다. 다시 말해 다른 폭력에 대한 이해의 초석을 마련한다. 그러나 그것은 추상적인 이유로 구체적이지 못한 뚜렷한 한계를 가진다. 폭력은 힘을 사용하는 자와 힘을 받는 자 사이의 연관이다. 그런데 힘의 사용이란 하나의 인간적 행위인 만큼 인간 행위를 지배하는 모든 도덕적 법에 귀속된다. 하나의 인간적 행위의 도덕성은 그것의 동기 혹은 의도, 행위 그 자체의 성격, 상황 그리고 예측할 수 있는 결과에 따라 평가된다. 힘의 사용도 그러한 것들에 따라 평가된다. 그 결과 힘의 사용에 관하여 그러한 것들이 구체적으로 검토되어야 한다. 예컨대 힘의 사용은 사용자가 폭력을 의도하거나 의도하지 않음에 따라 혹은 행위 그 자체가 악하거나 악하지 않음에 따라 그리고 상황과 예측할 수 있는 결과에 따라 평가된다. 또한 이와 유사하게 힘을 받는 자는 힘을 사용하는 자의 의도, 행위의 본질, 상황과는 무관하게 폭력적 행위이거나 아닌 것으로 경험할 수 있다. 이 같은 힘을 사용하는 자와 받는 자의 인식과 심리적 요인들은 성 토마스의 형이상학적인 폭력의 정의에 내포되지 않는다.

ⓑ 성 토마스는 자기 방어 행위가 폭력적 행위가 될 수 없음을 주장한다. 그리고 자기 방어 행위는 넓은 의미에서 생존권뿐 아니라 인권을 포함하며 정의로운 저항권과 정의로운 전쟁까지도

포함한다.

현대 사회의 폭력적 행위의 유형들이란 주로 심리적 폭력적 행위, 언어적 폭력적 행위, 성적 폭력적 행위, 제도적 및 법적 폭력적 행위, 경제적, 종교적 및 문화적 폭력적 행위, 군사적 폭력적 행위 및 국제적 테러리즘과 전쟁들이다. 그런데 이것들 모두가 현대 사회 고유의 폭력적 행위의 유형들은 아니다. 이것들은 성 토마스가 이미 규정한 가장 근본적인 폭력적 행위 유형들의 외적인 표현들로서 간주될 수 있다. 성 토마스의 폭력에 대한 포괄적 이해는 폭력을 분석하기 위한 여러 근본 원리들을 내포하고 있다. 따라서 현대 사회의 폭력적 행위의 유형들은 그의 원리들과 학설들에 의해 분석되고 해석될 수 있다. 성 토마스의 영적 존재와 인격으로서의 인간에 대한 형이상학적 이해, 인간의 자발적 행위에 대한 분석, 자연법론, 정의론, 평화에 대한 이해, 권위에 대한 정당화, 공동선 및 사회 질서의 정립과 법 이론 등은 사회적 폭력적 행위에 대한 형이상학적 규정을 제시하며 근본적 종류의 폭력적 행위를 구분하고 있다. 그럼에도 불구하고 현대 사회의 여러 유형의 폭력적 행위들은 서구 문화와 밀접한 관계를 맺고 있다. 따라서 그것들에 대한 탐구와 평가는 오늘날의 서구 문화의 본질과 속성들에 대한 평가를 전제로 한다. 이 점에서 성 토마스의 폭력에 대한 사상은 그 한계를 드러낸다.

모든 종류의 폭력적 행위들은 그것들이 비합리적이고 정당화될 수 없는 힘의 사용으로서 부정되고 제거되어야 한다. 우리는 폭력을 한순간에 뿌리뽑을 수 없는 것은 자명하다. 그러나 우리는 그것을 제거하기 위해 꾸준히 노력해야 할 것이다. 폭력을 완전히 제거하는 것은 불가능한 일일 것이다. 폭력을 약화시키고 제압하기 위해서는 그것의 발생의 근원에 대한 진단과 그것에 대한 전방위적이고 다각적인 정책들이 요구된다. 우리는 사회, 국가와 국제적 갈등을 해소하는 수단으로서 폭력뿐 아니라 폭행마저도 적용하는 것을 삼가야 할 것이며 동시에 폭력을 적용하는 모든 작업에 대항하여 투쟁해야 할 것이다. 폭력은 악이고 필요악이 아니다. 폭력은 그 자체로 인간 본질에 뿌리내린 근본적 속성이 아니며, 동시에 인간 공동체의 발전을 위한 필수적인 원리가 아닐 뿐 아니라 인류의 문화인 인간의 인간화의 과정에서 필수적인 원리도 아니다. 그래서 어떠한 폭력의 미화도 정당화될 수가 없다. 폭력은 오로지 부정되고 제거되어야만 한다.

□ 참고 문헌

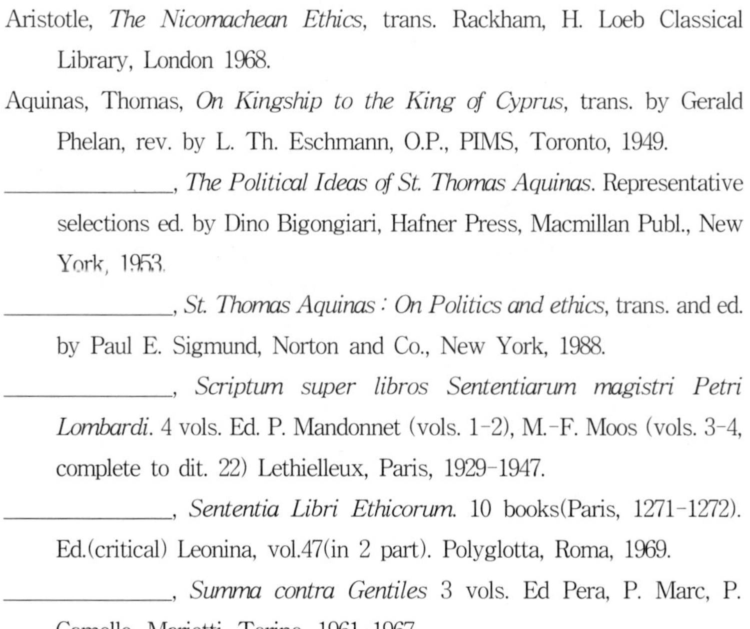

Aristotle, *The Nicomachean Ethics*, trans. Rackham, H. Loeb Classical Library, London 1968.

Aquinas, Thomas, *On Kingship to the King of Cyprus*, trans. by Gerald Phelan, rev. by L. Th. Eschmann, O.P., PIMS, Toronto, 1949.

______________, *The Political Ideas of St. Thomas Aquinas*. Representative selections ed. by Dino Bigongiari, Hafner Press, Macmillan Publ., New York, 1953.

______________, *St. Thomas Aquinas : On Politics and ethics*, trans. and ed. by Paul E. Sigmund, Norton and Co., New York, 1988.

______________, *Scriptum super libros Sententiarum magistri Petri Lombardi*. 4 vols. Ed. P. Mandonnet (vols. 1-2), M.-F. Moos (vols. 3-4, complete to dit. 22) Lethielleux, Paris, 1929-1947.

______________, *Sententia Libri Ethicorum*. 10 books(Paris, 1271-1272). Ed.(critical) Leonina, vol.47(in 2 part). Polyglotta, Roma, 1969.

______________, *Summa contra Gentiles* 3 vols. Ed Pera, P. Marc, P. Camello, Marietti, Torino, 1961-1967.

______________, *Summa Theologia*, BAC, Madrid, 1955.

Amstrong, R. A., *Primary and Secondary Precepts in Thomistics Natural Law Teaching*, The Hague, 1966.

Brown, Oscar J., *Natural Rectitude and Divine Law in Aquinas. An Approach to an Integral Interpretation of the Thomistic Doctrine of Law*, Toronto, 1981.

Gilson, Etienne, *Moral Value and The Moral Life*, The Shoe String Press, 1961.

Keenan, James F., *Goodness and Rightness in Thomas Aquinas;s Summa Theologiae*, Washington, D.C. 1992.

Lisska, Anthony, *Aquinas's Theory of Natural Law. An Analytic Reconstruction*, Oxford, 1996.

Maritain, Jacques, *Christianity and Democracy*, trans. Anson, Doris, New York, 1950.

________________, *Man and the State*, Univ. of Chicago, 1951.

________________, *The Rights of Man and Natural Law*, trans. Doris C. Anson, Charles Scribner's Sons, New York, 1951.

Simon, Yves, *Nature and Functions of Authority*, Marquette University Press, Milwaukee, 1948.

___________, *Philosophy of Democratic Government*, Chicago & London, 1977 (Reprint of 1951).

___________, *The Tradition of Natural Law. A Philosopher's Reflections*, ed. Kuic, Vukan, with an Introduction by Hittinger, Russell, Fordam Univ. Press, 1992.

마키아벨리의 정치 사상 : 권력과 폭력

김 영 선

1. 서 론

마키아벨리(1469~1527)는 근대 정치 과학의 창시자다.[1] 그는 이상 세계가 아닌 사실 세계에서 발견되는 사물의 사실적 진리(verità effettuale della cosa)에 근거한 정치 사상을 개진함으로써 정치적 사실주의(realismo politico)의 지평을 열었다는 점에서 주목을 받는다.[2] 그의 사상은 역사적 사실에 대한 시식과 현실 정치의 경험으로부터 도출된 것이다. 그의 사상의 독창성은 정치와 도덕을 분리시킴으로써 정치 고유의 자율성을 확보한 점

1) Cf. Cassirer, Ernst, *The Mith of the State*, pp.129-139. 카시러는 여기에서 갈릴레오가 그의 역학으로 근대 자연과학의 기초를 마련하였듯이 마키아벨리는 정치과학의 새로운 길을 개척한 자로 평가한다.

2) Cf. Machiavelli, Niccolò, *Il principe*, 15장, p.65 ; 마키아벨리의 사실주의는 Cf. Gilbert, Felix, *Machiavelli e il suo tempo*, pp.171-208.

에 있다고 평가된다. 그러나 정치와 도덕이 분리될 수 있는가? 정치에서 가장 중요한 덕목인 정의를 배제시킨다면 무엇을 통해 질서가 규정되는가? 바로 이 점에서 마키아벨리의 『군주론(*Il principe*)』은 크로체가 지적하듯이 "결코 해결되지 않을 문제"로 남아 오늘날에도 지속적인 연구 대상이 되고 있는 것이다.[3]

주지된 바와 같이 『군주론』만큼이나 지난 수세기 동안 부정과 긍정의 관점에서 극단적인 평가를 받은 저서도 드물 것이다.[4] 비록 민족주의의 입장에서[5] 당시 이탈리아의 역사적 상황에 대한 해법을 제시한 것으로 『군주론』을 긍정적으로 평가하더라도 그것의 비도덕적 내용까지 정당화시킬 수 없는 한계는 있는 것이다. 뿐만 아니라 『군주론』은 『로마사 논고(*Discorsi sopra la prima deca di Tito Livio*)』에서 공화정의 자유를 옹호한 내용과 일견 모순된다는 점에서 해석상의 난점을 가지고 있다. 폭군의 절대 권력을 역설한 『군주론』은 어떻게 해석되어야 하는가? 말하자면 마키아벨리가 '폭군의 옹호자'면서 '자유의 옹호자'가 될 수 있는가 하는 문제다. 따라서 『군주론』은 정치과학이 아니라 정치 풍자라는 해석도 제기되고 있는 실정이다.[6] 그러나 그가 『로마사 논고』에서 군주의 폭력에 의해 정치적 부패를 해결할 수 있다고 주장한 점을[7] 고려해본다면 『군주론』은 그의 권력론

3) 정치 자율성에 관한 논의는 Cf. Croce, Benedetto, *Etica e politica*, pp.204-209 ; 'Una questione che forse non si chiuderà mai : la questione del Machiavelli', *Quaderni della Critica*, pp.1-9.

4) 이에 대해서는 Cf. Cassirer, Ernst, op. cit., pp.116-128 ; Russo, Luigi, Machiavelli, pp.234-270 ; Berlin, Isaiah, *'The Originality of Machiavelli', Against the Current : Essays in the History of Ideas*, pp.25-39.

5) 민족주의에 대한 비판은 Cf. Gilbert, Felix, op. cit., pp.209-221.

6) Cf. Mattingly, Garett, *'Machiavelli's Prince ; Political Science or Political Satire?', American Scholar*, 27(4), pp.482-491.

의 특성을 뚜렷이 드러내는 저서라고 해석하게 된다.

『군주론』은 신군주(principe nuovo)를 대상으로 쓰여진 권력 장악과 유지에 대한 지침서다. 세습 군주가 아닌 신군주의 권력이란 그의 능력, 즉 비르투(virtú)에 의해 장악되며 유지될 수 있다는 것이 근본 논점이다. 이 비르투 개념은 그의 이론을 관통하는 핵심 개념으로서 그의 독창성을 드러내는 개념이다.[8] 복합적이며 다의적인 개념인 비르투란 도덕적으로 선한 덕이 아니라 목적 달성에 필요한 수단을 효율적으로 쓸 수 있는 능력을 의미한다. 즉, 권력에서 '필요한 경우' 폭력과 간계도 쓸 수 있는 능력이다. 이러한 정치적 의미의 덕은 어떤 행위 자체보다는 행위의 결과에 의해 그 타당성이 입증된다.[9] 그러므로 폭력과 간계가 도덕적으로는 악이지만 이것이 바람직한 결과를 낳는다면 권력의 유용한 수단으로서 정당화되는 것이다.

마키아벨리는 신군주의 권력을 위한 폭력의 사용은 불가피하다는 것을 다양한 사례들을 통하여 보여준다. 또한 그는 권력욕의 무제한성으로 인하여 가장 극단적인 형태의 폭력인 국가 간의 전쟁도 불가피한 것으로 간주한다. 그러나 폭력으로써 구축된 지배 관계는 힘에 의한 명령과 강제된 복종의 관계다. 단지 지배자의 힘에 대한 두려움이 있기 때문에 피지배자는 복종하는

7) Machiavelli, Discorsi, I권 18장, pp.179-183.

8) Cf. Berlin, Isaiah, op. cit., pp.25-79 ; Gilbert, Felix, 'On Machiavelli's Idea of Virtu', *Renaissance News*, IX(4), pp.53-55 ; Plamenatz, John, 'In Search of Machiavellian *virtú*' in *The Political Calculus : Essays on Machiavelli's Philosophy*, pp.127-156.

9) Cf. Machiavelli, *Il principe*, 18장, p.74 ; Id. Discorsi, I권 9장, p.153, 범죄의 "사실은 비난하지만 결과가 그것을 무마시킨다(accusando il fatto, lo effetto lo scusa)."

것이다. 나아가 군주가 장악한 권력을 유지하려면 '군주 자신의 법'을 지키게 해야 할 것이므로, 이 경우에서도 폭력은 권력의 불가결한 수단이다. 여기에 정의는 존재하지 않는다. 오직 권력의 보존만이 추구된다. 모든 것은 군주의 이익의 관점에서 선택되며 결정된다. 이것이 『군주론』에서 나타나는 권력의 실상인 것이다. 그러나 힘의 올바른 사용을 도외시한 이러한 권력지상주의는 폭력을 통해 비인간적인 압제 구조를 만들어낼 뿐이다.

이 글의 목적은 『군주론』에서 개진된 권력론을 분석하여 권력과 폭력의 관계를 규명하는 데 있다. 이를 위해 다음과 같은 테마들을 다루고자 한다. (1) 신군주의 과제 (2) 신흥 군주국과 폭력 (3) 권력의 기반 : 무력 (4) 군주의 행위 규범 (5) 폭력의 문제 등이다. 결론 부분에서는 마키아벨리즘의 의의를 간략히 살펴볼 것이다.

2. 본 론

1) 신군주의 과제

위에서 언급했듯이 『군주론』은 신군주를 대상으로 쓰여진 권력 장악과 유지에 대한 지침서다. 신군주란 신흥 군주국의 지배자로서 세습에 의해서 권력을 계승한 자도 아니며 동의에 의한 합법적 권력을 위임받은 자도 아니다. 그러나 마키아벨리는 신군주가 그의 지침들을 지킨다면 그는 마치 '새로운 세습 군주(principe nuovo antico)'인 듯이 보이게 될 것이며 세습 군주보다 더 안전하며 견고한 국가를 세우게 될 것이라는 소신을 피력한다. 나아가 신군주는 국가를 세우며 이것을 법, 군대, 우방 및 귀감 등으로 강화시킴으로써 이중의 영광을 누릴 수 있는 반면에 세습 군주는 만약 그가 국가를 잃는다면 이중의 치욕을 당하게 된다고 단언한다.[10)]

그렇다면 마키아벨리가 이와 같이 신군주를 대상으로 『군주론』을 집필하게 된 이유란 무엇인가? 『군주론』의 마지막 장인 '이탈리아를 부흥시켜 야만족으로부터 해방시키기 위한 권고'에서 그 자신이 밝히고 있듯이, 당시 이탈리아의 상황이 신군주의 출현에 유리하다고 판단했기 때문이다.[11)] 즉, 메디치가가 피렌체공화국을 재장악한 사건에 이어서 조반니 추기경이 교황 레오네 X세로 선출된 사건이 『군주론』의 집필과 헌정을 자극한 직접적인 계기가 되었다고 할 것이다. 사실상 교황 알렉산드로 VI세의 아들 체사레 보르지아가 단기간에 중부 이탈리아를 장악할 수 있었던 상황과 유사한 상황이 전개된 점을 고려해볼 때, 마키아벨리는 메디치가의 신군주가 외세의 침략에 의해 그 존망이 위협받고 있는 이탈리아의 군소 도시 국가들을 통일하여 강력한 국가를 만들어줄 것을 소망했던 것으로 보인다.[12)]

다른 한편, 마키아벨리가 신군주에 초점을 맞춘 것은 부패한 국가는 강력한 군주에 의해 혁신될 수 있다는 그의 정치 사상과도 밀접하게 연관되어 있다. 그는 『로마사 논고』에서 법으로 억제할 수 없을 만큼 질료가 부패한 이탈리아와 같은 곳에서는 공화국이 아니라 왕국이 수립되어야 하며, 국왕의 절대적이고 과도한 권력(potenza assoluta ed eccessiva)만이 귀족들(potenti)

10) Cf. Ibid., 24장, p.97.

11) Cf. Ibid., 26장, p.102.

12) Cf. Chabod, Federico, *Machiavelli and the Renaissance*, pp.30-78.

의 야망과 부패를 억제할 수 있다고 주장한다.[13] 이와 같이 절대 권력에 의해 부패를 해결할 수 있다는 주장은 인간이란 선택의 자유(elezione)보다는 오히려 필요(necessità)에 의해 선한 행위를 한다고 보는 그의 인간관을 반영한다. 마키아벨리에 의하면 "인간이란 필요가 아니면 결코 선을 행하지 않는 존재다. 선택의 자유가 풍부해지면 방종해지며 혼란과 무질서가 초래된다"는 것이다.[14] 따라서 이러한 속성을 가진 인간을 선하게 만들려면 법의 강제가 반드시 필요한 것이다. 다시 말해 인간이란 법에 의해 강제되지 않는다면 자신의 이기적 욕구를 충족시키기 위해 악을 행한다는 것이다. 또한 어떤 입법자든 인간이란 아무리 선량하며 잘 교육받은 자라 해도 이익, 야망, 악의 때문에 쉽게 부패한다는 사실을 감안하여 법을 통해 욕망을 제어하게 만들며 처벌이 없이는 위법할 수 없도록 해야 한다는 것이다.[15]

그럼에도 불구하고 통상적인 수단으로써 혁신이 불가능할 정도로 부패가 만연한 공화국에서는 어떤 자가 예외적인 수단인 폭력과 무기(con violenza e armi)로써 군주가 되어 그의 뜻대로 할 수 있어야 한다는 것이 그의 지론이다.[16] 그러나 여기에서 마키아벨리는 폭력을 통해 권력을 장악하는 군주의 필요성을 주장하지만 그 실현 가능성에 대해서는 의구심을 드러낸다. 왜냐하면 "한 국가의 정치적 삶(vivere politico)을 다시 질서지운다는 것은 선량한 자를, 폭력으로써 공화국의 군주가 된다는 것은 사악한 자를 전제로 한다. 그러나 선량한 자가 비록 좋은 목적이

---

13) Cf. Machiavelli, *Discorsi*, I권 55장, pp.254-258.

14) Cf. Ibid., I권 3장, p.136.

15) Cf. Ibid., I권 42장, pp.230-231.

16) Cf. Ibid., I권 18장, p.182.

라 해도 그릇된 방식으로 군주가 되고자 하는 것이나 사악한 자가 올바로 행동하며 그릇된 방식으로 획득한 권위를 잘 사용할 마음이 일어나는 것은 드물기” 때문이라는 것이다.[17] 그렇지만 새로운 질서의 구축을 위해서는 폭력이라는 잔혹한 수단 외에는 다른 방도가 없다고 결론 짓는다.

마키아벨리에 의하면 신군주의 과제란 그가 정복한 국가나 지역에서 절대 권력(potestà assoluta)을 행사하여 모든 것을 혁신하는 것이다. 즉, “부자는 가난하게 만들고 가난한 자는 부자로 만들며 … 새로운 도시들을 건설하고 이미 세워진 도시들을 헐며 주민들을 한 곳에서 다른 곳으로 이주시킴으로써 이전에 있던 것을 완전히 제거”하는 것이다.[18] 사실상 이러한 잔혹한 조치는 누구나 피하고자 하는 ‘비기독교적이며 비인간적인’ 것이지만 신군주가 권력을 유지하려면 불가피하다는 것이다. 뿐만 아니라 부패한 국가를 혁신하는 군주의 폭력이 “케사르와 같이 파괴(guastare)를 위한 것이 아니라 로물루스처럼 질서를 재정립(riordinare)하기 위한 것”이라면 정당화된다고 주장한다.[19]

이상의 내용에서 드러나듯이 마키아벨리는 이탈리아의 문제를 해결하려면 절대 권력을 가진 신군주가 출현하여 기존의 질서를 파괴하고 새로운 질서를 구축하는 것이라는 확신을 가지고 『군주론』을 집필한 것이다. 그는 이탈리아가 프랑스, 스페인 등의 강대국의 지배를 받게된 근본 원인이 세습 군주들의 무능력에 있다고 보았으므로[20] 신군주가 강력한 국가를 만드는 과제를

17) Cf. Ibid., p.182.

18) Cf. Ibid., I권 26장, pp.193-194.

19) Cf. Ibid., I권 10장, p.159.

20) Cf. Machiavelli, *Il principe*, 24장, pp.97-98.

수행해주기를 기대했던 것이다. 그가 거론하는 이상적인 신군주란 자신의 무력과 비르투로써 국가를 창건한 모세, 키루스, 로물루스, 테세우스 등의 역사적 인물이다.[21] 그러나 현실적으로 그가 염두에 둔 자는 타인의 무력과 행운에 의해 권력을 장악한 메디치가의 신군주였던 것이다. 그는 만약 이 군주가 자신의 무력과 비르투를 확보한다면 강력한 국가를 만들 수 있다고 보았던 것이다. 이것은 이미 유사한 조건을 가졌던 체사레 보르지아가 시도했던 대로 폭력과 간계도 개의치 않고 권력의 확장을 도모한다면 가능하다고 판단했기 때문이라고 할 것이다.[22]

2) 신흥 군주국과 폭력

마키아벨리는『군주론』의 서두에서 국가의 유형을 이분법의 방식으로 열거하며 그의 관심이 신흥 군주국에 있다는 것을 곧바로 드러낸다. 그는 "인간들에 대한 명령권(imperio)"을 가진 모든 국가는 공화국과 군주국의 두 종류가 있으나 군주국을 다룰 것임을 밝힌다.[23] 이어서 군주국을 세습 군주국과 신흥 군주국으로 분류한 후 권력의 정통성을 가진 세습 군주(principe naturale)는 신군주에 비하면 통치에 큰 어려움이 없으므로 관례를 따르며 우연적 상황에 대처하는 보통의 노력에 의해서도 능히 권력을 유지할 수 있다고 평하며 그의 관심에서 제외시킨다.[24] 또한 교회 국가도 선출된 군주가 "국가를 방어하지도 않으

21) Cf. Ibid, 6장, pp.30-33 ; 26장, p.102.

22) 마키아벨리는 체사레 보르지아를 신군주의 전형적 인물로 평가할 뿐만 아니라 이탈리아의 통일을 위한 빛을 보여준 자로 간주한다. Cf. Ibid. 7장, pp.33-40 ; 26장, p.102.

23) Cf. Ibid, 1장, p.15.

며 신하를 다스리지도 않는다"는 점에서 안전하며 행복한 유일한 국가며, 나아가 신의 섭리에 의해 다스려지므로 논의치 않을 것임을 밝힌다.[25] 이렇게 세습 군주국과 교회 국가를 제외한 나머지 신흥 군주국은 군주의 권력 장악의 요인에 따라 다섯 가지의 유형으로 구별된다. 즉, (1) 전쟁으로 정복한 국가를 합병시킨 혼합형 군주국 (2) 자신의 무력과 비루투로 획득한 군주국 (3) 타인의 무력과 행운으로 획득한 군주국 (4) 악행(scelleratezza)으로 이룬 군주국 (5) 행운이 따른 간계(astuzia fortunata)에 의한 시민형 군주국 등이다. 여기에서 그가 지칭하는 국가(stato)는 군주의 지위, 즉 그의 명령 권력과 동일한 의미다.[26] 따라서 군주가 국가를 얻고 잃는다는 것은 그가 권력을 얻고 잃는다는 것이다. 다시 말해 국가는 군주에게 속한 것으로서 획득과 탈취의 대상인 것이다. 그러면 먼저 다양한 요인에 의해 형성된 신흥 군주국의 군주가 권력의 유지를 위해 취해야 할 방책이란 무엇인지를 살펴보기로 하자.

첫째, 혼합형 군주국이다.[27] 마키아벨리는 군주가 정복한 국가를 통치하려면 그것이 군주국인지 공화국인지에 따라 각각 다른 방책을 취해야 한다고 주장한다. 또한 군주국의 경우도 언어

---

24) Cf. Ibid., 2장, pp.15-16.

25) Cf. Ibid., 11장, pp.50-51. 그러나 마키아벨리는 여기에서 교황도 재력과 무력(forze)이 있다면 세속 군주를 능가하는 막강한 권력을 행사할 수 있다는 것을 지적한다. p.52.

26)『군주론』의 국가(stato) 개념에 관해서는 Cf. Hexter, J. H., *'Il principe and lo stato', Studies in the Renaissance*, IV, pp.113-138. 여기에서 헥스터는 국가(stato)란 국가 구성원 전체가 속한 정치체(body politic)가 아니라 군주의 소유 대상으로서 그의 안전과 명성을 목표로 피지배자들을 이용하기 위한 도구라고 결론짓는다.

27) Cf. *Il principe*, 3-5장, pp.16-29.

와 풍습이 같은 지역과 다른 지역을 구별하여 대처해야 한다는 것이다. 전자의 경우 기존 권력의 재탈환을 도모할 군주의 혈통을 말살하고 법과 조세 제도를 바꾸지 않는다면 권력을 유지할 수 있으나 후자의 경우 정복자가 그곳에 이주하여 통치함으로써 침략 과정에서 야기된 적대 세력을 통제하든지 그곳에 식민지를 구축함으로써 가능하다. 특히 식민지를 구축할 경우 불가피하게 그 지역의 소수의 재산을 몰수하더라도 이들은 반란을 일으킬 힘이 부족하며 나머지 다수는 약탈에 대한 두려움을 느끼므로 통치할 수 있다는 것이다. 단, 군주가 피지배자에게 가하는 침해(offesa)는 보복하지 못할 정도로 철저해야 한다고 강조한다. 반면에 정복한 국가가 공화국일 경우 이전에 누렸던 자유를 회복하기 위해 군주의 지배에 대해 반란을 일으킬 것이므로 그 지역을 완전히 파괴시키며 주민들을 분산시켜야 한다는 것이다.

둘째, 자신의 무력과 비르투로 획득한 군주국이다.[28] 마키아벨리는 이러한 국가의 전형적 군주는 모세, 키루스, 로물루스, 테세우스 등이며, 이들이 행운으로부터 얻은 것은 단지 질료에 형상을 부여할 기회밖에 없었으나 그 자신의 비르투로써 국가를 창건했다고 간주한다. 그는 이와 같이 자신의 비르투로써 새로운 국가를 만드는 군주는 권력을 어렵게 장악하지만 그것을 쉽게 유지한다고 주장한다. 신군주가 기존의 질서를 파괴하고 새로운 질서를 도입하는 것으로서 어렵고 위험하며 그 성공이 불확실하다는 것이다. 왜냐하면 그의 혁신에 대해 기존의 질서에 익숙한 자들은 적이 되며 새로운 질서를 추종하는 자들도 소극적이기 때문이라는 것이다. 그러나 신군주가 무력을 행사한다면

---

28) Cf. Ibid., 6장, pp.30-33.

그의 의도대로 질서를 혁신할 수 있다고 강조한다. 비록 민중을 설득하기는 쉬워도 설득한 것을 지키게 하는 것은 어렵지만 "말로써 설득한 것을 계속 믿게 하려면 힘으로 강제해야 한다"는 것이다.[29] 사실상 비르투로써 국가를 창건한 전형적인 인물들도 무력을 가졌기 때문에 그들의 법을 지키게 할 수 있었다는 것이다.

셋째, 타인의 무력과 행운으로 획득한 군주국이다.[30] 마키아벨리는 이러한 국가의 군주는 권력은 쉽게 얻었으나 그 권력을 유지하는 데는 상당한 어려움이 따른다고 주장한다. 왜냐하면 타인의 호의나 행운은 변덕스럽고 불안정한 것이기 때문이라는 것이다. 뿐만 아니라 일개 평민에서 군주가 된 자는 권력을 유지하는 방법을 알지 못하며 각별한 재능과 비르투를 가진 인물이 아니라면 명령할 줄 모르며 그에게 우호적이며 충성하게 만들 힘(forze)이 없으므로 권력을 유지할 수 없다는 것이다. 그러므로 이러한 군주는 곧바로 이전에 구축하지 못한 권력의 기반을 구축해야만 권력을 유지할 수 있다는 것이다. 마키아벨리는 타인의 무력과 행운에 더 이상 의존하지 않고 그 자신의 권력의 기반을 구축한 체사레 보르지아를 신군주가 모방할 전형적인 인물로 거론한다. 체사레 보르지아는 "적으로부터 자신의 안전을 시키며, 자기편을 얻으며, 힘(forza)과 기만(fraude)으로써 승리하며, 민중의 사랑과 두려움을 받으며, 군인들로부터 추종과 존경을 받으며, 군주를 해칠 수 있는 자를 말살하며, 구질서를 새로운 방식으로 혁신하며, 엄격하고 친절하며 도량이 넓고 후하며, 불충한 군대를 철폐하고 새로운 군대로 대체하며, 다른 왕이나 군주와 우호 관계를 유지"한 점에서 신군주가 모방할 대상이라

29) Cf. Ibid., 6장, p.32.

30) Cf. Ibid., 7장, pp.33-40.

는 것이다.[31]

넷째, 악행과 폭력으로 이룬 군주국이다.[32] 이런 국가의 대표적 군주는 시라쿠사의 아가토클레스다. 마키아벨리는 그가 비록 원로원 의원들과 부호들을 학살하고 군주의 지위를 획득하였지만 필요한(necessitato) 경우 모방할 만한 사례로 간주한다. 그러나 "시민들을 학살하고 친구들을 배반하며 신의도 동정심도 종교도 없는 것을 비르투라고 칭할 수 없다. 이런 방식으로 권력(imperio)은 장악할 수는 있으나 영광을 얻지는 못한다"고 그 한계를 분명히 한다.[33] 그에 의하면 아가토클레스와 같은 자들이 수많은 배신과 잔학한 행위에도 불구하고 권력을 유지할 수 있었던 이유란 폭력(crudeltà)을 잘 쓴(bene usate) 때문이다. 폭력을 잘 쓴다는 것은 "자신의 안전의 필요 때문에 단번에(ad uno tratto) 폭력을 행사하고 그것을 반복하지 않고 가능한 한 신하들의 유익함으로 전환하는 것이다."[34] 만약 군주가 폭력을 계속하여 증대시킨다면 권력을 유지할 수 없다는 것이다. 따라서 어떤 국가를 점령하는 군주는 불가피한 가해 행위(iniurie)를 측정하여 단번에 행사해야 한다는 것이다.

다섯째, 시민형 군주국이다.[35] 이런 국가의 군주는 행운이 따른 간계(astuzia fortunata)에 의해 민중의 지지 혹은 귀족들의 지지를 받을 경우 출현된다. 민중이란 명령받거나 억압당하지 않고자 하며 귀족들(grandi)은 명령하고 억압하고자 하는 성향

31) Cf. Ibid., 7장, pp.39-40.
32) Cf. Ibid., 8장, pp.40-44.
33) Cf. Ibid., 8장, p.42.
34) Cf. Ibid., 8장, p.44.
35) Cf. Ibid., 9장, pp.45-48.

이 있으므로 각각 그 이익을 도모하기 위해 대표자를 내세운다는 것이다. 마키아벨리는 민중의 지지가 아닌 귀족들의 지지를 얻은 군주는 그 권력을 유지하기가 어렵다고 주장한다. 왜냐하면 군주와 대등함을 주장하는 귀족들을 명령하거나 조정하기는 쉽지 않기 때문이라는 것이다. 따라서 비록 귀족들의 지지를 얻은 군주라도 자신의 지위를 유지하려면 다루기가 쉬우며 절대다수인 민중이 자기편이 되도록 해야한다는 것이다. 더욱이 시민형 군주국의 군주는 시민적 정부에서 절대 정부로 이행하는 과도기에 위험에 처하게 되며 이 시기에 군주가 직접 통치를 하지 않고 관료들을 통하여 통치할 경우 명령권을 장악할 수 없다는 것이다. 또한 시민들이란 그들이 국가를 필요로 할 경우 군주에게 충성을 약속하지만 국가가 시민들을 필요로 할 경우 소수만이 충성하므로 군주는 어떤 경우라도 시민들이 국가와 군주를 필요로 하며 충성심을 갖게 할 방도를 찾아야 한다는 것이다.

이상과 같은 마키아벨리의 논의는 권력이란 물리적 강제력의 행사, 즉 폭력에 의존한다는 사실을 분명히 드러낸다. 특히 혼합형 군주국에서 군주가 정복한 국가에 가하는 폭력의 형태와 그 방식은 권력의 본질이란 폭력이라는 것을 적나라하게 보여주는 것이다. 또한 비르투와 무력을 가진 신군주는 힘으로 강제함으로써 그의 뜻을 관철시킬 수 있다든지 타인의 무력과 행운에 의해 권력을 장악한 신군주가 비르투와 자신의 무력을 확보하지 않는다면 그 권력을 상실한다는 것도 권력이란 폭력에 의존한다는 것을 강조한 것이다. 뿐만 아니라 악행과 폭력을 통해 권력을 장악한 군주는 폭력을 잘 쓴다면 권력을 유지할 수 있다는 것도 권력은 폭력에 의존하나 그것의 효율적 사용이 권력 유지의 관건이라는 것이다. 나아가 비폭력의 방식으로 권력을 장악한 시민형 군주국의 군주도 절대 권력으로 이행할 시기의 위험에 대처할 방도를 찾아야 한다는 것도 강제력의 필요를 암시한다고 할 것이다.

3) 권력의 기반 ; 무력

권력에 대한 마키아벨리의 근본 논점은 신군주가 군주 자신의 무력과 비르투에 의해 장악한 권력은 쉽게 유지되지만 타인의 무력과 행운의 도움으로 장악한 권력은 유지하기가 어렵다는 것이다. 그러므로 타인의 무력과 행운에 의해 군주가 된 자가 그의 권력을 유지하려면 곧바로 권력의 기반인 무력을 구축해야 한다는 것이다. 마키아벨리에 의하면 모든 국가의 근본적 토대란 '좋은 법과 좋은 무력(arme)'이지만 법보다 무력이 중요하다. 왜냐하면 "좋은 무력이 없는 곳에는 좋은 법이 있을 수 없으며, 좋은 무력이 있어야 좋은 법도" 있기 때문이라는 것이다.[36)]

그러나 무력에서도 마키아벨리는 군주가 용병(arme mercenarie) 혹은 외국 원군(arme ausiliarie)에 의존할 경우 그 권력을 지킬 수 없다는 것을 분명히 한다. 그에 의하면 용병이란[37)] 지리멸렬하고 야심적이며 기율이 없고 신뢰할 수 없다. 평화시에는 군주의 편에 있으나 전쟁이 발발하면 후퇴하거나 사라져버린다. 또한 용병 대장이 유능할 경우 군주를 공격하거나 민중을 억압할 수 있으며 무능할 경우 군주를 파멸시킬 수 있다는 것이다. 반면에 외국 원군은[38)] 용병보다 훨씬 더 위험하다. 왜냐하면 외국

---

36) Cf. Ibid., 12장, p.53.

37) Cf. Ibid., 12장, pp.53-58. 마키아벨리에 의하면 이탈리아 몰락의 주된 원인은 용병을 신임한 데에 있다. 사실상 용병은 프랑스의 카를로 Ⅷ세가 전투를 하지 않고 분필 한 자루로 이탈리아를 점령하게 했다는 것이다. p.54.

원군에 의해 전쟁을 수행할 경우 패배한다면 군주도 패배하는 것이며 승리한다 해도 군주가 그들의 포로가 되기 때문이라는 것이다. 결국 용병이나 외국원군은 군주의 권력의 기반이 되지 못한다는 것이다.[39] 그러므로 군주 자신의 무력(arme proprie), 즉 그의 신하, 시민, 부하들로 구성된 무력을 확보해야 한다는 것이다. 이러한 무력이 없이는 어떤 국가도 안전할 수 없으며 역경에 처할 때 방어할 비르투가 없으므로 전적으로 행운에 내맡기게 된다는 것이다.

마키아벨리는 이와 같이 군주가 자신의 무력을 확보하는 것 외에도 국가를 안전하게 지키기 위해서는 전쟁, 군대 조직, 훈련에 관한 전문 기술을 익히는 것 외에 다른 목적이나 관심을 갖지 말아야 한다고 주장한다.[40] 왜냐하면 군주가 무력에 관한 전문 기술을 소홀히 하는 것은 국가를 잃는 길이며 이것에 능숙함으로써 국가를 얻게 되기 때문이라는 것이다. 또한 "무장한 자가 무장하지 않은 자에게 복종하는 것이나 무장하지 않은 자가 무장한 부하들로부터 안전하다는 것은 불합리한 것"이므로 군주 자신이 무장해야 한다는 것이다.[41] 나아가 군주는 평화시에 신체적으로 정신적으로 전쟁의 훈련에 몰두해야 한다는 것이다. 이렇게 함으로써 행운의 변화에 저항할 수 있게 된다는 것이다.

이와 같은 관점에서 마키아벨리는 이탈리아의 세습 군주들이 권력을 상실한 원인이란 무엇보다도 무력에서 실책을 범한 것이

38) Cf. Ibid., 13장, pp.58-59.

39) 이 점에서 마키아벨리는 체사레 보르지아가 권력의 장악에 도움을 준 프랑스군을 더 이상 신뢰하지 않고 그 후 고용한 용병도 해고하고 군주 자신의 무력을 확보한 것을 높이 평한다. Cf. Ibid, 13장, pp.59-60.

40) Cf. Ibid., 14장, p.62.

41) Cf. Ibid., 14장, p.62.

라고 비판한다. 사실상 행운의 변화에서 "군주 자신과 그의 비르투에 의존한 방어만이 선하며 확실하고 지속적"이므로 행운을 탓할 사안이 아니라 역경에 대비하지 않은 군주의 태만을 비난할 사안이라는 것이다.[42] 뿐만 아니라 가변성과 불확실성을 상징하는 행운이란 비르투로써 저항하지 않는 곳에서 맹위를 발휘한다는 것이다.[43] 비르투로써 행운의 변화에 저항하지 않는다면 마치 제방이 마련되지 않은 강에 홍수가 범람하여 모든 것이 파괴되는 것과 같은 결과에 이르게 된다는 것이다. 나아가 군주가 행운을 지배하고자 한다면 행운의 신은 여신이므로 폭력으로 제압해야 한다는 것이다.[44] 이렇게 마키아벨리는 비르투와 행운의 대결에서 신군주가 자신의 무력을 확보한다면 행운의 변화에 저항할 수 있을 뿐만 아니라 행운을 지배할 수도 있다고 보는 것이다.

4) 군주의 행위 규범

마키아벨리가 제시하는 군주의 행위 규범은 도덕적으로 선한 것은 추구하며 악한 것은 피해야 하는 것이 아니라 권력의 유지에 유익한 것이면 추구해야 하며 해로운 것은 피해야 한다는 것이다. 그의 지침을 한마디로 요약하자면 군주는 "가능한 한 선에서 떠나지는 말아야 하지만 필요한 경우 악에 발을 들여놓아야 한다"는 것이다.[45] 이렇게 군주의 행위 규범은 올바름과 그름의

---

42) Cf. Ibid., 24장, p.98.

43) Cf. Ibid., 25장, p.99 ; 행운에 대해서는 Cf. Flanagan, Thomas, *'The Concept of Fortuna in Machiavelli' in The Political Calculus ; Essays on Machiavelli's Philosophy*, pp.127-156 ; Skinner, Quentin, *Machiavelli*, pp.24-31.

44) Cf. *Il principe*, 25장, p.101.

45) Cf. Ibid., 18장, p.73.

차원에서 결정되는 것이 아니라 군주 자신의 권력 보존의 차원에서 결정되는 것이다. 따라서 군주에게 요구되는 가장 중요한 덕목은 정의가 아니라 그 자신에게 "해로운 것들을 통찰하여 덜 해로운 것을 좋은 것으로 선택"하는 신중함이다.[46] 마키아벨리는 이러한 행위 규범이 사실적 진리에 근거를 둔 것임을 다음과 같이 밝힌다:

> 내가 의도하는 바는 군주에게 유익(utile)한 것을 쓰는 것이다. 상상해낸 것보다는 사물의 사실적 진리를 따르는 것이 더 낫다는 생각을 한다. 많은 자들이 보지도 못했고 알지도 못했던 공화국이나 군주국을 상상해냈다. 어떻게 살아야 할 것인가와 어떻게 살고 있는가는 다르기 때문에, 해야만 하는 것을 위해 하고 있는 것을 방치한다면 '자기 보존'보다는 파멸을 배울 것이다. 모든 점에서 선한 자의 역할을 하고자 하는 이는 선하지 않는 자들 사이에서 파멸할 것이다. 그러므로 군주는 자기 보존을 위해 선하지 않을 수도 있어야 하며 필요에 따라(secondo la necessità) 선한 것과 선하지 않은 것을 사용할 줄 알아야 한다.[47]

그는 군주가 모든 선한 자질을 갖추고 이것을 발휘한다는 것은 인간의 현실적 여건이 허용하지 않으므로 군주는 국가를 잃게 하는 악덕의 오명(infamia)을 피할 수 있도록 신중해야 한다고 주장한다. 그리고 몇 가지 악덕이 없이는 국가를 지킬 수 없을 경우 그 평판에 대해 우려하지 말아야 한다는 것이다. 더욱이 "만약 모든 것을 잘 고려해본다면 덕으로 보이는 것을 추구하면 파멸에 이를 수 있으며 악덕으로 보이는 것을 추구하면 안전과 번

46) Cf. Ibid., 21장, p.91.
47) Cf. Ibid., 15장, p.65.

영에 이를 수 있다"는 것이다.[48] 그러므로 그는 전통적으로 군주의 덕으로 간주된 관후함(liberalità), 자비로움(pietà), 신의(fede) 등에 대해 비판을 가한다. 사실상 군주가 이러한 덕들을 추구함으로써 초래되는 결과를 고려한다면 인색함, 잔인함, 신의를 어기는 것 등이 더 바람직하다는 것이다.[49]

마키아벨리는 먼저 군주가 관후함을 추구한다면 자신의 재산을 탕진하여 경멸을 받게 되든지 중과세를 부과하게 되어 증오를 받게 되므로 관후한 군주보다 인색한 군주가 더 낫다고 주장한다.[50] 관후한 군주는 단지 소수에게 혜택을 주며 다수에게 해를 끼치는 데 반하여, 인색한 군주는 비록 소수에게 인색해도 다수에게 해를 끼치지는 않으므로 결과적으로 더 관후하다는 것이다. 또한 군주가 되려는 자는 관후한 것이 유리하지만 군주가 된 자는 인색한 것이 유리하다는 것이다. 그는 군주가 후하다는 평판을 얻기 위해 탐욕자가 되어 증오를 받는 것보다 인색하다는 오명을 감수하는 것이 더 바람직하다는 결론을 내린다.

또한 자비로움과 잔인함 가운데 군주는 잔인함을 취하는 것이 더 낫다고 주장한다.[51] 군주가 신하들을 결속시키며 충성스럽게 만들기 위해서는 잔인하다는 악평을 개의치 말아야 한다는 것이다. 사실상 군주가 약간의 잔인한 시범을 보이는 것이 과도한 자비로움에 의해 살육이나 약탈이 횡행하는 것보다 결과적으로 더 자비롭다는 것이다. 뿐만 아니라 군주는 신하의 사랑보다는 두

---

48) Cf. Ibid., 15장, p.66.

49) 이러한 마키아벨리의 주장은 키케로의 『의무론』에서 개진된 도덕 정치를 논박한 것이다. 이에 대해서는 Cf. Colish, Marcia L., *'Cicero's De Officiis and Machiavelli's Prince'*, *Sixteenth Century Journal*, XI, pp.81-93.

50) Cf. *Il principe*, 16장, pp.66-68.

51) Cf. Ibid., 17장, pp.68-71.

려움의 대상이 되는 것이 더 안전하다고 주장한다. 그에 의하면 인간이란 배은망덕하며 변덕스러우며 가식적이며 위선적이고 위험은 피하며 물욕에 사로잡히는 존재다. 인간은 두려워하게 하는 자보다 사랑하게 하는 자를 더 쉽게 해한다. 의무의 유대로 맺어진 사랑은 인간들이 사악하기 때문에 이해가 얽힌 기회 앞에서는 쉽게 끊어지지만 처벌의 공포로 맺어진 두려움은 결코 저버릴 수 없다는 것이다. 이어서 군주가 두려운 존재면서도 증오의 대상이 되지 않으려면 신하들의 재산과 부녀자를 멀리해야 한다고 충고한다. 인간이란 부친의 죽음은 잊어도 재산 손실은 잊지 못하는 존재라는 것을 염두에 두어야 한다는 것이다.

나아가 마키아벨리는 신중한 군주는 신의를 지킴으로써 자신에게 해가 되거나 약속 당시의 동기가 소멸한 경우 신의를 지켜서는 안 된다고 주장한다.[52] 인간이란 사악하여 군주에 대해 신의를 지키지 않으므로 군주 자신도 그리해야 한다는 것이다. 군주는 위장할 수 있어야 하며 가식과 위선으로 처신해야 한다는 것이다. 인간이란 단순하며 목전의 필요를 따르므로 속이고자 하면 속는 자를 찾을 수 있다는 것이다. 게다가 군주가 미덕들을 갖추면 해가 되지만 그것들을 갖추고 있는 듯이 보인다면 유익하다는 것이다. 그리고 필요하다면 돌변할 수도 있어야 한다는 것이다. 특히 신군주는 권력 보존을 위해 필요한 경우에는 신의(fede), 자비심(carità), 인간미(umanità), 종교에 반하는 행위도 해야만 한다고 강조한다. 그러나 유의해야 할 것은 미덕들을 갖춘 자인 것처럼 행동해야 한다는 것이다. 왜냐하면 인간들이란 대부분 보이는 것에 따라 판단하기 때문이다. 재판에 항고할 수

---

52) Cf. Ibid., 18장, pp.72-74.

없는 군주의 행위는 결과만 본다는 것이다. 군주가 전쟁에서 승리하며 국가를 보존한다면 그 수단들은 항상 명예로운 것으로 판단되며 칭송을 받는다는 것이다.

이렇게 군주의 인색함, 잔인함, 신의 배반이 권력을 유지하게 한다면 악덕의 평판을 개의치 말라는 것이 마키아벨리의 근본 주장이다. 권력을 최고 목적으로 둔 군주는 미덕이든 악덕이든 결과적으로 유익한 것을 선택해야 한다는 것이다. 어떤 행위든 군주의 자기 보존의 원리에 비추어 선택해야 하는 것이다. 폭력과 간계가 악한 행위이지만 필요한 경우 그것을 써야 한다는 것이다. 마키아벨리에 의하면 군주의 투쟁(combattere)에는 두 종류가 있다.[53] 즉, "그 하나는 도리(leggi)에 의한 것이며, 다른 하나는 힘(forza)에 의한 것이다. 전자는 인간 본연의 것이며, 후자는 야수의 짓이다. 그러나 대개 인간의 도리만으로는 충분치 않으므로 야수의 힘도 사용해야 한다"는 것이다.[54] 특히 군주에게는 야수의 힘 가운데 늑대를 제압하기 위한 '사자의 힘'과 덫을 피하기 위한 '여우의 힘'이 요구된다는 것이다. 말하자면 폭력과 간계도 쓸 수 있는 군주만이 권력 투쟁에서 살아남을 수 있다는 것이다.

---

53) 마키아벨리는 키케로가 『의무론』 I권 11-34에서 언급하는 두 종류의 투쟁에 대한 내용을 반복하고 있다. 그러나 I권 13-41에서 불의가 행해지는 방식, 즉 폭력과 기만은 사자와 여우의 짓으로 인간성에 반하는 것이며 둘 가운데 기만이 더 큰 혐오의 대상이라고 한 키케로의 견해와는 달리 마키아벨리는 폭력과 기만의 필요성을 역설한다. Cf. M. T. Cicerone, *I doveri*, pp.104-105 ; pp.112-113.

54) Cf. *Il principe*, 18장, p.72 ; 카시러는 마키아벨리의 정치 사상의 특징이 정치란 인간성만으로 될 수 없으며 인간성과 야수성이 필요하다고 주장한 점에 있다고 본다. Cf. Cassirer, op., cit., p.150.

5) 폭력의 문제

마키아벨리에 의하면 신군주의 권력 장악과 유지에서 폭력은 불가피한 것이다.[55] 그는 신군주의 폭력이 새로운 질서의 확립에 사용된다면 정당화된다는 관점에서 폭력의 문제에 접근한다. 폭력에 대한 그의 논의에서 폭력 자체의 부당성은 문제가 되지 않는다. 여기에서 폭력은 잔인함(crudeltà), 가해(iniurie), 물리적 힘(forza)의 행사 등으로 표현된다. 신군주는 "이전의 군주의 혈통을 말살해야 한다", "가해는 철저히 함으로써 보복하지 못하게 해야 한다", "말로 설득한 것을 지키게 하려면 힘을 써야 한다" 등의 지침에서 드러나듯이 군주가 권력을 유지하려면 폭력을 써야 한다는 것이다. 또한 "신군주는 잔인하다는 평판을 면할 수 없다"든지 "신의, 자비심, 인간미, 종교에 반하는 행위도 해야만 한다"는 것도 권력에서 폭력은 불가피하다는 것을 드러내는 것이다.

이와 같이 마키아벨리는 신군주의 폭력은 불가피한 것으로 간주하고 논의의 초점을 폭력의 사용 방식에 둔다. 말하자면 폭력은 어떻게 사용되어야 하는가에 대해 논하는 것이다. 그는 폭력이 질서의 확립을 위해 사용될 경우에서 잔인한 시범을 통해 군주에 대한 두려움을 갖게 한 체사레 보르지아의 방식을 신군주가 주목해야 할 사례로 거론한다. 그에 의하면 보르지아는 로마냐 지방의 질서를 확립할 목적으로 그의 부하에게 전권을 위임하여 폭력을 행사하도록 한 후 그를 살해하여 광장에 전시함으로써 민중의 증오를 완화시킴과 동시에 군주에 대한 두려움을

55) Cf. Wolin, Sheldon, S., *The Politics of Vision*, pp.220-224. 여기에서 월린은 마키아벨리가 불가피한 폭력을 논했지만 힘의 통제된 적용, 즉 폭력의 경제를 논한 것으로 해석한다.

갖게 했다는 것이다.[56] 이렇게 마키아벨리는 군주가 폭력을 통해 소기의 목적을 이루고 결과적으로 군주에 대한 두려움을 갖게 한다면 폭력이 효율적으로 사용된 것으로 보는 것이다. 이러한 폭력의 사용 방식은 악행으로 권력을 장악한 사례들을 논하는 곳에서 좀더 구체적으로 논의된다. 마키아벨리에 의하면 아가토클레스와 같은 자들이 극단적인 폭력을 행사하여 권력을 장악했으나 그것을 유지할 수 있었던 이유란 폭력을 잘 사용했기 때문이라는 것이다. 그가 말하는 잘 사용된 폭력이란 군주가 그 자신의 안전을 위해 '단번에' 폭력을 행사하되 그것을 반복하지 않는 것이다.[57] 만약 군주가 폭력의 강도나 빈도를 증가시킨다면 권력은 유지될 수 없다는 것이다.

이렇게 권력이 폭력에 의해 장악되며 유지된다면 군주의 비르투와 폭력은 어떤 관계에 있는가? 마키아벨리는 아가토클레스의 악행을 언급하는 곳에서 폭력은 비르투가 아니라고 단언한다.[58] 그러나 그가 여기에서 말하는 비르투란 도덕적 의미의 덕으로 보인다. 왜냐하면 곧바로 그는 아가토클레스를 정치적 의미의 덕을 가진 자로 평가하기 때문이다. 또한 폭력을 통해 권력을 확장한 보르지아가 비르투를 가진 모범적 인물로 간주된 것과 폭력과 간계로써 권력을 장악한 세베루스도[59] 비르투를 가진 탁월한 군주로서 국가를 창건하는 신군주가 추종해야 할 인물로 간주된 것을 고려해본다면 군주의 비르투란 정치적 의미의 덕으

56) Cf. *Il principe*, 7장, p.37.

57) Cf. Ibid., 8장, p.44.

58) Cf. Ibid., 8장, p.43 ; 아가토클레스의 비르투 문제는 Cf. Plamenatz, John, *'In Search of Machiavellian virtù' in The Political Calculus : Essays on Machiavelli's Philosophy*, pp.165-167.

59) Cf. *Il principe*, 19장, pp.80-84.

로서 권력을 장악하며 유지하는 능력을 지칭하며 이 능력은 폭력으로 구현된다고 할 수 있을 것이다.

다른 한편, 마키아벨리는 극단적인 폭력의 대결인 전쟁에 대해서도 정의와 불의를 논하지 않는다. 오히려 그는 "정복욕이란 지극히 자연스럽고 정상적인 것이다. 능력이 있어서 할 수 있는 것을 할 경우 칭찬을 받거나 비난을 받지는 않는다"고 주장한다.[60] 즉, 강자가 약자를 정복하는 것은 당연하다고 보는 것이다. 또한 전쟁이란 피할 수 없는 것이며 지연시킬 경우 손해를 볼 뿐이라는 것이다.[61] 마키아벨리에 의하면 전쟁은 무제한적인 욕구의 충족을 추구하는 인간의 본성으로 인하여 일어나는 것이다. 즉, "인간이란 필요에 의해 싸우는 것이 제거되어도 야망(ambizione) 때문에 싸운다. 또한 이 야망은 인간에 내재된 강한 욕구로서 어떤 지위에 오르더라도 결코 없어지지 않는다. 왜냐하면 인간은 자연으로부터 무제한의 욕구는 받았으나 그 욕구의 충족은 제한된 존재이기 때문이다. 항상 인간의 욕구가 능력보다 크므로 가진 것에 만족하지 않으며 더 가지고자 하며 가진 것은 잃지 않으려 하기 때문에 적대감과 전쟁이 일어난다"는 것이다.[62] 이렇게 전쟁이 일어나는 한 전쟁에서 승리하는 것만이 군주에게 중요하다는 것이다.

결국 마키아벨리가 『군주론』을 통해 전달하고자 한 핵심적인 메시지는 권력이란 폭력으로써 장악되며 유지된다는 사실이다. 그는 군주가 폭력을 행사하며 폭력으로 위협함으로써 명령과 복종의 지배 관계를 구축할 수 있다고 본 것이다. 단지 군주의 폭력

---

60) Cf. Ibid., 3장, pp.23-24.

61) Cf. Ibid., 3장, p.24.

62) Cf. *Discorsi*, I권 37장, p.215.

이 증오가 아니라 두려움을 갖게 한다면 그것이 가능하다고 본 것이다. 여기에서 약자는 강자의 폭력에 대한 두려움 때문에 복종하게 된다. 이것은 전쟁을 통해 형성된 국가 간의 지배 관계에서도 마찬가지다. 그러나 이와 같이 폭력으로써 구축된 지배 관계의 안정성은 불확실할 수밖에 없는 한계를 가진다. 적어도 피지배자의 동의가 없는 지배는 또 다른 폭력의 가능성을 내포하고 있는 것이다.

3. 결 론

마키아벨리는 이탈리아의 통일을 추진할 수 있는 신군주의 출현을 기대하며 『군주론』을 저술하였다. 그는 여기에서 세습 군주에 대해 비판적 태도를 취하며 그 대안으로서 신군주를 논한 것이다. 그가 말하는 신군주는 신흥 군주국의 지배자로서 세습에 의해서 권력을 계승한 자도 아니며 동의에 의한 합법적 권력을 위임받은 자도 아니다. 신군주의 권력은 그 자신의 능력, 즉 비르투로부터 유래된다. 비르투를 가진 자가 폭력으로써 권력을 장악하며 유지하는 것이다. 마키아벨리의 신군주는 기존 질서를 파괴하고 새로운 질서를 확립하는 혁신가다. 그의 혁신은 힘으로 강제함으로써, 즉 폭력으로써 이루어진다. 따라서 폭력은 신군주의 권력의 근본 수단인 것이다. 이 점에서 국가의 토대란 법과 무력이지만 법보다 무력이 중요하다는 마키아벨리의 주장은 설득력이 있는 것이다. 그러나 문제는 절대 권력을 행사하는 신군주를 구속하는 법도 도덕도 없다는 사실이다. 그가 권력을 자의적으로 행사해도 그것을 견제할 아무런 장치가 없는 것이다. 이러한 신군주의 권력의 행사는 폭력의 행사에 다름이 아니다.

그럼에도 불구하고 마키아벨리의 권력론은 그의 인간 이해를 전제로 한 일관성이 있는 이론이다. 그에 의하면 인간이란 필요에 의해 강제되지 않는다면 결코 선을 행하지 않으며 단지 자신의 이기적 욕구의 충족만 추구하는 사악한 존재다. 군주가 이러한 인간을 지배하려면 필요한 경우 폭력과 간계도 써야 한다는 것이다. 사자와 여우의 속성을 겸비한 군주만이 권력을 유지할 수 있다는 것이다. 의무의 유대로 맺어진 사랑은 이익을 위해 쉽게 끊어지나 처벌의 공포로 맺어진 두려움은 지속되므로 군주는 사랑보다는 두려움의 대상이 되는 것이 안전하다는 것이다. 또한 인간이란 신뢰할 수 없는 존재며 위선과 가식으로 처신하므로 군주 또한 그리해야 한다는 것이다. 악에는 악으로 대응해야 한다는 것이다. 그러나 인간은 이기적 존재이지만 이타적 존재이기도 한 것을 부정할 어떤 근거도 없는 것이다. 따라서 인간의 이기적 본성만을 보편적인 것으로 간주한 그의 인간 이해는 일면적이라는 비판을 면할 수 없는 것이다.

마키아벨리가 『군주론』에서 보여주는 권력의 세계는 그것을 최고 목적으로 둔 자들이 수단과 방법을 가리지 않고 투쟁하는 세계다. 그는 권력의 장악과 유지를 위해 비인간적 힘인 폭력과 간계를 써야 한다고 주장함으로써 전통적 도덕 정치 이론과 결별하였다. 그의 사상을 함축하고 있는 비르투란 폭력과 간계도 잘 쓸 수 있는 능력을 지칭하는 것이다. 그에 의하면 이상적인 정치 공동체에 관한 이론은 상상의 산물이다. 사실 세계에서는 힘의 논리에 따라 강자가 약자를 지배하며 강대국이 약소국을 지배한다는 것이다. 오직 힘이 있는 자가 그의 뜻을 관철시킨다는 것이다. 여기에 정의는 존재하지 않으며 강자의 이익만 추구된다는 것이다. 그러므로 그는 반인반수의 군주만이 자신을 보존할 수 있다는 주장을 한 것이다. 결국 권력에서 중요한 것은 결과며 그것에 이르는 수단인 폭력과 간계는 정당화된다는 것이 마키아벨리의 지론이다. 그러나 폭력과 간계는 또 다른 폭력과 간계를 낳는 악순환의 계기가 될 뿐이라고 할 것이다.

□ 참고 문헌

Machiavelli, Niccolò, *Il principe*, Feltrinelli, 1984.

____________________, *Discorsi sopra la prima deca di Tito Livio*, Feltrinelli, 1984.

Berlin, Isaiah, 'The Originality of Machiavelli', Against the Current : Essays in the History of Ideas, Oxford, Clarendon Press, pp.25-79, 1979.

Cassirer, Ernst, *The Myth of the State*, Yale University Press, 1950.

Chabod, Federico, *Machiavelli and the Renaissance*, Harper & Row, 1965.

Cicerone, Marco Tullio, *I doveri*, Rizzoli, 1987.

Colish, Marcia L., 'Cicero's De Officiis and Machiavelli's Prince', Sixteenth Century Journal, XI, pp.81-93, 1978.

Croce, Benedetto, *'Una questione che forse non si chiuderà mai : la questione del Machiavelli', Quaderni della Critica*, pp.1-9, 1949.

_________________, *Etica e politica*, Laterza, 1967.

Flanagan, Thomas, *'The Concept of Fortuna in Machiavelli' in The Political Calculus ; Essays on Machiavelli's Philosophy*, University of Toronto Press, pp.127-56, 1972.

Garin, Eugenio, *Machiaveli fra politica e storia*, Einaudi, 1993.

Gilbert, Felix, *Machiavelli e il suo tempo*, il Mulino, 1977.

____________, 'On Machiavelli's Idea of Virtú', Renaissance News, IX(4), pp.53-55, 1951.

Hexter, J. H., 'il principe and lo stato', Studies in the Renaissance, IV, pp.113-38, 1957.

Mattingly, Garett, 'Machiavelli's Prince ; Political Science or Political Satire?', American Scholar, 27(4), pp.482-91, 1958.

Plamenatz, John, *'In Search of Machiavellian virtú' in The Political Calculus : Essays on Machiavelli's Philosophy*, University of Toronto Press, pp.127-56, 1972.

Pocock, J. G. A., *The Machiavellian Moment*, Princeton University Press, 1975.

Russo, Luigi, *Machiavelli*, Laterza, 1965.

Skinner, Quentin, *Machiavelli*, Oxford University Press, 1981.

Whitfield, J. H., 'On Machiavelli's use of Ordini', Italian Studies, X, pp.19-39, 1955.

Wolin, Sheldon, S., *The Politics of Vision*, Boston, Little Brown, 1960.

박상섭, 『국가와 폭력』, 서울대 출판부, 2002.

진원숙, 『마키아벨리와 국가 이성』, 신서원, 1996.

인간의 자연적인 조건으로서의 폭력과 사회계약론적 해법 :
— 홉스의 힘의 정치철학 ; 폭력과 통제

김 용 환

1. 서 론

한나 아렌트(Hannah Arendt)는 20세기를 '폭력의 세기'로 규정하고 있다. 그것은 인류 역사상 20세기만큼 인간이 자신에 대해 인류 절멸에 가까운 대규모의 폭력적인 힘을 행사한 적이 과거에는 없었기 때문이다. 20세기 전반에 인류는 두 번에 걸친 세계대전을 겪으면서 근대 이후 확신에 찼던 이성에 대한 신뢰를 근본부터 의심하게 되었다. 두 번의 세계대전은 인간의 본성 가운데 내재되어 있었던 폭력성을 다시 확인하는 계기가 되었다. 그럼에도 불구하고 인류는 아렌트의 지적처럼 폭력에 대한 반성과 성찰에 무관심하다.

더욱이 19세기 이후 과학 기술의 발전은 대량 살상 무기의 개발을 가능하게 만들었고, 전쟁의 양태를 근본적으로 변화시켜왔다. 19세기 이후 유럽의 전쟁주의는 전쟁 무기의 급속한 발전과 더불어 형성되었으며, 폭력의 양과 질에서 엄청난 상승 곡선을 이루며 확대되었다.

1945년 이후 서유럽에서는 전쟁이 없었고 따라서 평화 시대라고 말할 수 있지만, 아시아와 아프리카 그리고 다른 지역에는 수많은 전쟁이 지속되고 있다. 1945년에서 1984년까지 159번의 전쟁이 있었으며, 이 기간에 희생된 사람이 제2차 세계대전 때보다 더 많다. 주로 제3세계에서 일어난 전쟁이었으며, 그 중 4분의 1은 선진국의 개입으로 일어난 전쟁이었다.

폭력 가운데 전쟁만큼 파괴적인 폭력은 없다. 그리고 평화주의(pacifism)가 이 시대에 더욱 요청되는 것은 폭력이 질과 양에서 그 어느 때보다 심각한 수준에 이르고 있기 때문이다. 2003년 3월 미국의 이라크 침공은 아프가니스탄 침공과 더불어 전쟁에 대한 종래의 개념을 바꾸어놓은 사건이었다. 세계에서 가장 가난한 나라를 상대로 초강대국 미국이 벌인 아프가니스탄에서의 전쟁이 정당성을 확보하기가 어려웠다면, 대량 살상 무기를 갖고 있을지도 모른다는 추정 아래 '예방 전쟁(preventive war)'과 '선제 공격(preemptive attack)'의 개념을 도입한 미국의 이라크 침공은 도덕성을 확보하는 데 더 어려움이 있다. 유엔을 비롯한 국제 사회의 거센 반발을 무시하고 자행된 이번 전쟁은 앞으로 인류의 어느 국가라도 힘이 있으면 선제 공격으로 전쟁을 시작하고 스스로 정당화할 수 있는 빌미를 제공했다는 점에서 심각한 도덕적 문제를 남겨놓았다.

본 연구의 목적은 현대 사회의 폭력성을 이해하기 위한 예비작업의 하나로 근대 초기에 인간의 폭력성에 대한 고발과 이에 대한 계약론적 해법을 모색했던 홉스의 이론을 규명하는 데 있다. 영국 시민 전쟁을 직접 목격하면서 11년의 망명 생활 끝에 발표한 그의 대표작 『리바이어던(*Leviathan*)』과 다른 두 대표작 『시민론(*De Cive*)』, 『법의 기초(*The Elements of Law*)』를 중심으로 그가 어떻게 폭력의 원인을 분석하고 있으며, 이를 극복하기 위한 대안으로 제시한 계약론과 평화애호주의(pacificism)가 우리에게 어떤 의미를 제공하고 있는가를 살펴보는 일은 폭력의 세기를 살아가고 있는 우리에게 시사하는 바가 크다 할 수 있다.

홉스는 자신이 '공포와 쌍둥이'로 태어났다고 고백하고 있다. 1588년 4월 5일 스페인의 무적 함대가 영국을 침공하는데 홉스의 고향에서 가까운 브리스톨 쪽으로 향한다는 소문 때문에 임신 7개월이었던 홉스의 어머니는 조산을 하고 만다.[1] 칠삭둥이로 태어난 홉스는 자신의 출생과 더불어 운명처럼 따라다니는 이 공포의 감정에 주목하였다. 공포의 감정은 사람들이 자연 상태에서 벗어나도록 만드는 감정이며, 법을 어기게 만들면서 동시에 법에 복종하게 만드는 감정이기도 하다.[2] 특히 '폭력적인 죽음에 대한 공포'는 그의 일생을 통해 지울 수 없었던 기본 감정이었으며, 그의 작품 여러 곳에서 언급되고 있다. 레오 스트라우스의 지적에 의하면, "폭력적인 죽음에 대한 공포야말로 모든 권리의 뿌리며, 더 나아가 모든 도덕성의 근거다."[3] 홉스 자신의 말로 인용하면, "평화를 추구하게 만드는 감정은 죽음에 대한 공포다."[4]

---

1) Martinich A. P., *A Hobbes Dictionary*, Blackwell, 1995, p.1.

2) Ibid., p.119.

3) Leo Strauss, *The Political Philosophy of Hobbes*, Chicago Univ. Press, 1963, pp.17-18.

4) *Leviathan*, chap. 13, p.188. 이 논문에서 인용하고 있는 Leviathan은 C. B. Macpherson이 편집한 Hobbes, Leviathan, Penguin Books, 1968을 사용하고

폭력은 공포를 낳는다. 공포로부터 자유로워지기 위해서는 공포의 대상을 제거하거나 아니면 통제 가능한 것으로 만들어야 한다. 홉스가 본 공포의 대상들에는 거친 자연, 이기심으로 가득 찬 개인들, 정복자, 분파주의자들, 교회, 타락한 정치인들, 전제 군주, 부패한 국가 등이 포함된다. 근대 과학 혁명의 시대에 살았던 홉스는 자연이 인간에게 가하는 넓은 의미에서의 폭력은[5] 새로운 과학 이론으로 해소가 가능하다고 믿었다. 근대 과학의 문을 연 갈릴레이에게 보낸 홉스의 찬사는 자연의 공포로부터 해방시켜준 해방자에 대한 찬사와 다르지 않다.[6]

적대적 타자, 타락한 정치인과 전제 군주 그리고 부패한 국가로부터 가해지는 폭력을 제거하기 위해서는 자연의 폭력을 통제 가능한 것으로 만든 근대 과학의 새로운 이론만큼이나 정교한 근대적 정치 이론이 필요하다. 홉스의 인간에 대한 이해, 정치론, 종교론은 모두 폭력의 도구로 언제라도 전락할 위험이 있는 대상들에 대한 통제 기제(control mechanism)라고 볼 수 있다.

또 폭력은 힘으로부터 나온다. 보이지 않는 힘에 대한 공포가 종교의 씨앗이라고 본 루크레티우스(Lucretius)의 견해를 그대로 따르고 있는 홉스는 신이나 종교가 모두 공포로부터 시작되었고 그렇기 때문에 이것들이 폭력의 수체가 될 위험이 있다는 것을 간파하였다. 보이지 않는 영적(靈的)인 힘을 이용하여 사람들을 억압하고 통제하는 성직자와 신학자들에 대해 홉스가 얼마

있다.

5) 자연이 폭력적인가에 대해서는 반론이 충분하게 가능하다. 인간의 폭력처럼 고의성이 없다는 점에서 보면 폭력이라 보기는 어려우나 물리적인 힘으로 인간에게 고통을 준다는 점에서 보면 여느 폭력적 행위와 같다.

6) *E.W.* vol. I, p.viii. E.W.는 William Molesworth가 편집한 *The English Works of Thomas Hobbes* (1839)를 줄여서 표기한 것이다.

나 반감을 보였는가는 그의 작품 여러 곳에서 쉽게 발견된다.[7] 마찬가지로 보이는 힘 가운데는 국가 또는 통치자의 힘이 가장 크다. 전제 군주와 타락한 정치인들이 백성들에게 가하는 폭력적 사태를 해소하기 위해서는 그들이 가지고 있는 정치적 힘을 통제 가능한 범위 안에 놓이도록 만드는 일이 필요하다. 사회 계약, 자연법 사상, '교회에 대한 국가 우위론(Erastianism)' 등은 모두 힘을 잘못 사용해서 생기는 폭력적 사태를 줄이기 위한 해법들이다.

공포와 힘은 폭력의 본질과 양태를 이해하는 데 실마리 역할을 해주는 기본 개념들이다. 따라서 폭력이 수반하는 공포와 힘이라는 두 개의 관점을 가지고 홉스의 심리학, 정치론 그리고 종교론에 함축되어 있는 폭력의 문제를 살펴보려고 한다. 홉스가 얼마나 폭력 또는 폭력적인 죽음에 대한 공포를 극복하기 위해 이론적인 무장을 하고 맞섰는가를 살펴볼 것이다. 자연 상태에서나 시민사회에서나 누구도 폭력으로부터 완전히 자유로울 수 없다. 폭력이 완전히 제거된 상태는 불가능하다. 단지 최대한의 안전과 평화를 보장해주는 제도적 장치는 마련할 수 있을 것이다. 홉스의 의도는 폭력을 완전히 극복할 수 있다는 것을 보여주려는 데 있는 것이 아니라 당시의 폭력적 사태들을 노출시키고 이에 대해 이론적으로 대응하려는 데 있었다. 정당한 힘의 사용이 부당한 힘(폭력)을 줄일 수 있는 현실적 대안이라고 보고 힘을 정당화하는 정치철학적 노력이 그의 주된 관심사였다.

---

7) 『리바이어던』 4부의 제목은 '어둠의 왕국에 관하여'다. 이 제목이 암시하듯 어둠의 왕국을 지배하는 주체들로 잘못된 성서 해석가, 악마론의 주장자들, 아리스토텔레스 철학과 종교를 잘못 결합한 사람들 그리고 역사와 잘못된 전통을 결합한 사람들을 지목하고 있다. 이들은 대부분 성직자와 교회 신학자들이다.

2. 두 역사책을 통해 본 홉스의 폭력 이해

『리바이어던』 9장에서 홉스가 학문(철학)의 나무를 그릴 때 역사학을 제외시킨 이유는 분명하다. 지식은 사실에 관한 지식과 추론에 관한 지식이 있는데, 역사는 전자를 대표하는 것으로서 진정한 학문이 될 수 없다고 보았기 때문이다. 이성적 추론이 가능한 것만이 진정한 학문이라고 본 홉스의 시각에서 보면 경험적 사실에 의존하는 역사학은 학문의 나무에서 배제되는 것이 당연하다. 그러나 홉스가 역사적 지식의 중요성을 간과한 것은 결코 아니다. 특히 역사적 교훈이 사람에게 분별력(prudence)을 제공함으로써 옳은 행동을 하게 만드는 데 효과적이라는 점에 주목하고 있다. "역사의 중요하고 참된 임무는 과거에 대한 지식을 통해 사람들이 현재와 미래에 대해 분별력 있는 행동을 하도록 가르치는 데 있다."[8] 그리고 사람들에게 교훈을 주는 것은 철학도 마찬가지이지만, 역사적 사례를 보여주는 것만큼 효과적인 것은 없다고 홉스는 말하고 있다. 철학이 사람들에게 도움이 되는 일반적인 교훈을 추구하는 것이라면, 역사학은 그런 교훈의 적용과 실현 그리고 실현의 조건과 결과들에 대해 추구하는 학문이라고 비교해서 말하고 있다.[9]

홉스가 1622년을 전후로 해서 베이컨의 비서직을 수행했다는 사실과 그 무렵 소설, 희곡 그리고 역사책을 주로 읽었다는 사실 때문에 홉스의 연구자들은 이 시기를 '인본주의자의 시대'[10]라

8) *E.W.* vol. viii, p.vii.

9) Ibid. cf. Leo Strauss, *The Political Philosophy of Hobbes*, Chicago Univ. Press, 1963, p.85.

10) Leo Strauss, op. cit., p.31.

고 부른다. 대략 1610년대부터 영국 시민 전쟁이 일어나기 직전인 1640년까지다. 베이컨이 학문의 나무에서 역사학을 시학(문학), 철학과 더불어 3대 학문으로 분류한 것과, 자연사를 포함하여 원대한 역사학 연구의 꿈을 가졌던 것을 염두에 둔다면, 베이컨의 영향을 받은 홉스가 역사학에 관심을 갖게 된 것은 결코 우연이 아니다. 홉스가 자연철학이나 정치철학에 관심을 돌리기 이전에 역사에 깊은 관심을 가진 것은 역사적 교훈의 필요성이 점차 증가하고 있던 시대적 환경에서 비롯되었다고 보인다.

반란과 전쟁의 폭력성을 노출시키는 데 가장 좋은 방법으로 홉스는 전쟁사를 택했다. 투키디데스(Thucydides)의 『펠로폰네소스전쟁사』와 자신이 직접 경험한 영국 시민 전쟁과 그 이후의 권력의 변천 과정을 그린 『비히모스(*Behemoth*)』를 통해 홉스는 인간의 본성 가운데 자리잡고 있는 폭력성의 문제를 간접적으로 다루고 있다. 선동 정치, 음모, 반란, 전쟁 그리고 그 결과로 초래되는 정부의 붕괴 과정을 서사적으로 그리면서 실패한 역사의 교훈을 찾아내려는 홉스의 의도는 분명했다. 반란과 전쟁은 최대의 악이며 인간의 폭력성이 극단적으로 표출될 때 나타나는 왜곡된 행위다. 그런데 불행하게도 이런 폭력성이 인간의 본성으로부터 완전히 제거될 수는 없다. 전쟁의 역사를 중심으로 기술된 두 권의 역사책을 통해 홉스가 보여주려는 의도는 사람들이 과거의 경험을 통해서 미래에 바른 행동을 할 수 있는 분별력을 가지도록 하는 데 있었다. 폭력성의 제거가 어려운 것이라면 적어도 폭력의 원인 분석을 통해 통제할 수는 있을 것이라고 희망했다. 그의 이런 희망이 처음에는 역사책을 번역하는 것으로 나타났고, 말년에는 직접 자신이 경험한 영국 시민 전쟁사를 기술함으로써 표출되었다.

1) 『펠로폰네소스전쟁사』

홉스가 40세가 되어서 처음으로 출판한 책은 투키디데스의 『펠로폰네소스전쟁사』다. 1629년에 그가 이 책을 번역 출판한 것은 BC 5세기 아테네의 정치적 혼란과 17세기 전반 영국 사회의 혼란 사이에는 상당한 유사성이 있다는 점을 보았기 때문이다. 선동 정치가들이 자행하는 언어적 폭력과 과두 체제가 강요한 정치적 폭력이 그리스 사회를 분열하게 만들었고 끝내 전쟁으로 몰아갔던 역사적 사실을 반추하면서 홉스는 시민 전쟁으로 가고 있는 영국 사회에 경고의 메시지를 전달하고자 했다. 메시지의 전달은 역사 교육의 주된 목적 중의 하나다. 홉스는 교육을 통해 정치, 사회적 그리고 교회 내부의 분열과 혼란을 막을 수 있다는 희망을 가졌다. 특히 반란과 전쟁의 위험에 놓인 국가를 구할 수 있는 것은 대학을 고침으로써 가능하다고 보았다. 투키디데스가 사람의 본성에 결함이 있기 때문에 재앙 극복의 가능성을 비관적으로 본 것과는 달리 홉스는 교육을 통한 개조 가능성을 믿었다. 대학이 정치적 복종을 교육하는 일이 중요하다고 역설하고 있는 것도 이런 맥락에서다.[11]

레오 스트라우스의 지적에 의하면, 홉스는 역사적 교훈이 제공하는 분별력이 교육을 통해서만 체계적으로 사람들에게 전달될 수 있다는 사실에 주목하고 있다.[12] BC 431년에서 시작하여 BC 404년까지 28년 동안 아테네 동맹군과 스파르타 동맹군 사이에서 벌어진 펠로폰네소스 전쟁을 서사적인 필체로 기술한 투키디데스의 이 역사책을 홉스가 번역한 이유는 시민 전쟁으로

11) Gabriella Slomp, *Thomas Hobbes and The Political Philosophy of Glory*, Macmillan, 2000, pp.56-57 참고.

12) Leo Strauss, op. cit., p.86.

치닫고 있던 당시 영국의 정치적 상황에서 하나의 타개책을 제시하려는 데 있었다. 왕과 의회 사이의 관계가 점점 악화되어 가던 시기에 정부의 약화가 초래할 영국 사회의 붕괴를 막기 위해서는 왕과 의회의 화해가 필요하다는 사실을 홉스는 직시했다. 그리고 펠로폰네소스 전쟁의 역사를 통해 교훈을 얻고자 했다.

투키디데스나 홉스는 사람의 마음을 지배하는 공포심과 질투심 그리고 야망에서 펠로폰네소스 전쟁의 숨은 의도를 찾아냈다. 어떤 야망도 실현시킬 수 있는 막강한 힘을 가진 아테네를 두려워하고 질투하는 스파르타 사람들의 감정이 곧 이 전쟁의 숨은 원인이라고 투키디데스는 기술하고 있으며, 홉스는 바로 그 점을 17세기 전반기 영국 사회 분석의 한 기준으로 삼으려 했다.

힘을 가진 자가 곁에 있다는 사실은 공포심과 질투심을 갖게 만든다. 자기의 존재를 위협하는 공포의 대상을 극복하는 길은 똑같이 힘으로 압도하는 방법이 최선의 길이라는 사실을 자각시켜준다. 그리스 세계의 맹주 역할을 하는 아테네가 언제라도 야망만 가지면 스파르타를 정복할 수 있다는 사실에 공포와 질투심을 느낀 스파르타 사람들이 선택할 수 있는 생존 전략은 전쟁에서 승리하는 길뿐이었다. 그리고 선수를 치는 것이 더 유리하다고 생각했다. 마침 아테네는 민주주의가 과두 정치 체제로 타락해가는 과정에 있었으며, 공직에 있으면서도 사적인 이익만 추구하며 혹세무민하는 선동 정치가들이 득세하고 있었다. 홉스는 아테네의 몰락 과정을 상세하게 기술하고 있는 이 역사책이 분열 양상을 보이고 있는 1620년대 영국 사회를 위한 반면 교사의 역할을 하기를 기대하였다. 전쟁이 필연적으로 수반하는 폭력성의 배후에 공포심과 질투심 그리고 힘의 우위성을 확보하려는 야망이 놓여 있다는 점을 투키디데스나 홉스는 똑같이 관찰하고 있다.

투키디데스는 다른 사람을 믿지 못하고 자기 보존에 대한 확신이 없어서 생기는 공포심만이 아니라 명예욕과 재물에 대한 이익 추구도 사람들이 잔인하고도 치열하게 전쟁을 벌이도록 만드는 배후 심리라는 점을 지적하고 있다.[13] 그의 이런 지적을 홉스는 자연 상태에서 전쟁을 일으키는 세 가지 원인이라 지목한 경쟁심, 자기 확신의 결핍(불신) 그리고 명예욕으로 반영하고 있다.[14]

2) 『비히모스』

이 책은 홉스가 저술한 영국사다. 1668년에서 1670년 사이에 쓰여진 이 책은 홉스가 죽고 난 후 유고집으로 1682년에 출판되었다. 이 책의 부제목 — "1640년에서 1660년 사이에 수행된 충고와 책략 그리고 영국 시민 전쟁의 원인에 관한 역사" — 이 말해주고 있듯이, '최고의 격동의 시기였던 이 20년 동안의 영국사'[15]를 홉스 자신의 시각에서 기술한 것이다. 주로 영국 사회의 두 권력 집단이었던 왕권주의자와 의회주의자 사이에서 전개된 정치적, 종교적 갈등과 시민 전쟁과 그 이후 권력의 이동 과정을 서사적 형태의 필법과 대화체로 기술한 역사책이다.

우선 책의 제목이 상징하는 바가 무엇인지 파악하는 일이 필

---

13) *E.W.* vol. viii, p.81.

14) Bull H., *Hobbes and the International Anarchy,* in Preston King(ed.) Thomas Hobbes, Critical Assessments, vol. III, Routledge, 1993. p.82. Leviathan, chap. 13, p.185.

15) *E.W.* vol. vi, p.165.

요하다. 홉스가 작품 이름으로 사용한 '리바이어던'이나 '비히모스'는 모두 『성경』에 나오는 상징적 동물들 이름이다. 욥기 40장 19절에서 비히모스는 하느님이 만든 피조물 가운데 으뜸 가는 것으로 묘사되고 있으며, 41장 34절에서는 바다의 동물 리바이어던에 대해 "모든 교만한 것들을 우습게 보고, 거만한 모든 것 앞에서 왕 노릇을 한다"고 적고 있다. 리바이어던은 국가의 평화를 지키는 수호자, 절대 군주 또는 국가를 상징하며, 비히모스는 반란과 시민 전쟁을 부추기는 교회와 성직자를 상징한다. 절대 군주론을 옹호하는 자신의 작품 『리바이어던』을 비판하는 브럼홀(Bramhall) 주교에 대해 "리바이어던에 대항하는 비히모스(Behemoth against Leviathan)"라 반박하고 있다.[16]

리바이어던과 비히모스는 모두 무적의 힘을 가진 동물들이다. 그러나 비히모스는 힘으로는 리바이어던을 당하지 못한다. 이는 곧 국가와 군주의 힘이 교회와 성직자의 힘보다 더 우세하다는 것을 뜻한다. 홉스는 교회보다는 국가가 더 우위에 있어야 한다는, 소위 '교회에 대한 국가우위론'의 지지자였다. 홉스와 불과 40여 년 정도 차이밖에 없는 로크가 정치와 종교, 국가와 교회를 분리해야 한다는 정교분리주의 입장을 밝힌 것과는 달리 홉스는 국가우위론을 강력하게 견지하고 있다. 그렇다면 왜 그럴까? 우리는 홉스가 살았던 시대의 사회, 정치적 경험이 그런 입장을 견지하도록 만들었다는 추정을 해볼 수 있다. 7년 동안 계속된 영국 시민 전쟁이 발발하기 직전인 1641년 겨울에 프랑스로 망명한 홉스는 전쟁의 전개 과정을 외국에서 지켜보았다. 정치적 힘의 헤게모니 싸움에서 군주와 의회주의자가 대립했고, 그 배후

---

16) *E.W.* vol. v, p.27.

에 교회와 성직자들과 대학이 깊게 관여되어 있다는 사실을 그는 정확하게 파악하고 있었다. 『비히모스』에서 홉스는 시민 전쟁의 책임을 일곱 부류의 사람들에게 돌리고 있는데, 그 중 절반 이상이 성직자들이다. 로마 가톨릭교인들, 장로교인들, 조합교회파, 재침례파 교인들 등이 이들이다. 이외에 런던 사람들과 기회주의자들을 지목하고 있는데, 이들은 군주 정치에 대해 부정적인 견해를 가르치는 대학과 후진국의 정치적 반란에 고무되어 있는 사람들과 관련되어 있다고 보았다.[17]

4개의 대화편으로 이루어진 『비히모스』는 첫 번째 대화에서 시민 전쟁의 원인과 그 정치적, 종교적 배경에 대해 서술하고 있다. 두 번째 대화에서는 1642년 전쟁이 시작되기 전까지의 역사를 왕당파의 세 사람 — Henrietta Maria, Lord Strafford, archbishop Laud — 을 중심으로 기술하고 있다. 홉스는 이들에 대한 변론을 통해 의회주의자와 청교도주의자들을 반박하고 자신이 영국 국교주의자임을 드러내고 있다. 전쟁의 발발로부터 찰스 1세의 처형까지를 다루고 있는 세 번째 대화에서 홉스는 시민 전쟁이 내란이며 그에 따르는 폭력을 충분히 방지할 수 있었음에도 불구하고 비참한 전쟁으로 가게된 원인을 허약한 통치권에서 찾고 있다. 군주가 절대로 양보해서 안 되는 것은 통치권(sovereignty)이다. 그런데 찰스 1 세의 애매한 태도가 통치권의 분열을 초래했고 결국 폭력적인 전쟁으로 가게 만들었다고 그는 평가하고 있다. 힘이 없는 통치권은 종이 호랑이와 같으며, 힘에의 논증(argumentum ad baculum)만이 결국 통치권의 정당화를 보장해준다는 것이 홉스의 기본 생각이었다.

---

17) *E.W.* vol. vi, pp.167-168.

네 번째 대화에서 홉스는 1649년부터 1660년까지 정치적 권력의 이동 과정을 설명하면서 혁명의 순환성을 지적하고 있다. 군주제가 혁명을 거치면서 의회 정치와 크롬웰 독재와 과두제로 바뀌었다가 결국 다시 군주제로 복귀하는 순환의 역사를 보여주고 있다. 이런 정치적 변화 속에는 언제나 성직자, 특히 장로교와 조합교회파 등 개신교와 가톨릭주의자들의 정치적 간섭이 중요한 변수였다는 것을 보여주고 있다.

전체적으로 『비히모스』를 통해 홉스가 보여주고자 했던 것은 "비실재적인 것이 실재의 세계를 지배한다"는 것이었다.[18] 종교가 정치의 세계를 지배하는 것을 빗대어 말하는 것이다. 여론처럼 사람의 마음을 사로잡는 것이 합리적인 이성보다 더 큰 힘을 발휘하며, 비이성적인 말에 사람들은 쉽게 속는다는 것을 홉스는 잘 알고 있었다. "다수를 속이는 일이 그 가운데 한 사람을 속이는 것보다 더 쉽기 때문에"[19] 반란과 선동은 의외로 쉽다. 그와 같은 사례들을 홉스는 『비히모스』에서 보여주고 있다.

3. 실낙원과 자연 상태

자연 상태(state of nature)라는 개념은 홉스 때문에 특별한 의미를 가지게 된 개념이다. 로크나 루소도 이 개념을 사용하고 있지만 홉스만큼 인상적이지 못하다. 홉스는 자연 상태에 대해 개념적인 정의를 구체적으로 하고 있지는 않다. 그러나 그는 자연

18) Stephen Holms, *Introduction to Behemoth*, The Chicago Univ. Press, 1990. p.xiv.

19) *E.W.* vol. vi. p.211.

상태에 대한 정황적 서술을 여러 곳에서 하고 있다.[20] 자연 상태는 '만인에 대한 만인의 투쟁 상태'며 전쟁 상태다. 또 자연 상태에서 '인간은 인간에 대해 늑대(homo homini lupus)'와 같다. 프랑스와 트리카드(F. Tricaud)에 의하면, "자연 상태란 인간관계가 정치적 조직에 의해 통제되지 않는 상태며, 공동체 감정(community feeling)이 없으며, 심리적 또는 신체적인 이유로 사람을 죽일 수 없는 사람은 들어갈 수 없는 상태"다.[21] 또 자연 상태에서 모든 사람은 모든 것에 대해 평등한 권리를 가지고 있다. 따라서 자연이 제공하는 절대적 권리와 자유를 소유할 수 있는 상황이다. 실정법과 통치자가 없는 무정부 상태와 유사하다. 카프카(G. S. Kavka)의 해석에 따르면, "생명과 재산에 대해 거의 보장이 되지 않는 상태며 지속적으로 공포심이 지배하기 때문에 생산적인 활동을 하는 것이 거의 무의미한 상태다."[22]

이런 자연 상태에서 인간은 어떻게 존재하는가? 한마디로 말해서 자연 상태에서 인간은 폭력에 노출되어 있는 채로 존재한다. 특히 '폭력적인 죽음에 대한 공포'가 지배하기 때문에 자기보존이라는 존재의 궁극적 목적을 달성하는 데 가장 위협적인 상태다. 이런 상황에서 살아가야 하는 인간의 삶은 "고독하고, 비참하고, 괴롭고, 잔인하고, 짧다."[23]

---

20) *Leviathan*, chap. 13, De Cive, chap. 1, The Elements of Law, Pt. I, chap. 14. 프랑스와 뜨리까드는 자연 상태에 관하여 홉스가 논의한 이 세 곳을 "자연 상태의 장(章)"이라고 말하고 있다.

21) F. Tricaud, *Hobbes's conception of the State of Nature from 1640, in Perspectives on Thomas Hobbes* (eds by G. A. J. Rogers and Alan Ryan), Oxford, 1988, p.110.

22) G. S. Kavka, *Hobbes's War of All against All*, in Preston King(ed.), Thomas Hobbes, Critical Assessments, vol. III, Routledge, 1993, p.38.

23) *Leviathan*, chap. 13, p.186.

자연 상태는 실낙원에 비유될 수 있다. 낙원에서 거주하던 아담과 이브가 타락함으로써 그곳에서 추방된다. 낙원에서 거주할 수 있었던 조건은 최고의 힘을 가진 하느님의 명령에 절대 복종한다는 것이었으며, 타락 이전까지는 이 조건을 충족시켰다. 그러나 불복종의 대가는 실낙원이었으며, 그동안 보호막 구실을 하던 자연은 거칠고 낯선 타자로 변해버렸다. 인간과 자연의 투쟁은 이때부터 시작되었으며, 자연의 힘은 인간에게 폭력과 공포의 대상이 되었다.

또 실낙원에서 인간은 스스로 노동하지 않고서는 존재할 수 없게 되었다. 땀 흘리는 노동의 고통과 출산의 고통은 이제 인간에게 부여된 존재 조건이 되었다. 이런 상황에서 자기 보호(self-preservation)는 기본적인 욕구가 될 수밖에 없다. 자기 보존을 위해서는 다른 사람과 끊임없이 투쟁을 계속해야만 하고 타자로부터 인정받기 위해 힘 겨루기와 죽기 살기 경쟁을 피할 수 없게 되었다. 카인과 아벨은 절대적 힘의 소유자에게 인정받기 위한 투쟁을 벌인 최초의 인간들이었다. 아벨을 죽인 카인은 인정 투쟁에서 승리한 것처럼 보이지만 실제로는 패배자가 된다. 여기에는 상징성이 있다. 타자의 완전 제거는 투쟁에서 승리자가 될 수 없다. 왜냐하면 타자의 죽음은 인정해주는 자의 상실을 의미하기 때문이다. 갈등과 투쟁도 일종의 의사 소통 행위라고 본다면 자연 상태에서의 경쟁이 죽기 살기 경쟁일 수는 없다.[24]

실낙원은 마치 자연 상태에서처럼 자기 존재를 유지하기 위해 모든 힘을 사용할 수 있는 권리가 보장되는 장소다. 힘의 부당한 사용은 사용자의 편에서 보면 폭력이 아니라고 말할 수 있어도

---

24) Piotr Hoffman, *Doubt, Time, Violence*, The Chicago Univ. Press, 1986, p.121.

피해자의 편에서 보면 분명 폭력이다. 우리는 모두가 서로에 대해 폭력의 가해자가 될 수도 있고 피해자가 될 수도 있다. 이것이 홉스가 말하는 자연 상태에서 살아가는 사람들의 모순적 상황이다. 그렇다면 이런 모순적 존재 상황은 어떻게 해서 생기게 되었는가?

1) 치명적인 평등과 폭력

슬롬프(Gabrilla Slomp)는 자연 상태에서 인간이 누리고 있는 평등을 치명적 평등(fatal equality)이라고 이름 붙이고 있다. 치명적 평등이란 누구라도 타자에 대해 폭력을 행사하거나 심지어 죽일 수 있는 자연의 권리와 힘의 평등한 조건을 의미한다.[25)]『리바이어던』에서 홉스는 다음과 같이 말하고 있다 : "자연은 사람의 몸과 마음의 기능 면에서 너무도 평등하게 만들었기 때문에 어떤 사람은 신체가 강하고 어떤 사람은 정신이 민첩하다고 하더라도 사람들 사이에 차이는 별로 크지 않다. 가장 약한 사람일지라도 가장 강한 사람을 죽일 정도의 힘은 가지고 있다."[26)]

앞에서도 언급했듯이 사람은 서로가 서로에 대해 폭력의 가해자이자 피해자일 수 있다. 이것은 자연 상태에서만이 아니라 실제의 세계에서도 항상 발견되는 사람들 사이의 사실 관계다. 그래서 호프만(Piotr Hoffman)은 이런 치명적 평등을 "평등한 취약성(equal vulnerability)"이라고 말하면서 "조건의 평등이 희망의 평등을 낳고 희망의 평등은 자연 상태에서 폭력의 불씨에 기름을 붓는 것과 같다"[27)]고 말한다. 여기서 희망이란 힘(권력)을

---

25) Slomp Gabriella, *Thomas Hobbes and the Political Philosophy of Glory*, Macmillan, 2000, pp.22-23.

26) *Leviathan*, chap. 13, p.183.

얻고자하는 바람이며 힘의 획득을 통해 다른 사람을 지배하려는 욕구다. "자연 상태에서 모든 사람은 욕망과 (다른 사람에게) 상처를 주려는 의지를 가지고 있다."[28)]

인간의 폭력적 행위는 이런 자연적으로 평등한 권리와 깊은 상관 관계가 있다는 것이 홉스의 기본 가정이다. 자연권이야말로 폭력을 계속해서 일으키는 결정적인 역할을 한다는 프랑스와 트리카드의 지적은 "동등한 힘은 서로 대립하고 파멸시킨다"[29)]는 홉스의 의중을 정확하게 읽어낸 결과다.[30)] 자연권이 전쟁의 주된 원인이기 때문에 제한되어야 한다는 것을 분명하게 선언하고 있다. 무제한적이고 절대적 평등을 보장해주는 자연권은 오히려 사람들 사이에 갈등을 증폭시키는 촉매제가 될 수 있다는 점을 홉스는 간파하였다. 이는 17세기에 들어서서 권리 의식이 확대되어가던 시기에 지나친 권리의 요구가 사회를 분열시킬 수 있다는 것을 직접 경험한 결과이기도 하다.

또한 치명적인 평등은 부서지기 쉬운 인간의 허약함(human fragility)과도 일맥상통한다. 신체적으로나 정신적으로 모든 인간은 취약성과 허약함을 평등하게 나누어 가지고 있다. 인간이 이렇게 치명적으로 평등하고 허약하다는 사실은 자신의 생명과 자유와 재산을 보존하기 위해 어떤 수단과 방법도 동원할 수 있는 가능성을 열어놓게 만든다. 폭력은 강자만의 전유물이 아니

---

27) Piotr Hoffman, *The Quest for Power*, Humanity Press, 1996, p.16.

28) *De Cive*, chap. 1, sect. 4, p.114. 이 논문에서 인용하고 있는 『시민론』은 *De Cive, Man and Citizen*, (ed.) Bernard Gert, Humanities Press 1972를 사용하고 있다.

29) *The Elements of Law*, Pt. I, chap. 8. sect. 4, p.38. 쪽수는 E.W. vol. iv에 따른다.

30) F. Tricaud, op. cit., p.114.

다. 약자 의식과 평등 의식이 결합될 때 강자보다는 약자가 더 심한 공격성을 보이는 것도 사실이다. 심리학적으로 보면, 자기 방어 기제(self defence mechanism)가 발달된 사람은 강자보다는 약자에게 더 많이 발견된다. 여기에다 욕구와 희망의 평등 의식이 결합되면 더욱 공격적이 된다. "두 사람이 같은 것을 욕구하나 공유할 수 없을 때 두 사람은 적이 되며, 목적을 달성하는 과정에서 상대방을 파멸시키거나 굴복시키려고 한다."[31] 폭력의 피해자가 되지 않기 위해서는 최소한 자기 방어가 가능한 힘을 축적하는 일이 필요하며, 힘의 축적은 또 다른 힘을 더하는 일이다. 결국 힘의 축적은 무한 반복이 요구되는 운동과 같다.

치명적 평등은 모든 사람에게 공포의 감정을 갖게 만든다. 이것은 나와 힘이 비슷한 사람이 곁에 있으면 불안한 마음이 생기는 것과 같은 이치다. 그와 내가 동일한 대상을 놓고 투쟁을 한다면 내가 승리한다는 보장이 없는 한 불안감과 공포감을 갖지 않을 수 없기 때문이다. 특히 죽기 살기 경쟁에서 힘의 평등과 욕구(희망)의 평등은 폭력적인 죽음에 대한 공포를 갖게 만든다. 아무도 믿을 만한 사람이 없다는 생각은 우리를 불안에 사로잡히게 만들며, 타자로부터 가해지는 죽음에 대한 공포는 시공간을 초월한다.[32] 이 폭력의 공포로부터 벗어나는 길은 두 가지가 있는데, 하나는 더 큰 힘의 획득을 통해 안전을 보장받는 길이며, 다른 하나는 뒤에서 논의할 계약론적 해법이다.

자연 상태는 실제 상황이 아니라 시민사회의 구성을 설명하기 위한 논리적 가설 또는 비역사적 허구라는 것이 홉스 연구자들의 공통된 해석이지만 자연 상태의 정황들은 현실 세계의 상황

---

31) *Leviathan*, chap. 13, p.184.

32) Piotr Hoffman, op. cit.(1986), pp.117-118.

을 그대로 반영한다고 보아도 무방할 것이다. 세계화와 무한 경쟁 시대라고 말하는 현대 사회에서 주로 목격되는 인간 관계는 홉스가 말하는 자연 상태에서의 그것과 크게 다르지 않다. 그 이유는 삶의 조건이 비슷해서가 아니라 인간 본성의 공통성 때문이다. 17세기 영국 사회에서 살았던 사람들이나 오늘의 한국 사람이나 본성에 관한 한 동일한 설명이 가능하며 유사한 심리적 성향을 가지고 있다는 사실은 행동 양식에서도 유사할 것이라는 개연성을 높여준다. 홉스의 설명이 여전히 유효한 이유는 그가 사회, 정치적 현상을 설명하면서 인간의 본성과 심리적 조건을 근거로 해서 시작하고 있다는 점 때문이다.

2) 폭력의 세 가지 근원

홉스는 인간이 폭력적이고 타자에 대해 공격적인 본성을 가지게 된 배경에는 세 가지 욕망이 자리잡고 있다는 점에 주목하고 있다. 즉, 폭력적인 전쟁 상태로 빠지게 만드는 심리적 원인에 대해 홉스는 『법의 기초』와 『시민론』그리고 『리바이어던』에서 각각 조금씩 다르게 표현하고 있다.

■『법의 기초』[33)] : 허영심(vanity), 비교 감정(comparison), 욕구(appetite).

■『시민론』[34)] : 헛된 영광(vain-glory), 재치(지력) 겨룸(combat of wit), 동일한 사물에 대한 욕구(appetite to the same things).

■『리바이어던』[35)] : 경쟁심(competition), 자기 확신의 결핍(diffidence), 영광(glory).

---

33) *The Elements of Law*, pt. 1, chap. 1, sect. 3-5. E.W. vol, iv, p.82.

34) *De Cive*, chap. 1, sect. 4-6.

35) *Leviathan*, chap. 13, p.185.

이름은 조금씩 다르지만 『리바이어던』에서 지목한 세 가지로 모두 수렴될 수 있다. 왜냐하면 허영심과 헛된 영광을 바라는 마음은 영광을 추구하는 것과 다르지 않으며, 비교 감정과 재치 겨룸은 결국 『리바이어던』에서 말하는 자기 확신의 결핍을 결과로 초래하기 때문이다. 또 동일한 사물에 대한 욕구는 모두 경쟁심을 부추기는 심리적 원인들이기 때문이다.

먼저 경쟁심과 폭력의 관계에 대해 살펴보자. 경쟁심이란 사람들이 무엇인가를 얻기 위해 다른 사람을 공격하게 만드는 감정이다. 이런 경쟁심은 사회, 경제적 조건에 따라 약화되기도 하고 강화되기도 하지만 17세기 자본주의 체제가 출발한 이래 약화된 적은 없었다. 소박한 시장경제 체제와 맥퍼슨(C. B. Macpherson)의 용어대로 소유적 개인주의(possessive individualism)의 만남은 유럽 사회를 경쟁 사회로 만들어갔다. 그리고 인간의 마음 안에 내재되어 있던 경쟁심은 시장경제 체제에서 점차 폭력적인 양상을 보이기 시작했다. 자본주의 사회는 생산성을 증가시킴으로써 유지되기 때문에 생산성을 높이기 위해서는 생산력과 생산 관계의 변화가 불가피하다. 그리고 새로운 기술의 개발이 생산력의 증가에 기여한다면 경쟁심을 자극하여 상호간에 경쟁하도록 하는 것도 생산성을 높이는 하나의 효과적인 방법이다.

또 경쟁심은 이기심과 가족 유사성을 가진 감정이다. 인간은 본성적으로 이기적인 존재라고 본 홉스의 심리학적 이기주의(psychological egoism)는 경쟁심 때문에 발생하는 어떤 폭력도 정당하다고 말할 수 있는 근거를 제공한다. 최근 우리 사회뿐만 아니라 전지구적으로 지배적인 이데올로기로 부상한 세계화와 경쟁력 강화는 모두 경쟁심과 이기심을 전제로 해서 세계를 재편하려는 강자들의 음모가 숨어 있다. 세계화는 시장경제 체제 내에서 자유롭지만 약자의 편에서 보면 잔인하게 착취할 수 있는 자유로운 경쟁을 정당화해주는 논리를 제공한다. 홉스는 "사람의 경쟁심이 다른 사람의 신체, 처자식과 가축까지 모든 것의 주인이 되기 위해 폭력을 사용한다"[36]고 말하고 있다.

자기 확신의 결핍(diffidence)은 안전을 확보하기 위해 다른 사람을 공격하게 만드는 감정이다. 자기 확신이 없다는 것은 자기에 대한 불신과 타자에 대한 불신을 모두 함축하고 있다. 외부로부터 가해지는 위협에 대항해서 자기 스스로 방어할 수 있는 능력이 없을 때 자기 불신은 생기며, 동시에 타자가 언제라도 필요하면 선수를 치고 나와 나를 위협할 수 있는 가능성이 열려 있는 한 타자에 대한 불신은 불가피하다. 그래서 이 불신은 자기를 스스로 방어하게 만들며, 필요하면 내가 먼저 선수를 치기 위해 폭력을 사용할 수도 있다.

자신이 없는 사람이 더 폭력적인 경우는 너무도 많다.[37] 다른 사람을 믿지 못하는 사람은 분명 자기 자신부터 믿지 못하는 사람인 경우가 많은 것도 사실이다. 확신이 없을 때 불신하게 되고, 불신은 언제라도 타자를 폭력적인 방법으로 제거할 수 있는 명분을 비축하고 있다.

영광 또는 헛된 영광에 대한 욕구는 명성을 얻기 위해 다른 사람을 공격하게 만드는 감정이다. 또 이런 욕구는 가치가 낮은 사소한 것들을 얻기 위해서도 주저 없이 폭력을 사용하게 만든다. 헛된 영광을 추구하는 일이 사람을 얼마나 경쟁적으로 만들며 다른 사람에 대해 공격적인 태도를 보이게 하는지는 경험적

36) Ibid.

37) 가정이나 직장에서 권위를 상실하거나 콤플렉스가 있는 사람들이 더 공격적이고 폭력적인 행위를 하는 경우가 많다는 것은 경험적인 사실이다.

사례들을 통해 알 수 있다. "다른 사람에게 상처를 주려는 사람의 의지는 헛된 영광으로부터 생기며, … 미래를 생각하지 않고 보복하는 것도 헛된 영광으로부터 나온다."[38)]

헛된 영광을 추구하는 욕망이 홉스의 정치철학에서 차지하는 중요성에 주목한 사람은 가브리엘라 슬롬프(Gabriella Slomp)다. "사람이 자신의 실제 능력을 파악하는 데에서 마음에 상처를 주는 감정이 곧 헛된 영광"이며, "홉스의 평등 개념을 충분하게 이해하기 위해서는 이 영광이라는 개념이 근본적"이라고 보고 있다.[39)] 헛된 영광을 추구하는 사람은 자신의 실제 능력보다 더 많은 능력이 있다고 판단하는 사람들이다. 그래서 특권을 누리려고 하며 다른 사람보다 우세한 힘을 얻으려고 애쓴다. "원리(principle)가 없어서가 아니라 다른 사람보다 자신이 더 현명하게 보이려는 사람들의 경향(disposition) 때문에 분쟁, 불협화음, 비난 그리고 결국 전쟁이 일어난다."[40)]

홉스는 헛된 영광에 대해 여러 곳에서 조금씩 다르게 정의하고 있다 : "다른 사람보다 더 우월함 힘을 가졌을 때의 쾌락", "자신의 목표물을 달성했을 때 그 힘을 지켜보는 즐거움" 그리고 "의기양양한 마음" 등이 그것이다.

영광에 대한 욕망은 명성과 관련이 있다. 이름을 얻기 위해 다른 사람과 벌이는 인정 투쟁은 불가피하다. 특히 멈추지 않는 권력에 대한 욕망은 폭력의 본질적 원인이 된다. 욕망을 갖지 않는다는 것은 죽은 것과 같다는 것이 욕망을 이해하는 홉스의 기본 생각이다. 아무것에도 욕구를 느끼지 않는 것은 무기력함이고,

---

38) *De Cive*, chap. 1, sect. 4, p.114. chap. 3, sect. 11, p.142.

39) Gabriella Slomp, 위의 책, pp.29-30.

40) *De Cive*, chap. 6, sect. 11, 각주, pp.179-180.

무분별하게 아무것에나 욕망을 가지는 것은 산만함 내지 경솔함이며, 보통 사람보다 더 모든 것에 강렬한 욕망을 가지는 것은 광기다. 그런데 폭력과 광기는 헛된 영광이나 마음이 아주 낙담했을 때 나오는 현상이다.[41] "정념들 가운데 가장 중요하게 사람들마다 재치의 차이를 생기게 하는 것은 권력, 부, 지식 그리고 명예를 추구하는 욕망이다. 이 욕망들은 모두 첫 번째 욕망, 즉 권력에 대한 욕망으로 환원된다. 왜냐하면 부와 지식과 명예는 모두 권력의 일종이기 때문이다."[42]

경쟁심, 자기 확신의 결핍 그리고 헛된 영광에 대한 욕망으로 압축되는 권력에 대한 욕망이 폭력적 행위의 심리적 배경이다. 이런 욕망이 통제되지 않는다면 인간은 모두 자연 상태에서 벗어날 수 없을 뿐만 아니라 시민사회에서 다시 자연 상태로 전락하고 만다. 욕망을 줄이는 것이 폭력을 통제하는 데 효과적인 방법인 것은 알지만 어떻게 할 것인가는 결코 간단한 문제가 아니다.

4. 폭력의 중지와 평화의 요청

"사기와 폭력은 전쟁의 두 딸이며, 정의와 자선은 평화의 두 자매다."[43] 전쟁과 평화는 인류 역사의 두 얼굴과도 같다. 전쟁은 악이고 평화는 선이지만 실제로는 이처럼 단순하게 규정할 수 없는 경우도 적지 않게 있다. 정당한 전쟁(just war)은 선하다는 믿음이 있기 때문이다. 또 전쟁이란 "실제로 전투가 일어나는

41) *Leviathan*, chap. 13, pp.139-140.

42) *Leviathan*, chap. 8, p.139.

43) *De Cive*, 독자를 위한 서문, pp.89-90.

경우만이 아니라 전투를 하겠다는 의지가 충분하게 알려지거나 평화가 보장되지 않는 모든 시간"[44]을 의미한다. 평화가 보장되지 않는 모든 시간을 전쟁 상태와 같다고 말하는 홉스는 20세기에 들어와서야 비로소 사용하고 있는 냉전의 의미를 사용하고 있다. 또 전쟁의 승리가 평화를 보장해주지 않는 다는 사실도 지적하고 있다. 특히 침략 전쟁의 경우가 더욱 그러하다. 전쟁은 언제나 폭력과 사기라는 사생아를 낳는다. 그리고 이들은 폭력적인 죽음에 대한 공포, 불신 그리고 경쟁심으로부터 결코 자유로울 수 없다. 전쟁 상태가 지속되는 한 모든 사람은 모두에 대해 적대자의 관계에 놓일 수밖에 없다. 그리고 적대자가 나타나는 대로 전부 제거할 수 있다는 보장이 없는 상태에서 자기 보존을 위한 최선의 전략은 다시 모색되어야 할 필요성이 생긴다. "모두를 적으로 간주할 수 없고, 또 모든 전쟁에서 승리할 수 있다는 보장이 없기 때문에 화해의 필요성은 여기서 생긴다."[45] 폭력을 중지하고 평화를 추구해야 한다는 당위성과 가능성의 근거를 찾는 일은 홉스의 다음 과제다.

1) 자연법과 평화애호주의

"자연법은 이성에 의해 발견되는 계율 또는 일반적인 규칙이다."[46] 자연법에 대한 홉스의 여러 정의들[47]을 보면 그는 분명 자연법의 전통에 서 있는 사람이다. 자연법은 이성의 명령이자 신의

44) *Leviathan*, chap. 13, p.186.

45) Leo Strauss, op. cit., p.21.

46) *Leviathan*, chap. 14, p.189.

47) *Leviathan*, chaps. 14-15, 26, 29-30. De Cive, chaps. 2, 4. *The Elements of Law*, chap. 18.

명령이며 도덕률이다. 도덕법이기 때문에 실정법과 같은 정도의 법률적 구속력은 없으나 신의 명령이기 때문에 신의 법으로 간주되어야 한다. 자연법이 당위성과 약한 의미의 구속력을 가지는 이유는 그것이 절대적 힘을 가진 신의 명령이기 때문이다.

홉스는 『리바이어던』에서 19개의 자연법 조항들을 열거하고 있는데, '~ 해야 한다 또는 ~ 해서는 안 된다'는 명령문의 형식으로 이루어져 있다. 이 가운데 제1자연법은 다른 18개의 자연법과 그 내용에서 차이가 있다. 제1자연법은 다음과 같다 : "모든 사람은 평화를 얻을 수 있다는 희망을 가지는 한 그것을 추구해야만 한다. 그리고 그것을 얻을 수 없을 때 전쟁의 이로움과 도움을 추구하고 이용할 수 있다."

이 제1자연법은 두 부분으로 구분되는 데 앞부분, 즉 "평화를 추구하라"는 근본적인 자연법으로서 목적에 해당된다. 칸트 식으로 말하면 정언 명령이자 지상 명령에 해당된다. 뒷부분, 즉 '평화가 보장될 수 없을 때는 자기 보존을 위해서라면 전쟁을 포함해서 모든 수단과 방법을 다 동원해라'는 수단적, 조건적 명령이다. 평화는 목적이고 전쟁은 수단이다. 평화를 추구하기 위해서는 우선 전쟁 — 폭력적 행위 — 을 중지해야 한다. 제1자연법의 후반부와 그 밖의 19개 자연법 조항은 모두 평화를 추구하기 위한 수단들이며, 가언적 명령에 해당된다.

폭력을 중지하고 평화를 추구하라는 홉스의 제1자연법에서 우리는 홉스의 평화애호주의 사상을 발견할 수 있다.[48] 평화애

48) 평화애호주의는 평화주의(pacifism)와 구별하기 위해 사용하고 있다. 평화주의라는 개념 자체가 처음 쓰여진 것은 1900년이며, 그 뜻도 반전주의에 대항하는 것이었다. 그러나 홉스의 평화에 대한 관심은 오늘날의 반전주의나 평화주의와는 사뭇 다르다. 김용환, 『홉스의 사회 · 정치철학』, 철학과현실사, 1999, pp.170-174 참고.

호주의는 홉스의 정치철학을 해석할 때 반드시 고려해야 할 관점이다. 그의 비관적인 인간론, 사회계약론, 절대군주론, 교회에 대한 국가우위론 등은 모두 평화애호주의를 고려할 때 제대로 해석될 수 있기 때문이다.

홉스는 폭력의 불가피성을 자연 상태와 인간의 욕망 체계 안에서 발견했다. "죽음에 이르러서야 비로소 멈추는 영속적이고 중단 없는 권력 추구 욕망은 모든 사람이 가지고 있는 일반적인 경향이다."[49] 이런 권력의 추구는 폭력을 수반하며, 통제되지 않는 폭력은 새로운 폭력을 낳는 악순환을 한다. 생물학적으로 인간의 본성 안에 자폭 시스템(suicidal system)이 내재되어 있는지는 모르나 폭력성과 공격성이 내재화되어 있다는 것은 사실이다. 그리고 이 폭력성을 통제하지 않는다면 자폭할 수 있는 가능성은 열려 있다.

과연 인간에게는 이런 내면화된 폭력성을 제거할 수 있는 힘이 있는가? 홉스는 일차적으로 자연법에서 그 당위성을 찾았다. 자연법은 이성의 명령이며, 인간이 이성을 소유하고 있기 때문에 자연법의 명령을 듣고 복종할 수 있다는 것이다. 폭력적 파멸에서 희망을 볼 수 있는 근거는 바로 이성에 있다는 것이 홉스를 비롯한 근대인들의 공통된 자기 확신이었다. 평화를 추구하라는 자연법의 명령은 지상 명령으로 자연 상태에서나 시민사회로 편입한 이후에도 여전히 유효한 당위적 명령이다.

2) 단순한 힘에서 합법화된 힘으로의 이행

사람이 폭력을 중지하고 평화를 추구해야 할 당위성이 제1자

---

49) *Leviathan*, chap. 11, p.161.

연법에 있다면 그 가능성은 어디에서 찾을 것인가? 홉스는 단순한 힘을 합법화된 힘으로 변화시킴으로써 잘못 사용된 힘으로부터 나오는 폭력을 제어할 수 있고 평화를 확보할 수 있다고 믿었다. '단순한 힘에서 합법화된 힘으로'라는 말은 베리 힌데스(Barry Hindess)[50]가 구분한 두 가지 힘, '단순한 능력으로서의 힘(power as simple capacity)'과 '합법적인 능력으로서의 힘(power as legitimate capacity)'에서 빌려온 말이다. 그런데 두 가지 힘의 개념은 홉스의 힘의 정치철학을 풀어내는 실마리 구실을 하는 데 적절하다고 판단된다.

단순한 힘은 자연 상태에서 쉽게 발견되는 힘이며, 합법화된 힘은 시민사회에서 발견되는 힘이다. 단순한 힘의 사용이 폭력을 유발하는 것이라면 합법화된 힘은 그것에 대한 견제 역할을 한다. 홉스의 힘의 철학은 곧 합법화된 힘으로 폭력을 줄이겠다는 데에 목적이 있다 해도 과언이 아니다. 단순한 힘의 예로는 "특출한 신체적 강함, 용모, 분별력, 기예, 웅변력, 자유분방함과 고귀함과 같이 정신적으로나 신체적으로 빼어난 능력과 이런 타고난 능력을 통해 후천적으로 얻을 수 있는 부와 명예와 우정 등"[51]을 들 수 있다. 이런 힘은 속성상 계속 증가하려는 운동을 한다. 무거운 물체가 가속도가 붙으면 더 빠르게 움직이는 것처럼 단순한 능력으로서의 힘들도 추구할수록 증가한다.

그런데 이런 단순한 힘은 사용자의 자의에 따라 잘못 사용될 위험성을 가지고 있다는 것이 문제다. 힘과 권력이 폭력으로 바

---

50) Barry Hindess, *Discourses of Power ; from Hobbes to Foucault*, Blackwell, 1997, pp.2-10.

51) *Leviathan*, chap. 10, p.150. 학문도 힘이며, 성을 쌓은 기술처럼 공공 기술도 모두 힘이 된다. 왜냐하면 전쟁에서 승리하게 만들어주기 때문이다.

꿔는 과정에 이런 자의성이 반드시 내포되어 있음을 쉽게 보게 된다. 헛된 명예욕, 야망, 경쟁심, 자만심 등은 모두 자의적인 판단에서 나오는 잘못된 욕구들이다. 잘못된 추론이나 판단도 힘의 폭력성을 유발시키는 원인 가운데 하나다. "옳은 이성에 반하는 모든 행위, 말, 생각 등이 죄"[52]라고 정의한 홉스는 추론이 잘못되었을 때를 오류라고 부르고 그 잘못이 행동으로 나타났을 때를 죄라고 부르고 있다. 잘못된 판단과 이해가 악의를 낳고 악의는 폭력을 수반한다.

위에서 살펴보았듯이 전쟁과 폭력의 원인이 되는 세 가지 원인들, 경쟁심, 자기 확신의 결핍 그리고 헛된 영광은 모두 단순한 힘에 대한 욕구로 환원된다. 경쟁심은 경쟁력을 확보하도록 만들고, 자기 확신의 결핍은 자기 방어력을 증대함으로써 확신을 가지려고 하며, 헛된 영광의 추구는 자기 보존에 필요한 것보다 더 많은 힘을 갖고자 하는 노력이기 때문이다. 니체가 권력에의 의지(will to power)를 "다른 사람의 힘이 부과하는 억압에 대해 저항하려는 의지"[53]라고 말했을 때, 이 말은 이미 "한 사람의 힘은 다른 사람의 힘의 효력에 대해 저항하거나 방해하기 때문에 힘은 다른 사람의 것보다 더 우세하려는 힘이다. 동등한 힘은 서로 대립하고 파멸시킨다"[54]는 홉스의 말을 반복하고 있는 것이다.

그렇다면 힘을 합법화한다는 것은 무엇을 의미하는가? 그것은 힘을 사용하는 데 자의성을 제거하고 공적으로 인정하는 과정을 뜻한다. 힘(권력)과 관련해서 홉스의 다음 말은 음미할 만한 가치가 있다 : "사람은 누구나 자신의 값(value)을 최대한으로

52) *De Cive*, chap. 14, sect. 16, p.282.

53) Barry Hindess, op. cit., p.151.

54) *The Elements of Law*, pt. 1, chap. 8, sect. 4, p.34.

매기려 하나 참된 값은 다른 사람에 의해 인정된 것 이상일 수 없다. 값을 정하는 것은 파는 사람이 아니라 사는 사람이기 때문이다."[55]

가치란 자신이 스스로 평가해서 부여하는 것이 아니라 다른 사람이 인정함으로써 발생하는 것이다. 마찬가지로 힘은 다른 사람으로부터 자신의 가치를 인정을 받고 싶은 욕구와도 관련이 있다. 힘은 가치이기 때문이다. 진정한 가치란 다른 사람의 인정을 필요로 하는 것처럼 권력(힘)도 다른 사람이 인정하는 만큼만 행사할 수 있는 것이다. 공적으로 인정되지 않은 힘은 폭력으로 흐를 위험이 있다. 합법화된 힘만이 정당성을 주장할 수 있다.

힘을 합법화하는 길은 동의와 계약을 통해서 힘의 사용자에게 도덕적, 법률적 정당성을 보장해주면 된다. 힌데스에 따르면 홉스가 말하는 힘(권력)은 세 가지 속성을 가지고 있다. 첫째, 힘은 양적 현상이며, 둘째, 동의(consent)에 의해서 집합 가능성을 가지고 있으며, 셋째, 효력이 있는 결정성을 가지고 있다.[56] 힘을 양적인 현상으로 보는 것은 유물론자인 홉스의 입장을 고려할 때 자연스럽다. 반(反)아리스토텔레스주의자인 홉스는 자연 세계 안에 질적인 차이란 없다는 대명제로부터 출발하고 있기 때문이다. 또 "인간이 가질 수 있는 최대의 힘은 가능한 한 많은 사람의 동의에 의해서 모아질 때"[57]다. 이렇게 모아진 힘은 실질적으로 효력을 발생하는 결정성을 가지고 있다. 이 가운데 둘째와 셋째 속성은 힘(권력)의 폭력적 사용을 중지시키고 부당한 힘의 사용을 억제할 수 있는 일과 관련되어 있는 성질이

---

55) *Leviathan*, chap. 10, pp.151-152.

56) Barry Hindess, op. cit., p.25.

57) *Leviathan*, chap. 10, p.150.

다. 동의라는 과정을 통해 사람들은 자신의 힘을 한 사람의 자연인이나 인공적인 인격체인 국가나 군주에게 부여해준다. 동의는 힘의 정당한 사용을 근거지워주며, 효력이 있는 결정성은 힘의 부당한 사용을 효과적으로 억제할 수 있게 만들어준다. 폭력이 효력이 있는 결과를 낳지 못한다는 것은 법의 기본 상식이다. 폭력을 실질적으로 억제하기 위해서는 이와 적어도 동등한 양의 힘이 필수적이다. 비유적으로 말하면 물체가 운동하려면 힘이 필요하고 정지시키려면 역시 반대하는 힘이 필요하다. 따라서 정지를, 두 반대되는 운동의 힘이 균형을 이룰 때 일어나는 현상이라고 홉스는 설명하고 있다. 이와 마찬가지로 힘의 자의적 사용으로 생기는 폭력을 막기 위해서는 반대하는 힘의 제어가 요청된다.

5. 폭력의 계약론적 해법

인간의 폭력성이 생기는 출처는 힘을 추구하는 욕망과 자연권이 보장하는 치명적인 평등 의식에서다. 앞의 것은 인간 내부의 문제이고 뒤의 것은 외부적 조건의 문제다. 힘(권력)을 추구하는 욕망은 죽기까지 지속되는 것이라면 애초부터 제거하는 것이 불가능하며 단지 통제하는 것으로 만족해야만 한다. 그리고 자연권의 치명적 평등은 자연권의 부분적 포기를 통해 어느 정도 조절이 가능하다. 힘(권력)이 폭력으로 전락하는 것을 막기 위해 단순한 힘을 합법화된 힘으로 바꾸는 일은 계약을 통해 공동의 힘을 세우는 일과 다르지 않다. 이것이 곧 사회 계약이고 홉스 정치철학의 핵심 주제다.

홉스의 사회계약론은 자연 상태에서 피할 수 없는 폭력적인 삶의 조건을 극복하고 시민사회의 합법화된 힘으로 폭력의 가능성을 최대한 줄여보겠다는 방법론이다. 홉스가 이해하는 한 폭력을 줄일 수 있는 최선의 방법은 합법적이며 실질적인 통치권을 세우는 일이며 그런 정부만이 도덕성을 함께 소유한다는 것이다. 이런 점에서 사회계약론은 정부 구성의 원리이자 근대 이후 시민사회 구성원들의 정치적 행위를 지시하는 원리이기도 하다.

홉스의 말대로 "계약이란 권리의 상호 교환 또는 양도다."[58] 이때 양도하는 권리란 자연권을 말한다. 즉, 치명적인 평등 의식은 결국 자기 파멸로 갈 위험이 있다는 것을 자각한 사람들은 자연권을 양도하는 일이 불가피하다는 것을 스스로 알아차린다. 권리의 양도는 두 단계를 거치면서 이루어진다. 첫 번째 권리의 양도는 사적인 관계에서 이루어지는 양도 행위며, 두 번째 단계는 개인과 통치권자 사이에서 이루어지는 양도다. 앞의 것을 사적인 계약 또는 예비적 계약(preliminary contract)이라 한다면 뒤의 것은 공적 또는 정치적 계약(political contract)이라 할 수 있다.[59]

그런데 사적인 계약은 폭력의 제어 수단으로는 약하고 깨지기 쉽다. 왜냐하면 누구라도 자기에게 유리하다고 판단되고 또 약속을 위반하더라도 처벌받지 않을 자신만 있으면 쉽게 계약을 깰 수 있기 때문이다. 사적인 영역에서 폭력의 발생을 막을 수 있는 장치란 생각보다 많지 않다. 그래서 공적인 제어 장치가 더

58) *Leviathan*, chap. 14, p.194.

59) 김용환, 앞의 책, pp.178-179.

절실하게 요청된다. 정치적 계약의 근본 이유도 바로 이런 사적인 계약의 취약성을 보완하기 위해서다. 정치적 계약은 한 사람에게 모든 사람이 자연권의 상당 부분을 양도하는 행위다. 공동의 힘, 통치권자를 세움으로써 사적인 폭력의 잠재적 가능성을 가진 모든 이를 억제할 수 있게 만드는 일이 바로 정치적 계약의 본질이다.

그런데 한 가지 주목해야 할 점은 폭력을 제거하거나 통제하는 데 효과적인 것은 계약 자체가 아니라는 점이다. 계약을 통해 자연 상태에서 벗어나 시민사회로 들어왔다고 해서 폭력이 중지되고 평화가 유지되는 것은 아니다. 왜냐하면 계약은 기본적으로 말과 글로 이루어지는 행위며, 말과 글은 그 자체로 구속력이 없기 때문이다. "칼이 없는 약속은 말에 불과하면 사람들을 보호할 수 없다."[60] 따라서 계약이 효력을 가지려면 위반자에 대해 처벌할 수 있는 힘을 가져야만 한다. 그래서 홉스는 정치적 계약이 폭력을 통제할 수 있는 효력을 갖기 위해서는 절대적 힘이 그곳으로부터 나와야 한다는 것을 강조하고 있다. 그리고 이 힘 이외에 두 가지가 계약을 지키게 하는 데 도움이 된다는 것도 지적하고 있다. 두려움과 영광 또는 자긍심의 감정이다.[61] 두려움은 계약을 위반했을 때 돌아오는 처벌에 대한 공포심에서 나온다. 이 두려움이 계약을 지키게 만들고 폭력 행위를 억제하게 만든다. 두려움의 근거는 공동의 힘인 통치권자의 (처벌할 수 있는) 힘(권력)이다. 힘에 대한 공포가 폭력을 통제하는 데 적절한 수단인 것이다.

60) *Leviathan*, chap. 17, p.223.

61) *Leviathan*, chap. 14, p.200.

6. 결 론

홉스가 우리에게 제시한 폭력 통제 수단은 크게 두 가지로 요약될 수 있다. 하나는 폭력보다 더 큰 힘으로 억제하는 길이며, 다른 하나는 자연법의 정신에 호소하는 길이다. 폭력을 부당한 힘의 사용이라고 한다면 그런 폭력을 제어하기 위해서는 그보다 더 큰 힘이 필요하다. 그런데 폭력을 통제할 수 있을 만큼 강한 힘은 합법적으로 절대화한 통치권에서 나온다. 절대군주론을 주장한 홉스의 입장에서 국가의 힘은 곧 군주의 힘이다. 그리고 군주의 힘은 계약을 통해 부여된 합법화된 힘이다. 국가나 군주가 타락하여 제도적으로 폭력화되는 것을 예상하지 못한 홉스로서는 군주에게 부여된 권리로서의 정당한 힘이 부당한 힘(폭력)을 통제할 수 있다고 믿었다. 그러나 힘을 통해 폭력을 통제하겠다는 홉스의 이상은 변화를 겪는다. 통치권이나 절대 군주에게 의존하는 것이 더 위험할 수 있다는 것을 경험한 근대 유럽인들은 사람보다는 법률 시스템에 의존하는 것이 더 안전하고 폭력을 통제할 수 있다고 믿었다. 근대 국가가 법치 국가를 지향하는 것도 사실은 폭력을 제어할 수 있는 가장 합리적인 방법이 곧 법률을 통하는 길이라는 것을 자각했기 때문이다.

두 번째로 폭력을 통제할 수 있는 방법은 자연법의 정신에 호소하는 길이다. 비록 제1자연법이 '평화를 추구하라'는 지상명령을 내리지만 사람들은 그것을 잘 지키려 하지 않는다. 그 이유는 평화에 대한 확실한 보장이 없기 때문이다. 평화에 대한 보장을 위해 자연법은 사회 계약을 맺어야 한다고 명령한다. 그것도 상호 호혜적인 권리의 양도를 통해 계약을 맺고 그것을 지킬 때만이 평화와 자기 보존도 보장된다. 사회 계약은 누구라도 힘의 부당한 사용(폭력)을 할 수 없도록 만드는 안전 장치이기 때문이다.

홉스는 자연법의 정신을 한마디로 요약해서 말하고 이것만은 지켜야 한다는 것을 강조하고 있다. 그것은 "너는 네 자신에게 이루어지기 원치 않는 일을 다른 사람에게 행하지 말라"는 것이다.[62] 이 규칙만 지키고 행하면 자연법을 더 이상 배울 필요조차 없다고 홉스는 말하고 있다.

그런데 홉스의 이 말은 공교롭게도 공자가 『논어』에서 '인(仁)'을 설명할 때 하는 말과 똑같다. '인'은 충서(忠恕)로 요약될 수 있고, 서(恕)의 실천 방법은 "자기가 하고자 아니 하는 바를 남에게 시키지 말라(己所不欲, 勿施於人)"에 있다. "입장 바꾸어 생각하기(易地思之)"와 다르지 않다. 폭력을 통제하는 방법으로 이런 자연법의 정신에 호소하는 일이 비현실적인 것처럼 보이지만 실상은 그곳에 희망의 근거가 있다. 인간이 이성을 포기하지 않는 한 신의 명령인 자연법의 소리를 들을 수 있기 때문이다. 그리고 압축된 자연법의 정신을 실천한다면 폭력을 줄이거나 통제 가능한 것으로 만들 수 있는 가능성은 찾을 수 있기 때문이다. 폭력의 세기를 살아가는 우리에게 다시 한 번 이성의 회복과 사회 계약의 기본 정신인 '약속 지키기'의 덕목을 요청하는 것이 결코 공허하게만 들리지 않는 이유도 여기에 있다.

---

62) *Leviathan*, chap. 15, p.214. 동일한 언급을 chap. 26, p.318과 chap. 42, p.529에서 다시 반복하고 있다.

□ 참고 문헌

김용환, 『홉스의 사회 · 정치철학』, 철학과현실사, 1999.

한나 아렌트, 『폭력의 세기(*On Violence*)』(김정한 옮김), 이후, 1999.

Bull H., *Hobbes and the International Anarchy*, in Preston King(ed.) Thomas Hobbes, Critical Assessments, vol. III, Routledge, 1993.

Hindess Barry, *Discourses of Power, from Hobbes to Foucault*, Blackwell, 1997.

Hobbes T., *The English Works of Thomas Hobbes*, William Molesworth(ed.), R. K. P. 1992. vol. i-xi.

________, *Leviathan* (ed. by C.B. Macpherson) Penguin Books, 1968.

________, *Cive, Man and Citizen* (ed.) Bernard Gert, Humanities Press 1972.

________, *The Elements of Law, E.W.* vol. iv.

Hoffman Piotr, *Doubt, Time, Violence*, The Chicago Univ. Press, 1986.

________, *The Quest for Power*, Humanities press, 1996.

Holms Stephen, *Introduction to Behemoth*, The Chicago Univ. Press, 1990.

Kavka Gregory S., *Hobbes's War of All against All*, in Preston King(ed.), Thomas Hobbes, Critical Assessments, vol. III, Routledge, 1993.

Martinich A. P., *A Hobbes Dictionary*, Blackwell, 1995.

________, *Thomas Hobbes*, Macmillan, 1997.

Slomp Gabriella, *Thomas Hobbes and The Political Philosophy of Glory*, Macmillan, 2000.

Strauss Leo, *The Political Philsophy of Hobbes*, The Univ. of Chicago Press, 1963.

Tricaud Francois, *Hobbes's Conception of the State of Nature from 1640 to 1651 : Evolution and Ambiguities, in Perspectives on Thomas Hobbes* (eds. G. A. J. Rogers and Alan Ryan), Oxford, 1988.

스피노자의 철학과 폭력의 근원에 대한 성찰

김 규 선

1. 서론 : 폭력의 존재론적 성찰

개인적으로 스피노자만큼 폭력적 상황에 노출된 삶을 살아온 철학자도 드물 것이다. 그는 유대 사회에서의 파문을 계기로 대중으로부터 공격을 받았으며 심지어는 칼에 찔릴 뻔한 경험까지도 가지고 있다. 또한 그 시대의 혼란성이 특히 그가 거주하는 네덜란드에서 극심하게 드러나던 때였다. 그는 전쟁과 파국의 사회를 경험하였으며 사절이 되어 전쟁 중이던 프랑스 군대를 방문하기도 했다. 이처럼 사회적으로 개인적으로 폭력이 난무하던 상황 속에서 이룩한 스피노자의 철학은 그 현실을 수용하고 있으며, 나아가 한편으로는 시대적인 난관을 극복하려는 시도가 있다. 본 연구는 "폭력에 관한 철학적 고찰"의 한 주제로 스피노자의 철학과 사상에 관련해서 폭력의 근원성을 다루려는 것이다. 이는 근대적 이성이 이끌어온 현대 사회가 폭력이 난무하는 모습을 보이고 있으며, 우리 사회가 전통적 입장을 벗어나 서구 합리주의를 무차별적으로 수용하는 이 시점에서 스피노자의 철학이 함의하고 있는 이성에 대한 추구가 폭력 문제와 어떻게 결부되어 있는지 좀더 심층적으로 탐구하여 다음 주제인 "인간 본성과 폭력"에 관한 연구의 한 토대를 마련하고자 하는 것이다.

스피노자의 형이상학은 폭력의 일차적 성질인 힘의 문제를 볼 수 있고, 또한 근대적 이성을 통하여 힘의 정당성을 가름하는 체계를 가지고 있는 대표적인 근대 사상이다. 스피노자의 철학은 일반적으로 합리론으로 분류되어 이해되기는 하지만 그가 제시하는 이성은 다른 합리론자들과는 달리 사유하는 이성 그 이상의 것이다. 그는 인간의 존재 이해를 전통적 방식과는 달리 그리고 여타의 동시대인들과 다르게 존재론적 자리매김하고 있으며 그것이 그의 도덕철학과 정치철학의 근본적인 원리가 된다. 그러므로 그의 존재론에 대한 이해를 우선적으로 연구하는 가운데, 인간 본성이나 자연의 질서 속에서 폭력의 근원성과 관련되는 논의들로 이끌려고 한다. 그의 저작에서 폭력에 대한 직접적인 진술은 보기 어렵지만 자연의 질서와 인간의 이성에 대한 주장들을 통하여 유추적인 해석이 가능할 것으로 보인다. 스피노자의 철학에서 합리성에 위배되는 것으로서의 폭력의 근원을 탐사하고, 단계적으로 그의 입장에 대한 반성적 고찰을 통하여 서구의 근대적 이성이 내적으로 포함하고 있는 폭력의 가능성에 대해 연구하려는 것이다. 이러한 전제 위에서 진행된 연구의 일부로서 이 글은 스피노자의 철학의 인간론을 중심으로 이성, 감정, 자유 등의 의미가 전통적인 견해와 차이가 있음을 드러낼 것이다. 이는 동시대의 철학자들과도 상당한 거리가 있으며, 20세기에까지 그의 철학이 되살아나는 이유이기도 하다.

스피노자는 홉스와 같이 인간을 자기 존재의 유지를 위하여 노력하는 존재로 보고 있다. 이러한 관점을 바탕으로 하지만 인간이 여타의 대상들과 맺는 관계에 대한 차이가 홉스와는 다른 형이상학적 전개를 보여준다. 나아가 그는 정치 사상과 종교에 대한 견해에서 그가 처한 사회를 바탕으로 민주주의의 옹호와 종교적 관용의 필요성을 역설한다. 그의 후기 저작이 비록 미완성으로 남아 있기에 궁극적인 해답을 구하기는 어려울지 모르지만, 그의 시대가 겪고 있는 폭력적 상황에 대한 고찰과 근원적 분석으로는 모자람이 없다고 보인다. 그러나 본 연구는 2년을 연계한 작업을 염두에 두고 인간 본성과 관련된 한에서 논의를 심도 있게 하려고 한다.

폭력의 근원에 대한 탐구를 위한 작업의 일부로서 스피노자 철학에 대한 연구의 방향을 두 가지로 볼 수 있다. 하나는 그의 윤리학을 통하여 제시되는 합리성을 탐구하거나 또는 그것을 기초로 한 폭력에 대한 대안의 모색이 가능하다. 다른 한편으로 스피노자의 사상에 내재한 폭력의 근원적 요소를 검토하려는 것이다. 전자는 논의의 전개 과정에서 충분히 파악될 수 있을 것이다. 본 연구의 목적은 후자의 문제를 제기하는 데 있다. 다시 말해서 근대적 세계관 및 인간관의 특징을 스피노자의 사상 속에서 밝히는 과정에서 그가 말하는 인간 본성에 대한 이해가 함의하고 있는 폭력적 근원을 성찰하려는 것이다. 이는 본론에서 세계관, 즉 자연에 대한 그의 이해가 인과율을 중심으로 한 힘의 세계임을 밝히는 것으로부터 가능성을 찾을 것이다. 나아가 인간학에서 스피노자가 제시하는 인간 본성의 모습을 통하여 논의보다 뚜렷한 모습을 보이려고 한다. 그는 양태적 인간이 외부와 갖는 관계에서 힘의 관계를 적나라하게 보여주고 있다. 이러한 논의 과정에서 그가 제시하는 인간의 해결 방식이 근대적임을 통하여 그의 입장을 명료화함과 동시에 그러한 인간 이해가 근대적 폭력성의 단초로서 주어질 수 있음을 밝히려고 하는 것이다. 스피노자에 따르면 정서를 통해 생겨난 많은 문제들과 그것을 코나투스와 이성과 덕 등을 통하여 해소해가는 과정 역시 인간의 본성 내부에서 발휘되는 힘의 모습이다. 형이상학적 체계에서 스피노자의 사상에는 근대적 물리력에 대한 인정이 잔존해 있으며, 또한 그 힘의 행사가 근대적 합리화를 통하여 인정된다는 점을 보여준다. 따라서 이 연구는 스피노자의 사상을 통해서 힘의 일관된 모습을 드러내는 근대적 인간 본성을 고찰함으로써 폭력 가능성을 내재한 형이상학적 근원을 성찰하려는 것이다.

2. 본론 : 폭력의 근원을 찾아서

1) 폭력의 배경으로서의 힘의 인과적 세계와 사물의 본성

스피노자 철학의 특징인 인과적 필연성은 일반적으로 그의 체계를 기계론적 결정론으로 해석하는 근거다. 신과 양태 사이의 필연적 관계가 직접적인 인과 관계로 단순히 이해될 수 없으므로, 이는 체계의 부정합성에 대한 비판이 될 수도 있다. 스피노자의 철학 체계 내에서의 신과 사물들의 관계는 일면으로는 인과적 필연성으로 굳게 연결된 것으로 보이지만, 그 본성적인 규정들은 그들을 무한과 유한이라는 깊은 단절을 통하여 직접적인 관계를 불가능하게 하고 있다. 매개를 통한 인과 관계의 설정은 그 필연성을 설명하는 데 상당한 어려움을 보인다.

자기 원인적 존재[1]로서의 신은 사물, 즉 양태들의 현존과 활동의 원인자다. 자기 원인적 실체로서의 신은 본성적으로 유일하고 무한하며 영원하며 현존한다. 이러한 신이 사물과의 관계에서 제일원인으로 작용할 때 양태는 현재의 상태를 나타낸다. 이러한 구별은 실제적인 구별은 아니다. 그것은 자기 원인자에 대한 논리적인 추론의 결과다. 그러나 자기 원인의 필연성과 양태의 결정성은 구별되기 때문에 그 구별은 중요하다. 스피노자는 자기 원인을 통하여 세계의 현존의 필연성을 주장한다.[2] 스피노자는 『에티카』 제1부 정리 16과 증명을 통하여 신의 본성의 필연성에 의한 세계의 현존을 주장하고 그 결론으로 신은 모든 사물의 작용인이며 자기 원인이고 제일원인임을 보충한다. 이들 원인들은 실체의 입장에서는 동일한 것이지만, 양태와의 관계에서 그처럼 나누어진다. 앞의 필연성은 신적 본성에 절대적 필연성으로 볼 수 있으며,[3] 작용인과 제일원인은 신이 내재적 원인임을 의미한다.[4]

신적 본성들은 자기 원인과 논리적 관계에 있지만 단순한 기계적 인과 관계로 규정하기 어렵다. 자기 원인은 다른 신적 본성과 인과적 선후 관계[5]를 갖지 않는다. 자기 원인이란 신의 본성

1) Spinoza, *Ethica*, Part 1, Definition 1. 다음부터는 *Ethica*는 E로, Part는 숫자로, Definition은 D로, Axiom은 A로, Proposition은 P로, Proof는 Pr.로 Scholium은 Sch.로 Corllery는 Cor.로, Lemma는 Lem.으로, Postulate는 Post. Appendix는 App.로 약칭함. (예) *Ethica*, Part 2, Proposition 4, Proof는 E2P4 Pr.로 약함.

2) E1P16, 신성한 본성의 필연성으로부터 무한한 것들이 무한한 방식으로 (즉, 무한한 지성에 의하여 파악될 수 있는 모든 것이) 나와야만 한다.

3) E1P17.

4) E1P18.

의 현존하는 능력이다. 그에 따라 절대적으로 무한하게, 영원하게, 완전하게, 유일하게 실체가 존재한다. 그러한 현존의 힘은 세계의 제일원인과 작용인의 필연성으로 연결된다. 그리고 그때 신의 본성의 힘으로 작용하여 『에티카』 제1부 정리 16의 무한한 방식으로 무한한 것들을 산출한다. 이 과정 역시 시간성 속에 있지 않다. 다시 말하면 제일원인으로서의 실체는 그러한 근거로서만 이해될 뿐이지 그것이 사물들과 같은 시간 속에 있는 것은 아니다. 왜냐하면 신은 지속과 구별되는 의미에서 영원에서부터 현실적으로 존재했으며, 영원에 걸쳐 동일한 현실성에 머물 것이기 때문이다.[6] 그러므로 신적인 모든 본성들은 그것에 대한 논증이 연역적으로 자기 원인에 의존한다고 해도 인과적 선후 관계라고 할 수 없으며 오히려 그것을 실현하고 있는 힘이다. 그러한 의미에서 자기 원인의 필연성이 보이는 것이다. 그러므로 신적 본성은 시간적 선후 관계는 아니지만 첫 번째 필연성으로 현존성을 요구한다.[7]

유한한 사물이 신적인 필연성에 직접적으로 관계되는 것은 현존하는 근거와 그 본성에 내재한 신의 내재적 원인이다. 이것은 신에서 산출되는 것으로서의 필연성에서는 인과 관계에 있지만 역시 현존적 의미에서 지속의 시간 내에 있지 않다. 여기서는 오히려 『에티카』 제1부 정리 28의 설명이 부합한다. 스피노자의 유한한 사물들의 무한한 인과 계열은 현실적 시간의 전제에서 논

5) Northrop, F. S. C., "Causation, Determinism, and the "Good"", in *Determinism and Freedom, in the Age of Modern Science*, p.192.

6) E1P17 Sch.

7) Hallett, H. F., "Substance and Its Mode", in *Spinoza, A Collection of Critical Essays*, ed. by M. Grene, p.132.

의될 수 있다. 그러한 자연의 질서를 그대로 신의 본성적인 것으로 환원해서는 잘못이다. 그것은 Natura naturata가 Natura naturans와 개념적으로 구별이 되지 않는다는 주장이기 때문이다. 그 구별은 양태와 그 원인에 대한 것으로 그 실제적 동일성을 실체의 유일성에서 찾을 수는 있지만 개념적 등식으로는 설명할 수 없다. 커리는 궁극적으로 스피노자의 인과율과 형이상학의 성격을 유물론적 전제 아래 해석하려 하기에, 그러한 직접적인 연결을 시도한 것으로 여겨진다. 그런데 자연의 질서라고 부르는 양태들 사이의 지배의 법칙은 시간의 계열 속에서 작용하는 것이므로 신적 본성과 직접적으로 관련될 수 없고[8] 매개적인 무엇이 요구된다.[9] 그렇다면 시간 속의 무한한 양태들의 인과 계열은 신의 본성의 필연성과 어떻게 연결되는가? 그것을 실체의 원인성에 근거하기는 하지만 그것을 직접 연결하기는 어렵다.[10]

8) E1P21 Pr. … 또는 어떤 것이 신의 어떤 속성 안에 그 속성의 절대적 본성의 필연성에서 생긴다면, 그것은 필연적으로 무한하지 않으면 안 된다. 이것이 첫 번째로 중요한 점이다. 다음으로 어떤 속성의 본성의 필연성에서 생기는 것은 일정한 존재나 지속을 소유할 수 없다.

9) E1P23 Pr.… 그러므로 필연적으로 그리고 무한하게 존재하는 양태는 신의 어떤 속성의 절대적 본성에서 생기지 않으면 안 된다. 그리고 이것은 직접적으로 일어나든가(정리 21에 의하여) 아니면 신의 절대적 본성에서 생기는, 곧 (정리 22에 의하여) 필연적이며 무한하게 존재하는 양태적 변용을 매개로 하여 일어나지 않으면 안 된다.

10) 스피노자의 체계 속에서 무한자와 유한자의 연결은 양태적 변용의 순서로 흔히 해결된 듯이 주장되었다. 무한한 실체로부터 무한한 속성들에 따라 직접적 무한 양태가 나오고 그의 변용을 통해 매개적 무한 양태가 그리고 그로부터 유한한 양태의 무한한 계열이 나온다는 해석(Wolfson, *The Philosophy of Spinoza*, p.390)은 그럴싸하게 보이기는 하지만 무한과 유한의 관계를 설명하지 못한다. 예를 들어 스피노자가 주장하는 비가분성과 가분성은 언제나 그러한 연결을 불가능하게 하기 때문이다.

Mason, R. V., "Spinoza on the Causality of Individuals", *Journal of the*

그러므로 신으로부터의 직접적 추론은 유보하고 우선 양태들의 관계에서 드러나는 인과적 관계의 의미를 규명하고 이를 통한 간극의 해소를 모색하려고 한다.

『에티카』 제1부 정리 16의 내용은 신의 원인성을 드러냄과 동시에 양태들 사이의 관계를 암시하고 있다. 이것은 『에티카』 제1부 정리 26을 통하여 정리 28의 사물들 사이의 무한한 인과 계열로 드러난다. 그러면 그러한 인과 계열을 형성하는 원리는 무엇인가? 각각의 개체적 사물들은 다른 유한한 사물들에 의해서 존재와 작용이 결정되고 그러한 관계가 각각의 모든 사물들과 관련되어 무한히 진행된다는 점에서, 외적 원인이 존재와 작용을 결정하는 것으로 보인다. 그렇다면 외적 원인이 의미하는 바는 무엇인가? 그것은 각각의 사물들 자신이다. 『에티카』 제1부 정리 29는 사물의 본성이 신의 본성의 필연성에 의하여 존재하고 작용하도록 결정되어 있다는 것을 말하고 있다. 따라서 사물들 간의 관계가 인과 계열을 이루는 것이다. 사물들 간의 관계가 무한 양태로부터 직접 주어지는 것이 아니라면 유한한 양태들의 무한한 작용의 결과라고 보아야 한다. 그러한 작용이 인과적으로 일어나는 것은 신적 본성에 직접적이지는 않지만 신으로부터 필연적으로 변용되어 주어진 것이며 또한 신의 완전성에 기인된 것이기 때문이다. 하나의 사물이 존재하게 되고 그것이 작용하게 되는 원인은 다른 외부적인 사물들의 관계에서 결정된다. 그 점에서 외적인 인과의 계열은 그 사물의 원인으로 이해될 수 있

History of Philosophy, Vol.xxiv(April 1986), pp.200-204. 무한 양태가 자연의 질서로서 유한한 양태의 인과 계열을 구성한다는 커리의 해석에 대해 메이슨은 그것이 스피노자의 입장이 아니라는 점을 위의 예를 들어 반박한다. 그에 따르면, 에티카 1부의 정리 21-28의 내용에서 오히려 무한 양태와 유한 양태 사이의 연결이 인과적인 것이 아니라는 점이 명백하게 보인다는 것이다.

다. 그러나 그 인과 방식이 지니는 계열이 각각의 사물들에 의한 방식이라는 점을 주목할 필요가 있다. 인과 계열이 외적 원인으로서 작용한다는 말은 단순히 외부적 필연성만 있다는 의미는 아니다.[11] 각각의 사물의 본성이 가지는 내적 필연성과 다른 사물들이 제공하는 외적 원인과의 관계에서 인과계열이 진행된다. 각각의 사물은 그 존재와 작용의 결정에서 무한한 계열을 지속하는 계기들이다. 그것들은 존재와 작용의 출발이라는 점에서 그리고 존재와 작용이 소멸한다는 점에서 계열을 원인으로 하지만 계열을 '구성한다'는 점에서 계열의 부분적인 원인이기도 하다. 그러므로 지속하는 사물들의 인과 관계의 계열은 그것들의 상호 작용에서 성립하는 것이다. 그러한 상호 작용의 근거는 '이미 주어진 사물의 본성'에 의한 것이다. 여기에 '주어진다'는 의미와 '구성한다'는 의미가 한 사물의 양 측면을 드러낸다. 그 계열의 근거에 대한 추적은 유한한 양태들의 본성에 의존할 수밖에 없다. 그 경우에서 본성의 근거에 대한 인과적 추론은 과거로의 무한 소급의 어려움에서 벗어날 수 없다. 오히려 계열의 무한한 진행에서 사물들의 본성에 의하여 구성되는 점을 파악하는 것이 동일한 모습에 대한 해석으로 주장될 수 있다.[12] 그 점에서 사물의 본싱은 그 근거에 대한 물음에서가 아니라 그 사물과 다

11) E1P25. 신은 사물의 존재의 작용인일 뿐만 아니라 사물의 본질의 작용인이다. E1P29. 본성에서 우연한 것은 없으며, 모든 사물은 일정한 방식으로 존재하고 작용하도록 신적 본성의 필연성에 의해 결정되어 있다. E2P13 L3 A1. 어떤 물체가 다른 물체에 의해 움직이게 되는 (또는 다른 물체에서 촉발되는) 모든 방식은 움직이는 물체의 본성에서, 그리고 동시에 움직이게 하는 물체의 본성에서 생긴다. 그러므로 한 물체는 그것을 움직이게 하는 물체들에서의 차이들에 따라 다르게 움직인다. 그리고 역으로 다른 물체들은 그 동일한 물체에 의하여 다르게 움직이게 된다.

12) Mason, R. V., op. cit., p.208.

른 사물의 관계에서 작용의 근거가 된다.[13] 그 경우에서 각각의 사물은 자기 보존의 노력[14]을 통하여 작용한다. 이것은 단순히 다른 사물을 배제하려는 것만이 아니라 적극적으로 외적 사물을 포섭하는 방식이기도 하다. 그것은 작용의 원인이 수동적 촉발에만 있는 것이 아니라 능동적 작용을 통해서 일어난다는 것이다. 이 점에서 기계론적 관계로 해석하기에는 다양한 사물들의 관계가 설정된다.[15] 결국 무한한 인과 계열의 의미를 각각의 사물들에 대해 필연적인 외적 관계를 설정한 것이지만 현실적인 사물들의 상호 작용에서 드러난 인과 관계에 대한 전체적인 모습으로 간주할 수 있다. 이 점에서 적극적인 힘들의 사용과 수동적인 힘의 수용이 자연적 질서의 바탕 위에서 일어나고 있다는 점이 명백해진다.

스피노자에 따르면 존재하는 모든 것은 그 자신 안에(in se) 존재하거나 아니면 다른 것 안에(in alio) 존재한다.[16] 존재하는 모든 것은 그 자신 안에(in se) 존재하거나 아니면 다른 것 안에(in alio) 존재한다는 그의 말에서 우리는 존재가 적어도 두 가지 종류로 나뉘고 있음을 알 수 있다. 그것은 자존적인 것과 의존적인 것 간의 구별이다. 그리고 '안에'라는 말은 관계성을 나타낸다. 이것은 두 존재의 근원적인 관계성을 의미한다. 이 관계성은 신의 무한성과 영원성 그리고 완전성에서 각각 드러난다. 그러

13) E1P36. 본성으로부터 어떤 결과가 생기지 않는 것은 존재하지 않는다.
14) E3P7. 코나투스.
15) 사물들 사이의 관계에서 기계론적 결정론과 스피노자의 인과율의 차이는 코나투스가 갖는 역할에서 드러난다. 사물이 맺는 관계의 일정한 방식을 주장하는 점에서는 유사하게 보이지만 사물들 간의 관계가 물리적인 힘의 관계로만 설명될 수 있는가 하는 점에서 차이가 있다.
16) E1A1.

한 본성의 필연성에 의해서 존재의 근거는 내재적 원인성으로 주어진다.[17)]

그런데 어떤 국면에서든 신은 불변하는 입장에서 존재를 실현하고 있으며 사물들은 하나의 국면에서만 그 존재를 실현한다. 그것이 현실성이다. 신은 모든 국면을 구분하지 않으므로 항존성을 갖지만 사물은 자신의 존재의 국면에서 신 안에 있게 된다. 이러한 엄밀한 차이에도 불구하고, 신의 모든 국면에 사물들이 참여한다는 주장이 가능하다. 이 점은 존재론적인 일치를 주장하는 것이 아니라 신의 항존성의 논리적인 입장이 현실화된다는 점에서 각각의 사물이 가지는 국면이 필연성을 가진다는 점이다. 그것이 신이 내재적 원인임을 충분히 보여준다. 이러한 현실성에서 양태들의 세계는 실체를 구성하는 것으로 이해될 수 있다. 메이슨은 그 점을 의미 있는 해석으로 보고 있다.[18)]

이 국면의 의미가 존재의 현실 속에 있다는 점이 스피노자의 형이상학이 가지는 '있음'의 의미다. 즉, 사물과 신은 각각의 국면에서 동시적으로 현존하는 것이다. 따라서 신적인 질서와 사물들 간의 질서는 연결된다. 그런데 논리적으로는 신적인 질서가 사물의 질서에 우선하는 것으로 파악되지만, 현실적이라는 의미에서는 신적인 질서가 사물들의 질서에 의해 실현된다. 이는 신이 사물의 존재의 논리적 원인이지만 현실적으로는 양태들의 현존을 통해서 이해될 수 있는 점과 동일한 경우다.[19)]

---

17) E1P18.

18) Mason, R. V., op. cit., p.205.

19) 존재의 근거가 실체에 의한 것이지만 존재의 시작이 실체 또는 신으로부터 비롯되는 것은 아니기 때문이다. 스피노자는 사물에서 실재성의 정도가 성질의 과다에 의해 드러나는 것과 마찬가지로 신의 실재성이 신의 무한한 본질을 표현하는 것, 즉 무한한 방식으로 무한한 것들을 산출하는 데서 드러난다고 유추

이러한 자연의 질서는 그의 인간론으로 그리고 정치철학으로 나아가는 존재론적 바탕을 이룬다. 다시 말해서 사물과 동일한 의미의 양태로서의 인간이 현실적인 활동에서 가지는 자유의 의미가 존재론이 제공하는 인과적 질서와 상충하는 것이 아니라 적극적으로 참여하는 모습으로 해석될 수 있는 것이다.

2) 양태로서의 인간 — 정서의 능동과 수동

존재하는 구체적인 양태로서의 인간은 자연 내의 사물에 지나지 않는다. 양태적 본성이 가지는 변용의 특질을 가지고 있다. 전통적인 견해에 따라서 사물들 사이의 수직적 지위는 다만 그것의 능력 또는 덕의 문제이지 존재론적으로는 차이가 없다.

사물들이 서로 자기의 본성을 견지함[20]과 동시에 유한성에 말미암아 다른 사물을 필요로 하는 까닭에 서로간의 관계가 필연적으로 일어나며,[21] 그러한 접촉에서 생기는 인간의 수동적이거나 능동적인 상태와 그 관념을 정서라고 한다.[22] 다시 말해서 모든 사물은 그 자신의 본성적 노력을 하고 있다는 것인데 이는 신으로부터 내재된 것으로 스피노자에게 중요한 개념인 코나투스(자기 보존의 노력 또는 욕구)의 근거가 된다. 양태들 간의 필연적인 접촉은 바로 자연의 질서를 의미한다. 이는 외적 원인을 제공하는 변용의 원리며 물론 그것이 양태의 본성과는 상관없이 자연 내에 내재된 신적 본성에 따르는 것이라고 할 수 있다. 그러한 양태의 외부적 원인에 대해 작용을 하거나 작용을 받는 경우

한다(E1P16 Pr.).

20) E2P45 Sch..

21) E4P18 Sch..

22) E3D2., D3.

신체의 능력을 증대하거나 감소시키고, 촉진하거나 저해하는 신체의 변용, 그 변용의 관념을 정서라고 스피노자는 정의한다.

『에티카』에서 스피노자는 욕망(Cupiditas)과 기쁨(Laetitia)과 슬픔(Tristitia)을 가장 기본적인 정서라고 주장한다.[23] 기쁨과 슬픔의 정서는 신체와 정신의 활동 능력 또는 사유 능력의 증감에 비추어 설명되는데,[24] 욕망은 능동적인 정서로 설명된다. 왜냐하면 그것은 본성적인 것이기 때문이다.[25] 이러한 정서들에 대한 설명을 통해서 우리는 스피노자가 사물들 간의 관계와 신체와 정신의 일치성을 설명하고 있는 것을 볼 수 있다.[26]

사물들이 필연적으로 내재한 성격과 그것들의 접촉이 야기할 수 있는 관계가 표상된 관념으로서의 정서로 인식된다. 또한『에티카』 제3부 정리 9에서 정리 14에 이르는 그의 주장은 정신과 신체의 관계에서 정신이 신체의 변용을 표상하는 모습을 보여준다. 그 결과 논의의 전개에서 신체와 정신의 구별이 필요치 않게 된다.

---

23) 제3부 '정서의 정의' 참조. 이 욕망 가운데 코나투스가 포함된다.

24) 증대나 감소, 촉진이나 저해는 이전보다 더 크거나 작은 존재력을 의미하는 것이지만, 그것은 정신이 신체의 현재와 과거의 상태를 비교하는 의미가 아니고 정서의 관념이 포함하는 실재성을 의미한다. 따라서 정신의 사유 능력 역시 그러한 실재성을 표현하는 것과 같은 관념을 형성한다는 것을 뜻할 뿐이라고 제3의 마지막에서 기술하고 있음을 유의해야 한다.

25) E3 P9-P11.

26) 사물은 외적 원인에 의하지 않고서는 파괴될 수 없다(E3P4). 사물은 하나가 다른 것을 파괴시킬 수 있는 한에서 반대되는 본성을 가진다(E3P5). 각각의 사물은 자신의 안에 존재하는 한에서 자신의 존재 안에 남아 있으려고 한다(E3P6). 각 사물이 자신의 존재 안에서 지속하고자 하는 노력은 그 사물의 현실적 본질일 뿐이다(E3P7). 각 사물이 자신의 존재 안에 지속하고자 하는 노력은 유한한 시간이 아니라 무한한 시간을 포함한다(E3P8). 모든 사물은 우연에 의하여 기쁨이나 슬픔 또는 욕망의 원인이 될 수 있다(E3P15).

『에티카』 제3부에서 주목해야 할 점[27]은 정리 58에서 주장하는 능동적인 종류의 기쁨과 욕망의 정서다.[28] 그러한 정서의 예로『에티카』 제3부 정리 59에서 용기와 관용이라는 정서를 이성의 명령에 의한 욕망으로 전자는 자기를 위한, 후자는 타인을 위한 활동으로 설명한다. 이러한 정서들은 정신의 활동에 기인된 것으로 슬픔의 정서가 관계할 수 없다고 그는 주장한다. 왜냐하면 적절한 관념[29]을 파악할 수 있으므로 정신의 명석 판명한 원인의 인식이 가능하기 때문이다.[30] 이것은 외적 원인이 아닌 내적 충동에 의해서 우리의 행위가 이루어지는 경우를 의미하며, 다음 논의로 진행하는 받침대가 된다.

이와 같은 스피노자의 정서에 대한 논의에서 구체적인 정서의 설명은 몇 가지[31]를 제외하고는 우리의 일반적인 정서에 대한 관념과 별다른 차이가 없다. 다만 그 설명에서 정신과 신체의 관계를 통하여 윤색된 것에 지나지 않는다. 그의 중심 문제는 정서에 의한 영향으로 인간의 무능력과 불행이 야기된다는 사실에 있다. 즉, 이것이 그의 윤리학의 핵심으로 보인다. 정서를 정의할 때 스피노자가 사용한 용어의 선택은 양태로서의 인간이 외적 대상과 가지는 관계를 설명하고 대처할 방법을 제시하려는 그의 의도를 포함하고 있다. 적절성, 작용의 능동과 수동의 양면성은

---

27) 정서의 종류에 대한 스피노자의 설명은 생략한다. 제3부 정리 19 이하를 보거나 말미의 정서에 대한 정의를 참조할 것.

28) E3P58 : 수동적인 기쁨과 욕망 이외에 우리가 활동하는 한에서 우리에게 관계하는 기쁨과 욕망의 다른 정서가 존재한다.

29) E3P58 Pr..

30) E3D1.

31) 예를 들어 의지에 대한 설명이 지성과 결부된다는 점, 기쁨과 슬픔으로 많은 정서들을 환원할 수 있는 점 등.

그가 자연의 질서라고 말하는 필연성 또는 인과성을 포함하면서도 다른 의미의 활동성을 꾸준히 인간의 본성적 능력에 부가하는 것으로 보인다.[32)]

능동과 수동의 상태는 변화를 의미하며 제한적인 외적 원인에 대한 것이다. 인간이 사물과의 접촉에서 작용하는 경우를 능동이라고 한다면, 수동의 상태는 본성이 사물에 의해 제어되는 경우며 그것은 본성과의 일치와 불일치로 말해지기도 한다. 그 과정에서 인간의 본성으로 충동을 말하고 있으며 그것은 실체론에서 주장된 양태가 지닌 신적 속성이다. 그것은 스피노자에게서 인간에게 가장 근본적인 것이며, 인간의 모든 행위가 이것의 반응의 표현이다.[33)] 이러한 충동은 욕구 또는 코나투스로 말해진다. 그것은 자기 보존의 노력이라고 표현되는 인간의 활동이며 또한 원리다. 자기 보존의 노력은 인간의 활동 능력의 적극성을 의미한다. 그와 같은 활동에서 인간의 충동에 부합하는 사물과 생기는 감정을 기쁨으로 그 반대를 슬픔으로 표현하고 있는데, 정신과 신체의 관계에서 정신은 신체의 활동을 위해 노력한다는 의미는 내부적인 관계에서 외부와의 관계로 전환됨을 말하고 있다. 즉, 수동적 상태에 놓인 인간은 그것을 벗어나기 위해 노력하는데, 정신이 신체의 활동 능력을 증대하고 촉진시키는 것을 표상하려고 한다는 것이다. 이는 상태의 의미가 아니라 능동성을

---

32) 이 점은 두 가지로 말할 수 있는데, 코나투스에 의한 것과 지성의 활동, 즉 이성적 능력을 말한다. 유물론적 해석에서는 전자를 강조하고, 관념론적 해석에서는 후자를 강조하지만, 양자 모두 올바른 해석으로 여겨지지 않는다. 스피노자에게서 그 둘은 연결되어 해석되어야만 한다. 왜냐하면 정신과 신체의 병행이나, 정신의 우선성으로 그의 심신에 관한 이론을 해석해서는 안 되기 때문이다. 이 논의는 제2부에 속하므로 여기서는 그만 줄인다.

33) C. D. Broad, *Five Types of Ethical Theory*, p.22.

암시하고 있는 것이다. 정서가 가지는 또 다른 특징은 정서는 또 다른 정서에 의해서 그리고 그것이 더 강할 때 제어된다는 점이다.[34] 인간이 노력한다는 의미는 더 강한 감정의 표상으로써 이루어진다.

이와 같이 정서의 방식으로 주장되는 인간의 행위의 의미가 어떻게 자연의 질서에 부합하는가? 인간이 외부와 대응하는 방식은 인간에게 외적 사물이 존재를 위해 필요하면서도 멸망의 원인이 되기 때문에 욕구하거나 배척하는 것에서 드러난다. 자연은 고정된 구조를 형성하지 않고 다양한 무한성을 가지고 있다는 스피노자의 주장에서 변화가 그 안에 포함되어 있음을 볼 수 있다. 단지 그 변화의 인과성이나 논리적 필연성에서 결정론이 주장되고 있으므로 자연의 질서는 그러한 의미에서 결정된 것으로, 변화를 수용할 수 없는 것은 아니다. 그러므로 사물들간의 접촉과 변화는 그 본성의 필연성에 기인하여 자연의 질서와 부합한다. 인간의 본성의 필연성에 의하여 그리고 인간의 충동에 따르는 인간의 활동 역시 자연의 질서와 부합한다.

정서의 이러한 본성과 힘에 따라서 선과 악을 기쁨과 슬픔으로 규정할 때 스피노자는 인식의 문제를 제시한다. 감정에 대한 주장에서 신체의 접촉은 모두 정신의 관념으로 인식된다. 그러나 그것은 외부에 대한 표상이다. 그것은 경험적 지식으로 스피노자에게서는 하위(下位)의 인식이다. 그러나 정신이 충분한[35] 관념을 추구하는 한 정신을 혼동시키는 것들을 배제하려고 할 것이며 그것은 이성과 지성의 역할로 나타난다.

스피노자의 인간론에서 정서는 일차적으로 인식인 동시에 활

34) E4P7.

35) E3P1 Pr..

동이고 또한 능동적인 경우에서 충분한 것, 즉 선으로 받아들여진다. 그것은 인간의 본성, 즉 충동, 코나투스에[36] 기인된 것이므로 어떤 공통된 성질을 가진 것 같지만, 그는 인간의 감정의 차이를 말한다. 그것은 감정에 기초한 선의 문제에 보편성을 위한 근거를 요구한다. 즉, 인간이 가지는 다양성이 인정된다면 그리고 그것에 따라 정신의 관념에 선이 포함될 때 그 객관성을 보장할 수 있는 근거가 제시되어야 할 것이다. "우리는 그것을 선(善)이라고 판단하기 때문에 그것을 향하여 노력하고 의지하며 충동을 느끼고 욕구하는 것이 아니라, 반대로 노력하고 의지하며 충동을 느끼고 욕구하기 때문에 어떤 것을 선이라고 판단한다."[37] 이 주장이 알 수 있는 것은 두 가지다. 먼저 선의 판단은 우리의 욕구에 있는 것이며 대상에 의한 것이 아니라는 사실[38]이다. 뿐만 아니라 선은 정서에 의해 알려진다는[39] 점이다. 한편으로 선은 우리에게 유용한 것을 아는 것으로 정의된다. 또 우리는 우리의 존재의 유지에 도움이 되거나 방해되는 것을 선 또는 악이라고 부르고 있다.[40] 여기서 우리는 코나투스와 선의 유용성을 관련지을 수 있다. 그리고 이 점에서 앞서의 문제에 접근할 길을 모색할 수 있다. '존재의 유지', 즉 코나투스는 우리에게 유용한 것이 무엇인가 알 수 있게 한다. 그것은 정서의 상태의 관념으로 정신에 수용되는 것이다. 정서는 코나투스에 그 원천을 두고 있으므

36) E3P52, P57.

37) E3P9 Sch..

38) 선과 악은 사물을 그 자체로 고찰할 경우 사물에서의 아무런 적극적인 것도 지시하지 않으며, 사유의 양태나 우리가 사물을 서로 비교함으로써 형성되는 개념일 뿐이다(E4 Preface).

39) E4P8.

40) E4P8 Pr..

로, 무엇을 선과 악으로 판단하는 것은 바로 그것에 기인한다.

우리가 선한 것을 추구하는 것이 아니라 우리가 추구하는 것을 선한 것으로 주장한다는 그의 가치에 대한 견해는 정서와 관련해서 행위의 방향이 어떻게 결정되는가를 보여준다. 궁극적으로 모든 행위는 자기 보존의 원리에 의해서 지도된다. 이 점은 폭력의 근원성에 대한 연구에서 여러 가지 측면에서 고찰될 필요가 있다. 베네트의 지적처럼 전통적인 가치 개념들을 재구성하는 것이라는 견해도[41] 이에 근거하며 컬리는 그러한 특성에서 메타 윤리적 경향이 보인다고 한다.[42] 그러나 그의 가치의 재구성은 전통적인 규범을 벗어나 있지는 않다.

스피노자는 능동적인 힘으로써 덕을 제시한다. 그러나 그 덕의 기초 역시 코나투스에서 찾아진다.[43] 현실적으로 드러나는 인간의 차이점들은 사물과의 접촉에서 일어난 수동적인 관계에 기인된 것이다. 인간들이 수동적인 정서에 사로잡히는 한에서 본성상 서로 다르며, 한 인간에게도 수동적인 한 그가 변하기 쉽고 불안정하기 때문이다.[44] 그 관계를 벗어나기 위한 길을 스피노자는 인간의 본성이 가진 또 다른 특성, 즉 이성에서 찾고 있다. 스피노자는 심리주의적 경향에서 비롯된 주관주의나 상대주

---

41) Bennett, J., *A Study of Spinoza's Ethics*, p.9.

42) Curley, E.M., "Spinoza's Moral Philosophy", in *Spinoza, A Collection of Critical Essays*, pp.354-365.

43) E4P22 Cor.. ; 어떤 덕도 이것(즉, 자기를 보존하려는 노력)보다 앞서서 생각될 수 없다. Wolfson은 이런 근거에서 정서와 덕을 일치시키는 스피노자의 입장은 Aristoteles나 Stoa학파 등의 덕과 공동선의 입장을 그대로 수용하고 있다고 주장하지만(op. cit., pp.234-236), 그는 스피노자가 주장하는 정서의 힘이 코나투스에서 나오는 것인 반면에 지성의 활동력은 자기 유지의 노력과는 다른 어떤 것임을 간과하고 있다.

44) E4P33.

의를 벗어날 수 있는 근거로서 인간의 본성에 대한 규정에서 이성의 역할을 통해 인간의 개개인에게 보편적인 틀을 마련한다. 그는 본성에 따르는 필연성을 구체적으로 현실에 제시하는 것으로서 이성의 역할을 말하고 있다.[45)]

그러나 그의 "충분한 인식이 없이는 이성적일 수 없다"[46)]는 주장은 인식 의존적 입장으로 비판받기도 하는데 이는 자유의 문제와도 깊은 연관이 있다. 이성의 역할에 의하여 자연을 의식하고 필연적인 본성적 욕구에 따라 참다운 것에 만족할 수 있다고 주장한다. 즉, 옳게 인식하는 한 자연의 질서에 일치한다고 주장한다.[47)] 이러한 그의 주장에 대하여 햄프셔는 인간의 상태가 이중적이라고 지적한다. 일차적으로 외적 사물과 내적 본성의 관계와, 인간의 정신과 신과의 관련을 말하는 것이다. 후자의 경우 그것은 영원과 관계된 불멸성이나 최고의 인식, 최고의 선 또는 완전한 자유 등을 의미하지만, 스피노자의 진리와 허위, 적합한 관념과 부적합한 관념 그리고 자유와 예속의 구분이 현실적인 문제임을 지적한다.[48)] 이는 그의 해석이 인식의 문제에만 연결되는 까닭이다. 파킨슨은 오히려 인식의 문제보다 코나투스에 관심을 두고 있다. 그에 따르면 인간의 행위는 현실적으로 두 가지 방식, 곧 코나투스에 의존하거나 아니면 외적 원인에 의해 이루어진다.[49)] 행위의 이러한 두 근거에서 전자에 의할 경우 스

45) E4P18 Sch., P59.

46) E4P26 Pr..

47) E4 Caput 32.

48) S. Hampshire, "Spinoza and the Idea of Freedom", in *Spinoza A Collection of Critical Essays*, p.298.

49) G. H. R. Parkinson, "On the power ans Freedom of Man" in *Spinoza Essays in Interpretation*, p.23.

피노자에게서 “행위가 자유롭다”는 표현을 할 수 있다고 주장한다. 물론 그도 코나투스가 결정론적 필연성 속에 있음을 인정한다. 그러나 코나투스의 존재는 인간의 행동의 능력이고, 그 적합한 원인이고, 그것이 부정적인 어떤 것이 아니라는 점에서 비결정적이고, 결정적이라는 의미는 그것이 본질적인 인간성의 법칙에 의한다는 사실이며 그것은 이성의 법칙이라고 말한다.[50] 그처럼 코나투스와 외적 원인과의 분리를 인정한다면 우리는 그것들에 기인하는 능동적인 정서와 수동적인 정서를 상기할 수 있다. 그 정서들은 우리의 행위에서 드러나는 것으로 대상과 우리의 관계다. 네스는 능동적인 감정을 통해서 자유를 이룬다고 스피노자를 해석한다. 그의 논의에서 주목할 점은 정서와 능력의 관계를 행위와 인식의 관계로 보고, 자유의 증진이 인식을 통해서 정서의 여러 성향에 대한 진퇴(feed back)에 의존하는 것으로 해석하는 것이다.[51]

이성에 의한 정서의 제어는 덕을 통하여 이루어진다. 정서는 좀더 큰 정서에 의해서 억제된다는 스피노자의 주장은 일관된다. 그러면 이성은 어떻게 감정을 제어하는가? 스피노자에 따르면 이성은 그가 말하는 지식의 두 번째 종류의 것이다. 그것은 참된 것과 거짓된 것을 구별하는 일을 가르친다.[52] 그것은 자연의 공통된 질서와 관념에 대한 지식이며 사물들의 성질에 대한 적합한 관념에 대한 지식이다. 그런데 이성에 따르는 모든 노력이 인식하는 것이라면 정서와의 관계, 다시 말해서 인간의 행위를 어떻게 제어하는가? 이것을 해결하려는 스피노자의 노력에

50) Ibid., p.24.

51) A. Neass, *Freedom, Emotion and Self-subsistance*, p.85.

52) E2P42.

서 우리는 인식과 행위가 인간 속에서 어떻게 연결되는지 고찰할 수가 있다. 그는 그 연결의 다리로서 덕을 제시한다.

인간은 선을 구가하고 악에 대항하려는 노력을 본성적으로 하고 있으나 그것이 현실적으로는 이루어지지 않는 경우가 있음을 스피노자는 인정한다. 그것은 인간 본성의 능력과 무능력의 문제다.[53] 능력과 무능력은 사물과의 관계에서 능동적인 것과 수동적인 것으로 나타난다. 스피노자는 이것을 이성에 의한 삶에서 해결할 수 있다고 보았다. 즉, 덕에 따르는 생활인데, 그것은 능동적인 것과 일치한다. 다음과 같이 스피노자가 덕과 코나투스의 관련성에 관하여 제시하는 근거를 찾을 수 있다.[54] 그는 두 측면, 즉 코나투스와 인식에 근거해서 선과 덕을 일치시킨다. 이성은 자연에 위배되는 것을 요구하지 않고, 자신의 이익을 추구하며, 더욱 큰 완전성으로 인간을 이끌고 다시 말해서 자기 존재를 유지하도록 노력할 것을 요구한다. 또한 덕은 자신의 존재를 유지하려는 노력이며, 행복은 인간이 자신의 존재를 유지할 수 있는 것이므로, 덕 자체를 추구해야 하며 그보다 더 가치 있는 것은 존재하지 않는다고 주장한다. 참된 이익의 추구는 본성적인 것이며 그것이 자신의 존재를 더욱 완전하게 해주는 것이다. 어떠한 덕도 자기 보존의 노력보다 먼저 생각될 수 없고, 절대적으로 덕에 의한 활동은, 자기 자신의 이익 추구에 기초하여, 이성의 지도에 따라 행동하고 생활하고 자기의 존재를 유지하는 것(이 세 가지가 모두 동일한 것)일 뿐이다.

---

53) E4P17 Sch...

54) 어떠한 덕도 자기 보존의 노력보다 먼저 생각될 수 없다(E4P22). 전적으로 덕을 실행하는 행위는 우리에게서 이성의 지도에 따라 행동하고 생활하고 자기의 존재를 유지하는 것으로 자신의 이익을 추구하는 데 기초를 두고 있는 것이다(E4P24).

스피노자의 윤리학에서 선은 인식 행위와 일치하는 것처럼 보인다.[55] 또한 구체적으로 악, 즉 수동의 문제가 인식의 면에서 제거되기도 한다.[56] 스피노자의 선에 대한 주장은 코나투스와 참다운 인식이 동일하다는 것을 의미한다. 코나투스에 의하여 드러나는 감정의 능동적 상태와 지성에 의한 활동을 구분했는데 그것은 선의 추구라는 점에서 동시적인 것이다. 의식에서의 인식이 비록 우선하는 듯하지만 현실적인 선의 추구는 두 가지의 동시적 활동을 의미한다. 그 근거는 덕이 정서, 즉 선과 일치된 것이라는 점에서 드러난다. 그러므로 스피노자의 인간의 행위의 문제에서 강조될 것은 인식의 확장이 아니라 오히려 코나투스에 근거한 정서와 이성 간의 관계다.

스피노자나 홉스에게서 인간의 본성에 대한 규정은 우선 자신의 이익 추구에서 일치한다. 그러나 홉스에게서 인간의 본성적 욕구가 도덕적으로 부정적인 것으로 판단된 반면에 스피노자는 긍정적으로 받아들여진다. 따라서 홉스는 인간의 본성에 따르는 행위가 규제될 것을 요청하고 스피노자는 그것의 실현이 바람직한 것이 된다.[57] 따라서 스피노자가 주장하는 자기의 존재를 유지하기 위한 노력은 일차적으로 일반적인 윤리적 이기주의와 구별될 수 있다. 즉, 이성적인 삶은 이미 타인과의 관계가 공동의 이익으로 맺어져 있는 것이다. 이것은 그의 사회관 또는 국가관으로 확장된다.

---

55) E4P27.

56) E5P3 : 수동적인 정서는 우리가 그것에 대해 명석 판명한 관심을 형성하는 순간 더 이상 수동적이지 않다.

57) 그러한 결과로 정치학에서 한편은 군주제를, 다른 한편에서는 귀족정을, 그리고 최상의 체제로서 민주 정치를 주장하게 된다.

3. 결론 : 이성과 자유

존재론적인 입장에서 실체와 유한한 양태들의 인과 관계에 대한 논의를 통하여 자연의 질서의 인과적 상호 관계의 특징을 일반적인 결정론의 특징과 구별된다는 점에서 자유의 실마리를 발견했다. 그리고 이러한 가능성을 따라 유한한 양태로서의 인간이 어떤 방식으로 자연 내의 외적 존재들과 관계하는지 검토했다. 그의 지식의 단계에서 보통 오류의 근원으로 해석되는 표상은 우리에게 현존하는 외적 대상과의 만남을 알리는 첫 단계며, 또한 우리가 그 대상에 접근하는 통로다. 스피노자에 대한 일반적인 해석에서 표상은 지성과 직관보다 열등한 것으로 간주된다. 그러나 그것은 현실을 알리는 표식이다. 표상은 신체의 변용을 말한다. 신체의 변용은 내적 외적 원인에 의하여 끊임없이 일어난다. 이것이 앞서 말한 무한한 인과 계열이다. 신체의 변용은 신체적 인식을 말한다. 표상은 그것의 반영이다. 그러나 그것은 변용을 원인으로 하는 것은 아니다. 신체의 변용이 연장의 속성 하에 있는 것처럼 표상은 그것이 사유의 속성 하에서 고찰된 것이다. 표상은 직접적인 것이지만 불충분하다. 그것이 오류의 원인이 된다. 이성은 이러한 불충분성에 관여하여 그것을 올바로 한다. 이러한 인식론적인 토대 위에 인간이 외부의 양태들과 맺는 관계가 드러난다.

신체의 변용은 표상을 통해서 인식되는 것으로 그치지는 않는다. 신체의 활동이 외부와의 접촉을 통해서 변화하듯이 정신의 활동도 그 변화를 일으킨다. 여기서 우리는 활동과 그 변화의 뜻을 음미할 필요가 있다. 표상이 활동과 관계될 때 정서라고 지칭

된다. 이 정서는 변용의 느낌이면서 정신의 활동에 영향을 준다. 정서가 활동 능력을 증감하는 모습을 능동과 수동으로 스피노자는 표현한다. 수동적 정서를 정념이라고 한다. 이 정념에 대한 대처가 스피노자의 윤리학의 핵심이다. 스피노자는 인간의 활동 능력을 자기 보존의 노력, 즉 코나투스에서 비롯된 것으로 간주한다. 그것을 저해하는 것이 정념이다. 정념은 그 원인이 외부로부터 온 것이며 그 원인에 대한 불충분한 이해인 혼동된 표상에 기인한다. 스피노자는 인식론적 도식과 마찬가지로 이성에게 정념의 교정이라는 임무를 맡긴다. 이때의 이성은 충분한 원인을 이해하는 것으로 정념을 교정한다. 그것은 우리의 활동을 저해하는 외적 원인들에 대해 코나투스가 대응하는 현실적인 노력이다. 이성은 능동적인 정서들과 함께 우리의 활동을 증대시키는 힘을 발휘한다. 스피노자의 자유 개념의 핵심은 이것이다. 우리가 외부의 원인에 대하여 우리의 존재 능력을 키울수록 우리는 더욱 자유롭게 되는 것이다. 우리는 원래 자유롭지 않다. 우리가 유한한 존재인 이상 완전한 자유는 불가능할지 모른다. 그러나 내적인 원인, 즉 코나투스에 의해 가능한 한 외적 인 존재와 관계를 갖는다면 우리가 따르는 필연성은 외부에서 주어진 것이 아니다. 우리는 우리의 본성의 필연성을 따르는 것이 된다. 그러한 본성을 나타내는 것이 코나투스다. 코나투스, 즉 자기 보존의 노력은 가장 이성적인 것이다. 스피노자의 설명에 따르면 자유로운 삶은 이성의 명령과 조화를 이루며 영위하는 삶이다.

그는 덕과 이성이라는 전통적인 용어를 통하여 코나투스의 정신적인 면을 부각시킨다. 덕은 힘으로서 이성은 그것을 세움으로서 역할을 한다. 그것들은 모두 자기 보존의 기준에서 일정한 방향을 갖는다는 점에서 의지의 자유가 부정된다. 이러한 방향성이 자연의 질서의 부분을 이루는 인간의 한 측면이다. 그것은 인간의 미래가 결정적인 것이라고 할 근거로는 충분하지 못하다. 왜냐하면 그것은 또한 자연의 역행력에 대항하는 힘으로서 각각의 양태들이 인과적인 관계에서 각기 원인자가 되는 것처럼 인간도 외적 대상과의 관계에서 수동적인 지배에 맞서는 코나투스를 지니기 때문이다. 그것은 자연의 질서에 역행하는 것이 아니라 자연의 질서에 동참하는 방식이다. 그 방식을 결정하는 것이 이성이다. 이성은 자연의 게임의 법칙에 대한 지식이라는 울프슨의 해석은 이런 점에서 돋보인다.[58] 이러한 이성은 자기 보존이라는 본성의 법칙을 행위에 부가한다. 이는 다양한 방식으로 세계와 관계할 수 있게 한다. 그러한 가능성이 스피노자의 언명에 내재해 있다. 현실적 경우에 주어진 결과는 단일하다. 그리고 그 원인성만 고찰하면 필연적이다. 스피노자는 이성의 시간성을 정념을 제어할 수 있는 강력한 힘의 근거로 제시한다. 그것은 사물에 대한 항구적인 파악으로서 잘못된 관념, 즉 불충분한 관념에서 비롯된 수동성에 대항한다.

스피노자가 제시하는 덕의 목록과 이성의 계율은 인간의 자유를 의미한다. 그 중심에는 코나투스가 있다. 스피노자는 도덕적 가치를 인간의 표상 작용에서 발생하는 관념으로 파악한다. 이 점은 이미 선에 대한 그의 주장에서 보인다. 자연 내에는 선악이 존재하지 않는다. 그것은 인간의 관념이다. 그러나 스피노자는 행위의 원리로서 또한 행복하고 가치 있는 삶으로 우리가 여기는 것을 제시하는 것에 관심이 있다. 그는 그 근거를 세계와 인간과의 관계에서 그리고 인간의 본성에서 규명하고자 한 것이다.

---

58) Wolfson, H. A., *Philosophy of Spinoza*, p.231.

그는 『에티카』 제1부의 부록에서 잘못된 근거에 의한 의지의 자유뿐만 아니라 잘못된 근거에 의한 도덕적 가치들을 비판한다. 그의 윤리학은 그 원인을 밝히고 올바른 근거 위에서 그것들을 정립하려는 것이다. 그는 인간의 행위의 최종적인 근거를 코나투스에서 발견한다. 그것은 그의 형이상학적 탐구를 배경으로 하여 인간의 본성적 법칙으로 자리한다. 우리가 살펴본 바에 따르면 행위와 행위의 방향과 행위의 능력이 모두 그것에서 비롯된다. 이제 이러한 점에서 자기 보존의 힘이 성립한다. 중요한 점은 자기 보존의 노력이 이성과 자유를 결합시킨다는 점이다. 이는 이성이 수동적 정념의 교정을 통해 활동성을 증대하고, 기쁨을 증대한다는 스피노자의 주장에서 볼 수 있다. 이러한 전개는 동시대의 여러 학자들이 인간의 자기 보존의 원리나 정념 또는 욕망의 근원들을 말하면서도 전통적인 입장의 가치 수준을 벗어나지 못하는 점에 비교할 때 스피노자의 견해의 탈시대성을 볼 수 있다.

스피노자의 논의의 내부에는 신체적인 인식의 중요성이 스며있다. 우리의 논의는 그 점을 바탕으로 진행되었고 그것이 표상작용과 변용과 정서 그리고 정념과 이성의 활동의 관계에서 파악되었다. 그 중심에는 자기 보존의 노력인 코나투스가 있다. 그것은 능동적인 힘으로서 스피노자에게서 자유의 근거가 된다. 그러나 그 의미를 규정하기가 쉽지 않다. 인간의 자유는 그 자체로 정의되지 않으며 인과적 상호 작용 속에서 드러나는 능동성이 증가하는 것을 의미한다.

신은 그 자체로 자기 원인이면서 자유 원인이다. 유한한 양태인 인간은 자기 원인적이라는 표현이 적절하지 않게 보인다. 그러나 존재의 자기 원인으로서가 아니라 외적 대상과의 필연적 관계에서 수동적이지 않다는 의미에서 그리고 외적 사물에 능동적으로 작용한다는 점에서 부분적으로 자기 원인적이다. 스피노자는 이러한 한계를 분명히 명시한다. 앞서 논의한 쾌락의 차이나 등급은 그 점을 시사한다. 즉, 우리의 행위는 전적인 자유의 보장이나 전제를 가질 수 없다. 그러나 우리의 존재의 힘이 인과적 질서 속에서 어떻게 실현되는가에 따라 자유의 의미를 살릴 수 있다. 이러한 까닭에 자기 보존의 원리가 이성의 근거에서 핵심적인 위치를 차지한다. 그러한 바탕 위에서 구성되었기에 스피노자의 정치철학에서 자유는 중심 개념이 되고 있다. 이상의 논의를 바탕으로 힘의 관계성이 우선하는 자연 질서와 인간의 본성의 관계에서 폭력의 근원성에 대한 스피노자적 영향을 의미있게 보는 것이다.

□ 참고 문헌

Spinoza, *Opera*, Im Auftrag der Heidelberger Akademie der Wissenschaften, herrausgegeben von Carl Gerhart, 4 volumes, Heidelberg, 1925, 1978(vol. 5, 1987).

_______, *Chief Works*, trans. from Latin with intro. by R. H. M. Elwes, bibliographical note by Francesco Cordasco, 2vols., Dover Publications, New York, 1955.

Bennett, J., *A Study of Spinoza's Ethics*, Cambridge University press, Cambridge, 1984.

Broad, C. D., *Five Types of Ehical Theory*, Routledge & Kegan Paul Ltd. London, 1956.

Curley, E.M., "Spinoza's Moral Philosophy", in *Spinoza, A Collection of Critical Essays*, ed. by Marjorie Grene, University of Notre Dame Press,

Indiana, 1973.

Hallett, H. F., "Substance and Its Mode", in *Spinoza, A Collection of Critical Essays*, ed. by Marjorie Grene, University of Notre Dame Press, Indiana, 1973.

Mason, R. V., "Spinoza on the Causality of Individuals", *Journal of the History of Philosophy*, Vol.xxiv(April 1986).

Naess, Arne, *Freedom, Emotion and Self-Subsistence, The Structure of a Central Part of Spinoza's Ethics*, Universitetsforlaget, Oslo, 1975.

Northrop, F. S. C., "Causation, Determinism, and the "Good"", in *Determinism and Freedom - in the Age of Modern Science*. ed., by Sidney Hook, New York University Press, Washington Square, 1958.

Hampshire, S., "Spinoza and the Idea of Freedom", in *Spinoza A Collection of Critical Essays*, ed. by Marjorie Grene, University of Notre Dame Press, Indiana, 1973.

Parkinson, G. H. R.. "On the power ans Freedom of Man" in *Spinoza Essays in Interpretation*, ed. by Eugene Freeman and Maurice Mandelbaum, Open Court, La Sall, Illinois, 1975.

Wolfson, H. A., *The Philosophy of Spinoza*, 2vols., Harvard University Press, 1948.

칸트와 폭력 : 자유를 중심으로

황 순 우

1. 들어가는 말

칸트는 「세세 시민적 관점에서 본 보편사의 이념」[1]에서 자유의 항쟁성 개념을 통한 인간의 대립적 구도에서 문화의 악덕으로 표출되는 자유의 폭력성과 목적적 인간 존재 이념의 실현을 지향하는 자유의 도덕성에 관해 분석하고 있다.

인간 이성에 기초하고 있는 의지 또는 의지의 자유가 "외부로

1) 칸트 저작 인용 방식 : 칸트 학술원판 전집(Kants gesammelte Schriften nach der Ausgabe der Königlich Preußischen Akademie der Wissenschaften 1900ff) = AA, 로마자 숫자는 권수, 숫자는 쪽수, 쉼표 뒤의 숫자는 줄 표시(예, AA IV 298, 20-22 또는 13, 3). "a priori"-"선험적", "transzendental"-"초월적" 번역을 따름. 「세계 시민적 관점에서 본 보편사의 이념(*Idee zu einer allgemeinen Geschichte in weltbürgerlicher Absicht*)」, 1784년, AA VIII 15-32. IGA 또는 「보편사의 이념」으로 약칭. 번역은 이한구 번역본 『칸트의 역사철학』(서광사 1992)을 참조하였음.

나타난 현상"이 행위이고, 이 행위의 자유의 전개는 문화 창출을 통해 우리에게 의식된다. 이성 사용에서의 인간이 행위하는 것과 이를 통해 창조해내는 "작품"은 "전적으로" 자유로운 인간 자신의 책임으로 돌려진다. 인간의 역사는 그의 자유의 작품인 것이다.[2] 인간은 자신의 역사를 자신의 자유로부터 산출하며, 그렇게 역사의 주체로 등장한다.

인간의 자유에 의해 산출되는 문화는 선과 악의 측면으로 구분되는데, 전자는 문화의 도덕성을, 후자는 문화의 폭력성을 의미한다. 문화의 선은 목적적 인간 존재와 보편적 인간 존엄을 지향하는 도덕성의 이념의 실현을 지시하고 있으며, 문화의 악은 그러한 지향과 실현을 거부하는 것으로서 폭력을 의미하고 있다.[3] 문화의 폭력(성)은 자유의 잘못된 사용으로 인해 생겨나는

---

2) "자연이 의도하고 있는 것은, 인간이 (…) 모든 것을 전적으로 자기 자신으로부터 산출해야 한다는 것이며, (…) 본능에 의존하지 않고 자신의 이성을 통해서 (…) 창조해야 한다는 것이다"(IGA, 19, 18-22). 이렇게 창조한 것에는 다음의 것들이 속한다. "인간의 음식, 의복, 외부적 안전(장치)과 방어(장치), (…) 삶을 편하게 해주는 모든 오락, 또 인간의 통찰력과 재치, 심지어는 인간 의지의 선량함까지도 전적으로 인간 자신의 작품인 것이다"(같은 책, 19, 29-34).

3) 칸트는 인간을 자연적 존재로서의 인간과 도덕적 존재로서의 인간으로 구분하여 정의한다. 여기에서 자연은 인간에게 이중적인 "자연적 소질"을 부여하는데, 동물적 본성과 도덕적 본성이 그것이다. 동물적 본성에 충실한 자연적 존재로서의 인간은 "동물적 자연 상태의 법칙"에 따르는 인간으로서 "자연의 목적"에 속한다. 반면에 도덕적 본성에 충실한 도덕적 존재로서의 인간은 시민사회의 법칙에 따르는 인간으로서 "최종 목적"의 존재가 된다. 문화 창출에서 문화의 악과 선이라고 하는 두 가지 속성의 대립과 갈등은 자연적 존재와 도덕적 존재로서의 인간의 대립과 갈등에 근거하여 전개된다. "도덕적 유로서의 인류와 자연적 유로서의 인류 사이에 더 이상 아무런 모순도 없게 하기 위해서는 문화가 어떻게 진보되어나가야 하는가 하는 문제"를 풀어야 하는 이유는, "인간의 삶을 억압하고 또 그것을 경멸하는 모든 악덕은 그러한 모순 대립에서 발생"하기 때문이다("Muthmaßlicher Anfang der Menschengeschichte" AA VII 116, 14-20 참조).

악으로서 개인적 자유 또는 개체적 국가의 자연 상태의 모습을 반영하고 있다.

「보편사의 이념」에 담겨진 칸트의 역사 의식에 의해 성찰되고 있는 폭력은 목적적 인간 존재의 보편성에 대한 거부로 규정된다. 모든 인간을 목적으로 대해야 한다는 이성적 인식과 명령의 거부가 폭력이고, 따라서 폭력의 본질은 인간을 수단적 존재로 간주한다. 폭력이 허용되고 관철되는 상황 속에서의 인간 존재는 물건과 같이 다만 상대적 가치를 가질 뿐이다.

그러므로 본 논문에서는 칸트의 항쟁성 개념을 통한 폭력의 본질적 구조를 궁극적으로는 보편적인 인간 존엄성의 부정으로 이해한다. 그리고 이러한 이해의 과정을 통해 도출되는 것은, 칸트가 자유의 폭력성을 자유 자체의 모순성으로서 선험적으로 인식해 들어간다는 것이다. 이 의미는 곧 인간 존엄의 개별성을 주장하는 자유의 폭력으로부터 그것의 보편성을 위한 자유에게로의 이행 가능성과 필연성에 관한 분석인 것이다. 이때 자유로부터 산출되는 문화는 '첫 번째 진보'를 거치면서 인간을 목적으로 규정하는 도덕성의 이념과 결합하여 보편적인 인간 존엄을 매개한다.

2. 자유의 폭력성과 항쟁성 개념

칸트는 자유와 역사에 관한 발전사적인 근본적 구조를 결정짓는 한 개의 개념과 씨름한다. 이 개념은 인간의 자연적 소질에 뿌리를 두고 있으며, 이 개념을 통해 인간의 자연적 소질의 전개

뿐만 아니라 인간 의지의 자유의 전개도 표현된다. 이 개념은 곧 항쟁성 개념이다.

> “자연이 인간들의 모든 소질을 계발시키기 위해 사용하는 수단은, 이 항쟁성이 궁극적으로 사회의 합법칙적인 질서의 원인이 되는 한에서, 사회 속에서의 인간들 상호간의 항쟁성이다”(IGA, 20, 26-29).

보편적 역사에 대한 이념은 자유의 성격을 인간들의 항쟁성 개념으로써 발전사적인 측면에서 드러내고 항쟁성 개념과 씨름하면서, 이 이념의 출발점을 다음과 같이 표시하고 있다. 항쟁성은 다른 인간들의 의지에 대한 보편적인 저항의 소질로서 인간 본성에 뿌리하고 있다. 이에 반해 이성 이념 안에서의 항쟁성은 모든 인간들과 그들의 자유 행위들 사이에서의 법칙성에 대한 원인, 즉 하나의 법칙적 사회의 조건인 것이다. 따라서 항쟁성 개념에 대한 설명은 자유와 그 역사성의 의미를 밝혀내는 데 매우 중요하게 여길 수밖에 없다. 인간들의 항쟁성은 이성 이념 안에서의 자유에 대한 또 하나의 다른 표현으로서,[4] 모든 인간들에게 본성적으로 귀속됨으로써 사회화의 경향과 동시에 비사회화의 경향을 가지게 된다.

> “내가 여기에서 말하고 있는 항쟁성은 인간의 반사회적인 사회성을 의미한다. 즉, 끊임없이 자신을 사회로부터 격리시키고자 위협하는 일반적인 저항들과 결합되어 있으면서도 사회를 이루고 살려는 인간의 성향을 말한다. 더욱이 이 소질은 분명 인간의 본성에 존재하는

---

4) “그들 자유의 항쟁 속(im Antagonismus ihrer Freiheit)에 서로 대립해 있는 인간들”(“Über den Gemeinspruch. Das mag in der Theorie richtig sein, taugt aber nichts für die Praxis”(1793), AA VIII 306, 12-13) 참조.

것이다. 인간은 자신을 사회화하려는 경향을 갖고 있다. 이는 사회적 상태 속에서 인간은 자신을 인간 이상으로서, 즉 그의 자연적 소질의 계발을 느끼기 때문이다. 반면에 인간은 자신을 개별화하려는(자신을 고립시키려는) 강한 성향도 가지고 있다"(IGA, 20, 30-21, 2).

칸트는 항쟁성 개념으로써 자유를 "반사회적 사회성"으로 특징짓는다. 이 두 가지 측면은 자유의 사용을 통해 함께 드러나는, 자유의 두 가지 속성인 것이다. 인간은 자신의 항쟁적으로 자유로운 행위들로부터 자연적 소질의 맹아를 계발하고 그리하여 역사 자체를 이루게 되는 문화와 동시에 그것에 수반되는 악덕(Kulturlaster)을 형성해간다.

"조야함으로부터 문화에게로의 첫 번째 진정한 진보가 일어나게 되는데, 이 문화는 원래는 인간의 사회적 가치에서 성립한다"(IGA, 21, 10-12).

자유의 항쟁성은 인간들을 문화화의 과정으로 들어서게 한다. 이 과정을 유발시키는 동인으로는 "자기 동료들 가운데에서 어떤 지위를 성취하게 해주는 명예욕, 지배욕 또는 소유욕"[5] 등을 꼽을 수 있으며, 이로 인해 문화의 악덕이 이 과정을 수반하게 된다. 이 문화화의 과정은 행복이나 풍요로운 삶 또는 안락 등을 지향하기보다는 오히려 "자신의 삶과 안락의 양식을 통해 스스로를 존엄하게끔 만드는" 그런 자존 또는 "이성적인 자기 평가"를 추구하고 있다.[6] 각자의 인간은 자신의 문화화된 양식을 통

5) IGA, 21, 7-9.

6) IGA, 20, 6-12 참조.

해 사회적 관계에서 다른 인간들에 대하여 자신의 존엄을 주장하고자 하며, 이는 자신의 "사회적 가치"를 의미하게 된다. 이때의 개별적 자존이나 가치는 각자의 인간들이 문화에게로의 첫 번째 진보를 이루는 과정에서 획득한 것으로서 다른 (상대적) 인간들에게는 일종의 문화의 악덕으로 작용한다.7)

각자의 인간들은 자신의 항쟁적으로 자유로운 행위들로 인해 어떤 하나의 공통된 상황에 처해지는데, 이 상황에서의 각자의 인간들은 "자신의 이기적이고 동물적인 성향"에 잘못 이끌어지고 급기야는 "분명 자신과 같은(seinesgleichen) 다른 인간들과의 관계에서 자신의 자유를 잘못 사용하게 된다."8) 인간의 자유가 갖는 반사회적 속성은 다른 인간들에 대해 대립하는 성향을 불러일으키는데, 이러한 성향으로부터 "그토록 많은 해악이 생겨나게 된다."9)

해악은 마침내 소위 자연 상태를 암시하는 위급한 상태로 치닫게 된다.10) 인간들은 이 위급 상황에서 그들의 "안전과 권리

7) 이러한 개별적 가치는 나중에 문화 의식을 통해 인식하고 인정하게 되는 보편적인 인간 존엄과는 차이가 있는 것이다. 이 차이를 전제하고 인정했을 때, 이 문화 의식과 그것이 지향하는 인간 존엄의 보편성이 "보편사의 이념"에서 표출되고 있다는 필자의 이해와 우드의 인간학적 관점에 근거하고 있는 다음의 진술은 일치한다고 본다. "(…) 근원적으로는 인간의 자존이 인간들의 동등한 존엄의 의미에게로 다가서기보다는 다른 인간들에 대한 우월성을 만들어내고 그들을 지배하고자 하는 욕망에게로 연결된다"(Allen Wood, "Ungesellige Geselligkeit : Die anthropologischen Grundlagen der Kantischen Ethik", in : *Recht, Staat und Völkerrecht bei Immanuel Kant*, hrsg. von D. Hüning / B. Tuschling, Berlin, 1998, 40쪽).

8) IGA, 23, 6-7.

9) IGA, 21, 5 그리고 21, 35-36.

10) 칸트는 "보편사의 이념"에서 자연 상태 개념을 아직 직접적으로 사용하고 있지는 않지만, 해악이나 위급의 단어뿐만 아니라 전쟁이나 전쟁에 대비한 무

들"을 '그들 자신의 힘'으로밖에 방어할 수가 없다.[11] 그러나 이 또한 가능하지 않다. 그들의 '야만적이고(wild) 구속받지 않은(ungebundene) 자유'는 한계를 알지 못하기 때문이다. 이러한 자유는 '잔인한' 상황만을 만들어내고 또 다른 '잔인한(brutal) 자유'를 재현할 뿐이다. 서로 사이좋게 지낼 수 없는("불화") 인간들의 반사회성 때문에 모든 인간들과의 모든 관계에서("도처에서") 저항은 예상된다.[12]

인간들 각자가 자유를 잘못 사용하는 것은 자신의 자유가 다른 인간의 자유를 침해하는 것을 의미한다. 구속받지 않은 자유는 끝내 다른 인간들의 자유와 함께 그 자신의 자유마저도 해치는 '잔인한' 자유인 것이다. 그리하여 인간의 반사회성 또는 "구속받지 않은 자유"는 그런 자유를 사용하는 인간들로 하여금 최대의 위급에까지 처해버리게끔 그 자유 스스로를 몰아세운다. 이 최대의 위급은 "인간들 스스로가 서로에게 가하는 것으로, 그들의 성향이 야생적인 자유 상태에서는 서로 오랫동안 함께 지낼 수가 없기 때문이다."[13] 위급은 야만적이고 구속받지 않은 자

장(IGA, 24, 12-23) 등의 단어를 통해 이미 자연 상태를 기술하고 있음을 알 수 있다. 홉스의 자연 상태 이론은 *Hobbes über die Freiheit*, hrsg. von G. Geismann / K. Herb, Würzburg 1988, 특히 De Cive 1장 참조. 홉스의 자연 상태 이론과 관련한 칸트의 입장은 Georg Geismann, "Kant als Vollender von Hobbes und Rousseau", in : *Staat* 21(1982), 161-189쪽 그리고 Karlfriedrich Herb / Bernd Ludwig, "Naturzustand, Eigentum und Staat Immanuel Kants Relativierung des 'Ideal des hobbes'", in : *Kant-Studien* 83(1993), 283-316쪽 참조.

11) IGA, 24, 24-28 참조.

12) "불화(Unvertragsamkeit)"(IGA, 24, 13) 그리고 "도처에서(allerwärts)"(같은 책, 21, 4).

13) IGA, 22, 24-25.

유로부터 생겨나며, 이러한 자유는 결국은 무목적적이고 무법적인 자유인 것이다.[14] 항쟁은 피할 길이 없고[15] 인간들은 이 위급한 상황을 피할 길이 없는 것이다.

항쟁성은 인간의 본성에 갖추어져 있으며 이성과 자유를 사용함으로써 표출된다. 이성 사용은 원래 항쟁적인 자유를 외적으로 사용하는 것을 의미하고, 이를 통해 자유로이 행위하고 그리하여 서로 영향을 주고받는 인간들의 사회적 관계를 나타낸다. 인간들은 그들의 자유를 사용하는 한, 공동 생활을 피할 수는 없으며, 그들 상호간에 계속적인 저항을 불러일으키는데, 이는 자유 사용이 다름아닌 항쟁성을 표현하기 때문이다. 이러한 상황에서는 "그들의 자유가 다른 인간들의 자유와 함께 존립할 수 있게끔 만드는(…), 이 자유의 한계에 대한 정확한 규정과 보장은 불가능하다."[16] 항쟁성은 인간들 사이에 저항을 가져오고, 자유는 자신 스스로로부터 이 항쟁적인 상태를 만들어낸다.

인간들은 그들의 구속받지 않은 자유를 사용함으로 인해 어쩔 수 없이 그들 모두에게 "단지 헛된 가상과 겉만 번지르르한 비참함"[17]을 만들어내는 잔인한 상태에 빠져들게 된다. 이 상태에서는 인간의 자연적 소질의 계발을 위한 출구가 막혀버리는 듯하다. 그리하여 인간들에게 자연의 의도는 더 이상 어울리지 않는 듯한 일종의 비참한 상태로 전락하게 되는 것이다. 그러나 자연은 그러한 자유의 항쟁성에게 여전히 긍정적인 손짓을 보낸다.

14) IGA, 26, 1 그리고 25, 29.
15) IGA, 24, 15.
16) IGA, 22, 9-12.
17) IGA, 26, 33.

"야만인들의 무목적적 상태는 인류의 모든 자연적 소질들의 실현을 억제하지만, 결과적으로 이 무목적적 상태가 인류에게 초래하는 해악에 의해 인류로 하여금 그러한 상태로부터 벗어나 그의 모든 소질의 싹이 전개될 수 있는 하나의 시민적 정치 체제의 상태로 들어서게끔 강요한다"(IGA, 25, 33-37).

자유의 항쟁성 자체는 인간들과 또한 국가들이 외적인 관계에서 구속받지 않은 자유의 상태에 있게 하고, 그리하여 이 관계로부터 해악이 생겨나게 하며, 결국은 모든 인간들로 하여금 이 해악에 의해 "법칙적인 시민 상태에 들어서게끔" 강요하는, 그런 "원인"인 것이다.[18] 잔인한 상태 속에서의 인간들은 서로 사이좋게 지낼 수도 없고 참아낼 수도 없다.

"자연은 (…) 인간들의 불화를 인간들 사이에 피할 수 없는 항쟁 속에서 안식과 안전의 상태를 찾을 수 있게 (…) 하는 수단으로 사용한다"(IGA, 24, 12-16).

불화는 "모든 위급 가운데 최대의 위급", 즉 전쟁까지도 지시하고 있다.[19] 자연은 위급을 통해 인간들로 하여금 이와 같은 구속받지 않은 자유로부터 야기된 위급한 상태를 감지하게 하고 강제와 결합된 자유(die mit dem Zwang gebundene Freiheit)로의 이행과 그래서 시민사회로의 이행의 필연성을 인식하게 만든다.[20] 위급은 자유의 이행에 대한, 즉 구속받지 않은 자유의 상태

18) IGA, 24, 7-12 참조.

19) IGA, 24, 16-18.

20) "위급은 구속받지 않은 자유를 누릴 수도 있는 인간으로 하여금 이 강제의 상태에 들어서도록 강요한다. 특히 모든 위급 가운데 최대의 위급은 …"(IGA,

로부터 벗어나서 법칙적인 자유의 상태로 진입하는 것에 대한 원인으로 간주된다.

위급은 (강제와) 결합되어 있지 않은 인간들로 하여금 그들의 "잔인한 자유를 포기하고 법칙적인 체제 안에서 안식과 안전을 찾아야 한다"는 "결단"을 내리게 한다.[21] 이로써 칸트는 "위급의 피할 수 없는 결말"[22]을 무엇보다 자유 사용에 대한 의식 안에서 표현하고 있다. 자신의 항쟁적인 자유를 사용함으로써 다른 인간들과의 공동체 안에서 살아가는 각자의 인간은 서로 같은 자유와 같은 인간 존엄을 가진다. 각자의 인간은 모든 인간들 사이의 항쟁적인 상태 속에서 이러한 인식을 가지고 자유롭게 행위하는 것이다.

이러한 점들은 "자신과 같은(seinesgleichen)"의 표현에서 분명하게 인지된다. 만약 한 인간의 자유로운 행위가 "자신과 같은" 다른 인간들의 자유로운 행위를 제지하고 그래서 그들의 (인간으로서의) 존엄을 침해한다면, 그의 자유로운 행위는 사악한(böse und übel) 것으로 간주될 것이다. 그러므로 이 상황은 "자신과 같은" 다른 인간들의 자유에 대한 침해가 바로 자신의 자유를 위협하게 되는, 피할 수 없는 위급한 상황을 지시하고 있다. 따라서 구속받지 않은 자유를 제재하는 것은 필연적이다. 즉, 구속받지 않은 자유로부터 강제와 결합한 자유로의 이행은 필연적이다. 이 필연성은 자유의 아포리에(Aporie)에 대한 의식으로부

22, 21-23). 위급에 관한 칸트의 언급은 같은 책, 24, 18-23 ; 24, 30-35 ; 25, 35-37 ; 26, 6-11 등에 나타나 있다. 그리고 이 필연적인 이행은 인간들뿐만 아니라 국가들에게도 해당된다(같은 책, 24-26쪽, 특히 24, 7-28과 26, 6-11 참조).

21) IGA, 24, 30-35.

22) IGA, 24, 30-31.

터 생겨난다.

3. 자유의 폭력성과 그 개념의 모순성

자연은 자신의 의도를 위급한 상태를 통해 드러내게 되는데, 인간의 이성은 이 의도를 나름대로 인류를 위한 이성 자신의 과제로 인식한다. 즉, 무법적 자유로 인해 야기된 폭력적인 상태를 벗어나 법적인 강제의 상태로 들어서야 한다는 과제인 것이다.

출구가 없어보이는 위급한 상태는 자유의 항쟁성으로부터 어쩔 수 없이 생겨났으며, 이러한 상태는 다름아닌 자유 자신의 아포리에를 의미한다. 자연(본성)에 그 소질이 놓여 있는 인간의 자유는 항쟁적으로 그리고 구속받지 않고서 다른 모든 인간들과의 공동체 안에서 사용되는데, 결국 항쟁적이고 더 이상 견딜 수 없는 상태를 만들어낸다. "위급의 피할 수 없는 결말"을 인식하는 것은 곧 자유 자신의 아포리에에 대한 의식을 가리키며, 이 의식 없이는 "맹목적인 우연"만이 계속 지배하고 어떠한 "규칙적인 발전 과정"도 발견할 수 없는 것이다.[23] 자유의 아포리에에 대한 의식을 통해서야 비로소 이처럼 "불합리한 인간사의 과정"[24]에서 어떤 자연의 의도를 발견하는 진보가 이루어질 수 있다. 이 진보는 "자연의 결정된 계획에 따른 역사"[25]에게로의 진보인 것이다. 칸트는 이 같은 진보에서 결정적인 역할을 하는 자유의 아포리에에 대한 의식을 다음과 같이 표현하고 있다.

---

23) IGA, 25, 28 그리고 17, 8 또는 25, 16.
24) IGA, 18, 8-9.
25) IGA, 18, 10-11.

"반사회성은 자신으로 하여금 규정을 엄수하게끔, 그리하여 요구된 기술을 통해 자연의 맹아를 완전하게 발전시켜나가게끔 반사회성 자신 스스로를 통해 강요되는 것이다."[26]

인간의 자유를 사용함으로써 인간 스스로 창조한 문화(의 악덕)에는 전쟁까지도 속하게 된다. 전쟁을 포함한 모든 문화 및 그 악덕은 모두 인간 자신에게 책임이 있으며, 자연에게는 전혀 그 책임이 돌아가지 않는다.[27] 전쟁은 다름아닌 해악과 악덕 그리고 위급의 보편적인 전형일 수밖에 없으며, 그에 반해 시민사회의 설립은 최고선을 이루는 것에 해당된다. 그럼에도 만약 악덕의 전형인 전쟁 자체가 칸트의 역사철학 안에서 이 같은 최고의 선을 위한 "원인"과 조건으로 간주된다면,[28] 그 철학의 성립체계 자체가 이미 불가능한 구조적 모순을 보여주는 것이다. 왜냐하면 그러한 철학의 원리는 전형적인 악덕을 다름아닌 최고선 실현의 원인과 조건으로 규정짓고, 그렇게 성립된 체계는 바로

---

26) 칸트의 원문은 다음과 같다. Die Ungeselligkeit, "die durch sich selbst genötigt wird sich zu disziplinieren und so durch abgedrungene Kunst die Keime der Natur vollständig zu entwickeln"(IGA, 22, 33-35).

27) "칸트가 목적론적 반성 속에서 긍정적 의미를 부여한 전쟁은 인간의 계획의 산물로 보인 것이 아니라 섭리의 결과로 이해되고 있다는 점에 주목해야 한다"(박진, 「전쟁과 평화. 혁명과 전쟁에 관한 칸트의 상충하는 입장」, 『칸트와 정치철학』, 한국칸트학회 편, 제9집, 철학과현실사, 2002, 152, 149쪽 참조). 만약 우리가 이러한 "목적론적 반성"을 받아들인다면, 결국 전쟁은 우리 인간에게 그 어떠한 책임도 없음을 의미하게 된다. 이는 칸트의 의도와 정면 배치됨을 쉽게 알 수 있다.

28) 칸트가 "역사철학적 관점에서도 전쟁의 의미를 긍정적으로 평가"해서, "전쟁은 발전의 필수적 수단으로 간주한다"는 것(박진, 2002년, 144-145쪽, 147-149쪽과 152쪽)은, "신의 섭리"를 빌어 결국 폭력적인 자유의 역사를 정당화하는 의미밖에 되지 않는다.

그 철학의 근본적 구조를 이루고 있는 이념들, 즉 인간 존엄을 지향하고 있는 도덕성의 이념과 인간의 이념 그리고 자유 이념에 정면으로 배치되기 때문이다. 따라서 칸트가 자유의 아포리에에 대한 의식을 표현하고 있는 문장(IGA, 22, 33-35)은 그가 전쟁 자체를 정녕 인류 발전을 위한 필수적 수단으로 간주하는지에 대한 논의에서 중요할 수밖에 없다.29)

자유 이행을 필연적이게끔 만드는 원인은 이미 최초의 진보를 겪었으며 계속적인 진보를 도덕성의 이념과 함께 이루어가야 할 문화를 가능하게끔 만드는 원인이다. 자유 이행은 자연의 의도가 문화를 통해 이루어지는 그러한 시민사회로의 진입을 뜻하며 마침내 인간 존엄에 대한 의식이 관철됨을 의미한다. 이 이행을 불가피하게 만드는 원인은 이제 자신의 진정한 논리적인 얼굴을 보여주고 있다.

자유는 항쟁성을 통해서 자유의 역사 발전 속에서 표현된다. 인간들의 항쟁성은 그들 자유의 항쟁성이며 그리하여 위급을 불러온다. 위급은 야만적인, 구속받지 않은 자유로부터 생겨나고 인간들은 이 위급한 상황 아래에서는, 그리하여 "야만적인 자유의 상태에서는 더 이상 오랫동안 공존할 수 없게 된다." 위급은

---

29) 그러므로 본 논문은 이러한 논증에 핵심을 이루고 있는 칸트의 항쟁성 개념을 "관점의 변경"(박진, 2002년, 147-148쪽 참조) 사안으로 해석하기보다는 그 개념을 통해 구성되어 있는 칸트 텍스트 자체에 대한 체계적인 해석 시도에 더 많은 비중을 둔다. 그리하여 폭력적이고 잔인한 (인간들의) 상태를 야기하는 "구속받지 않은 자유"로부터 "강제와 결합한 자유"에게로의 이행과 그 과정 그리고 이러한 이행에 대한 필연적인 원인을 칸트의 자유 이념을 통해 규명하는 데에 그 목적이 있다. 칸트에게서 악덕의 전형으로서의 전쟁 자체가 결코 이 이행의 원인과 조건이 아니라, 자유 자체의 논리적인 모순과 그것에 대한 선험적인 인식이 그 원인과 조건이며, 이로써 자유의 이행이 이루어진다는 것을 논증하고자 하는 것이다.

다름아닌 자유 자체의 모순을 표현하고 있을 뿐이다. 칸트는 인간들 사이의 사악이나 폭력 또는 위급, 반사회성, 불화 그리고 전쟁까지를 자유의 이행을 강제하는 원인으로 표현하고는 있다. 그러나 이 여러 가지 표현들은 그의 논리적인 사유 구조와 전개 과정 속에서 궁극적으로 자유의 항쟁성 개념으로 소급되고 있다. 「보편사의 이념」의 구조 속에서 자유 자체의 모순이 전면에 드러나면서, 결국 그 표현들은 그러한 모순의 의미 속으로 포섭되고 있음을 볼 수 있다. 다시 말해, 자유 이행을 강제하는 원인은 전쟁 자체가 아닌, 자유의 모순과 그 인식인 것이다.

이행의 원인으로 표현되고 있는 위급 개념은 곧 이성적 인식에 의한 자유 자체인 것이다. 자유 스스로가 자유 자신의 이행의 원인이자 주체다. 위급이 강요하는 것이 아니라 자유 자체가, 그리고 항쟁적인 자유 자체가 또는 자유의 항쟁성이 자기 자신을 통해 스스로를 강제하는 것이다(die Freiheit zwingt sich durch sich selbst). 이성은 이러한 자유의 항쟁성을 통한 자유의 모순성을 선험적으로 인식하는 것이다.

> 자연이 "전쟁을 통해서, 전쟁을 위한 (…) 무장을 통해서, 그리하여 (…) 위급을 통해서 인간들을 내몰고 간 곳은 (…) 그렇게 많은 불행한 경험 없이도 이성이 이야기해줄 수 있었을 그것이었다. 즉, 야만의 무법 상태에서 벗어나" 시민 상태에 들어서야 한다는 것이다 (IGA, 24, 12-23).

피할 수 없는 위급과 이행의 필연성은 자유의 항쟁성에서의 자유의 모순 안에서 그리고 그 모순으로써 선험적으로 인식된다. 자유는 자신과 모순이 되고 그리하여 자신 스스로를 통해 자유 자신을 강제한다(die Freiheit widerspricht mit sich selbst und folglich zwingt sich durch sich selbst). 반사회성은 자신 스스로를 통해, 다르게 표현하자면, 구속받지 않은 자유는 자신 스스로를 통해 자신을 다음과 같이 강요하게 된다. 즉, 문화와 기술을 통해 인간들의 자연적 소질을 완전히 계발하는 것이다. 자유는 그의 모순을 통해 구속받지 않은 자유가 강제와 결합한 자유로 되게끔 자신 스스로를 제한하게 된다.

자유 자체의 모순은 강제하는 근거이고, 이러한 모순과 근거를 이성은 선험적으로 인식하게 된다. 법적인 상태로 들어서게끔 강제하는 근거 또는 필연성은 선험적이다. 자연이 "위급을 통해" 인간들을 내친 곳에서 자연의 의도가 발견된다. 악덕의 전형인 전쟁과 같은 위급이 그 의도를 실현하게끔 하는 원인으로 작용하게 된다. 그러나 이 자연의 의도는 다름아닌 자유 자체의 모순성을 통한 이성의 기획인 것이다. 이 기획을 실현하게끔 하는 원인은 전쟁 등의 위급이 아니고 자유 자체의 모순성과 그것에 대한 선험적 인식이다. 이성은 자유 자체의 모순성을 선험적으로 인식한다.

자유 이행의 원인으로서의 위급 또는 폭력은 인류에게 사실(Faktum)로 주어진 것이 아니고, 이성이 그것을 선험적으로 인식하는 것이다. 이성은 자유 이행의 원인을 선험적으로 인식한다. 왜냐하면 위급은 자유 자체의 모순을 가리키며, 위급한 상황은 자유의 모순으로부터 생겨난 산물이고 이성의 자유 이념으로부터의 산물이기 때문이다. 그리하여 구속받지 않은 자유로부터 강제와 결합한 자유에게로의 이행, 무목적적이고 무법적인 상태로부터 합목적적이고 합법칙적인 상태에게로의 이행은 선험적으로 일어난다. 자유의 항쟁성을 통해 그리하여 자유의 모순을 통해 이성은 자유의 이행을 선험적으로 인식한다.

이로써 자유의 초월적 관념성은 정당화된다.[30] 자신 스스로로부터 행위를 시작하는("anheben") 가능성은 그러한 시작의 조건을 선험적으로 인식하는 데에 있다. 이 조건은 무법적이고 무목적적인 상태[31]에서 벗어나서 법적인 상태,[32] 즉 시민 상태로 들어서게 하는 원인 또는 동인을 의미한다.

행위를 시작하게끔 하는 것 또는 그 조건은 항쟁적으로 야기된 위급으로서, 이성은 이 위급을 자유 자체의 모순으로 선험적으로 인식해 들어간다. 이성은 항쟁을 통해 생겨난 위급을 앞서 언급한 자유 이행의 선험적 조건으로 인식한다. 위급은 이성이 자신의 자유로부터 선험적 조건으로 산출한 원인 또는 인과율이다. 선험적 조건을 통해 구성되는 행위는 곧 무목적적 상태로부터 합목적적 상태에게로의 이행을 위한 행위다. 이로써 이성은 역사 안에서의 법칙성을 발견하고, 이 법칙성은 다름아닌 이성의 이념으로서, 이를 통해 인간의 행위들을 체계적으로 파악할 수 있게 하는 그런 이성 이념인 것이다.

---

30) 칸트는 『순수이성비판』에서 인간에게 주어진 의지의 자유를 "감성적 자극을 통한 강요에 의존하지 않고 스스로 자기를 규정하는" 능력으로 간주한다(A 534 / B 562). 이 같은 자기 규정 능력으로서의 자유는 자유의 초월적 관념성에 대한, 즉 이성 이념 안에서의 자유에 대한 근본적인 의미를 가진다. 자유가 초월적이고 이에 따라 자유 이념이 초월적이라 함은, 자유가 다름아닌 "행위를 하게끔 자기 스스로 시작(anheben)할 수 있는" 자발성이기 때문이며, "행위를 (산출하기) 위한 인과적 결합의 법칙에 따라 이 자발성을 또다시 규정하는 어떤 다른 원인을 앞세울 필요가 없음이다"(A 533 / B 561). 자유의 초월적 관념성에 의하면 자유로운 주체는 자신의 행위들을 어떤 경험적 동인이나 자연적 자극 없이 자신 스스로 그리고 자신의 자유 이념으로부터 시작하고 산출할 수 있어야 한다. 이는 자유로운 행위에 대한 주체의 자기 규정을 의미한다.

31) IGA, 24, 22-23 그리고 25, 36-37.

32) IGA, 24, 12.

자연은 모든 인간들에게 자유의 항쟁성을 부여했다. 우리 모두는 그것을 갖추고 있다. 이 의미는 항쟁성이 하나의 소질로 인간 본성에 자리하고 있으며, 이 항쟁성으로부터 생겨나는 저항은 인간들을 잔인하고 피할 수 없는 위급한 상황에까지 내몰아 버린다는 것이다. 이성은 자유 이념 안에서 이러한 위급을 법칙적인 사회의 선험적 조건으로 인식한다. 이 선험적 인식은 이성이 자유의 아포리에를, 그럼으로써 자유 자체의 모순을 선험적으로 인식한다는 의미가 된다. 이러한 인식으로부터, 야만적인 자유와 결합된 강제는 이성에 의해 제시되는 것이다. 항쟁성과 강제는 자연과 문화의 마지막 목적을 위한 동일한 하나의 수단이 된다. 그리하여 "자연의 마지막 목적"[33]은 문화의 목적과 합치된다. 그 목적은 인간의 이념 안에서 보편적으로 권리가 지배하는 시민사회를 설립 또는 성취하는 것이며, 그러한 사회에서 인간 존엄은 관철되는 것이다.

4. 자유의 폭력성으로부터 인간 존엄 의식으로의 이행

칸트가 자유의 항쟁성과 문화의 목적을 통해 「보편사의 이념」에서 보여주고자 하는 것은, 역사 의식이 자유 이념을 통해서 그리하여 인간의 이념을 통해서 규정되고 인간 존엄에 대한 의식을 지향한다는 것이다. 그는 "자신과 같은"의 개념 문맥 안에서 인간 존엄 의식에게로의 사유 과정을 다음과 같이 구성해내고 있다.[34]

---

33) 『판단력 비판』, AA V 431, 7.

자유 의식은 자유의 자연적 소질과 관련하여 다음의 지적으로부터 출발한다. 즉, 항쟁성은 하나의 소질로서 인간 본성에 자리하고 있으며, 인간의 자유는 이 항쟁성으로 특징지워지며 그리고 마지막으로 인간들은 항쟁적 자유를 가지고 공동체에 들어서게 된다는 지적이다. 자유 의식은 그 다음 자유 사용과 관련하여 다음의 전제로부터 출발한다. 즉, 한 인간은 "자신과 같은" 다른 인간들과의 공동체에 속해 있으며, 그리하여 다른 모든 인간들은 자신과 같은 자유와 존엄을 가진다는 전제다. 이 전제는 그 자신에게는 내키지는 않겠지만, 잠재적이면서도 또한 당위적이다. 그러므로 각자의 인간은 "자신과 같은" 다른 인간들의 자유에 대한 폭력과 침해를 통해 자신의 사회적인 가치와 존엄을 주장한다는 데에서 자유 사용에서의 자유 의식이 도출된다.

자신의 자유의 오용에 대한 의식은 다음의 사항을 결국 지시하고 있다. 즉, 인간들의 항쟁이 그들의 자연적 소질에 자리하고 있었듯이 그들 공동체 안에서 발현되며, 결국 이 공동체 안에서는 서로 유해한 영향을 주고받게 되며, 이로써 모든 인간들은 피할 수 없이 절박한 상황, 곧 위급한 상황에 처하게 되는데, 이 상황은 곧 한 인간이 "자신과 같은" 다른 인간들의 자유, 그래서 존엄을 침해하는 상황인 것이다.[35)]

---

34) 인간은 "분명 자신과 같은(seinesgleichen) 다른 인간들과의 관계에서 자신의 자유를 잘못 사용하게 된다"(IGA, 23, 6-7).

35) 따라서 다음과 같은 선택적인 명령은 자체적으로 의미를 상실해버린다. 한 인간의 자유가 다른 인간의 자유를 손상시키지 않기 위해서는 모든 인간들이 법적인 상태로 진입하든지 아니면 이웃 관계를 피해야만 한다. 이웃 관계, 즉 공동 관계 또는 공동체를 피해야 한다는 두 번째의 선택적 명령은 이미 배제된다. 왜냐하면 자유 사용을 통해 모든 인간은 이미 다른 인간들과의 공동 관계에 들어서기 때문이다. 그러므로 이성의 명령 가운데 첫 번째의 명령만이 있을 뿐이며, 이는 무조건적으로 법적인 상태에 들어서야 함을 의미한다. 이 진입은

그리하여 자유 사용과 오용에서의 자유 의식은 모든 인간들로 하여금 인간 존엄에 대한 의식에게로 나아가게끔 이끈다. 이를 위한 매개 개념은 문화와 문화 의식이 된다. 우선은 인간의 자유와 이에 따른 행위들은 인간의 항쟁성을 통해 드러난다. 항쟁성은 자유에 대한 또 다른 표현인 셈이다. 이 자유의 항쟁성을 통해 문화에게로의 첫 번째 진보가 이루어지고, 이러한 진보는 다른 인간들과의 사회적 갈등을 일으키는 문화의 악덕을 수반한다. 문화의 악덕으로부터 생겨나는 해악과 폭력은 모든 인간들을 최대로 위급한 상황에까지 치닫게 한다. 즉, "자신과 같은" 다른 인간들에게 해악을 의미하는 문화의 악덕은 동시에 자신 스스로의 것이 되어버리는 상황인 것이다.

그래서 이러한 문화 의식은 한 인간의 존엄과 "자신과 같은" 다른 모든 인간의 존엄을 "원래는" 동등하게 존중해야 한다는 의식을 어쩔 수 없이 수반하게 된다.[36] 그래서 이때의 문화 의식은 인간의 자연적 소질이 문화에게로의 첫 걸음을 내딛으면서부

첫 번째 의무며 무조건적인 목적 자체일 수밖에 없다(Die Metaphysik der Sitten(1797), AA VI 236, 24-237, 12 참조).

36) "자신과 같은" (인간들) 개념에 따른 칸트의 사유 과정은 2년 뒤에 저술한 "Muthmaßlicher Anfang der Menschengeschichte"(1786, AA VIII 107-123)에서 더욱 분명하게 드러나고 있다. 각자의 인간이 자신을 목적적인 존재, 즉 "자연의 목적"으로 인식하게 됨으로써(같은 책, 114, 3-13) 다른 모든 인간들을 또한 자신과 같은 목적적 존재로 간주하게 된다(같은 책, 114, 13-16 그리고 114, 20-24), 즉 "그 자신이 목적이 되고, 다른 모든 인간들도 그러한 존재(즉, 목적)로 평가되고 어느 누구도 다른 목적들을 위한 단순한 수단으로 사용될 수 없다"(같은 책, 114, 22-24)는 인식인 것이다. 이러한 존재 규정은 자유를 제한하는 근거("하나의 준비")가 되고, 그리하여 시민사회의 설립은 필연적이 된다(같은 책, 114, 16-21). 이 과정은 나중에 법철학의 체계 안으로 수렴된다. Die Metaphysik der Sitten(1797), AA VI 236, 24-237, 12(in der "Eintheilung der Rechtslehre"), 또한 같은 책, 267, 4-23(§16)과 296, 16-297, 29(§36) 그리고 306, 1-16(§41) 참조.

터 시작된 문화화의 과정 속에서 해악을 수반하는 그러한 '문화에게로의 첫 번째 진보'와는 다른 의미를 갖는다. 문화 의식은 개별적 인간 존엄의 주장으로부터 보편적 인간 존엄의 인정에게로의 이행을 의미한다. 문화와 자유 이행의 주체인 인간은 이로써 보편적 인간 존엄을 의식하게 된다. 문화 의식은 위급한 상황에 대한 의식으로부터 출현하고 인간 존엄에 대한 의식을 표출한다.

첫 번째 진보를 이룬 문화는 자유 자체의 모순을 표시하는데, 다시 말해 인간의 행위들은 근원적으로 자유로워야 하지만 더 이상 자유로울 수 없다는 것이다. 각자의 인간은 자신의 자유의 항쟁성이 다른 모든 인간들의 자유뿐만 아니라 동시에 바로 자신의 자유를 침해하게 된다는 사실을 의식하게 된다. 이는 자유의 아포리에에 대한 의식(자유의 항쟁성에서의 자유 의식)이고 이 의식으로부터 문화 의식이 생겨난다. 이로써 모든 인간은 궁극적으로 인간 존엄에 대한 의식에게로 이끌어진다. 모든 인간은 모두 평등한 자유를 가졌기에 인간 존엄을 가지는 것이다.

인간 존엄은 자유의 항쟁성에 대한 의식을 통해 인식될 수 있다. 다시 말하자면, 인간은 자신의 자유를 통해 문화를 산출하게 되면서 결국은 그러한 자신의 자유를 통해 자신이 존엄함을 알게 된다. 이것은 인간으로서의 자기 자신에 대한 의식에게로의 과정을 뜻한다. 인간은 자신의 자유의 역사 안에서 자신의 가치를 인식하게 되는 것이다. 문화의 마지막 진보는 보편적인 인간 존엄을 자유의 이행이 이루어진 시민사회에서 인정하고 관철시키는 것이다.

계속적으로 진보하는 문화의 목적은 인간 존엄을 관철시키는 데에 있다. 이 목적을 위해 자유의 필연적인 이행을 인식해야만 한다. 문화의 목적 의식은 이행을 필연적이게끔 만들며 이를 통해 "도덕적인 전체"[37]로서의 법적인 시민사회가 구성된다. 이로써 구조적인 연관 아래 왜 "도덕성의 이념이 (…) 여전히 문화에 (속하는지)"[38] 이해된다.

5. 자유의 폭력성과 실천 이성의 정언 명령

칸트에게서의 폭력은 목적적 인간 존재 규정의 거부와 인간 존엄성의 부정으로서의 자유의 폭력으로 나타난다. 인간의 자유는 인간으로서의 존엄성을 의미한다. 그런데도 자유는 인간 존엄성에 대립하는 상황을 만들어낸다. 자유의 주체인 한 개인 스스로는 자신을 목적적 존재로 규정하는 반면, 자유의 행위의 대상을 자유의 실현을 위한 수단으로 규정하기 때문이다.

인간의 자유는 이미 타자적 존재를 전제한 사회성과 그 존재의 의지에 종속되지 않고자 하는 반사회성이라는 이중적 속성에 의해 모순적으로 규정된다. 목적적 인간 존재 개념을 부정하는 폭력의 원초적인 의미는 반사회성 개념으로 표출된다. 자유의 사용을 통해 산출되는 문화는 목적적 인간 존재 이념을 실현하고자 하는 도덕성과 그것을 거부하는 폭력성으로 규정되는데, 자유의 반사회성의 속성은 인간의 내재적인 사회성으로 인해 문화의 악덕의 형태, 즉 문화의 폭력성으로 발현된다. 이 문화의

37) IGA, 21, 17.

38) IGA, 26, 23.

폭력성은 인간의 보편적인 권리를 부정하는 자유의 폭력성을 의미함으로써, 결국 자유의 폭력이 만들어내는 상황은 자연 상태로서 인간 존엄성을 부정하게끔 한다.

그러나 이러한 폭력성에 대한 이성의 자기 의식은 자연 상태를 떠나야 한다는 "결단"과 시민 상태로의 이행을 강요한다. 자유의 잘못된 사용에서 비롯된 폭력(악)은 역동적으로 이성의 자기 반성을 통한 자유의 올바른 사용을 이끌어내게 하고 최고선인 완전한 시민사회 체제를 형성하게끔 만드는 역할을 하게 된다. 이때 이성의 자기 의식은 인간 자신을 목적 자체로 또는 문화를 "인간 유의 궁극 목적"으로 의식하는 것이다. "인간이 자신을 자연의 본래의 목적", 즉 목적적 존재로서 의식할 때 자연 상태에서의 문화의 악과 인간의 불평등은 시정해야 하는 의무로 간주된다.

문화의 폭력성은 자연 상태를 만들어 내는 원인이면서도 동시에 자연 상태를 떠나야 하는 근거를 제시해준다. 이 근거는 이성의 자기 의식, 다시 말해 자유의 모순성에 대한 의식이 목적으로서의 인간 존재에 대한 보편적 규정과의 결합에 기인한다. 자유에 의한 문화의 폭력성 개념을 우선 상정하여 자연 상태의 원초적인 시작을 가능하게 만들고, 그 다음 이 문화 개념에 목적적 인간 존재의 보편성과 그것에 대한 이성적 인식을 결합하여 자연 상태를 떠나야 하는 것과 시민 상태로 진입해야 하는 것을 실천적 "의무"로 간주하는 것이다. 자연의 "궁극 목적"의 실현을 위한 형식적 조건은 자연 상태를 떠나 시민 상태로의 진입 또는 시민사회의 형성에 있다.

「보편사의 이념」에서 고찰되는 이 도식적 전개는 '실천 이성'의 정언 명령의 형식에 적용시킬 때 더욱 명확해진다. 개인의 준칙이 모든 인간에게 해당되는 보편적 입법의 원칙이 되게끔 행위해야 한다는 실천 이성의 첫 번째 정언 명령은 모든 인간을 한낱 수단으로만 대하지 말고 언제나 동시에 목적으로 대해야 한다는 두 번째 정언 명령을 의식함으로써 실현될 수 있는 조건을 갖게 된다. 모든 인간에 대한 목적적 존재 의식이 행위로 나타날 때, 자연 상태로부터 시민 상태로의 이행이 가능해진다. 여기에서 자연 상태를 떠나야 한다는 의지와 행위 그리고 시민 상태로 진입해야 한다는 의지와 행위는 동일한 하나의 의지와 행위로 여겨진다.

두 번째 명령을 의식하지 않는 반사회성, 모든 인간을 동일한 목적적 존재로서 의식하지 않는 자유는 단순한 주관적 폭력으로 남아서 개별적, 개인적 자유만을 관철시키고자 하게 되고 결국 타인의 자유와 권리를 침해한다. 그러나 두 번째 명령을 의식하는 반사회성, 모든 인간을 동일한 목적적 존재로서 의식하는 자유는 자연 상태를 떠나 시민 상태를 정립하는 객관적 강제와 결합한다.

자연 상태를 떠나서 시민 상태로의 이행은 칸트의 정언 명령, 특히 두 번째 정언 명령에 의해 인간 스스로의 절대적 의무로 된다. 이로써 자신 스스로에게 의무를 지우는 것은 시민 상태, 즉 시민사회에서의 첫 번째 정언 명령의 실현으로 나타난다. 즉, 모든 인간은 입법자로서의 권리와 자유 그리고 목적적 존재로서의 평등을 실현하게 된다. 모든 인간은 권리 능력이 있으며 타인의 권리를 존중하게끔 스스로 의무 부과하는 것은 예외 없는, 다시 말해 보편적인 모든 인간들의 의지로 실현된다. 보편적 관계와 보편적 의지를 구현하는 것이 곧 권리이고 법이다. 그리고 자유다. 왜냐하면 이 의지만이 자유롭기 때문이다. 그리고 이 전제 아래 자유의 폭력으로부터 권리의 정의로 이행할 수 있다.

6. 맺음말

개인주의가 "구속받지 않은 자유"에 기초한다면, 공동체는 개인에 대한 사회적 포박으로서, 강요와 타율을 통해 개인을 억압하는 사회 윤리적 형태로서 개인주의에 대립되는 개념으로 나타날 수밖에 없을 것이다. "구속받지 않은 자유"를 고집하는 개인은 공동체 의식으로부터 또는 그러한 지배로부터 벗어나고자 한다. 개인주의만이 "자기 지배(Selbstherrschaft)"이고 공동체는 "타자에 의한 지배(Fremdherrschaft)"로만 간주하기 때문이다.[39)]

이와 같은 대립적인 의식은 폭력을 수반하기 마련이다. 개인주의는 공동체 의식 자체를 이미 하나의 폭력으로 인지하고, 그리하여 공동체로부터의 자유를 보존하고 획득하기 위해 반공동체 의식으로서의 폭력성을 정당한 매개체로 간주하게 됨으로써, 폭력의 생산과 재생산이 반복되는 것이다. 공동체 의식에 대립하는 형태로서의 개인주의의 폭력성은 그대로 문화의 폭력으로 나타난다. 이러한 폭력성은 다른 사회 구성원들을 자신의 목적을 위한 단순한 수단적 존재로 간주하고 그들의 자유를 침해하는 폭력으로 존재할 수밖에 없다.

목적 그 자체로서의 인간 존재는 인간을 일정한 목적을 위한 단순한 수단으로 이용해서는 안 된다는 이성적 자각의 주체며, 결국 실천 이성의 명령의 주체인 것이다. 이때의 자유 의지는 보

39) Volker, Gerhardt, "Recht und Herrschaft. Zur gesellschaftlichen Funktion des Rechts in der Philosophie Kants", in : *Rechtstheorie* 12(1981), 56f쪽 참조.

편적인 인간 존엄을 어떤 상황에서도 원칙적으로 부정되어서는 안 되는 성질의 것으로 의식하는 도덕성을 수반하게 된다. 목적적 존재에 대해서는 물리적 폭력이나 조작을 통해서는 인간 개념 형성이 원칙적으로 불가능하다. 그러나 문화의 폭력성은 이러한 목적적 인간 존재를 폭력에 의한 물리적 조작을 통해 단순한 수단적 존재, 자연적, 동물적 존재 개념으로 변화시켜버린다. 인간을 목적적 존재로 대하지 않고 수단적 존재로만 대한다는 것은 그 인간을 (개인적 집단적) 이익이나 비용에 따른 계산의 단순한 대상, 즉 인간이 아닌 사물로 간주하여 상대적 가치를 부여하는 행위가 된다. 보편적인 인간 존엄을 부정하며 인간에 대해 상대적인 "시장 가격"을 매긴다. 인간 존재의 상대화는 인간으로 하여금 목적이 아닌 수단으로서 상대적인 가격을 갖게끔 하며, 이때 필요하다면 이 가격은 언제든지 "동일한 가격의 다른 그 어떤 것과 바뀌질 수 있다."[40]

어떠한 폭력일지라도 폭력을 행할 수 있는 인간들만이, 그것도 일시적이고 상대적인 권리를 가지게 된다. 이로써 폭력은 목적적 인간의 근원성을 부정하고, 따라서 모든 인간의 평등과 권리를 부정하면서 인격체로서의 인간 존엄성이 상실된 상태(자연 상태)를 만들어낸다. 자연 상대는 목적적 인간 존재 규정을 부정하면서 수단적인 인간 존재 규정을 강력하게 관철시키고 있는 폭력성의 끊임없는 위협이 존재하는 상황을 여실히 드러내고 있다.

폭력이 인간을 목적적 존재로 대해야 한다는 실천 이성의 명령에 대한 거부로 정의될 때, 폭력은 도덕과 대립하여 인간 존엄에 대한 절대적인 도덕적 의무를 거부하는 것이며, 이에 따라 정

40) 칸트, 『도덕철학서론(*Grundlegung zur Metaphysik der Sitten*)』, 1785, AA IV 434-435 참조.

의로운 법과 대립하여 인간 존엄에 대한 법적 권리를 부정하는 것이다. 정언 명령의 거부로 규정되는 폭력은 인간 존엄성에 정면 대치한다. 폭력은 인간 존엄성이 갖는 원칙적 의미와 당위적 가치를 부정한다. 그것의 의미와 가치는 다만 폭력적 행위를 통해 보편성이 부정된 채 개별적으로 획득할 수 있을 뿐이다. 인간을 수단적 존재로 규정하는 폭력은 인권의 보편적 원칙을 무력화시키고자 한다. 이 같은 폭력의 정의와 실체를 규명하는 작업의 역설적 의미는, 칸트의 정언 명령이 인간들로 하여금 인간 존엄성 그리고 인권과 자유를 포기해서는 안 되는 신성한 것임을 자각하게 만든다는 것이다.

칸트는 「보편사의 이념」에서 항쟁성 개념을 통해 자유의 폭력성을 구조적으로 분석함으로써 자유 자체의 아포리에를 인식했으며, 그리하여 자유의 초월적 관념성에 기초하고 있는 역사의 법칙성을 발견한 것이다. 인간들과 또한 국가들로 하여금 그들의 "잔인한 자유를 포기하고 법적인 체제 안에서 안식과 안전을 추구해야 한다"는 "결단"[41]을 내리도록 강제하는 것은 자유 자체의 모순이며 결국은 이 모순에 대한 선험적 인식인 것이다.

자유의 아포리에에 대한 의식 없이는 인간 존엄 의식은 인류에게 결코 완전히 관철될 수 없을 것이다. 그리고 인간의 이념 안에서의 인간 존엄 의식 없이는 자유 역사의 전개 및 발전과 관련하여 어떠한 선험적 인식도 기대할 수 없을 것이다. 자유 이행에 대한 선험적 조건을 인식하는 것은 보편적인 인간 존엄을 인식하는 것을 의미한다.

이 같은 의식과 인식은 법적 사회를 구성하는 문제를 가장 중

41) IGA, 24, 32-35.

요하고도 “어려운” 문제로 간주하고 있는 「보편사의 이념」에 담긴 칸트의 근본적인 사고에 해당한다.[42] 자연의 의도가 문화의 마지막 목적과 합치되며, 인간 존엄 의식이 인류에 대한 의무로서 관철될 수 있어야 하는 시민사회의 설립이야말로 인류를 위한 이성 자신의 최대 과제로 꼽힌다. 칸트에게 자유 이념 안에서의 역사 의식은 곧 도덕성의 이념 안에서의 인간 존엄 의식인 것이다.

42) IGA, 23, 2 그리고 23, 21-23 참조. 이 문제는 “인류를 위한 자연의 최대 과제” 또는 “최고 의도”를 가리키며, “인간들의 모든 소질들의 발전”이 가능하다고 하는 시민사회를 지향한다(같은 책, 22, 12-13). “자연이 인간으로 하여금 그 해결을 강요하는 인류의 가장 큰 문제는 보편적으로 법이 지배하는 시민사회의 건설이다”(같은 책, 22, 6-8). 이러한 사회에서는 “각자의 자유가 다른 이들의 자유와 함께 존립할 수 있게끔, 최대의 자유와, 그래서 사회 구성원들의 보편적인 항쟁성, 그럼에도 이 자유 한계에 대한 정확한 규정과 보장이 존재한다”(같은 책, 22, 9-12). 자유의 보편적인 항쟁성과 이러한 자유의 제재 그리고 이를 통한 자신의 자유와 다른 모든 인간들의 자유와의 합치에 대한 가능성은 시민사회에 대한 칸트의 이상적인 규정을 이루고 있다. 이 규정은 법적 사회의 본질과 근본적인 기능이나 역할을 의미한다. 이러한 사회 안에서는 자유의 항쟁성이 폐기되는 것이 아니다. 즉, 자유를 포기하는 것이 아니다. 폐기되는 것은 자유의 잔인성이나 야만성 또는 비구속성이다. 자유는 오히려 이 시민사회 안에서 지양된다. 구속받지 않고 무법적인 자유는 강제와 결합한 법적인 자유가 되는 것이다. 이것이 시민사회 안에서의 자유 규정이다. 이와는 반대로 우드는 시민사회에서 이 항쟁성이 폐기되는 것으로 생각한다. “이성의 법칙이 문화에 적용되고 이 문화에 연결되어 있는 불평등하고 항쟁적인 사회적 관계에 적용될 때, 이를 통해 ‘문화의 해악’이 교정될 수 있다”(Allen Wood, 1998, 49-50쪽). 우드는 이 교정 작업의 결과를 “도덕성의 이념”에 의한 “항쟁성의 폐기”로 간주하고 있다(같은 책, 52쪽). 물론 칸트는 「보편사의 이념」에서 어떻게 자유의 보편적인 항쟁성을 폐기하지 않고 시민사회에서 지양할 수 있는지에 대해서는 제대로 언급을 하지 않고 있다. 그는 자유 이념에 의한 이상적인 시민사회를 설정하고 있을 뿐이다. 그것에 대한 대답을 적어도 그의 법철학은 할 수 있어야 할 것이다.

□참고 문헌

박진, 「전쟁과 평화. 혁명과 전쟁에 관한 칸트의 상충하는 입장」, 『칸트와 정치철학』, 한국칸트학회 편, 제9집, 철학과현실사, 2002, 135-153쪽.

칸트, 『칸트의 역사철학』, 이한구 편역, 서광사, 1992.

____, 「세계 시민적 관점에서 본 보편사의 이념」, 『칸트의 역사철학』(이한구 옮김), 서광사, 1992, 23-43쪽.

____, 「추측해본 인류 역사의 기원」, 『칸트의 역사철학』(이한구 옮김), 서광사, 1992, 75-94쪽.

Allen Wood, "Ungesellige Geselligkeit : Die anthropologischen Grundlagen der Kantischen Ethik", in : *Recht, Staat und Völkerrecht bei Immanuel Kant*, hrsg. von D. Hüning / B. Tuschling, Berlin, 1998, S. 35-52.

Ebbinghaus, Julius, Gesammelte Schriften, hrsg. von G. Geismann / H. Oberer, Sittlichkeit und Recht(Bd.1), *Philosophie der Freiheit*(Bd.2), Bonn 1986 / 1988.

Geismann, Georg, "Kant als Vollender von Hobbes und Rousseau", in : *Staat* 21(1982), 161-189쪽.

Herb, Karlfriedrich / Ludwig, Bernd, "Naturzustand, Eigentum und Staat Immanuel Kants Relativierung des 'Ideal des hobbes'", in : *Kant-Studien* 83 (1993), 283-316쪽.

Hobbes, Thomas, *Leviathan*, ed. by Richard Tuck, Cambridge 1997.

Hobbes, Thomas, *De Cive*, über die Freiheit, hrsg. von G. Geismann / K. Herb, Würzburg 1988.

Kant, Kants gesammelte Schriften nach der Ausgabe der Königlich Preußischen Akademie der Wissenschaften Berlin, 1900ff.

Kant, 『순수이성비판』, Felix Meiner 출판사본.

Kant, Die Metaphysik der Sitten(1797), AA VI 203-494.

Kant, "Idee zu einer allgemeinen Geschichte in weltbürgerlicher Absicht" (1784), AA VIII 15-32.

Kant, "Muthmaßlicher Anfang der Menschengeschichte"(1786), AA VIII 107-123.

Kant, "Über den Gemeinspruch : Das mag in der Theorie richtig sein, taugt aber nicht für die Praxis"(1793), AA VIII 273-314.

Oberer, Hariolf / Gerhard, Seel(hrsg.), *Kant. Analyse - Probleme - Kritik.* Bd. III, Würzburg 1997.

Volker, Gerhardt, "Recht und Herrschaft. Zur gesellschaftlichen Funktion des Rechts in der Philosophie Kants", in : *Rechtstheorie* 12(1981), 53-94쪽.

사르트르의 폭력론

김 희 봉

1. 들어가기

폭력에 관한 논의에서 장 폴 사르트르의 사상을 특별히 주목하려는 이유는 무엇 때문일까? 그 이유는 우선 사르트르가 운명적으로 던져진 시대적 상황과 그가 이에 맞서 저항적으로 살았던 삶의 방식과 무관하지 않을 것이다. 그가 속한 시대는 폭력의 전형으로서의 전쟁, 그것도 인간 역사에서 세계대전으로 불린 1, 2차 대전으로 얼룩져 있었다. 그렇다고 그가 속하였던 시대만이 폭력에 의해 철저히 점유되었기 때문이라고 그 이유를 말하려는 것은 아니다. 인간 사회에 폭력은 항상 존재해왔고, 각 시대가 스스로 경험한 폭력의 세기와 강도는 비교 불가능할 정도로 고유하다는 것은 명백한 사실이다. 다만 사르트르가 목도한 시대가 폭력의 '세기'의 전조로 주목되는 것은 폭력의 성격과 차원이 그 이전과 차이를 드러내기 때문이다. 그에 의해 경험된 폭력은 근대가 특징짓는 전형적 폭력이며, 그 폭력적 전조의 서막에 서 있기 때문이다.

근대 이후에 폭력은 더욱 피할 수 없는 본질적 사태로서 사회 안에 자리하여 왔다. 폭력이 사회 안으로 전이된 것은 폭력 추방과 금기 강화라는 합리적인 사회화의 일방적 진행 과정이 한계를 드러낸 결과라 할 수 있다. 이러한 폭력은 이제 사회 밖에서 오는 위험이 아니라, 사회 자체가 초래해 내면화한 자기 파괴로 출몰한다는 데 그 의미의 심각성이 있다. 이런 위기적 모순은 현대의 사회가 자신에게 풍요를 가져다준 기술에 의해, 다시금 자기 파멸의 잠재성으로서의 핵무기, 전쟁 위험, 환경 파괴 그리고 인간 자신의 고유한 가능성조차 부정하는 유전공학의 위협에 내몰리는 역설로 구체화된다. 따라서 도구적 이성에 의해 확산되는 무차별적 교환과 획일적 지배는 생산성과 효율성의 이름 아래 합리적인 사회 질서를 위해 정당화된다. 이렇게 허용된 폭력은 단지 물리적 실체성을 띠지도 않으며, 어떤 한계를 지니지도 않고 어떤 목적도 없이 유령처럼 사회 도처에서 출몰하게 된 것이다.[1)]

사회적으로 내면화된 이런 폭력은 역설적이지만 더 이상 주제화할 수 없을 만큼 모든 구성원들에게 은폐된다. 이것이 가시적으로 보이는 물리적 폭력의 참혹함보다 더 무서운 불안으로 우리 의식 심층부에 자리한 사회적 폭력의 실상이다. 사르트르는 이런 성격의 폭력을 인간의 의식적 조건 속에서 근본적으로 규명하려 하였다. 따라서 사르트르의 폭력 논의는 폭력을 일상으

---

1) 참고 : 이브 미쇼, 『폭력과 정치』, 인간사랑, 서울, 1983.

로 받아들이고 있는 오늘의 현실을 분석하고 파악하도록 기여한다는 점에서 연구될 만한 가치를 지닌다. 이러한 관점에서 우리의 논구는 사르트르의 폭력 개념을 존재 방식과의 연관, 실존 해명과의 관련, 자유의 문제와의 연관 속에서 부차적으로 조명하기보다는, 오히려 폭력 개념을 중심으로 사르트르의 사상을 새롭게 이해할 수 있는 가능성을 모색하려 한다.

2. 사르트르 사상의 전개와 폭력 개념

사르트르의 사상은 1943년에 발표한 대작인 철학 논문 『존재와 무 : 현상학적 존재론의 시론(*l'Etre et le Neant : Esai d'ontologie phenomenologique)*』[2]에서 전체적인 윤곽을 드러내고 있다. 이 작품은 현상학적 방법에 의해 규정된 새로운 존재론의 관점에서 인간 실존의 특성과 근원, 그리고 존재 일반의 의미에 관한 해명을 담고 있다. 사르트르의 논의 핵심에 분명히 '실존'과 '자유'라는 개념이 놓여 있다. 이것에는 인간의 본질을 규정짓는 초월자 혹은 신이라는 존재는 없기 때문에 인간은 자유로운 선택과 자발적인 결단에 의해서 자기 자신을 스스로 만들어가야 하는 존재라고 규정하는 사르트르의 생각이 함축되어 있다. 이처럼 폭력 자체가 인간 존재의 해명에 직접적인 주제로서 논의되지 않음은 분명하다. 그러나 『존재와 무』에서 형이상학적 가설로서가 아니라, 원본적 경험인 현상에 관한 분석을 통해 사르트르는 두

2) 장 폴 사르트르, 『존재와 무 : 현상학적 존재론의 시론(*l'Etre et le Neant : Esai d'ontologie phenomenologique)*』, 양원달 역, 을유문화사, 1985 (앞으로 『존재와 무』로 표기하고 번역상에서 필요시 약간의 첨삭을 함).

개의 근원적 존재 양식, 즉 즉자존재와 대자존재를 발견하고, 이 관계성에 의해 형성된 대자존재의 실존 방식으로서 자유와 폭력의 성격을 밝히게 된다.

우선 사르트르는 존재 자체를 일반적으로 지시하는 즉자존재의 특성 안에서 인간 존재의 긍정적 지반으로서가 아니라 부정적 한계로서 자유를 위한 제약 조건을 탐색하게 된다. 그의 통찰에 따르면 다음과 같다.

> "존재란 다만 '거기에 있는 것'이다. 존재하는 것은 나타나고 만나지고 하지만, 결코 그것을 연역할 수 없다. … 어디에나 무한히 있고, 항상 어디에나 있는 존재. 그것은 혐오해야 할 사물이었다. 나는 그 부조리한 존재에 대한 분노로 숨이 막힐 지경이었다."

이처럼 『구토』[3]의 주인공의 진술에서 함축적으로 천명되고, 『존재와 무』에서 개념화된 사르트르의 새로운 존재 개념은 인간 존재에게서의 폭력과 깊은 관련을 엿보게 해준다. 존재란 이미 신적인 것도 초월적인 것도 아니며, 거기에는 완전성도 없고 진리도 없는, 그저 있는 "존재함"이라는 사르트르의 입장에서, 각각의 개인은 자신의 실존 추구를 위해 사물과 타자를 포괄하는 존재와의 새로운 관계에 던져져 있다. 이 새로운 관계에서의 '새로움'은 결국 회피될 수 없음의 성격에 의해 특징짓게 된다. 이런 관계의 불가피성은 실존에게 근본 폭력으로 다가온다. 즉, 폭력적 상황에서 벗어날 수 없다는 것이다. 이런 방식으로 폭력은 인간 존재 해명이라는 사르트르의 철학적 논의에서 간접적으로 주제화되며, 동시대의 어떤 철학자들보다도 본격적으로

3) 사르트르, 『구토(*La Nausée*)』, 방곤 역, 삼중당, 1973.

탐구된다.

그 후 『닫힌 문(*Huis clos*)』과 『변증법적 이성 비판(*Critique de la raison dialectique*)』 등에서 이러한 시도가 모색되었다. 특히 『닫힌 문』에서는 대자존재로서의 인간 의식에 의해 직시되는 또 다른 존재 방식인 대타존재와 관련해 각각의 인간에게서 서로 상호간의 피할 수 없는 상황 설정이 문제시되고 있다. 이런 고찰을 통해 다시금 사르트르는 자유 쟁취를 위해 인간 존재가 어쩔 수 없이 놓이게 되는 회피 불가능한 관계성을 폭력의 본질로 규명하게 된다. 더 나아가 『변증법적 이성 비판』에서는 그는 자신의 실존에 급급해 하는 고립되고 추상화된 인간 대신에 구체적 역사 안에서 실천을 통해 영향을 주고받는 사회적이고도 구체화된 인간을 주목하면서 폭력 논의를 이어간다. 그리고 그는 역사의 변증법적 구조를 발견할 수 있기 위해 전체로서의 인간(l'homme total)에게서 드러난 실천으로서의 노동과 희소성이라는 처한 상황 간의 긴장을 통해 폭력의 근원이 해명되리라 여겼다. 그러나 여기에는 여전히 희소성에 의한 일체의 폭력이 설명될 수 있을지의 여부가 문제며, 『변증법적 이성 비판』에서 보인 역사의 의미의 연속성이 『존재와 무』에서의 환원되지 않는 비연속적인 시간과의 양립의 난제는 해결되지 않은 채 남아 있게 된다.[4] 어쨌든 각 시기에 따른 논의 범위와 관점의 변화는 있다 하더라도, 폭력 개념에 관한 사르트르의 견해는 본질적으로 『존재와 무』에 근거하고 있다고 볼 수 있다.

---

4) 장 라크르와, 『현대 프랑스 사상의 파노라마』, 정성진 역, 탐구당, 1985, 165-166쪽.

3. 폭력의 현사실성과 사르트르의 관점

삶에서 폭력의 현사실성은 사르트르가 성장 과정에서 얻은 아주 사적인 체험과 그가 속한 역사적 상황과 그것으로부터 얻어진 시대적 경험에 근거하고 있는 것만은 아니다. 물론 사르트르는 평범한 성장 과정을 보내지 못한 것은 분명하다.

그는 1905년 파리에서 태어났다. 그의 아버지는 해군 장교였는데, 그가 두 살 때 해외에서 병사하였다. 사르트르는 실제로 아버지를 알지 못했다. 그의 어머니는 친정 부모님의 집으로 돌아갔다. 때문에 그는 외할아버지와 외할머니 밑에서 성장하게 되었다. 그가 열두 살 되던 해에 어머니가 재혼을 하였다. 이런 상황에 관한 보고에 따르면, 외할아버지와 외할머니의 친절에도 불구하고 사르트르가 실제로 인식한 상황은 달랐다는 것이다.

그는 스스로 '낯선 이'라는 감정, 즉 주위의 사람들이 친절히 대해주고 있지만 자신은 결코 원래 가족의 일원일 수 없고 단지 그들이 참아주고 있는 손님에 불과하다는 감정에서 자유롭지 못했다.[5] 이것은 그의 현실이 폭력적이라는 것을 말하지는 않지만, 언제나 긴장하고 대립된 상태에서 자유롭지 않았다는 것을 보여준다. 또한 그가 속한 시대는 폭력의 전형으로서의 전쟁, 그것도 인간 역사에서 세계대전으로 불린 1, 2차 대전으로 얼룩져 있었다는 것을 기억해야 한다.

그는 운명적으로 던져진 시대적 상황과 그가 이에 맞서 저항적으로 살았던 삶의 방식과 무관하지 않게 폭력을 고민했을 것

5) 발터 비멜, 『사르트르』, 구연상 옮김, 한길사, 1999, 10-11쪽.

이다. 그러나 삶의 상황을 폭력적으로 인식하는 데에서는 데카르트와 헤겔을 걸쳐 이어져온 철학적 관점이 더 근본적으로 사르트르에게 영향을 끼쳤다고 보인다.

그런 사상적 흐름의 출발에는 데카르트가 서 있다. 데카르트에게서 자기 의식으로서의 자아는 세계 해명의 중심 원리로 정립되어 나타난다. 자아는 자기 의식의 활동 속에서 자기 존재의 근거를 마련할 수 있는 자유의 실현을 위한 기획을 추구하게 된다. 그러나 그 자유 실현의 과정이 순수한 자기 정립으로써가 아니라 외부 세계라는 타자성의 부정을 통해 제한적 방식으로 확보될 수밖에 없음을 인정하게 된다. 여기서 자아가 주체로 등장한 세계는 서로에 대한 갈등과 대립을 피할 수 없게 된다.

이런 맥락에서 데카르트의 자아가 결코 고립이 아니라 세계에 대한 의식들 간의 갈등이라는 헤겔의 통찰은 올바르다. 헤겔의 변증법적 논리에 따르면, '자기 의식은 다른 의식들과 대립함으로써만 확립된다.'

만일 나 혼자라면, '나'라는 말은 아무런 의미도 갖지 못할 것이다. '나'라고 말하는 것은 다른 사람들의 독자성을 인정하는 것이며, 나의 '나' 와는 다른 '나'가 있다는 것을 인정하는 것이며, 동시에 나를 그들과 구별하는 것이며, 그들과의 투쟁 속에 있다는 것을 인정하는 것이다. 따라서 각 인간 주체의 자기 실현, 즉 실존을 위해 투쟁과 폭력은 삶 가운데 항존해 있다.

이런 점을 헤겔은 『정신현상학(1807)』[6]에서 유명한 '주인과 노예의 변증법'에서 더 구체적으로 설명하고 있다. 두 사람이 서로 싸우는데, 하나는 용감하여 자신의 자유를 위하여 목숨을 걸

---

6) Hegel, *Phänomenologie des Geistes*, Hamburg : Felix Meiner, 1980.

고 싸워서 이기고, 다른 하나는 죽음을 두려워하여 싸움에서 졌다. 전자는 주인이 되고, 후자는 문자 그대로 노예가 된다. 이런 변증법적 전환에서 노예의 노동은 노예에게 자유를 되찾아준다. 주인은 노예 없이 아무 일도 할 수 없고, 주인이 노예의 노예가 된다. 노예는 자유인이 된다. 여기서 자기 실현을 위한 노동은 자유의 회복의 표현이다. 주인과 노예의 경우에서 나(주인)는 타자를 노예로 만들기 위해서만, 즉 타자의 증인이나 거울의 역할로 환원시키기 위해서만 타자를 인정하기 때문이다. 이런 경우는 타자의 인격과 의식을 부정하는 것이다.

이런 관점의 수용을 통해서 사르트르가 삶이나 시대적 상황을 그렇게 대립적이고 부정적으로 보게된 것 역시 전부는 아니다. 오히려 의식의 대립적 관점이 사르트르에게는 이미 주어진 삶의 상황을 파악하는 데 적합한 것으로 여겨질 만큼, 삶 자체가 실질적으로 그런 대립과 갈등을 내포한 것으로 확신되었다고 볼 수 있다. 달리 말해 사유가 현실을 그렇게 구성했다기보다는, 사유에 앞서 현실이 이미 폭력적이라고 사르트르는 믿었다. 이에 관한 확증이 구체적 현실 사례로서는 아니지만, 그의 유명한 희곡 『닫힌 문』에서 잘 나타나고 있다.

『닫힌 문』의 결말 부분에서 등장 인물인 가르셍(Garcin)이 "따라서 이곳은 지옥이다. 나는 결코 (…) 말하지 않았을 텐데, (…) 당신들은 유황과 화형을 위한 장작더미와 불에 달군 석쇠를 기억하겠지. 그저 농담일 뿐! 석쇠 같은 것은 필요 없어. 타인들, 그것이 바로 지옥이야!"[7]라고 외친다. 사르트르의 유명한 구절인 이 절규는 자유와 폭력을 둘러싼 인간 실존의 극명한 단면을

7) Sartre, Bei geschlossenen Türen (Huis clos), übers. v. H. Kahn. In: Dramen. Stuttgart(Rowohlt) 1949, S. 91.

보여주는 내용이다. 타자가 지옥이라 한 것은 인물들 하나 하나가 도덕적·성애적 궁지에 영원히 갇힌 채로 어느 누구도 다른 인물을 이 궁지로부터 도피할 수 있게 허락하지 않는다는 점에서다. 그러나 더 주목해야 할 점은 그들의 정신적 고통의 근원이 서로에 대해 잔혹하게 잘못 짝지어진 상태에 놓여 있다는 것보다 더 깊은 데 자리한다는 사실이다.

각자는 자신이 취급받고 싶은 대로 취급받기를 요구하고, 또한 타인들이 그들 자신들을 지각하듯이 자기를 지각하기를 요구한다. 그러나 서로가 서로에 대해 이런 식으로 하지 않으려 하고 또한 어떤 점에서는 그렇게 할 수 도 없기 때문에, 각자는 타인들의 눈을 통하여 자기 자신을 볼 수밖에 없게 되고 누구도 자기에게 밖으로부터 부과된 동일성(인격 규정)을 회피할 수 없다.

각자의 삶은 그 자체로 타인의 시선을 통해 응고됨으로써 죽어버렸기 때문에, 더 이상의 어떤 행동을 통해서도 자신들의 삶을 이 냉담하고 치명적인 평가로부터 소생시킬 수 없다고 보게 된다. 여기서 말한 지옥은 이처럼 불꽃과 가시의 심연이 아니라, 영혼들이 서로 서로에게 무자비하게 노출되어 각 영혼의 신분이 그의 정신적 체포자에게 인질이 되어 있고, 똑같은 고정적인 중심을 영원히 맴도는 순환적인 대화로부터 아무도 탈출할 수 없게 되어 있는 그런 식의 희망 없는 대화를 상징한다.

이 작품에서 그려진 내용은 단지 어떤 현실의 한 사례로서가 아니라 모든 인간의 삶에 보편적으로 적용될 수 있는 철학적 착상으로서의 성격을 띤다. 이 폭력적 상황은 보편적 경험을 구조화한 것이다. 그래서 다소 비열한 수용자들에 의해서 너무나도 생생하게 노출된 잔인성의 구조는, 바로 어느 곳 어느 때나 타당한 인간 조건, 너와 나는 물론이고 심지어 성자나 현인들까지도 겪지 않을 수 없는 인간 조건을 예시하기 위해서 마련된 것이다. 다른 사람이란 사람이자 타자들이기 때문에 지옥이다. 그래서 이 말은 서로를 괴롭히고 좌절시킨다거나 서로 협력하지 못하는 잘못된 결혼, 불행한 가정 혹은 실패한 기업의 경우처럼 서로 상대방을 끌어내리면서 괴롭히게 되는 인간사의 상식적 인정만을 뜻하지 않는다. 왜냐하면 행복한 결혼, 행복한 가정, 각 구성원이 자기 몫을 잘 감당하는 성공적인 사업에서도 역시 '지옥은 타자들이다'의 원리가 적용될 수 있고 또 적용되겠기 때문이다. 이 경구에서 압축적으로 표현되는 구조란 아무리 호의적이라 하더라도 우리가 타인들과 관련될 수밖에 없는 구조를 말한다. 이 구조로부터 벗어나는 출구란 없다. 그래서 흔히들 이런 지옥에서 벗어날 통로를 제공하는 것으로 여겨지는 그런 행동과 감정들, 이를테면 사랑, 신뢰, 자선, 우정 등은 그 자체로 병적인 사례들이고, 반대로 이것들이 지옥에서 탈출시켜줄 수 있다는 생각은 환상에 지나지 않는다는 것이 사르트르의 생각이다. 이처럼 어떤 특정한 지옥과 같은 생활과 일상의 생활 사이를 가르는 분계선이 없다. 타자들은 어떤 특정한 지옥 안에서든 밖에서든 다같이 지옥이기 때문이다.[8)]

이처럼 어떤 특정한 개인과 사회 속에서가 아니라, 인간의 어떤 삶을 통해서 편재된 갈등과 대립 혹은 폭력적 모습은 사르트르에게는 명백한 사실로 받아들여지게 된다. 이제 그는 인간적 삶을 근본적으로 규정하는 존재의 방식에 대한 고찰을 통해 내재된 폭력의 성격을 해명하려 한다.

---

8) 아더 단토, 『사르트르의 철학』, 신오현 역, 민음사, 1985, 143-146쪽.

4. 폭력의 근본 성격과 다양한 구조

1) 불가피한 관계성으로서의 폭력 — 의식의 지향성과 대자존재

인간적 삶이 폭력적이라는 사실을 근거짓는 그 이유를 사르트르는 인간 존재에 관한 고유한 인식을 통해 제시하려 한다. 여기서 말한 인간 존재란 단지 경험적으로 조우하는 인간을 지시하는 것이 아니라, 『존재와 무』에서 언급하고 있듯이 근원적 경험인 현상에 관한 통찰에 의해 대자존재로 밝혀진 그런 의식 존재를 뜻한다. 물론 현상은 스스로 밝혀지는 대자존재뿐만 아니라 그 안에 자신을 드러내는 즉자존재로서의 사물 존재로 구성되어 있다.

> "확실히 나는 이 테이블이나 이 의자를 넘어서서 그것의 존재로 향할 수 있으며, 또 '테이블 존재' 또는 '의자 존재'의 문제를 문제삼을 수 있을 것이다. 그러나 그 순간 나는 현상으로서의 테이블에서 시선을 돌려 현상으로서의 존재에다가 그 시선을 고정시키는 것이므로 — 그것은 이미 모든 드러내보임의 조건은 되지 않는다 — 도리어 그것은 그 자신이 하나의 이미 드러내보인 것, 하나의 나타남이며, 동시에 그것은 이번에는 그것대로 자기 자신을 드러내보일 수 있는 근거가 될 만한 하나의 존재를 필요로 하게 된다."[9]

이처럼 이 상이한 두 존재 영역이 어떤 관계 방식을 통해 현상하는 것은 분명하다. 사르트르의 이해에 따르면 이질적인 두 존재 영역 간의 일치는 원리적으로 배제되어 있다. 본질적인 일치는 불가능하더라도, 어떤 관계맺음을 회피할 수는 없다. 관계적

---

9) 『존재와 무』, 8쪽.

성격과 연관된 여기에 문제의 어려움이 있다. 그래서 사르트르는 현상 존재인 이 대자존재는 다른 것에 의해 자기 정체성을 강제 받지는 않지만, 그러나 즉자존재 혹은 대타존재에 의해 끊임없이 자기 존재의 상실을 위협받게 되는 데서 폭력의 불가피성이 자리한다는 것을 이 관계 방식에 대해 주장하려 하였다. 결과적으로 문제가 되는 관계성을 그는 두 존재 방식 중에서 의식인 대자존재의 구조 분석을 통해 중점적으로 해명하지 않을 수 없었다. 우리의 논의에서는 그 흐름의 성격상 특히 집중해 다루어지는 대자존재가 다른 유사한 표현, 즉 의식 존재, 자아, 주관과 무 등 간의 실질적 차이에도 불구하고 동일한 의미로 사용된다.

사르트르가 주제화하고 있는 대자존재는, 그 자신이 서 있던 철학의 전통과 관련해볼 때 의식의 다른 이름에 불과하다. 그렇지만 의식을 '현상학적'이라는 제약에서지만 존재론적인 관점에서 대자존재로 명명한 것은 명목 이상의 실질적 차이를 드러내며, 그것은 "의식은 내감이라든가 자기 의식으로 불리는 특수한 인식의 방식이 아니고, 주관의 초현상적인 존재의 차원인 것"[10] 이라는 사르트르의 이해에서 비롯된 것이다. 더욱이 대자존재의 방식은 의식의 근본 특성에 의해 규정된다고 볼 수 있다. 이 근본 특성이란 후설에 의해 파악된 의식의 지향성, 즉 의식은 항상 어떤 것에 대한 의식이라는 사실을 말한다. 대자존재를 해명하면서 사르트르도 이 점을 원칙적으로 수용하지만 그 내용은 철저하게 달리 해석하게 된다. 따라서 사르트르에게는 후설의 의식론과 구별되는 의식에 관한 두 가지 특징이 강조되고 있다 : 그 하나가 지향성 개념에 관한 고유한 이해며, 다른 하나는 자아 문

10) 같은 책, 10쪽.

제와도 관련된 자기 의식의 성격에 관한 것이다.[11)]

의식의 지향성과 관련해 사르트르는 대상의 존재를 구성한다는 의식의 성격을 배제하고, 의식이 "그것의 가장 깊은 본성에서 하나의 초월적인 존재와의 관계라고 하는 뜻으로 해석되는 경우"[12)]를 인정한다. 대자존재인 의식은 일차적으로 초월 대상의 정립(position)으로 구성된다. 이런 정립 행위를 배제하고는 의식을 생각할 수 없다는 것이다. 그래서 의식은 자체 안에 머무는 것이 아니라 언제나 사물에게로 나아간다. 이처럼 의식은 자신 안에 어떤 자신의 내용을 가지지 않을 만큼 언제나 사물의 정립으로만 이루어진다. 이런 정립 이외의 것으로는 의식 자신의 존재가 구성될 수 없는 것이다.

그래서 의식의 지향성을 특징짓는 사물 존재로 나섬을 존재론적 의미에서 사르트르는 의식의 초월성이라 규정하게 된다. "모든 의식은 그것이 하나의 대상에 도달하기 위해 자기를 초월한다는 뜻에서 정립적인 것이고, 동시에 의식은 바로 이 정립 속에서 소진되는 것이다."[13)] 따라서 대자존재인 의식은 자기 밖으로 나서는 초월의 행위를 통해 부단히 사물 존재에 다가서 자신을 다 드러내는 것이라고 이해될 수 있다. 그러나 이러한 초월 행위 속에서의 자기 소진이 곧바로 대자존재를 즉자존재로 환원시키는 것으로 파악되어서는 안 된다. 대자존재가 즉자존재와의 관련을 통해서만 존재하지만, 후자가 바로 전자의 존재 근거가 될 수 없기 때문이다. 즉, 대자존재는 즉자존재와 동일시될 수 없기 때문이다.

---

11) 에릭 매슈스, 『20세기 프랑스철학』, 김종갑 옮김, 동문선, 1999, 97-101쪽.
12) 『존재와 무』, 22쪽.
13) 같은 책, 11쪽.

그렇다면 대자존재의 고유성이란 무엇일까? 어떻게 대자존재의 자체성이 확보되는 것일까? 사르트르는 이것을 의식의 지향성 규정에서 숨겨진 다른 특성과 관련해 찾고 있다. 의식이 지향적이기 위해, 의식은 이미 자기 자신에 관한 의식이어야 한다는 것이다. 물론 이 경우 의식에 관한 의식은 대상의 정립과 근본적으로 구별되는 의미에서 비정립적인 것이다.

> "나의 현재의 의식 속에 지향적으로 존재하는 모든 것은 바깥쪽으로, 세계 쪽으로 향하고 있다. 그와 반대로 나의 지각의 이 자발적인 의식은 나의 지각 의식에서 구성적인 것이다. 환언하면, 대상에 관한 모든 정립적인 의식은 동시에 그 자체에 관한 비정립적인 의식이다."[14)]

비정립적이라 함은 대자존재인 의식은 대상을 지향하면서 그와 같은 방식으로 자신을 지향하지 않는다는 것이다. 이처럼 의식 본래적으로 비정립적이지만 물론 반성의 특별한 경우에서는 의식이 자신에 대한 정립적인 의식을 가지게 된다. 이러한 의식 상태는 파생적일 뿐이다. 그럼에도 비정립적인 의식을 반성적으로 파악하려 할 경우에는, 사르트르는 인식하는 것과 인식될 것의 중재로서 제3항의 요구로 등장한 그것이 전체 인식에서 배제되는 딜레마나, 아니면 대상화하는 반성에 의해 무한 퇴행하는 오류에 빠지게 된다고 비판하고 있다.[15)] 비정립적 의식 배후에는 어떤 초월적 주체나 자아가 들어설 자리란 없다.

그렇기 때문에 그는, 의식을 자신과의 "직접적인 관계"로 여기

14) 같은 책, 13쪽.

15) 같은 책, 12-13쪽. 브렌타노나 후설도 의식의 지향성을 해명하면서 내적 의식과 관련해 동일한 문제를 고민하였다.

며, 존재론적인 의미에서 그것을 없는 것, 즉 무인 것으로 규정한다. 여기서 무란 '절대 없음'을 의미하는 것이 아니라, 사물 존재의 '있음'과 같이 있지 않다는 것을 의미한다. 따라서 대자존재를 특징짓는 무성이란 철저히 즉자존재의 그러한 있음의 부정을 뜻한다. 따라서 사르트르에 따르면, 의식은 그것이 존재하지 않는다는 역설적인 의미에서만 '존재'한다. 이점은 "자체를 위한 존재(대자존재)는 이와 반대로 그것이 있지 않는 바의 것이며, 그리고 그것이 있는 바의 것이 아닌 것으로서 정의됨을 우리는 알게 될 것이다"[16](필자 삽입)라는 언급에서 잘 확인된다.

이처럼 '무'로서의 존재는 이미 규정되지 않다는 의미에서 즉자존재의 방식에 대한 부정일 뿐만 아니라, 아직 행해야 할 것을 향한 기획으로 여겨진다. 따라서 의식 존재 안에는 스스로를 어떤 특정한 방식으로 행하도록 강제하는 내적인 '본질'이나 '본성'이란 것은 결코 존재할 수 없다. 다시 말해 '무' 혹은 순수한 부정으로서 대자존재는 사물인 즉자존재가 묶여 있는 결정론적인 인과의 사슬에서 벗어나 있다. 의식 존재는 오히려 행하도록 외부적으로 강요되지 않고 어떤 원인도 없이 자발적으로 행동하는 자유인 것이다. 그래서 무로서 출현하는 의식은 무조건적인 자유 속에서 행하게 된다. 이제 무화 작용의 조건으로서의 자유는 단지 인간의 본질에 속하는 어떤 고유성이 아니라 오히려 본질을 가능케 하는 존재 근거인 것이다.[17] 이처럼 사르트르에게서 무와 관련해 의식 존재인 인간의 가장 고유한 실존 방식은 자유로 파악된다.

그러나 이 인간적 자유는 순수할 정도로의 공허한 자기 전개

---

16) 같은 책, 29쪽.
17) 같은 책, 62쪽.

가 아니라, 존재의 주어진 규정에 머무르지 않는 지속적 초월임에도 존재로부터라는 조건 속에서 상황적이다. 따라서 자유는 대자존재인 의식이 구멍처럼 달라 붙어 있는 즉자존재에 의해 제약될 수 있는 것이다. 대자존재에 의해 지향된 즉자존재는 언제나 존재하는 것으로 없는 것인 대자존재와 상반된다. 이 존재론적 차이는 즉자존재의 세 가지 존재 특성에 의해 이루어진다고 본다. 즉자존재에 관련해, 우선 "존재는 의식의 방식대로 자기 원인일 수 없으리라. 존재는 자체(soi)다."[18] 이 말은 존재가 인간적 행위의 모든 규정인 능동이나 수동 혹은 긍정이나 부정의 저편에 있다는 뜻이 된다. 그것은 존재가 자체에게 어떤 규정을 가할 수 있는 관계를 부정한다는 의미로 자기에게 밀착해 있기 때문이다. 둘째로 "존재는 그것이 있는 바의 그것이다(l' tre est ce qu'il est)."[19] 그래서 존재는 내부의 빈 공간이 없다. 따라서 "자기 안에 비밀이 없고 단단한 덩어리로 되어 있다(L'en-soi n'a pas de secret : il est massif)."[20] 그것은 충만한 실증성이고 타자성(l'altérité)을 모른다. 완전히 고립되어 있고, 자기 아닌 다른 존재와 그 어떤 관계도 맺지 않는다. 끝으로 존재는 우연적으로 있으며 과잉인 것이다. "창조되지도 않고, 존재 이유도 갖지 않고, 다른 하나의 존재와도 어떠한 관계도 갖지 않는 자기 안의 존재는 영원히 과잉인 것이다."[21]

이처럼 즉자존재는 대자존재에게 용해될 수 없는 방식으로 그냥 존재하고 있다. 그런데 대자존재는 그 존재에게로 나감으로

18) 같은 책, 28쪽.
19) 같은 책, 29쪽.
20) 같은 책, 30쪽.
21) 같은 책, 31쪽.

써만이 실존하기 때문에, 그 존재와의 관련을 회피할 수는 없다. 대자는 항상 즉자에게로 행해가고 즉자는 대자와 관계를 맺지 않고 대자 역시 그 즉자 속에 머물 수 없다는 점에서 서로에게 배리적이다. 결국 의식인 대자존재는 자신을 유지하기 위해 그 즉자존재 안으로 함몰되어서는 안 된다. 대자가 즉자화되는 이 함몰은 자유가 탈취되는 것이기 때문이다. 따라서 자유의 탈취로서의 폭력 혹은 역설적으로 자유의 가능 조건으로서의 폭력은 즉자존재와 관련해 이미 주어져 있다고 볼 수 있다. 그러나 엄밀히 말해, 자유와 폭력은 즉자존재 자체에 의해 야기된 것이 아니라 상반된 존재 방식과의 회피할 수 없는 관련지음에 의해 이루어진 것이다. 그리고 관련지음의 방식을 철저하게 대자존재가 자신의 특성에 의거해 조건짓는다면, 자유와 폭력은 결국 대자존재의 실존 방식을 실현하는 것과 다름없게 된다.

더 나아가 사르트르에게서 소극적 의미에서의 폭력이 자유의 조건일 수 있지만, 자유가 바로 적극적 의미의 폭력일 수 있는 가능성도 배제되지 않는다. 그것은 자유의 성격에 의해 그러할 수도 있다. 자유로서의 인간 존재는 자신과 관련해 긍정적으로도 혹은 부정적으로도 자신의 가능성을 선택하고 실현할 수 있는 존재이기 때문이다. "인간 존재는 다만 세계 안에 부정성이 자신을 드러나게 하는 존재일 뿐만 아니라, 자기에 대하여 부정적인 태도를 취할 수 있는 존재이기도 하다."[22] 그런데 이 부정적인 관계 속에서 인간 존재는 자신의 자유의 본성을 회피하고 그것에 대해 변명을 늘어놓을 때, 자기 기만(la mauvaise foi)[23]

---

22) 같은 책, 89쪽.

23) 이 용어는 우리에게도 자기 기만, 불성실 혹은 부정직 등으로 번역된다. 이것이 단지 인식의 문제만은 아니고, 대자 존재의 존재방식으로 문제시되지

에 처한다는 것이 사르트르의 생각이다. 이러한 자기 기만은 자신을 하나의 사물 존재로 전락시키는 식으로 자기에 대한 폭력의 행사를 자유라고 스스로 속이는 데에 근거한다. 그런데 사르트르가 보기에는, 이 자기 기만은 타자를 사물화할 수밖에 없는 대타존재의 성격과 관련해, 즉 타자의 문제 속에서의 시선과 관련해 더 본격적인 역할을 하게 된다.

2) 왜곡된 자기 관계로서의 폭력 — 불성실과 대타 존재

대자와 즉자 간의 관계에서 대자가 회피할 수 없음이 한편으로는 대자에 대한 폭력성으로 드러났다. 이런 폭력적 상황에 관한 심층적 분석은 이러한 불가피성이 어떤 방식으로 구조화되는지를 물음으로써 가능하게 된다. 이러한 물음은 대자존재의 근본적인 성격을 재조명함으로써 대답될 수 있다. 그 성격은 이미 언급되었던 주장 속에서 잘 드러나고 있다. 대자존재는 다만 세계 안에 부정성이 자신을 드러나게 하는 존재일 뿐만 아니라, 자기에 대하여 부정적인 태도를 취할 수 있는 존재이기도 하다. 사르트르는 이 명제를 대자존재의 특성, 즉 자기 기만을 해명하면서 언급하였다. 이 규정에 따르면, 대자존재는 그 규정 그대로 세계 대상들인 즉자존재와 관련을 맺을 뿐만 아니라 자기 자신과도 관계짓는 존재인 것이다. 그러나 자기 기만과 관련해, 대자가 자신에 대해 부정적으로 관계 맺는다는 사실이 강조된다. 여기서 강조된 부정성의 성격이 해명되어야 대자존재의 참모습이 밝혀질 수 있다.

이를 위해 우리는 대자존재에 대한 또 다른 규정에 주목하지

만, 근본적으로 의식 방식과 본질적으로 연관된 점에서 자기 기만으로 파악되어야 한다.

않을 수 없다. 이것은 다음처럼 정의된다. 대자존재로 특징지워지는 의식은 그 자신인 무엇이 아니라 그 자신이 아닌 무엇이다. 이 명제가 쉽게 이해되지 않는데, 그것은 모순되어 보이기 때문이다. 그러나 이 명제의 난해는 '이다 / 있다'와 '아니다 / 있지 않다'를 간과했기 때문이며, 이러한 구분이 받아들여진다면, "의식이 무엇인가?"가 아니라 "의식은 무엇으로서 있는가?"로 재구성되어 해결될 수 있다. 이런 관점에서 대자존재는 현사실성으로서의 있음을 부정하고 '아님', 즉 가능성으로서의 있음과 관계한다. 즉, 초월한다는 식으로 그 규정이 모순되지 않게 해석될 수 있다. 따라서 이 의식에 관한 규정에서 대자존재의 근본 특성인 현사실성과 초월성의 두 요소가 함께 들어 있다는 점이 밝혀진다.

그렇다면 이 두 계기의 결합에서 자기 기만의 현상이 어떻게 드러나는지가 다루어져야 된다. 우선 이 자기 기만은 일반적인 의미의 거짓과 구분되어야 한다. 그 차이점은 전자가 속이는 자와 속는 자가 동일인이라는 데 있다. 그렇다면 정말로 기만이 가능한 것일까? 사르트르는 이러한 특별한 방식의 기만을 의식의 전반 성적 성격인 근본 원리와도 충돌하지 않게 설명하려 한다. 기만이 성립되기 위해 앞선 두 계기가 필요하다. 따라서 이원성이 지양되지 않는다는 점에서, "어떤 최초의 의도와 하나의 자기 기만적인 기획이 필요하다. 이 기획은 자기 기만을 그것대로 요해할 것을 내포하고 또 그것은 자기 기만을 낳는 것으로서의 의식(에 관한) 반성 이전적 파악을 내포하고 있다."[24) 그래서 자기 기만의 행위가 반성적 차원에서 보이는 두 의식 상태가 아니기에, 단지 의식 간의 분리로서가 아니라 의식과 실천의 구분으로

24) 같은 책, 92쪽.

서 두 계기를 내포하는 것이다. "의식의 존재는 존재의 의식이기 때문이다."[25]

따라서 사르트르는 자기 기만의 이런 특성을 우리의 실천을 규정하는 사례들을 기술하면서 확증하려 한다. 그 대표적인 예가, 만나는 남자가 자신에 대해 갖는 의도를 정확히 알면서도 다른 행동을 하거나 그 남자의 행동을 다르게 이해하려는 여자의 태도인 것이다. 남자의 의도와 손을 잡는 행동에 대해 여자의 "손은 남자의 뜨거운 손 안에 무감각하게 잡혀 있다. 동의도 아니 하고 저항도 아니 한다. — 그녀의 손은 마치 사물이라도 된 것처럼 말이다."[26] 이처럼 자기 기만은 대자존재 안의 현사실성과 초월의 협동에 근거하지만, "양자의 차이를 그대로 보존하면서 그 동일성을 긍정하는 것"에서 문제가 된다. 달리 말하면, 자기 기만이란 의식 자체에서 즉자적 상태로 함몰되거나, 사실성과 초월성의 상태가 철저하게 분리되는 데서 기인한다는 것이다. 따라서 사르트르는 자기 기만의 극복에서 이 두 계기가 종합되는 즉자-대자 방식인 신에게서든지, 아니면 이 둘을 동등하게 여기는 존재 방식인 성실성에서든지 그 가능성을 찾으려 하였다. 결국 사르트르는 즉자와 대자 간의 불가피한 관계가 대자 내부에서의 특성을 도대고 한다는 점에서 후자의 길을 선택하였다. 그것은 인간은 현사실적으로 자신의 초월임을 의미한다. 이렇게 볼 때 대자존재에서 내적 관계의 불가피성 혹은 이중성의 상존은 자유를 향한 조건인 폭력으로서 자리한다는 것이다. 진정한 자기 실현, 즉 실존하기 위해 인간은 상황적으로 자기를 부정할 수밖에, 자신에 대해서조차 폭력적일 수밖에 없다는 사실

25) 같은 책, 92쪽.

26) 같은 책, 99-100쪽.

에 처해 있다.

인간 실존의 근원성을 드러내는 이 자기 기만은 원리적으로 대자존재의 내적 관계에 의해 특징을 결정짓지만, 이미 그 관계의 특성이 작용하는 '세계-내-존재(l'etre-dans-le monde)'를 통해 구체화된다. 이 점과 관련해 사르트르는 자기 기만의 다른 도식을 '자신에 대해 있음(대자존재)'와 '다른 이에 대해 있음(대타존재)'의 협력 속에서 제시하고 있다. 이 도식은 사르트르의 폭력 개념을 명확히 구조적으로 보여주고 있다.

3) '내재화 사건'으로서의 폭력 — 타자의 시선과 수치

의식 존재인 우리는 언제나 타자를 향해 나아가려고 하며, '세계-내-존재'는 바로 '함께-있는-존재(l'etre-avec)'의 유형 위에서 형성된다.[27] 인간은 존재론적으로 고독한 존재면서, 동시에 이 혼자인 개인은 다른 사람들과 함께 있어야 한다. 의식 존재가 존재에 관한 의식이기에 항상 존재에게로 나가 있으며, 고유한 자기에 대한 배려(pour-moi) 속에서 이미 다른 존재, 즉 타자의 존재를 드러내주기 때문이다. 그러나 이 타자와의 관계는 의식 자체의 자기 실현에서 조화로울 수만은 없다.

우선 타자는 나와 같은 '의식'을 가진 대자존재이므로 내 의식이 사물을 지향하는 것과 같이 타자를 지향할 수는 없기 때문이다. 물론 타자는 나와 관계를 맺고 있기는 하지만, 주체로서 직접적으로 나에게 주어져 있어야 한다. 이것은 내 의식인 대자존재의 실현을 위해 허용될 수 없는 것이다. 그러나 이미 자기 기만의 가능성 위에 놓인 타자를 주체로서 허용하는 이 최초의 관계는

---

27) 같은 책, 344쪽.

인간 존재의 근본적 관계며 나의 대타존재의 전형 자체인 것이다. 그래서 나는 타자의 의식, 타자의 주체성, 타자의 시선과 대면함으로써, 나의 주체성이 타자의 주체성을 대상화하거나, 아니면 나의 주체성이 타자의 주체성 앞에서 객체화되는 상황에 놓이게 된다. 이러한 상황이 초래되는 타자의 시선과 수치의 문제를 좀더 구체화하기 위해 『존재와 무』의 내용 일부분을 다음과 같이 요약, 정리할 수 있다.

> 우선 열쇠 구멍을 들여다보는 남자의 이야기입니다. 나는 질투심 혹은 천박한 호기심으로 어느 방문의 열쇠 구멍에 눈을 대고 방안을 들여다보고 있습니다. 그런 행위를 하는 나를 의식함이 없이 나는 그냥 그 장면 안에 혼자 있습니다. 나를 보는 사람이 아무도 없으므로 내 행동은 그 누구의 인식 대상이 아니고, 내 의식도 나를 의식하고 있지 않으므로 나의 인식 대상도 아닙니다. 그저 존재 그 자체일 뿐입니다. 존재 그 자체라는 사실만으로 내 행동은 충분히 정당성을 갖습니다. 이 문 뒤에는 내가 보아야 할 광경이 있고, 내가 들어야 할 소리들이 있습니다. 문과 열쇠 구멍은 내 목표의 도구며 장애물일 뿐입니다. 내 행동들은 도달해야 할 목표, 채택해야 할 도구의 명령만 따르면 됩니다. 그 어떤 초월적 시선도 내 행동을 평가하고 있지 않으며, 내 의식은 내 행동에 밀착되어 있습니다.
>
> 그런데 갑자기 복도에서 발자국 소리가 들립니다. 누군가가 나를 보고 있습니다. 내가 어떤 시선의 대상이 되었다는 것을 느끼는 순간, 나의 존재는 갑자기 습격 당하고, 거기에 어떤 본질적인 수정이 가해집니다. 내 추악한 모습이 마치 영화의 정지된 장면처럼 또는 석고상처럼 내 의식 앞에 떠오릅니다. 초월성과 지향성의 운동으로 끊임없이 변화 생성하는 나의 대자적 존재는 이 순간 그만 딱딱한 사물로 굳어져버립니다. 그리고 나는 심한 수치심을 느낍니다.[28)]

결국 수치심이란 단지 자신의 치부에 대한 부끄러움의 감정이 아니다. 수치란 타자에 의해 자신을 발견하는 체험으로서, 타자의 시선 앞에서 자신이 대상(對象)으로 되었다는 것, 다시 말해서 즉자존재로 전락하여 나의 존재를 남에게 의존할 수밖에 없다는 사실에 근거한다. 타자가 나를 대상화해본다는 것은 주체(sujet)인 타자가 나를 그 사물 존재로 본다는 것을 의미한다. 나는 주체성을 상실하고 하나의 물체가 되어버린다. 내가 세계 속의 모든 사물을 바라보듯 나도 타자에게 그렇게 사물처럼 바라보인다는 것을 나는 알게 된다.

따라서 나에게 수치를 체험케 한 시선 속에서 타자는 진정으로 타자로서 등장한다. 타자는 내가 그를 '시선을 던지는 자'로서 경험할 때, 즉 '나를 객체로 만드는 자'로서 경험할 때 비로소 나에 대해서 타자가 된다. 타자는 근본적으로 나를 주시하는 자가 된다. 동시에 타자의 시선은 나에게 나 자신에 대한 경험을 매개해준다. "상대방의 눈이 나타내고 있는 눈초리는, 그 눈이 어떠한 종류의 것이든지 간에 온전히 나 자신에의 지향이다."[29] 이렇게 볼 때 우리는 결국 우리 자신을 타자를 관통해 다다르게 된다. 그러나 그렇게 파악된 자신에 대자존재인 우리는 머무를 수 없음이 문제다.

이러한 긴장과 대립은 다음의 문장에서 압축된다. "'타자에 의해서 보이고 있음'은 '타자를 보고 있음'의 진리다."[30] 내가 타자에 의해 바라보임을 당하는 존재(tre-vu-par-autrui)라는 것은 현재 나를 바라보고 있는 타자도 언젠가는 나에 의해 보일 수

28) 같은 책, 363쪽.

29) 같은 책, 362쪽.

30) 같은 책, 360쪽.

있는 존재, 다시 말해서 나의 대상으로 바뀔 수 있음을 내포한다. '타자에게 바라보임'은 '타자를 바라봄'과의 대척을 이루는 것이다. 따라서 타자에게서의 자유의 행사는 내게 대한 폭력이 되며, 나의 자유는 타자에 대한 폭력일 수 있게 된다.

이런 맥락에서 볼 때, 사르트르에게서 폭력은 대자존재의 실존을 탈취할 수밖에 없게끔 설정된 대타존재와의 외적 상황만은 아니다. 그 관계성에 적어도 폭력이라는 진정한 의미를 부여하는 것은 타자의 시선과 그것을 수치로 받아들이는 나의 시선에서 가능하다. 따라서 폭력은 단지 물리적인 억압 상태가 아니라, 자기 실존의 상실을 감내해야 하는 의식적 차원을 띠고 있다. 동시에 자유와 폭력은 대자며 대타인 의식존재의 샴쌍둥이와 같은 것이다.

> "사실 우리는 이미 보아온 바와 같이 어떠한 추상적인 의식 개념도 <나 자신을 위한 나의 존재>와 <타자를 위한 나의 대상성>과의 비교로부터 발생할 수 없다. 또 이러한 전체는 — 대자의 경우와 마찬가지로 — 전체 분해적인 전체(totalitè detotalisée)다. 왜냐하면 '대타존재'는 타자의 근본적인 거부며, '타자'들의 전체적이며 통일적인 어떠한 종합도 불가능하기 때문이다."[31]

4) 절망적 대타 관계로서의 폭력

사르트르에게서 폭력의 문제는 다음과 같이 정리할 수 있다. 시선의 투쟁 속에서 내가 내 시선을 통해 세계에 대한 하나의 질서를 부여하면서, 그 안에서의 타자의 시선을 노려본 순간 그 시선은 사라지고 거기에는 두 눈만 남는다. 타자는 하나의 즉자

31) 같은 책, 354쪽.

존재가 된다. 이제 그 사물화된 존재는 나를 인정하고 있으며, 나는 그 존재를 소유한 듯이 보인다. 따라서 나는 스스로를 기획하고 선택하는 자유 속에 도달한 것으로 여길 수 있다. 왜냐하면 자유의 행사로 얻은 대상성을 내 안에 소유할 수 있다고 보기 때문이다.

그러나 그것은 한 순간의 기만일 뿐, 사실은 내 존재도 부정될 수밖에 없다. 나의 자유로 실현된 존재 방식이 주체로서의 타자가 아니라 한낱 사물로서의 타자로 전락하기 때문이다. 그것은 돌멩이와 다름없다. 그런데 돌멩이 같은 대상은 다른 존재를 대상으로 만들 수도 없지만 동시에 다른 존재의 자유를 인정해줄 수도 없다. 사물 존재에게는 의식 존재가 자리할 여지가 없기에, 나는 내 존재를 회수하기는커녕 대상화된 타자와 함께 몰락한 것이다. 이처럼 사르트르의 존재론에서 타자에 대한 승리는 원천적으로 불가능하며, 우리의 대타 관계는 서로 상대방을 대상으로 만들기 위해 필사적으로 시선의 싸움을 벌이는 영원한 절망적 투쟁일 뿐이다. 그가 희곡 『닫힌 문』에서 "타자는 지옥이다"라고 절규한 것의 의미가 바로 그것이다. 따라서 폭력은 영원히 실현할 수 없는 의식의 자유의 조건이다.[32)]

5. 나오기

폭력이 철학적인 의미에서 본격적으로 다루어지게 된 것은 악의 속성과 관련해 근대 철학에서다. 그래서 악의 대표적 사례로

---

32) 프랑스와 스티른, 『인간과 권력』, 이화숙 옮김, 예하, 1989, 31쪽.

서 폭력의 본질과 특성이 악의 문제 테두리 안에서 제기돼 다루어졌다. 특히 근대의 계몽주의에서 악의 문제는 이성을 통한 신의 책임 여부를 묻는 변신론(Theodizee)의 방식으로 취급되었다. 이 경우에 폭력은 주로 물리적인 것으로 또는 형이상학적인 것으로 제한돼, 인간과 관련된 중요한 측면이 간과되기도 했다. 그러나 칸트는 악이 지닌 인간학적 성격을 잘 파악하였다. 그 이후 역사적으로 악의 물음에서 윤리의 영역으로 문제 전환이 본격화된다. 그럼에도 폭력의 윤리적 가치에 대한 지나친 집착은 그 현상 파악에 오히려 방해된 것도 사실이다. 윤리적 모색 이후 선과 악으로 단순화된 흑백 논리를 벗어나 다양한 시각적 접근을 통한 폭력 논의가 제시된다.

이런 철학사적 맥락에서 사르트르는 신이 아니라 인간 존재의 자유 문제에 불가피하게 연관된 폭력의 특성과 의미를 더욱 심화해 다루게 된다. 그 문제의 성격은 폭력의 필연성에 관한 논제에 속한다고 볼 수 있다. 따라서 인간의 실존은 타인과의 관계들에서 근본적으로 갈등을 면할 수 없는가, 존재들 사이의 차이는 반드시 폭력의 근원인가 하는 문제 제기로 폭력의 존재론적 차원이 논의된다. 이런 사르트르의 논의에서 폭력을 개인의 실존과 사회 구조의 측면에서 고려하는 것 이상으로 포괄적으로 폭력의 존재론적 의미와 성격이 해명되게 된다.

사르트르에게서 근본 특징은 폭력이 인간 의식으로 내면화된다는 점에 있다. 이것은 폭력이 철저하게 심리적인 현상으로 환원되어 파악됨을 뜻하지 않는다. 사르트르에게는 심리적인 것이 자리할 의식의 내부가 없기 때문이며, 오히려 실천적 행위로서의 자기 의식에 의해 세계 안에서 자유와 폭력이 근본적으로 그 모습을 드러낼 수 있기 때문에, 폭력의 문제가 의식 내재적인 사건으로 다루어진 것이다. 이러한 경향의 폭력 탐구는 사르트르가 존재 인식의 비판적 측면에서 의식적 주체의 실존을 해명하는 과정에서 불가피한 것으로 볼 수 있다. 따라서 사르트르의 논의에서 폭력은 단지 사물들 사이에 일어나는 물리적 파괴 활동이 아니라, 폭력을 폭력으로서 표상할 수 있는 의식에 내면화된 사건으로 확장되었다고 볼 수 있다.

□ 참고 문헌

김태창 편, 『사르트르 : 생애와 사상』, 유풍출판사, 서울, 1979.

김화영 편, 『사르트르』, 고려대 출판부, 서울, 1990.

발터 비멜, 『사르트르』, 구연상 옮김, 한길사, 서울, 1999.

사르트르, 『구토』, 강명희 옮김, 서울 : 하서, 1999.

_______, 『구토 ; 말 ; 문학이란 무엇인가』, 김인구 등 3인 역, 삼성출판사, 서울, 1976.

_______, 『실존주의는 휴머니즘이다』, 방곤 역, 문예출판사, 서울, 1975.

_______, 『존재와 무』 상 · 하, 양원달 역, 을유문화사, 서울, 1983.

Sartre, Bei geschlossenen Tueren (Huis clos), uebers. v. H. Kahn, In : Dramen, Stuttgart (Rowohlt), 1949.

아더 단토, 『사르트르의 철학』, 신오현 역, 민음사, 서울, 1985.

에릭 메슈스, 『20세기 프랑스 철학』, 김종갑 옮김, 동문선, 1991.

이브 미쇼, 『폭력과 정치』, 인간사랑, 서울, 1983.

장 라크르와, 『현대 프랑스 사상의 파노라마』, 정성진 역, 탐구당, 1985.

프랑스와 스티론, 『인간과 권력』, 이화숙 옮김, 예하, 1989.

한국사르트르연구회 엮음, 『사르트르와 20세기』, 문학과지성사, 서울, 1999.

자본주의와 폭력

이 경 재

1. 서 론

이 논문의 근본 목적은 하나의 체제로서의 자본주의 자체와 폭력이라는 행위 일반 사이에 내적인 상관 관계가 있는지 검토함으로써 자본주의 체제 자체에 폭력 유발 요인이 내재되어 있는지를 살펴보려는 것이다. 이를 위해 본 논문에서 주안점으로 삼으려는 것은, 흔히 자본주의 사회라고 일컬어짐에도 불구하고 자본주의 외적 원리와 이념들 역시 주요한 사회적 원리의 한 축을 담당하고 있는 현실 사회로부터 자본주의 체제란 과연 무엇이고 그 근본적 특징은 무엇인가에 대한 탐구를 통해 자본주의의 본질과 정체성을 추출해내는 것이다.

물론 현실 사회는 복잡하게 얽힌 다양한 역사적 · 문화적 영향들의 결집체인 동시에 끊임없이 변화해나가는 과정적 성격을 지닌다. 이러한 현실 사회로부터 자본주의 체제 자체의 원리와 정체성을 추출해내는 것은 일종의 추상화 작업이며, 이러한 추상화는 현실과의 유리를 초래할 위험을 내포한다는 점은 인정하지 않을 수 없다. 그러나 동시에 자본주의의 정체성이 도모되지 않은 채 단지 그에 대한 막연한 관념에 입각할 경우, 자본주의 체제 내의 여러 사회 문제들에 대한 논의는 그 사회의 복잡한 연계망만큼이나 다양한 지평에서 제기되는 저마다의 목소리를 조정하고 화해시킬, 더욱 근본적인 지평의 마련에 실패할 수밖에 없다. 폭력의 문제 역시 마찬가지다. 자본주의 체제 '내에서' 발생하는 폭력의 고유한 특징과 유형들을 구분해내거나 그에 수반되는 폭력성의 자본주의적 심리학을 기술하고 그에 대한 처방을 모색하려는 시도들은 모두 자본주의 체제 자체에 대한 명확한 관점을 확립할 경우에만 유효할 수 있다.

폭력이 특정 시대나 사회 혹은 체제에만 고유한 문제가 아니라 인류의 역사 자체만큼이나 유구한 역사를 지닌 문제임이 인정되는 한, 폭력의 문제 자체는 단순히 특정 제도나 사회 체제의 문제로 환원될 수 없다. 그럼에도 불구하고 폭력의 문제를 자본주의라는 하나의 체제 자체와 연관지어 다루려는 이유는 체제 자체가 아니라 체제 외 요인에 의해 폭력이 설명되곤 하는 여타의 경우[1]와는 달리 자본주의 사회에서 폭력은 바로 자본주의라

---

1) 전통적으로 폭력은 개인 혹은 집단의 도덕·윤리적 문제이거나, 제도의 부당한 운용에 따르는 문제일 수는 있어도 제도 자체와는 무관한 것처럼 간주되어 왔다. 고전적 정치 체제 이론을 제시한 플라톤이나 아리스토텔레스를 보더라도 하나의 체제를 각기 정상적인 형태와 타락한 형태로 구분하고 있다는 것은 널리 알려진 사실이다. 문제가 되는 것은, 예를 들어 체제의 타락, 즉 폭군 혹은 독재자였지 1인 지배 체제 자체는 아니었으며, 그 안에서 발생하는 폭력은 체제 자체보다 체제 외적인 요인을 통해 설명되고 논의되었다.

는 그 체제 자체와 무관하지 않은 듯 보이기 때문이다.

흔히 경제 체제로서의 자본주의는 그 체제를 배경으로 수행되는 개인들의 행위와는 달리 의도나 목적 따위와는 무관한, 가치 중립적인 하나의 객관적 장(場)임을 표방하고 또 그렇게 간주되곤 한다. 자본주의를 바탕으로 이루어지는 오늘날의 경제학이 모든 경제 활동과 관련된 객관적 흐름과 법칙만 탐구할 뿐 그 자체에서 도덕적 · 윤리적 가치를 배제하려는 경향에서도 잘 나타난다. 이러한 경향은 자본주의 경제 체제 내에서 일어나는 폭력적 사태가 자본주의 자체와는 무관한 것이며 오로지 그 안에서 활동하는 경제 주체들의 책임에 불과한 것으로 돌린다.

게다가 1989년 소련의 붕괴는 자본주의에 대한 모든 비판을 대안 부재의 공허한 울림으로 몰아붙임으로써 자본주의 체제 자체의 수월성에 관한 더 이상의 논란을 허용하지 않는 분위기를 가능하게 해주었고, 이에 따라 사회 경제적 체제에 관한 한 남겨진 유일한 문제는 자본주의의 원활한 작동을 방해하는 걸림돌들을 제거하여 더욱더 풍요로운 사회를 만드는 데 총력을 기울여야 하는 것일 뿐인 것처럼 간주하게 만들었다. 그러나 현실 사회주의 체제에 대한 현실 자본주의 체제의 승리가 곧 자본주의 체제 자체에 대한 모든 물음을 해소시켜준다고는 할 수 없다. 현실적 대안의 부재가 곧 대안의 가능성 자체에 대한 원천적 부정을 의미하거나, 그에 따르는 자본주의 체제의 영속성을 담보하는 것도 아니다.

분명한 것은 자본주의가 그 안에서 삶을 영위하는 인간들을 위한 것이지 그 반대는 아니라는 점이다. 현실 자본주의의 승리가 증명해주는 것이 있다면, 그것은 아마도 현실 사회주의에 비해 인간의 인간다운 삶에 더욱 적절하고 적합하게 기여할 수 있는 체제였다는 것일 뿐, 그것이 전혀 개선의 여지가 없는 완전한 체제라는 것까지는 아니다. 실제로 이론적 · 실천적 측면 모두에서 여전히 '인간의 얼굴을 한 자본주의'에 대한 요구는 드높다.

하지만 만약 자본주의 체제 자체 내에 폭력을 유발하는 구조적인 요인이 잠재되어 있다면, 그리고 그것이 자본주의 체제 자체의 본질적 요인이라면, '인간의 얼굴을 한 자본주의'라는 비전은 적어도 자본주의 원리에 따라 실현되기가 원칙적으로 불가능한 것일 수 있다. 오히려 그 비전은 체제의 폭력성을 은폐하는 수사학적 표현에 불과할 수 있다. 더욱이 경제적 가치, 예를 들어 정치적 내지는 종교적 가치에 종속적이던 과거와는 달리 이제는 다른 모든 영역이 자본주의 논리와 가치 체계 하에 종속되는 시대라는 점을 고려한다면, 그 비전은 오히려 오늘날 우리들의 삶을 전반적으로 왜곡시키는 최면성 구호가 될 수도 있다. 따라서 자본주의 체제 자체와 폭력과의 상관 관계에 대한 고찰은 이 시대의 폭력 현상을 적확하게 이해하기 위해서 뿐 아니라 그에 대한 대안 마련의 방향을 지시하기 위해서도 반드시 짚고 넘어가야 할 주제다.

이 주제는 사실상 '폭력'이 과연 무엇인가 하는 문제와, 자본주의라는 것이 과연 어떤 체제인가 하는 서로 독립적인 두 가지 문제를 포함한다. 그러나 전자에 대해서는 별도의 논의 없이 다음과 같은 관점에서 후자를 검토하고자 한다. 즉, 자본주의 체제는 이성에 반하거나 혹은 정당화되지 않는 힘 / 강제력[2]의 유통을 조장하는 체제가 아닌가 하는 점이다. 이 물음은 자본주의 체제 자체가 폭력을 행사하는 주체인가의 물음이기보다 그 체제가

2) 폭력에 대한 이러한 이해는 이 책 앞에 실린 장욱, 「폭력에 대한 토마스 아퀴나스의 이해」 2-3)항 참조.

지닌 본질적 비합리성 혹은 부당성으로 말미암아 그것이 드러날 경우 사람들로 하여금 체제 자체에 대한 혹은 체제의 수혜자로 간주되는 사람들에 대한 불신 및 그러한 불신에 입각한 저항을 불러일으키는 구조를 지닌 체제가 아닌가의 물음이다.

2. 자본주의의 정체성

1) 정체성 모색의 필요성

일반적으로 자본주의 체제는 가치 중립적인 경제 활동의 장이며 그 기본 원칙 가운데 하나는 자기 책임이라고 이해된다. 경제 활동 주체들이 스스로 자신을 부양하고 사적 이익을 추구 — 타인의 이익을 배제하는 것은 아니다 — 하는 등 자신의 경제적 활동에 대한 책임을 지는 가운데 자유롭게 자기 실현을 해나가는 체제로 이해되는 것이다. 이러한 자기 책임은 자유민주주의 이념을 바탕으로 한 개인주의적 세계관과 맞물려 하나의 도덕적 의무로 부과된다. 그렇기 때문에라도 자본주의 체제는 그러한 책임과 의무를 다하기에 적합한 권리를 보증해주는 체제일 것으로 기대된다. 특히 모든 사람이 생산재의 소유자가 될 수도, 될 필요도 없는 자본주의 체제에서 경제 활동의 자기 책임은 곧 체제 자체가 공동선과 정의의 추구라는 공익 기능을 적절히 수행할 것을 요구한다. 그런데 자본주의 체제는 과연 이러한 요구에 부응하는 합당한 체제인가? 오히려 그 체제는 그 안에서 활동하는 경제 주체들의 정당한 기대를 외면할 수밖에 없는 요소를 필연적으로 포함하고 있지는 않은가?

자본주의 사회 내에서 발생하는 여러 문제점들을 자본주의 '안에서' 해결하기 위한 방안을 제시하는 주도적 경제학자들과는 달리, 한 걸음 물러서서 자본주의 체제 자체에 대해 비판적인 시각을 견지하는 학자들은 자본주의가 가진 문제점에 대해 한 가지 공통적인 시각을 보여준다. 그것은 "행위자의 경제적 성향과 행위자가 활동해야 하는 경제적 세계 사이의 영원한 불일치"[3]라는 피에르 부르디외(Pierre Bourdieu)의 표현이 함축적으로 잘 표현해주고 있는데, 한마디로 말해서 체제의 구조와 그 안에서 활동하는 경제 주체들이 그 체제에 기대하는 바가 일치하지 않는다는 것이다.

이 점을 확인하기 위해서는 현실 자본주의 사회 안에서 자본주의 체제 자체의 고유성을 추상해낼 필요가 있다. 자본주의 체제라고 통칭되는 오늘날의 현실 사회에서 인간의 경제적 삶과 관련된 활동과 제도에 작동하는 원리가 오직 자본주의의 고유한 원리만은 아니기 때문이다. 그럴 때만 비로소 자본주의 체제의 본질적 작동 원리가 무엇이며 그것이 이 시대의 폭력 현상과 어떤 관계에 있는지에 대한 이해가 가능할 뿐 아니라, 그러한 폭력에 대한 대응책이 어떤 방면에서 모색되어야 하는지를 점검해볼 수 있다.

그러나 자본주의 자체의 성격을 규명하는 작업은 그리 용이하지 않다. 적어도 지난 400여 년 이상 진행되어 왔을 뿐 아니라 오늘날에도 여전히 작동중인 역사적 및 현실 체제로서의 자본주의에 대한 일목요연한 개념 구성이 원칙적으로 가능한가에 대한 물음도 있지만, 그보다 더 근본적인 난제는 자본주의가 소위 자

---

3) 피에르 부르디외, 『자본주의의 아비투스』, 최종철 옮김(동문선, 1995), 7쪽.

본주의 시대라고 불리는 근대 이후의 시대에만 고유한 본질적 성격을 지니는 것이 아니라는 견해도 있기 때문이다. 이 견해가 유효하다면 자본주의 체제 자체의 성격을 규명하고 그것과 폭력성의 연결 고리를 찾아보려는 작업은 원칙적으로 불가능하게 될 것이다. 그러므로 먼저 다루어야 할 문제는 자본주의가 단순히 고래로부터 존재해왔던 인간 경제 활동의 양적 팽창과 전면 부각에 다름아닌지, 아니면 자본주의 체제 자체가 기존의 경제 활동과는 질적으로 구별되는 그 자체의 고유성을 지니는지의 여부다.

자본주의는 정치 체제가 아니라 우선적으로 경제 시스템이며, 그러한 한 자본주의는 고래로부터 존재해왔던 인간의 경제 활동, 특히 부의 추구라는 맥락에서 이해될 수 있다. 그런데 부의 추구를 목적으로 하는 경제 활동에는 항상 이기적 동기가 매개되기 마련이며, 가장 효과적인 부의 축적 수단은 항상 폭력을 동반했음도 적지 않게 확인할 수 있다.[4] 전통적인 경제 활동에서 문제로 등장하는 폭력성은 우선 교환 정의에 대한 위반 또는 그에 대한 보복과 관련된다고 할 수 있는데, 이것은 원칙적으로 거래 당사자들 사이의 문제다. 또한 경제 활동에서 폭력과 관련된 또 하나의 문제는 바로 분배 정의의 문제다. 이것은 표면상 그 자체가 폭력적으로 이루이지기보다는 불만의 누적이 임계점을 넘어설 경우 폭력적 항거를 유발한다는 측면을 가지고 있는 것이다. 하지만 분배 정의의 문제는 원칙적으로 경제 활동의 영역을 넘어서 권력의 문제와 연관된다. 이 두 측면의 문제 모두 사실 경제 활동 시스템 자체의 문제이기보다 그에 개입되는 개인 혹

4) 일례로, 엘리자베스1세 여왕이 국가적 공로를 인정해 기사 작위를 부여한 사람은 바로 약탈 선단을 이끌고 세계를 누벼 영국에 수많은 전리품을 가져다 준 프란시스 드레이크였다.

은 집단의 의지와 관련된 문제로서 일종의 도덕적 문제라고 할 수 있다.

자본주의 역시 그 안에서 활동하는 개인 혹은 집단의 의지에 의한 왜곡이 문제를 유발할 수는 있되 그 체제 자체는 하나의 가치 중립적 시스템이라고 볼 수도 있다. 그런데 자본주의 체제가 가치 중립적 시스템에 불과하다는 것은 곧 그것이 일종의 게임의 규칙, 그것도 게임 당사자들 중 그 누구에게도 유리하거나 불리하지 않은 게임의 공정한 규칙에 불과하다는 것으로 이해해 볼 수 있다. 그것은 게임을 진행하기 위한 목적에서 주어진 것일 뿐 그 이외의 다른 어떤 목적도 지니지 않은 것이며, 그 정당성은 그 규칙과 절차의 준수 여부에 있을 뿐 그 결과 혹은 결과의 편차에 대해서는 무관심하다는 의미가 된다. 그러나 그 규칙이 그야말로 결과에 무관심한 공정한 규칙인지는 확인이 필요하다. 그러므로 자본주의의 게임 규칙은 구체적으로 어떻게 작동하는지를 확인해야 하며, 이를 위해서도 자본주의 체제의 정체성에 대한 확인이 필요하다.

현대 사회가 하나의 복잡계(complex system)라는 데는 이견이 있을 수 없다. 그러므로 경제적 측면에서 현대 사회의 대표적 특징이 자본주의라고 할 수는 있지만, 자본주의가 이 시대의 경제 활동 전체를 설명해준다고 생각할 수는 없다. 이런 상황에서 자본주의 자체의 특징을 규정하려는 시도는 주로 그에 비판적인 시각을 견지하는 쪽에서 제시되는데, 다양하게 개진되는 정체성 규명에 공통적으로 나타나는 것은 한마디로 모든 것의 상품화와 시장 의존성이라고 할 수 있다. 다시 말해 자본주의는 가장 기본적인 생활 필수품에 이르기까지, 그리고 인간의 노동력까지를 포함하는 모든 재화와 용역들이 수익성 있는 교환을 위해 생산

되는 체제며, 그러한 상품의 교환과 거래를 포함하는 모든 경제 행위자들이 시장에 의존하는 체제다.[5] 이 두 가지 특징 가운데 더 핵심적인 것은 바로 자본주의의 시장 의존성이다. 흔히 자본주의 체제의 근본적 병폐인 인간 소외를 불러일으키는 요인으로 노동력의 상품화가 지목되곤 했지만, 이 역시 시장 의존성을 바탕으로 하는 개념이기 때문에 시장이야말로 자본주의 체제를 이해하는 키워드라고 할 수 있다.

그러나 시장은 이해하기에 따라 자본주의만의 것이 아님은 분명하다. 어느 시대든 교환과 교역과 거래가 이루어지는 장으로서의 시장은 존재했기 때문이다. 따라서 자본주의 체제의 정체성을 확인하기 위해서는 자본주의 체제의 핵심인 시장에 대한 이해를 도모해야 하며, 이를 위해서는 그것이 전자본주의 사회의 시장과 어떻게 구별되는지 확인해볼 필요가 있다. 이 문제는 자본주의의 출현이 전자본주의 사회와 어떤 관계성 속에서 이루어졌는지에 대한 논쟁에서 나타난다.

2) 상업화 모델과 그 비판

정치학자인 엘렌 메익신스 우드(Ellen Meiksins Wood)는 자신의 2002년 저서 『자본주의의 기원, 장기 고찰(*The Origin of Capitalism, a longer view*)』에서 자본주의 등장에 관한 여러 견해들을 비판적으로 분석하는 가운데 자본주의가 이미 존재하던 상업 관행들의 확장 혹은 교역의 팽창에 불과한 것이 아님을 보여주려 한다. 다시 말해 자본주의를 "인간 본성 혹은 '교역하고 거래하고 교환하려는' 오래된 사회적 경향의 자연적이고 필연적

5) 엘렌 메익신스 우드, 『자본주의의 기원』, 정이근 역(경성대 출판부, 2002), 17쪽.

인 귀결"로 보는 것은 자본주의에 대한 이해를 왜곡시키는 그릇된 견해라고 주장한다.[6] 그는 이러한 잘못된 견해에 입각하여 전자본주의에서 자본주의로의 이행을 설명하려는 시도를 '상업화 모델'로 명명하면서[7] 이 모델이 보여주는 공통된 특징을 두 가지로 제시한다. 하나는 상업화 모델이 자본주의를 전자본주의 사회의 연장선 위에 있는 것으로 본다는 점이고, 다른 하나는 자본주의의 대두를 촉진시킨 요인으로서 인간의 상업적 실천들을 방해하던 제약들의 제거를 든다는 점이다.

전자는 자기 이익에 충실한 개인들 사이의 교환 행위가 역사의 새벽부터 존재했으며, 이러한 교환 행위는 생산 수단의 기술적 개선에 따르는 분업의 발전과 함께 점점 전문화·조직화되고 그에 따라 시장의 크기와 중요성이 점차 확대되어 왔을지언정, 그 본질적 성격은 자본주의 체제에 이르러서도 별반 달라지지는 않았다는 점에 착안해 있다. 자본주의를 이미 존재하는 상업 관행들, 즉 교환과 거래에서 이익을 극대화하려는 경제 주체들 사이의 상업적 관행들의 양적인 팽창에 따르는 필연적 귀결로 보는 것이다.

후자는 상업적 관행들의 팽창에 따르는 자본주의의 필연적 귀결을 방해하는 요인들에 대한 지적인데, 그 주된 대상으로 제시

6) 위의 책, 259쪽.

7) 이러한 우드의 명명은 1950년대를 달구었던 소위 '이행 논쟁'과 관련되는데, 이 논쟁은 봉건제로부터 근대 자본주의가 발생하게 된 추동력이 무엇인가를 중심으로 이루어진 논쟁이다. 그 추동력을 상업 자본의 산업 자본화라는 봉건제 외부의 요인에서 찾는 입장과 봉건제 내부의 생산 및 소유 관계의 변화에서 찾으려는 입장 사이의 대립으로 요약될 수 있는 이 논쟁은, 단지 이행의 추동력뿐 아니라 봉건제와 자본주의 자체에 대한 개념 규정의 문제 등을 포함하고 있다. 우드의 언급된 저서는 이 논쟁에서 후자 입장의 연장선상에 있는 듯 보이며, 이에 따라 전자의 입장을 상업화 모델로 명명하면서 비판하고 있는 것이다.

되는 역사적 제약은 바로 봉건제다. 봉건제는 자본주의와는 상당히 다른 경제적 원리들을 가지고 있는 체제로 보일 수 있고, 그런 관점을 강조하는 한 봉건제에서 자본주의로의 이행은 자본주의의 고유한 특징이 발현된 것으로 여겨질 수 있지만, 사실상 봉건제는 그 자체의 고유한 교역과 시장 논리를 가지고 있었던 것이 아니라 단지 시장의 발전과 성숙을 방해하던 요인이었을 뿐으로 이해된다. 전문적 상인 계급에 의해 주도되어 성장하던 고대 지중해 상업 사회의 교환의 경제는, 봉건제의 등장으로 인해 자기 이익을 추구하는 인간의 자연적 경향에 어긋나는 방향으로, 즉 불로소득자 경제(rentier economy)라고 할 수 있는 소비의 경제로 대체되어 중단된 것으로 간주된다. 이러한 봉건 시대는 인간의 자연적인 경제적 욕구에 대한 인위적인 압박이며, 따라서 자본주의의 출현은 이의 제거를 통한 교환 경제로의 복귀 — 물론 양적 팽창을 동반한 — 로 설명된다. 근대 자본주의의 등장을 봉건제의 몰락과 부르주아 계급의 등장 및 도시의 성장이라는 근대 사회의 특징과 연관지어 설명하는 것은 바로 이러한 맥락이다. 낡은 문화적 제약들과 정치적 기생성이라는 족쇄로부터의 자유를 지향한 시민 계급의 등장과 교역 확대에 필연적으로 수반된 생산 기술의 증진 등 한마디로 말해서 봉건적 제약으로부터 상업 활동과 상인적 합리성의 해방으로 대변되는 도시 경제의 성장은 자본주의 출현의 설명으로 부족함이 없는 듯 제시되는 것이다.

이러한 상업화 모델은 전자본주의 사회와 자본주의 사회 사이의 연속성을 강조하면서 자본주의의 특수성을 부정하는 입장이다. 이에 따르면 자본주의의 계보는 이미 초기 바빌로니아 상인이나 고대 지중해의 상인 혹은 로마 시대의 상인에서 시작되어 근대의 부르주아를 거쳐 산업 자본가에 이르기까지 자연스러운 발전 과정을 거쳐온 것으로 이해된다. '싸게 사서 비싸게 판다'는 상업적 이윤 획득의 오래된 관행은 자본주의적 교환과 잉여 가치의 전유를 통한 자본주의적 축적과 근본적으로 다를 바 없는 것이며, 따라서 시장이 가지고 있는 고유한 논리는 본질적으로 크게 변하지 않았다고 이해된다. 시장이란 애초부터 기회가 있으면 수익을 얻기 위해 재화를 판매함으로써 자신의 효용을 극대화시키는 합리적이고 자기 본위적인 개인들을 포함하며, 시장의 확장과 팽창을 야기함으로써 자본주의라고 일컬어지는 오늘날의 시장 사회를 도래하게 한 원동력은 바로 인류의 역사만큼이나 오래된 개개인들의 부에 대한 욕구와 집착으로 설명된다.

그러나 우드는 이러한 상업화 모델은 자본주의의 출현을 설명하기 위해 바로 그 설명되어야 할 자본주의 자체의 존재를 가정하는 모순을 범하고 있다고 지적한다.[8] 예를 들어 오늘날 자본주의의 한 특징으로 이윤 극대화를 위한 도구적 합리성의 지배를 들 수 있다면, 상업화 모델은 이러한 특징의 기원을 설명함으로써 자본주의의 등장을 말하기보다는 이러한 특징이 이미 인간의 역사에 보편적으로 존재해왔음을 전제한다는 것이다. 물론 자본주의의 고유한 특성을 통해 자본주의의 등장을 설명하기보다는 그에 대한 억제 요인들로부터의 해방을 통해 그것을 설명하려는 한, 이러한 전제는 어쩌면 당연한 것일 수 있다. 그러나 우드는 자본주의의 등장이 시장의 해방과 자유의 획득에 의한 것이 아니라 시장이 강제성을 띠게 됨으로써 이루어진 것이라고 주장하면

8) 위의 책, 18-19쪽.

서 이러한 견해를 비판한다. 다시 말해 우드는 자본주의의 특징을 전자본주의 시대의 시장과는 구별되어야 마땅한 자본주의 시장의 독특한 성격에서 찾을 수 있다고 주장하는 것이다.

이러한 그의 비판은 오스트리아 출신의 경제사학자 칼 폴라니(Karl Polanyi)에 의해 지지된다. 폴라니는 자신의 1944년 저작 『거대한 변환(*The Great Transformation*)』[9]에서 시장 교환과 관련된 개인적 이윤 동기는 근대에 이르기까지 결코 경제 생활의 지배적 원리가 아니었다고 주장한다. 전자본주의 사회에서 경제적 관계와 관행들은 혈연적, 공동체적, 종교적, 정치적인 비경제적 관계들 속에 편입되어 있거나 그 안에 잠재되어 있었으며, 경제 활동을 추동하는 동기에는 이윤과 물질적 획득을 위한 순수한 경제적 동기가 아니라 지위와 위신의 획득 혹은 공동체적 연대와 유지 같은 다른 동기들이 있었다고 그는 지적하는 것이다. 그에 의하면 발달된 시장을 가진 사회에서조차 시장은 경제 생활에서 부차적이었으며, 시장 원리와 구별되는 다른 경제 행위의 원리들에 의해 지배되었다. 전자본주의 시대의 주요 시장들은 본질적으로 경쟁적이기보다는 상보적이었고, 경쟁은 오히려 교역을 혼란하게 하는 경향이 있다는 이유로 고의적으로 제거되었으며, 오늘날의 무역에 해당하는 외부 교역은 이윤 추구의 동기에 의해 추동된 것이 아니라 단순한 운송 교역에 불과한 것이었다. 한마디로 전자본주의 시대의 시장은 자본주의 시장과 전혀 다른 논리에 의해 작동했다는 것이다. 그러므로 전자본주의 시대의 역사 속에서 발달된 시장을 가진 사회를 자본주의 시대의 시장 사회와 동일시할 수 없으며, 오직 근대 자본주의

---

9) 칼 폴라니, 『위대한 변환』, 박현수 옮김(민음사, 1991).

이후의 사회에서만 경제 외적 관계들로부터 분리된 고유한 경제적 동인과 그에 따르는 고유한 경제적 제도들이 나타났다고 폴라니는 주장한다. 그럼으로써 전체적인 사회 관계들 속의 한 부분으로 편입되어 있던 전자본주의 시대에 비해 자본주의 시대에는 사회 관계들이 오히려 시장의 한 부속물로 삽입된 사회, 즉 엄밀한 의미에서의 시장 사회가 나타났으며, 시장경제란 오직 이러한 시장 사회 속에서만 존재하는 자본주의 체제의 고유한 특징이라는 것이다.

자본주의 사회의 시장은 전자본주의 사회의 시장과 그 논리나 작동 원리 등의 성격이 판이하게 다르다는 폴라니의 주장은 자본주의의 등장 요인을 낡은 제약들로부터의 시장의 해방과 자유에서 찾는 상업화 모델이 전자본주의 시대와 자본주의 시대 — 나아가 억눌리고 제약되었을지언정 중세 봉건 사회에서조차 — 의 시장이 가지는 고유한 논리는 본질적으로 변하지 않았다는 잘못된 전제를 가지고 있다는 우드의 비판과 일맥상통한다. 이들은 모두 전자본주의 시대와 자본주의 시대의 차이를 '시장'이라는 개념에서 찾고 있다. 우드는 그것을 시장의 강제성으로, 폴라니는 사회의 시장 종속화, 즉 시장 사회의 도래로 말할 뿐이다.

이들의 비판과 주장이 정당하고 유효한 것인가를 점검해보는 것은 자본주의의 발생과 기원, 전자본주의와 자본주의의 구별 그리고 그에 따르는 자본주의의 정체성 확립 자체를 위해 요긴한 작업이 될 것이지만, 이와 관련된 경제사학적 논의는 본 글의 능력 밖의 일일 뿐 아니라 주요 관심사에서도 벗어난다. 자본주의의 구조적 폭력성을 점검해보려는 이 글의 주제에 따라 자본주의가 전자본주의의 연속성 하에 있지 않다는 우드와 폴라니의 입장에서 주목해보려는 것은 이들이 자본주의 체제의 작동에는 인간의 금전욕과 소유욕 이상의 무엇인가가 작동하고 있음을 말한다는 점이다. 이것은 자본주의 시대를 고래로부터 있어왔던 금전욕과 소유욕의 무제약적 표출과 전면 확대의 시대로 이해하는 비전문적 대중들의 일반적 통념과는 일치하지 않는 셈이다.

금전욕과 소유욕은 자본주의의 특징적 정신이 아닐 뿐 아니라 양심이 결여되어 있다고 할 만큼의 지나친 금전욕은 오히려 자본주의의 발달을 저해하는 요인임을 지적하고 사람은 바로 『프로테스탄티즘의 윤리와 자본주의 정신』으로 유명한 막스 베버(Max Weber)다.[10] 이 책에서 그는 자본주의 사회의 현실을 다음과 같이 적고 있다.

> 현대의 자본주의적 경제 질서는 개인들이 태어나는 방대한 우주며 이 우주는 적어도 개인들에게는 그들이 살아가야만 하는 현실의 불변적인 구축물로 나타난다. 그 우주는 시장의 연관에 얽혀 있는 개인들에게 자신의 경제적 거래의 규범을 강제한다. 이 규범에 적응할 수 없거나 적응하려 하지 않는 노동자가 실직하여 거리로 쫓겨나듯이 이 규범에 지속적으로 대립하는 공장은 경제적으로 예외 없이 제거된다.[11]

이 인용문은 베버가 자본주의 체제를 시장 질서 혹은 시장 규범을 준거로 하는 일종의 자본주의적 자연 도태의 장으로 규정하고 있음을 보여주면서, 이와 더불어 (그리고 이에 따르는) 자본주의 체제의 두 가지 특징도 제시해주고 있다. 하나는 시장 질서가 지배하는 자본주의 경제 질서는 개개인이 자발적으로 참

10) 막스 베버, 『프로테스탄티즘의 윤리와 자본주의 정신』, 박성수 옮김(문예출판사, 2000), 41-42쪽.

11) 위의 책, 39-40쪽.

여나 이탈을 결정할 수 없는 필연적 장(우드의 시장의 강제성)이라는 것이고, 다른 하나는 여기서 도태된다는 것은 단순히 경제적으로 도태된다는 것만을 의미하는 것이 아니라 사회적으로 도태된다는 것까지 의미한다는 것이다(폴라니의 시장 사회).

관건은 그러한 자본주의 시장 질서가 과연 무엇인가 하는 것일 터이지만, 이에 앞서 그리고 이와 연관해서 베버에게서 찾아볼 수 있는 또 하나의 흥미로운 점은 이러한 시장 질서에 적합한 적자의 정신으로 베버가 제시하는 소위 직업(소명) 의무 사상과 연관된 자본주의 정신이다. 그것은 "직업으로서 체계적이고 합리적으로 정당한 이윤을 추구하려는 정신적 태도"로 온건하게 표현될 수 있지만, 그 내용은 "돈을 벌고, 더 많은 돈을 버는 것이 곧 최고선"으로 간주되는, 다시 말해 "돈벌이를 자신의 물질적 생활 욕구를 만족시키기 위한 수단으로 여기는 것이 아니라 삶의 목적 자체로 여기는" 정신적 태도다.[12] 베버가 자신의 책에서 논증하려던 핵심은 이러한 노동에 대한 태도, 즉 돈벌이 혹은 노동을 자기 목적이나 소명으로 파악하는 것이야말로 자본주의 발전의 원동력이었으며 이것은 주로 종교적 교육에 의해 결과되었다는 것이지만, 역으로 이미 확립된 자본주의 체제에서도 자본주의적 자연 도태가 작동하는 한 여전히 이러한 정신이 요구된다고 할 수 있다.

자본주의 체제의 적자에게 요구되는 이러한 정신은 안락하고 쾌적한 삶 또는 개인의 행복과 효용을 고려하지 않는 것일 뿐 아니라 오히려 그 관점에서는 비합리적이고 대립적인 정신이다. 베버는 전통적으로 — 그리고 현재에도 여전히 — 인간은 본성상

---

12) 위의 책, 38-48쪽.

더 많은 돈의 획득 자체를 목적으로 추구하기보다는 다른 어떤 목적을 위해 필요한 만큼만 벌고 즐기려는 성향을 지녀왔다고 주장하면서, 이러한 행복주의적 이해 관계의 관점에서 볼 때 돈과 노동에 대한 맹목적 헌신은 불합리한 것으로 이해될 수밖에 없다고 규정한다.[13)]

그런데 베버의 주장처럼 이토록 불합리하고 맹목적인 돈과 노동에 대한 헌신이 바로 자본주의 발전의 원동력이었다고 한다면, 그리고 확립된 자본주의 역시 그의 적자에게 요구하는 정신이 바로 이러한 것이라면, 그 이유는 자본주의 체제의 작동 원리 가운데 그러한 정신을 요구하거나 또는 그에 부합하는 요인이 있기 때문이라고 추론해볼 수 있다. 그리고 만약 그것이 사실이라면 그것은 동시에 부적자, 즉 돈과 노동의 가치를 상대화하려는 자로 하여금 도태의 위험으로 내모는 요인이기도 하다. 이에 대한 확인 역시 시장 질서에 대한 이해를 통해야만 한다.

3) '시장' 개념을 통해 본 자본주의 체제의 특징

이제 시장에 대한 이해를 도모함으로써 자본주의 체제의 본질적 요소를 살펴보자. 우선 '시장'에 대한 일상의 통념적 이해가 허구적 신화에 불과한 것임을 지적하는 입장을 소개해보자.

---

13) 실제로 오늘날 우리 사회에서 역시 돈은 필요한 것으로 간주하지 그 자체를 목적으로 간주하지는 않는다. 근자에 들어 불어닥친 소위 '부자아빠론' 역시 돈을 백안시하는 태도에 대한 경종이지 돈을 목적으로 추구해야 한다는 권고는 아니다. 그것은 또한 전통적인 – 그리고 오늘날의 – 윤리 감각에도 부합하지 않는다. 재테크 등에 의한 이윤 추구의 중요성이 그 어느 때보다도 중요하게 등장하는 오늘날이지만, 이윤 추구 자체는 기껏해야 현실의 요구에 부응하고 윤리적으로 관용되는 대상일 뿐 그 자체가 의무이자 목적이라는 생각은 여전히 사회적 합의를 얻지 못하고 있다.

하나는 종속 이론의 연장선상에서 세계 체제 분석(World-System analysis)을 제시한 것으로 유명한 사회학자 이매뉴얼 월러스틴(Immanuel Wallerstein)이 지적하고 있는 것인데, 자본주의 체제에서의 시장을 마치 시골 장터와도 같이 최초 생산자와 최종 소비자가 만나는 장소라는 식으로 지극히 단순화된 이미지로 이해하는 것은 소박한 상상에 불과하다는 것이다.[14] 그에 따르면 이러한 종류의 시장은 전자본주의에서 뿐 아니라 자본주의에서도 항상 있어왔지만 그 비율은 매우 낮으며, 대부분의 거래는 상품 연쇄 곳곳에 자리한 두 중간 생산자들 사이에서 생산 과정을 위한 투입물의 구매와 반제품의 판매로 이루어진다. 이 과정에서 가격 투쟁, 즉 모든 노동 과정에서 실현된 이윤의 일부를 판매자에게서 얻어내려는 구매자 측의 노력이 이루어지며, 이러한 가격 투쟁에는 특정한 시공간적 관계망(nuxus) 하의 공급과 수요, 공급과 수요를 조작하는 독점적 규제(수평적 독점), 시장 가격에 영향을 주기 위한 판매자들 사이의 수직적 통합 같은 요인이 개입된다. 이 가운데 수직적 통합, 예를 들어 판매자와 구매자가 사실상 동일 기업인 경우 가격은 그야말로 자의적으로 조정될 수 있고, 이러한 수직적 통합이 강하면 강할 수록 손해를 보는 측/지역과 이익을 보는 측/지역이 확연히 구분되면서 동시에 경제의 중심이 이익을 보는 측/지역으로 이동하게 되고, 그만큼 총 잉여가 어느 한 곳으로 집중될 가능성은 더 커지게 되어 결국 자본의 집중이 용이하게 된다. 이러한 시장 원리가 작동하는 곳에서는 시장 안에서 실제 가격이 형성되는 것처럼 보이지만 사실은 그 이면에 이러한 자본 집중 논리가 작동

14) 이매뉴얼 월러스틴, 『역사적 자본주의/자본주의 문명』, 나종일 · 백영경 옮김(창작과비평사, 1993), 31쪽.

하고 있는 것이며, 이런 식으로 자본주의 시장은 결국 지역 내에서 뿐 아니라 세계 시장 내에서 엄청난 자본의 집중과 임금 수준의 격차를 발생시켜 왔다.

다른 하나는 우드가 지적하고 있는 것인데, 그것은 시장이 곧 '기회'를 의미한다는 것이 허구적 신화라는 것이다.[15] 자본주의에서 물질적 생활과 사회적 재생산은 시장에 의해 보편적으로 중재되기 때문에, 모든 개인들은 생활 수단뿐 아니라 생산 수단을 획득하기 위해 어떤 방식으로든 시장 관계에 들어가야만 한다. 생산 수단의 획득을 위한 시장에의 진입은 곧 자신의 노동력을 상품화해야 됨을 의미하며, 그럼으로써 자본주의 시장의 지상 명령들, 즉 경쟁, 축적, 이윤 극대화, 노동생산성 향상 등의 지령들은 경제적 거래뿐 아니라 사회 관계 일반을 규제하게 된다는 것이다. 이러한 지령들에 성공적으로 적응하지 못하는 개인들은, 예를 들어 포커 판에서 손을 털고 물러나는 것처럼 단순히 이익을 위한 기회를 포기하거나 상실하는 데 그치는 것이 아니라 그야말로 한 개인 전체가 사회적으로 도태된다.

자본주의 체제에서 시장은 기회의 장이 아니라 강제된 장이라는 우드의 지적을, 앞서의 월러스틴이 지적한 첫째 신화와 연관지어보면, 시장은 결국 모든 경제 활동뿐 아니라 사회 관계 일반을 자본 축적이라는 자본주의 시장의 고유한 작동 원리에 종속시키는 자본주의 특유의 강제된 지배 원리로 이해할 수 있다. 그럼에도 불구하고 시장에 대한 통상의 두 신화적 이미지는 서로 연결되어 시장이 반드시 완벽하게 공정한 등가 교환을 보장하지는 않을지라도 최소한 그에 참여하여 이익을 기대할 수 있는 곳

15) 엘린 메익신스 우드, 위의 책, 21-22쪽.

이라는 기대를 갖게 한다. 그리고 시장의 작동은 수요와 공급이라는 쌍방 조건에 의해 결정되기 때문에, 어느 한쪽이 일방적으로 주도할 수 있는 것이 아니라 그 적절한 접점에서 합리적인 거래가 이루어지도록 하는 시장 제력(market force), 즉 소위 보이지 않는 손의 작동에 의해 그 규범이 합리적으로 유지되는 그러한 거래의 장으로 치부되게 된다.

그러나 이러한 신화는 자본주의 시장 원리가 작동하는 근본적인 목적, 즉 시장은 단순히 가치의 교환과 부의 증대를 목적으로 하는 것이 아니라 근본적으로 자본의 축적을 위해 작동하는 시스템임을 망각한 신화이거나 혹은 그것을 은폐하는 신화다. 시장은 단순히 생산자와 소비자가 만나는 거래 기회의 장이 아니다. 그것은 국제 관계, 즉 국가 간 체제 안에서 서로 연결되어 있는 다양한 국가들, 이러한 국가들과 불안정하고 불확실하게 관계를 맺고 있는 다수의 민족들, 종사하는 직업들의 윤곽이 갈수록 뚜렷해질 뿐 아니라 의식 수준에서도 다양한 편차를 보이는 여러 계급들, 여러 형태의 노동에 종사하고 여러 원천에서 소득을 얻고 있는 사람들이 결합되기 때문에 각 계급들과 불안정한 관계를 맺고 있는 공통의 가계 활동 단위들이 필연적으로 얽혀 거래하면서 복잡하게 상호 작용하는 데서 생겨난 일련의 규칙이나 규제들이다.[16] 이러한 시장은 고정된 것도 항구적인 것도 아니며 그것을 한눈에 바라볼 수 있는 중심점을 지니지도 않는, 그러면서 주기적으로 조정되고 재편성되는 것이다. 시장 사회에서 시장의 이러한 조정과 재편성은 단순히 자본가 계급과 노동자 계급, 자본가 계급 내에서의 자본가들 사이, 한 경제 분야

16) 이매뉴얼 월러스틴, 위의 책, 68쪽.

와 다른 경제 분야, 동일 경제 분야 내에서의 기업가들 사이의 경쟁이나 투쟁에 의해서만 결과되는 것이 아니라 정치적 투쟁의 영향을 받아왔다. 경제적인 경쟁과 투쟁들이 대체로 정치적 형태를 띠어 왔다는 의미에서 뿐 아니라 지역적이든 범세계적이든 오늘날 벌어지는 대부분의 정치 투쟁 — 권력 투쟁이 아니라 — 은 그것이 지닌 이념성을 과소평가할 수는 없을지라도, 한편으로 특정 경제 행위자들에게 자동적으로 이익이 돌아갈 수 있게끔 작동하는 시장의 형성을 위한 구조적이고 제도적인 장치를 마련하려는 투쟁이라는 성격도 지니기 때문이다.

시장과 자본주의에 대한 이 모든 신화는 근본적으로 자본을 단순히 거대한 돈 덩어리와 혼동하는 데서 비롯된다. 자본은 축적된 부 이상의 의미를 지닌다.[17] 이 점은 경제학의 기초적 상식이다. 축적된 부는 소비되거나 단순히 보존될 수도 있는 한 그저 부에 불과할 뿐 자본이 아니다. 축적된 부가 더 많은 축적을 위해 사용될 때만 비로소 그것은 자본이 된다. 적은 규모일지언정 모이진 돈이 종자돈 혹은 밑천으로 사용될 때 그것은 자본의 성격을 지니지만, 아무리 큰 액수라도 과시를 위해 사용된다면 자본이 아니다. 자본주의란 바로 자본의 축적을 위해 자본이 사용되는 체제를 의미한다. 그것은 단순히 부의 증대를 꾀하는 체제가 아니다. 물론 현실 사회에서 생산되는 모든 부가 자본으로 사용되는 것은 아니며, 생산 과정에서 고려되는 것 역시 자본의 축적만은 아니다. 그러나 생산 과정에 개입되는 목적들이 서로 충돌할 경우 그 전체적인 성격은 그 중 어느 것이 우선시되는가에 따라 결정된다. 만약 일정 기간 이상 자본의 축적이 다른 목적들

17) '자본'의 의미에 대한 평이하면서도 명쾌한 설명은 리오 휴버먼, 『자본주의 역사 바로 알기』, 장상환 옮김(책벌레, 2000), 197-199쪽 참조.

보다 우선할 때는 바로 자본주의 체제가 작동하는 것이라고 말할 수 있으며, 따라서 그 생산 과정과 관계는 자본주의적이라고 할 수 있다. 예를 들어 성장과 분배라는 경제학의 두 토끼 가운데 자본의 집중 — 즉, 자본의 축적 — 을 필요로 하는 성장이 우선될 경우 그것은 자본주의적이다. 반면에 자본의 분산을 야기하는 분배가 우선시될 경우는 자본주의 외적이라고 할 수 있다. 성장과 분배는 자본주의 사회에서 경제학이 고려해야 하는 두 마리 토끼이지만, 그 둘 다가 자본주의적 토끼는 아닌 것이다.

물론 분배 역시 성장과 축적이라는 자본주의 이념의 온전한 실현을 위해 반드시 요구되는 조건이다. 그러나 자본주의 체제가 분배에 관심을 두는 이유는 체제 자체의 지극히 이기적인 동기, 다시 말해 이윤 극대화를 위한 생산 비용 감소 노력은 종종 분배의 축소와 연관되지만, 이것은 결국 자본의 축적 과정을 완결하는 데 필요한 구매자 및 구매력의 확대를 방해한다는 점 때문이다.[18] 그렇기 때문에 분배는 자본주의 체제의 고유한 관심사가 아님에도 불구하고 자본주의 체제의 흐름을 유지하기 위해 반드시 요구되는, 성장을 위한 수단적 가치를 지닌다. 자본주의 체제 자체만의 관점에서 볼 때 분배의 질적 · 양적 확대는 그 수혜자들의 더욱 풍요로운 인간적 삶을 위한 것이기보다는 상품 연쇄의 고리가 단절되는 것을 방지하여 축적의 순환 과정이 원활하게 이루어지도록 하기 위한 필요 조건이다. 다시 말해 자본주의가 시행하는 분배는 곧 소비를 전제로 한다. 자본주의 체제

---

18) 이매뉴얼 월러스틴, 위의 책, 18쪽 참조. 여기서 월러스틴은 구매자 망 및 그들의 구매력 확대가 자본주의 상품 연쇄 과정과 축적 과정을 완결하기 위해 필수적임에도 불구하고, 동시에 이를 위한 총 이윤의 재분배는 이윤의 총 마진을 감소시키는 모순적 상황을 연출한다고 지적하고 있다.

에서 소비는 소비자가 주체적으로 삶을 누리는 것이기 이전에 체제의 원활하고 성공적인 작동을 위해 강요되는 — 종종 불필요한 소비마저도 강요되는 — 것이기도 하다.

분배가 성장을 위한 수단을 넘어서 그 자체가 하나의 가치로 추구될 때, 다시 말해 분배와 재분배의 최대한 확대는 경제 활동의 원활하고 원만한 수행을 위해 요구되는 노동 평화를 가져올 수 있다. 그러나 그 단위가 되는 기업 혹은 국가 외부에 경쟁자가 있는 한 그것은 필연적으로 경쟁력 약화와 그에 따르는 도태의 리스크를 유발하게 된다. 그러므로 분배의 수단화는 자본가의 이기적 책략이기에 앞서 자본주의 체제 자체의 객관적 제약이자 생존의 조건이며, 분배가 확대되는 정도 이상으로 노동생산성이나 노동 강도를 포함하는 경쟁력의 향상을 요구하는 시장 작동 원리의 필연적 결과다.

자본주의 체제는 성장을 통한 분배 혹은 분배를 위한 성장을 추구하는 체제가 아니라 오로지 성장, 즉 자본 축적 혹은 자본 집중을 지향하는 체제며, 축적을 극대화하려는 합리적 의도에 의해 지배되어온 체제다. 그것은 원칙적으로 일한 만큼 대가를 나누어 받는 경제 체제가 아니라 일할수록 — 물론 그에 따라 대가도 커지겠지만 — 자본의 축적과 집중에 기여할 수밖에 없는 시장 원리가 작동하는 체제다. 그것은 이제 단순히 자본가들의 이기심이나 도덕성의 문제가 아니다. "자본주의 형성기에는 자본주의를 만드는 것이 기업가이지만, 발전된 자본주의 단계에서는 기업가를 만드는 것이 자본주의다"라는 좀바르트(W. Sombart)의 말처럼,[19] 이러한 시장 원리는 비단 노동자들뿐 아니라 기업가나 자

19) 베르너 좀바르트, Der Bourgeois (1913), 피에르 부르디외, 『자본주의의 아비투스』, 최종철 옮김(동문선, 1995), 15쪽에서 재인용.

본가에게도 동일하게 적용되는 자본주의적 자연 도태의 규칙이기 때문이다. 자신의 모든 자본을 현금화 또는 현물화하여 더 이상 자본으로서가 아니라 단순히 사용 가치만을 지니는 부로 전환시키고 모든 사회적 관계에서 은퇴하지 않는 한, 제아무리 거대 자본가라 할지라도 도태의 위험에서 자유로울 수는 없다.

왜 자본을 축적해야 하는가는 더 이상 질문의 대상이 되지 않는다. 자기 개인의 향유를 위해서는 자신의 재산을 조금도 사용하지 않으면서 단지 완벽한 직무 완수라는 비합리적 감각 하에서 보여주는 노동에의 맹목적 헌신이야말로 자본주의에 적합한 정신이라는 베버의 말처럼[20] 자본 축적에의 맹목적 헌신, 끝없는 자본 축적이야말로 노동자와 기업가를 가리지 않고 자본주의 시장 원리가 강요하는 자본주의의 법칙이자 유일한 목적이다.[21] 자본주의 체제는 더 이상 기술 발전과 분업에 의한 교환을 바탕으로 부의 전반적인 상승을 도모함으로써 생활의 질의 향상을 도모할 수 있는 그러한 체제가 아니다. 열심히 일한 만큼 대가를 받는다는 식의 사고 방식은 사실상 자본주의 자기 모순을 극복하기 위해 던져지는 파이 조각 — 이 파이 조각 역시 또 다른 상

---

20) 막스 베버, 위의 책, 53쪽.

21) 지난 20여 년간 북미에 비해 유럽이 뒤처진 이유로서 유럽인들의 노동 시간 감소와 그에 따르는 노동 생산성 저하를 지적하면서 이는 궁극적으로 유럽인들이 기독교와 멀어지면서 발생한 현상이라는 니알 퍼거슨 뉴욕대 교수의 연구 결과가 최근 언론에 보도된 바 있다(『중앙일보』, 2003년 6월 18일자 21면). 자본주의 경쟁력과 종교와의 상관 관계를 드러낸 이 연구 결과는 그동안 베버에게 가해졌던 비판에도 불구하고 자본주의에 적합한 정신으로 그가 분석해낸 기독교적 직업 소명 의식이 자본주의 체제의 원활한 작동과 무관치 않음을 보여준다. 니알 퍼거슨 교수의 연구 결과와 함께 이 언론 보도는 “하나님이 자신들과 아무 상관이 없다”고 대답한 유럽 사람들이 국가별로 50% 전후를 차지하는 반면, 북미의 경우 82%가 “하나님이 매우 중요하다”고 응답한 조사 결과도 덧붙이고 있다.

품의 구매에 사용하도록 강요되는 — 을 향유할 수 있는 일부 중간 계층에게나 해당하는 은폐 이데올로기의 일환일 뿐, 그에 참여하지 못하는 대다수의 사람들에게는 좌절일 뿐이다. 경제 행위자의 성향 및 기대치와 그가 활동하는 경제적 세계 사이에 그야말로 근본적인 불일치가 존재하는 것이다.

3. 자본주의 체제의 구조적 폭력성

'성장을 통한 분배'가 아니라 '성장을 위한 분배'라는 작동 원리에 의해 움직이는 자본주의 체제에서 생산의 목적은 사용 가치가 아니라 교환 가치에 있으며, 사람이 아니라 이윤에 있을 뿐이다. 그러므로 자본주의는 그 안에서 활동하는 경제 주체들 모두를 위한 체제일 수도 없고, 공동체 전체의 공동선에 봉사하는 체제일 수도 없다. 자본주의는 그 고유한 속성상 자본의 집중을, 따라서 부의 편중을 점점 심화시킬 뿐이기 때문이다. 그것은 특정 자본가 혹은 자본가 집단의 의도 때문이기에 앞서 그 체제 자체의 고유한 자기 조직화에 수반되는 필연적 속성이다.

이 점이 은폐되는 한 자신의 몫이 만족스럽지 못한 데 대한 모든 책임은 각 개인에게 떠맡겨질 수 있다. 본성상 평등주의를 향한 추진력을 그 원동력으로 하는 민주주의는 오히려 이러한 책임 전가를 위한 이데올로기로서 성공적으로 자리매김되어 왔다. 개인주의적 자유민주주의는 결과의 산술적 평등을 내세우는 사회주의와는 달리 권리 및 기회의 균등과 능력주의를 내세우기 때문이다. 그러나 언제 어디서 어떻게 어떤 조건 하에서 스타트

라인이 그어졌었는지를 기억조차 할 수 없는 사람들에게는 그것이 승자의 월계관을 향해 박수를 강요당하는 수사에 불과할 수 있다. 그러나 이러한 은폐의 노출은 곧 자기 책임이던 것이 더 이상 자기 책임이 아니라는 인식의 전환에 그치는 것이 아니라 조작과 기만에 대한 분노, 배신감에 의한 전면 불신을 동반한 대립과 투쟁으로 이어지고, 심지어는 폭력적 저항을 유발할 수 있는 상당한 개연성을 동반한다.

개개인의 자기 책임은 근본적으로 모든 인간은 자신의 지적 본성 덕분에 저마다 고유한 가치를 지닌 인격(persona)이라는 데, 다시 말해 각 개인은 저마다 자기 목적적 존재로서 각자가 자유롭게 자신의 삶을 영위해나가는 주체적이고 자기 규정적인 존재라는 인간관을 전제한다.[22] 이러한 인격으로서의 인간은 개인으로서의 자신의 완성과 인간으로서의 자신의 완성을 동시에 추구하는 존재다. 본성상 지적이고 그렇기 때문에 본성상 사회적인 인간에게 사회 혹은 공동체 안에서의 삶은 인간으로서의 삶을 위해 본질적 필연성이며, 그러한 공동체 안에서 각 개인은 하나의 개인으로서 자신의 조건과 상황에 따르는 개인선(individual good)을 추구할 뿐 아니라 동시에 공동체의 구성원으로서 그 사회 혹은 공동체가 주어진 상황과 조건에 따라 추구하는 공공선(public good)과 인

---

22) 개인의 가치를 공동체와의 연관성 속에서가 아니라 그 자체로 인식함으로써 개개인의 자기목적성과 자기 책임을 강조하는 소위 개인주의(individualism)는 근대 이후에 나타난 현상으로 치부되지만, 이러한 인간관과 이에 대한 철학적 논증의 시도는 이미 중세에서 나타나고 있다. 아론 구레비치는 자신의 저서 『개인주의의 등장』(새물결, 2002)에서 이 점을 역사학적 관점에서 규명하고 있다. 철학적으로 볼 때 중세 1000여 년 동안 끊임없이 논의되어온 인간 영혼의 문제는 바로 이와 관련된 논증의 문제라고 할 수 있으며, 특히 13세기에 토마스 아퀴나스와 라틴아베로에즈주의자들 사이에 벌어진 지성 단일성 논쟁은 개인의 가치에 대한 철학적 논증을 확립할 수 있는가를 놓고 벌어진 논쟁이었다.

간으로서의 인간선(human good), 즉 공동선(common good)을 추구하는 존재다.[23]

이러한 인간들이 순응하고 따라야 하는 규제적 규범으로 주어지는 모든 관습과 법 및 제도들은 두 가지 측면에서 그 정당성을 주장할 수 있다. 하나는 그러한 규범들이 지향하는 바가 결국은 각 개인에게도 직접적으로 이익이 된다는 것이고, 다른 하나는 그러한 규범들이 각 개인의 눈앞의 이익과는 무관하게 그 자체로서 가치 있는 인간선을 지향한다는 것이다. 전자의 경우는 각 개인들이 개인으로서는 추구할 수 없는 공공선 혹은 공동선의 추구에 기여함으로써 그를 통한 개인의 이익을 도모하는 경우며,[24] 반면에 후자의 경우는 각 개인들이 자신의 이익과의 직접적인 이해 관계와 무관하게 보편적 가치를 추구하는 경우다.[25]

그러나 이제까지의 논의로 미루어볼 때 자본주의 체제는 이 가운데 그 어느 것에도 합치하지 않음이 분명하다. 자본주의 자체는 개개인의 희생을 무릅쓰고 지켜내야 하는 보편적·인간적 가치를 지닌 체제도 아니며, 그러한 가치를 목적으로 지향하는 체제도 아니다. 또한 자본주의 체제가 분배마저 그 수단으로 하는 자본의 축적을 유일한 목적으로 하여 끝없는 경쟁, 축적, 이윤

---

23) 사회성이 인간의 본성에 포함된다는 것과 그에 따라 인간은 인간으로서의 공동선을 본성적으로 추구한다는 것은 이미 아리스토텔레스에게서 제시된 견해다. '윤리학'이 개인적 차원에서의 선에 대한 추구에 중점을 두는 것이라면 사회적 본성의 측면에서 공동선에 대한 추구를 다루는 것이 '정치학'으로 나타난다.

24) 흔히 이기주의가 정당화될 수 있는 최소 단위라고 일컬어지는 국가들 사이에서 이해 관계를 놓고 벌어지는 국제적 정치 및 경제 질서에서 그 대표적 사례를 찾아볼 수 있다.

25) 인권이나 환경, 정의를 모토로 내건 국제적 민간 활동에서 그 구체적 사례를 찾아볼 수 있다.

극대화, 노동생산성 향상을 지상 명령으로 부과하는 한 그 안에서 활동하는 각 경제 주체들 모두의 이익을 위한 체제이거나 혹은 자신의 노력 여하에 따르는 성공의 기회의 균등을 보증하는 체제도 아니다. 다시 말해 자본주의 체제 자체의 작동 원리가 그 본 모습을 드러내는 한, 그것은 결코 인간 이성에 따르는 합리적 체제일 수 없다.

자본주의 체제 안에서 태어나 그 안에서 사회화의 과정을 겪은 현대인들은 자본주의 체제가 전자본주의적 신분제 사회를 극복하고 공평한 기회를 보장하는 기회의 장이자 능력주의 사회 체제라는 인식을 종용받는다. 이러한 인식은 자유민주주의 이데올로기에 의해 지지될 뿐 아니라 체제가 낳은 그야말로 극소수의 개체 변이적 성공 신화를 통해 예증되곤 한다. 그러나 사실상 시장이 오직 자본의 축적이라는 관점에서만 합리적으로 작동하는 한, 그 성공신화는 더 많은 참여자가 원천적으로 봉쇄될 때만 유효하고 그렇기 때문에 사람들로부터 열광적인 찬사를 받을 수 있다는 점은 애써 은폐되어 있다. 자본주의가 역사상 유례없이 개개인의 능력에 따르는 기회를 보장하는 체제라는 슬로건은 그야말로 체제의 적자가 되지 못하는 대다수의 사람들에게 자기 책임이라는 명분 하에 스스로를 인내하고 체제에 순응하도록 하는 일종의 통제 이데올로기일 뿐이다.

결국 자본주의 체제는 그 원활하고 성공적인 작동을 통해 오로지 빈부 격차의 확대를 재생산해내는 체제에 불과하다.[26] 지적 본성을 지닌 인간은 자신이 이해한 바에 따라 행위하기 때문

26) 실제로 2003년 7월 6일자 국제노동기구(ILO)의 성명서에 의하면, "지난 40년간 빈부 격차가 두 배 이상 커지고 세계 인구 절반에 해당하는 30억 명은 하루 2달러 미만으로 생활하고 있다"(『중앙일보』, 2003년 7월 8일자 기사 인용).

에[27] 자본주의 체제의 이러한 성격이 인식되지 않는 한 자본주의는 그 본질적 속성을 은폐한 채 기회 보장의 체제로서 각 개인의 책임을 강조하며 나름대로 사회적 제도로서의 역할을 수행할 수 있다. 그러나 마찬가지 이유에서 일단 그것이 드러나고 인식되면, 그에 대한 저항과 반발은 그 체제 자체가 지닌 모순 이상으로 과도해질 수도 있다. 더욱이 그 저항과 반발의 대상이 모호하다는 문제점도 있다. 기업가와 노동자 모두 시장 논리에 종속되어 있는 한, 체제 자체 또는 시장 논리라는 체제의 작동 원리가 그 정확한 대상이기 때문이다.

자본주의 체제의 적자는 구체적으로 자본축적의 주체인 자본가 혹은 기업가며, 따라서 체제의 모순에 대한 분노는 자본가 계급을 향해 표출되어 자본주의 사회의 대표적 투쟁 형태라고 할 노사 간의 갈등으로 표출된다. 그러나 이익의 공평한 배분을 요구하는 노동 운동은 사실상 더 많은 이익의 배분을 위해 더 많은 성장을 요구한다는 점에서 여전히 자본주의 시장 작동 원리의 덫에 걸려 있다. 재분배의 확대는 성장을 위한 축적을 방해하고 경쟁력을 약화시킴으로써 결국 파산이라는 공멸에의 위험성을 불러일으키는 것이다. 이미 자본주의 시장 작동 원리가 자리잡은 현대 사회에서 특정 자본가나 기업가는 더 이상 자본주의의 영원한 적자가 아니다. 자본주의의 적자는 그것이 누구든 간에 현재에 그리고 가까운 장래에 자본 축적이라는 지상 과업을 성공적으로 달성하는 자일 뿐 과거의 화려한 이력 따위와는 무관하다.

---

27) 모르는 것 혹은 스스로가 좋다고 이해하지 못한 것에 대해서는 실제 행위를 일으키는 추동력인 욕구를 지닐 수 없다는 이러한 입장에 대한 철학적 논증의 한 예로서, 토마스 아퀴나스, 『신학대전』 I, q.59, a.1, c. 참조.

체제가 지닌 모순의 인식에 더해 이처럼 분배에의 요구가 결국 공멸로 치달을 수 있다는 잠재적 위기 의식은 한편으로 분배에 대한 노동자들의 요구를 잠재우기 위한 위협의 효과적인 수단으로 사용되기도 하지만, 다른 한편으로는 결국 공동체적 연대 의식에 손상을 가져오고 이기주의적 개인주의를 확산시키게 된다. 기업이든 국가든 경제 공동체의 번영이 그 구성원의 끊임없는 희생을 통해서만 달성되고 유지될 수 있다는 인식은 결국 공동체의 구성원으로서 공동체의 이익 실현을 통한 자신의 이익 실현이라는 이상이 허구에 지나지 않는다는 자각과 자조로 이어지기 때문이다. 그리고 이러한 인식의 팽배는 결국 개인주의적 보신주의와 보편적 황금만능주의의 길을 열게 되고, 이러한 상황에서의 연대는 결국 개개인의 이기적 이해 관계들에 바탕을 둔 이합집산의 형태를 띠는 가운데 이익을 위한 대립적 투쟁 관계로 나아갈 수밖에 없다. 이해 관계가 얽혀 있는 한 양보 혹은 도덕적이고 보편적인 가치의 추구는 미덕이 아니라 곧 손해라는 인식은 드러내놓고 활자화되지 않을지언정 드물지 않게 회자되는 판단 기준이다.

그러나 대체로 자본가 계급을 향해 표출되곤 하는 분노와 폭력의 투쟁은 그 상대자 역시 시장 논리의 또 다른 희생자가 되게 하곤 한다. 자본가 역시 자본가 계급 사이의 생존을 위한 경쟁 관계에 있기 때문이다. 그야말로 엄밀하게 가해자와 피해자를 구별할 수 없는 폭력의 순환, 그 가능성을 아슬아슬하게 담지하고 있는 것이 바로 자본주의 체제다.

이것을 상쇄하기 위해서는 경제 공동체의 성장과 분배가 동시에 이루어져야만 한다. 그러나 양립할 수 없는 이 두 마리 토끼는 오직 그 경제 공동체 자체가 산출하는 가치 이상의 이익을 외부로부터 취할 수 있을 때만, 다시 말해 하나의 경제 공동체가 거대한 자본 축적의 주체가 되어 외부로부터 잉여 가치를 창출할 수 있을 때만 가능하다. 이는 곧 잉여 가치의 새로운 원천, 즉 비용 부담을 가중시키지 않는 가용 노동력과 사용 가치를 넘어서는 생산을 위해 요구되는 자연 자원의 부단한 확대를 요구하며, 따라서 자본주의 체제의 지역적 확산 및 지역적 재편성에 의해서만 가능하다. 하지만 바로 이 점이 세계화, 즉 상대적으로나마 전통적 가치를 배경으로 그것을 존중해온 유럽 식의 이해 당사자 자본주의(stakeholder capitalism)와 달리 오직 이윤 극대화만을 추구해온 미국 식 주주 자본주의(shareholder capitalism)[28]의 전세계적 확산과 그에 따르는 단일 시장화를 반대하는 비정부기구(NGO)들이 1999년 10월의 시애틀 거리를 메운 이유다. 세계화가 자본주의 시장 경제 체제의 범세계적 확산을 의미하는 한, 그것은 표방되는 것처럼 저개발 지역의 문명 소외와 빈곤 문제를 해결하기보다는 더 이상 고분고분하지 않는 노동자들을 대신할 '분수에 맞는 대가에 만족하는' 노동력을 확보하고, 자연 자원과 환경에 대한 자유로운 접근에 걸림돌이 되는 국가 주권의 힘을 무력화시킴으로써 결국 자본의 지역 편중과 빈부 격차를 심화시키리라 예상되기 때문이다.[29]

산업 사회를 넘어서 지식 사회로의 이행이 언급되는 오늘날

28) 앤서니 기든스 & 윌 허튼, 「세계화 시대의 자본주의는 어디로 갈 것인가」, 『기로에 선 자본주의』(생각의 나무, 2000), 48-49쪽. 이러한 구별은 일반적으로 수용되는 구별은 아니다.

29) 실제로 지난 1960~1999년의 40년 동안 벌어진 전세계적인 빈부 격차 확대의 주된 이유로 국제노동기구(ILO)는 아프리카와 중남미, 중동, 동유럽, 중앙아시아 지역에서의 빈곤 급증을 들고 있다(『중앙일보』, 2003년 7월 8일자 기사 참조).

물질을 기반으로 하는 자본주의 체제는 세계화라는 범세계적 단일 시장화와 병행하여 온라인을 배경으로 한 지식 경제에서 그 활로를 모색하는 듯 보인다. 앤서니 기든스(Anthony Giddens)는 과거와 같은 노동자 계급 공동체는 사실상 완전히 끝났다고 선언하면서 지식과 이미지, 상표의 가치와 그 흐름에 주목해야 한다고 말하고 있다.[30] 그러나 지식이나 이미지 역시 교환 가치를 그 생산 목적으로 하는 자본주의 시장경제 체제의 신상품인 한, 그것이 유통 혁명을 통해 판도의 재편과 새로운 적자의 등장을 가져올지언정 자본주의의 구조적 한계를 근본적으로 넘어서지는 못할 것이라고 예상할 수 있다.

자본주의 체제가 성공적으로 작동할수록 그로부터 야기되는 결과는 직접적으로는 빈부 격차의 확대며, 간접적으로는 보편적인 황금만능주의의 확산이다. 물론 빈자와 부자의 갈림과 갈등은 역사에서 낯선 현상이 아니다. 그러나 사회의 다른 모든 분야가 시장 종속적인 자본주의 사회에서 빈자와 부자의 차이는 시장이 사회에 종속적이던 전자본주의 체제와는 다른 성격을 지닌다. 그것은 더 이상 인간을 비교하고 판단하는 여러 기준 중의 하나가 아니라 그 전체적이고 유일한 기준으로 작동하기 때문이다. 물질적 부는 유용한 것이되 그 자체가 추구의 목적인 것이기보다는 다른 어떤 목적을 위한 수단적 가치를 지닌다는 아리스토텔레스의 지적처럼[31] 물질적 풍요가 곧 그 사람의 인격이나 행복의 척도일 수 없다는 것은 자명하다. 그렇기 때문에 부가 유일한 척도인 것처럼 조장하는 체제는 인간의 합리성에 위배될 뿐 아니라 인격으로서의 인간의 모든 가치를 부정하고 인간의

30) 앤서니 기든스 & 윌 허튼, 위의 글, 73쪽.

31) Aristotle, *Nicomachean Ethics*, Bk, 1, ch. 6, 1096 a 6-8.

자기 규정과 자기 실현을 그 본성적 목적으로부터 이탈시킴으로써 결국 인간들을 몰인간화 혹은 몰인격화의 길로 내몬다. 그것은 막연하되 저항할 수 없는 공포감처럼 마땅히 저항하거나 투쟁할 대상을 드러내지 않는 가장 근본적인 차원에서의 폭력, 즉 인간이 스스로 자신과 타인 모두를 비합리적 방식으로 재구성하고 재조직함으로써 비인간화하도록 만드는 무언의 폭력이다.

4. 맺음말

자신의 삶에 대한 개개인의 책임, 그러면서 동시에 사회와 공동체에 대한 책임을 강조하는 자유민주주의 이데올로기와 짝을 이루는 자본주의 시장경제 체제는 그 안에서 활동하는 경제 주체들의 노력 여하에 따라 삶의 질을 개선할 수 있으리라는 비전을 제시한다. 하지만 그러한 비전은 그것이 전제로 제시하는 노력을 기울인다고 해서 약속한 결과가 반드시 도래한다는 것까지를 보증하지는 않는다. 그러나 열심히 일했다고 해서 반드시 성공한다는 보장은 없지만, 적어도 열심히 일하지 않는 사람이 성공하지는 못하는 사회라는 믿음은 보증되지 않는 성공을 감수할 수 있도록 해주는 기반이 된다. 그렇기 때문에 한 사회가 공동체의 공동선을 지향하는 가운데 그 안에서 벌어지는 모든 이해들의 관계를 최대한 정의롭게 조정하기 위한 구조와 제도적 장치를 구현하고 있다는 믿음은 그 어떤 물적, 제도적 사회 안전망보다 더 중요한 정신적 사회 안전망이 된다.

그러나 본문에서 살펴본 것처럼 자본주의 체제는 본질적으로 자본 축적 이외의 다른 목적을 허용하지 않으며, 그 논리에 성공적으로 적응하지 못하는 개인과 기업 모두가 자연 도태되도록 작동하는 체제다. '일한 만큼 대가를 받는' 경제 정의의 실현은 그 체제 자체의 본질적 작동 원리의 관점에서 볼 때는 요원한 체제인 것이다. 분배나 보상, 사회 보장성 복지 정책 같은 자본주의 외적이고 전통적 가치관에 따르는 정책들을 통해 자본주의의 냉혹함을 완화시키려는 노력들이 경주되고 또 어느 정도는 그 성과를 거두고 있지만, 그것이 자본주의의 내적 원리가 아니라 외적 원리에 입각한다는 점이 직시되지 않는 한 그러한 보완책은 자본주의 체제 자체의 실체를 은폐하는 요인으로 기능하기도 한다. 더욱이 파산이라는 자본주의 부적자에 대한 일종의 청소 작업은 기업가와 근로자 모두를 거리로 내모는 동시에 좀더 적절하게 자본 축적을 도모할 수 있는 적자의 등장을 촉진하는 지극히 냉정한 자본주의의 자기 관철 수단이자, 자본주의 체제의 작동 원리에서 그 누구도 자유로울 수 없음을 경고하는 자본주의의 자기 과시다. 그러한 작동 원리를 간파한 사람들은 그것이 노출될 경우 발생하게 될 대중들의 분노와 혼란을 예방하기 위해 이데올로기적으로 그것을 은폐할 수밖에 없다. 그러한 은폐가 성공하지 못할 경우 대중의 분노는 그 은폐의 주체를 향해 표출되기 마련이고, 결국 서로 다른 입장에서일지언정 자본주의 작동 원리에 종속될 수밖에 없는 피해자들 사이의 상호 갈등과 투쟁을 야기하게 된다.

자본주의 체제는 역사 속에서 그 모습을 달리해오고 있지만, 본질적으로 자본 축적이라는 지상 과업을 포기한 적은 결코 없다. 그러나 빈부 격차의 심화에 대한 우려와 그에 입각한 극심한 반발을 불러일으키고 있는 세계화는 결국 시장과 상품화의 확대를 의미하기 때문에, 그 종국 즉 세계화가 완결됨으로써 전세계가 그야말로 하나의 단일 시장에 바탕을 둔 단일 경제 체제가 될 경우, 더 이상의 자본 축적이 진행될 수 없을 것이라는 예측도 가능하다. 다시 말해 자본 축적을 지상 명령으로 하는 자본주의 체제가 최고의 성공에 이르는 순간 그것은 더 이상 자신의 과업을 수행할 수 없게 되는 자기 모순이 발생할 수 있는 것이다. 그럴 경우 비용으로 산출되지 않던 시장 외적 요인이란 남지 않게 될 것이며 자본주의 작동 원리의 실체는 적나라하게 드러나게 되어, 은연중에 그에 종속되던 경제 주체들에 의한 부당함의 지적과 함께 표출되는 전반적인 분노에 직면하게 될 것이다. 자본주의 체제가 일한 만큼 대가를 받는 합리적이고 정의로운 체제가 아니라는 자각은 곧 그 체제의 정당성에 대한 신념을 바탕으로 스스로를 억제하고 통제하는 많은 사람들에게 배신감을 안겨줄 것이기 때문이다.

이러한 자본주의 체제 자체에 내재되어 있는 폭력 유발 구조는 그 체제 자체가 자본 축적을 지상 명령으로 하는 한 내부로부터는 결코 개선될 수 없다. 전자본주의적이고 전통적인 가치관에 입각한 것이든 자본주의에 대항해온 사회주의적 관점에 입각한 것이든 아니면 전혀 새로운 모색에 의한 것이든 간에 자본주의 외적 요인을 통한 견제에 의해 자본주의에 그야말로 인간의 얼굴이 더해질 때야 비로소 파국적인 상황을 피할 수 있을 것이다. 그렇기 위해서는 자본주의가 효율적 자기 조직화와 자기 성장을 위해 그 사회 구성원들로부터 유도해낸 비본래적 욕구들을 절제하는 개개인의 도덕적 자기 통제 역시 필요할 것이다.

□ 참고 문헌

Thomas Aquinas, St. *Summa Theologiae*, B.A.C. 4 vols. Madrid, 1951.

Aristotle, *Nicomachean Ethics*, J. Barnes ed., *The Complete Works of Aristotle*, Princeton University Press, 1984.

리오 휴버만, 『자본주의 역사 바로 알기』, 장상환 옮김, 책벌레, 2000.

르네 지라르, 『폭력과 성스러움』, 김진식 · 박무호 옮김, 개정판, 민음사, 2000.

막스 베버, 『프로테스탄티즘의 윤리와 자본주의 정신』, 박성수 옮김, 문예출판사, 1996.

스테판 뮬홀, 에덤 스위프트, 『자유주의와 공동체주의』, 김해성 · 조영달 공역, 한울아카데미, 2001.

아론 구레비치, 『개인주의의 등장』(새물결, 2002).

엔서니 기든스, 윌 허튼 외, 『기로에 선 자본주의』, 박찬욱 외 역, 생각의나무, 2000.

엘린 메익신스 우드, 『자본주의의 기원』, 정이근 역, 경성대 출판부, 2002.

이매뉴얼 월러스틴, 『역사적 자본주의 / 자본주의 문명』, 나종일 · 백영경 역, 창작과비평사, 1998.

자크 엘룰, 『폭력』, 최종고 역, 현대사상사, 1998.

칼 폴라니, 『위대한 변환』, 박현수 옮김, 민음사, 1991.

페터 코슬로브스키, 『자본주의 윤리학』, 이미경 역, 철학과현실사, 1999.

피에르 부르디외, 『자본주의의 아비투스』, 최종철 역, 동문선, 2002.

피에르 잘레, 『자본주의란 무엇인가』, 배규식 역, 책벌레, 2000.

허만 헨드릭스, 『성서로 본 평화와 폭력』, 이현주 옮김, 분도출판사, 1988.

허창수, 『자본주의의 도덕성과 비도덕성』, 분도출판사, 1996.

[초청 강연] ■ ■ ■

현대 사회의 폭력의 의미

— 폭력과 평화에 대하여

정 의 채

1. 머리말

인간은 지상에 나타난 이래 줄곧 폭력에 시달려왔다. 인긴은 자연의 폭력, 동식물들로부터의 위협을 비롯하여 개인적, 집단적, 사회적, 국제적 크고 작은 수많은 폭력에 시달려왔고 또 계속 시달릴 것이다. 여자에 대한 남자의 폭력, 남자에 대한 여자의 폭력, 자녀에 대한 부모의 폭력, 부모에 대한 자녀의 폭력, 크고 작은 집단적 폭력, 사회의 구조적 폭력, 전쟁의 폭력, 노예 제도의 폭력, 참주의 폭력, 전제 폭력, 농노 폭력, 과학 기술 발전을 바탕으로 하는 근·현대적 폭력, 무산 계급에 대한 자본 계급의 착취 폭력, 식민지 쟁탈전의 폭력, 프랑스 대혁명의 피의 폭력, 단두대의 폭력, 대영 제국의 왕권 쟁탈전 폭력과 종교 분열 폭력, 세계대전의 폭력, 공산 혁명의 폭력, 이념 폭력, 최근에 이르러서는 과학 기술 발전에 따른 핵 폭력, 생화학 무기의 폭력, 사회 구조의 변화에 따른 폭력, 문화와 문명에 따른 가정 폭력, 학교 폭력, 교단 폭력, 노인 폭력, 종교 폭력, 사이버 폭력 등 이루 말할 수 없는 새로운 형태의 물리적, 정신적, 영성적 폭력이 지구상 도처에 펼쳐지며 그것은 또한 우주를 매개로 이루어진다. 가치 혼돈의 극을 달리는 이 땅에서의 사이버 폭력은 마구잡이로 벌어진다. 젊은 세대와 전세대의 갈등과 폭력화는 국가의 운명과 인류의 파괴까지 염려하게 만든다. 그러기에 지금 우리는 폭력의 핵심은 무엇인가를 근본적으로 물어야 할 시점이다. 따라서 오늘 여기서 벌어지는 "폭력에 대한 철학적 성찰" 공개 발표회는 매우 시의적절한 것으로 생각한다. 그것도 폭력을 고대에서 현대에 이르기까지 그 시대적 서구 주요 사상가들의 폭력관을 개관하는 것이기에 더욱 그렇다.

논자는 장욱 교수님이 제5차 아시아 가톨릭 철학인 학술회의에서 발표한 것을 우리말로 발표하여 달라는 부탁이 있어 이 자리에 서게 되었다. 따라서 그때의 발표문 요약이 주된 논조이지만, 2001년의 9·11 사태를 발화점으로 그 후 전개된 아프칸, 이라크전의 폭력까지를 염두에 두게 된다.

사실 폭력은 폭력만으로는 그 가치 규정과 탈출구를 찾을 수는 없는 것이고 그 대당 개념인 평화와의 관련에서만 폭력의 진상을 규명하여 자리매김할 수 있는 것이기에 본인은 폭력을 출발점으로 하되 평화로 가는 길목으로서의 폭력을 논하게 된다. 사실 계속 폭력에 시달리면 계속 폭력 없는 평화를 추구하는 것이 인간의 운명이다. 전쟁을 통해서도 평화를 추구하는 것이 인간이다. "인간은 그 누구도 평화를 통해 전쟁을 추구하지는 않는다(omnis enim homo etiam bellligerando pacem quaerit : nemo autem bellum pacificando. De Civitate Dei, 19, 12)"는 아우구스티누스의 말은 인간성의 정곡을 찌른 것이다. 그런데 평화는 질서의 평온에 의해 성립되는 것이고 올바른 인간 질서는 정의에 의해서만 가능하다.

논자가 보기에는 폭력과 평화를 논하는 데 성 토마스의 사상을 능가할 학설이란 없으며, 그 실천력에서도 그리스도교를 배경으로 하는 가장 강력하고 효과적인 학설이 바로 성 토마스의 폭력과 평화론이라 생각하기에 성 토마스의 학설을 소개하고, 시간이 허락하면 우리는 동양인이기 때문에 유교의 평화관도 곁들여볼까 한다.

그 논조의 흐름을 요약한다면 인간에 대한 폭력은 인간성에 대한 폭력, 즉 인권에 대한 폭력이며 그것은 인격에 대한 폭력이며, 그것은 또 하느님의 모습으로서의 인격에 대한 폭력이다. 급기야는 인격의 유일무이한 가치의 원천인 창조주 하느님의 삼위일체에 대한 폭력이라는 점을 제시할 것이다. 결국 인격에 대한 폭력은 내재적 가치만으로는 다 천착, 구명될 수 없는 것이며, 그 뿌리인 초월적 바탕에서만 그 진상을 드러낼 수 있다는 점과 폭력을 순화, 제거하여 평화를 실현시킬 수 있는 원동력은 정의를 기쳐 그리스도교 사랑이라는 점을 제시코자 한다. 논자는 앞으로의 3000년대 인류 문화는 이런 흐름 속에서 공존(共存), 공생(共生), 공영(共榮)할 수밖에 없는 방향으로 전진해갈 것이라는 점을 예시해본다. 그것은 또한 창조주의 창조 경륜이란 점도 제시코자 한다.

2. 폭 력

성 토마스는 폭력을 의지와의 관련에서 고찰한다. 성 토마스는 여기서 폭력의 가장 핵심적이며 모든 폭력의 뿌리가 되는 요인에 대해 말한다. 의지의 작용은 인식 작용을 하는 내적인 근원에서 이루어지는 어떤 경향성이다. 그런데 강제된다든가 강요된다는 것은 외적인 근원에서 이루어지는 작용이다. 그러므로 강제된다든가 강요된다는 것은 의지의 작용 자체의 특질(特質, ratio)에 배치되는 것이다. 그것은 본성적(naturalis) 경향과 운동에 배치되는 것과 같은 것이다. 그것은 마치 돌이 강요에 의해 위로 던져지는 것과 같은 것이다. 그러나 이렇게 강요된 운동이 돌의 본성적 경향에 유래될 수는 없다. 인간의 경우도 이와 마찬가지다. 인간은 강요에 의해 끌려갈 수 있다. 그러나 그것이 그의 의지에 유래할 수는 없다. 그것이 그의 의지에서 되는 것이라면 강요라는 것의 특질에 배치되기 때문이다.[1)]

그뿐만 아니라 의지가 궁극적 목적을 필연적으로 원한다 할지라도 그것은 의지가 그것을 원하도록 강요되는 것이 아니다. 강요

---

1) *S. Th.* 1a 2ae, 6, 4, c.
'actus voluntatis nihil est aliud quam inclinatio quaedam procedens ab interiori prinsipio cognoscente, sicut appetitus naturalis est quaedam inclinatio ab interiori principio et sine cognitione. Quod autem est coactum vel violentum est ab exteriori principio. Unde contra rationem ipsius actus voluntatis est quod sit coactus vel violentus ; sicut etiam est contra rationem naturalis inclinationis vel motus lapidis quod feratur sursum ; potest enim lapis per violentiam ferri sursum, sed quod iste motus violentus sit ex eius naturali inclinatione esse non potest. Similiter etiam potest homo per violentiam trahi, sed quod hoc sit ex eius voluntate repugnat rationi violentiae.' Cf. *S. Th.* Ia, 82, 1, c.

(coactio)는 어떤 폭력이 가(加)해지는 것이다. 그런 폭력의 근원은 아리스토텔레스가 그의 『윤리학』 제3권에서 말하는 바와 같이 외부적인 것이다. 따라서 폭행을 당하는 자는 그 자체로서, 즉 내부적인 경향에 의해 그런 운동으로 기울어지는 것이 아니다. 이것은 위에서 든 돌의 예에서 명백하다. 따라서 의지가 본성적 경향에 의해 어떤 것을 원한다면 그것을 비록 필연적으로 원한다 할지라도 그것은 강요에 의해 원하는 것이 아니고 본성적인 것이다.[2)]

3. 본성(natura)

본인은 이제 외부적 힘, 즉 폭력이 가해지는 본성에 대해 언급하고자 한다. 성 토마스는 유(有, ens)의 본질(essentia)을 본성으로 본다. 성 토마스는 보에티우스의 『두 본성에 대하여』 제1장의 본성에 대해 언급하고 아리스토텔레스의 『형이상학』 제5권에서의 실체(substantia)는 본성(natura)이라는 점에도 언급한다. 그

---

2) *Quaestio disputata de Veritate*, 22. 5, c.
'quamvis autem quadam necessaria inclinatione ultimum finem velit voluntas ; nullo tamen modo conceden dum est quod ad illud volendum cogatur. Coactio enim nihil aliud est quam violentiae cuiusdam inductio. Violentum autem est, secundum philosophum in III Ethic.(1, 1110 a 13, b 1-4, 16-17), cuius principium est extra, nihil conferente vim passo ; sicut si lapis sursum proiiciatur ; quia nullo modo, quantum est de se, ad hunc motum inclinatur, sed cum ipsa voluntas sit quaedam inclinatio eo quod est appetitus quidam, non potest contingere ut voluntas aliquid velit, et inclinatio eius non sit in illud ; et ita non potest contingere ut voluntas aliquid coacte vel violente velit, etiam etsi aliquid naturali inclinatione velit. Patet igitur quod vulntas non necessario aliquid vult necessitate coactionis, velut tamen aliquid necessario necessitate naturalis inclinationis.'

런 후 성 토마스는 "이런 의미로 파악된 본성의 명칭이 사물의 본질을 표시하는 것은 그것이 사물의 고유한 작용과의 질서(관계)를 갖는 한에서 그런 것으로 생각된다. 그 이유는 어떠한 사물도 그 고유한 작용을 갖지 않는 것이란 없기 때문이다"라고 한다.[3] 이런 본성을 갖는 인간은 영혼과 육체로 합성된 존재다.[4] 그러므로 성 토마스는 이런 인간 존재는 물질성(materialitas)과 비물질성(immaterialitas), 즉 신령성 혹은 영성(spiritualitas)을 갖는 것으로 생각한다. 그것은 인간이 물질을 넘는 비물질적 작용을 하기 때문이다. 인간은 인식 작용에서 자기 자신을 인식하는 작용을 한다. 물질적 작용은 다른 것에 작용하고 자체에 작용하지 못한다. 이런 것은 자기 반성 작용 같은 데서 명백하다. 이

---

3) De ente et essentia, Marietti, 1957, transl. By Tjeng, Eui-Chai with the Latin Text, 1995, Seokwang Publishing Co. Seoul p.20.

'Boetius, De duobus naturis et una persona Christi, (cap. 1) assignat ; … quod natura dicitur esse illud quocumque modo intellectu capi potest. … et sic etiam dicit Philosophus in 5 Metaphysicae, quod omnis substantia est natura. Nomen autem naturae hoc modo sumptae videtur significare essentiam rei secundum quod habet ordinem vel ordinationem ad propriam operationem rei, quum nulla res proria destituatur operatione.'

On being and essence, Trans. Armand Maurer, The Pontifical Institute of Medieval Studies, 1983^3, Toronto. p.32. Also Ibid. footnote 12 : 'Etymologically, the Latin word natura, like the Greek equivalent φύσις and the English 'nature', means the 'birth'.'

André Léonard, Il fondamento della morale, 1990, San Paolo, Trino, Milano, p.217.

'Il termine natura viene dal substantivo latino natura che si costruisce a partire dal participio passato natus del verbo nasci, che significa nascere. Etimologicamente il termine natura designa la situazione nativa di un essere, lo stato che eredita in virtu della sua nascita.'

4) S. Th. Ia. 75, 4, c.

'homo est (aliquid) compositum ex anima et corpore.'

런 비물질적 영성적 작용은 지성적 혼의 작용이다.5)

4. 인격(persona humana, human person)

인간의 품위(고귀성)는 그 인격에 있다. 사실 그리스도교적 입장

---

5) 'Dicendum quod, sicut jam dictum est, unumquodque cognoscitur secundum quod est actu. Ultima autem perfectio intellectus est ejus operatio : non enim est sicut actio tendens in alterum, quae sit perfectio operati, sicut aedificatio aedificati ; sed manet in operante ut perfectio et actus ejus, ut dictur IX Metaphys.(c. 8, 1050 a 23 b 2) Hoc igitur est primum quod de intellectu intelligitur, scilicet ipsum ejus intelligere.

Sed circa hoc deversi intellectus diversimode se habent.

Est enim aliquis intellectus, scilicet divinus, qui est ipsum suum intelligere. Et sic in Deo idem est quod intelligat se intelligere, et quod intelligat suam essentiam : quia sua essentia est suum intelligere.

Est autem alius intellectus, scilicet angelicus, qui non est suum intelligere, sicut supra dictum est, sed tamen primum objectum sui intelligere est ejus essentia. Unde etsi aliud sit in angelo, secundum rationem, quod intelligat se inteligere, et quod intelligat suam esentiam, tamen simul et uno actu utrumque intelligit : quia hoc quod est intelligere suam essentiam, est propria perfectio suae essentiae ; simul autem et uno actu intelligitur res cum sua perfectione.

Est autem alius intellectus, scilicet humanus, qui nec est suum intelligere, nec sui intelligere est objectum primum ipsa ejus essentia, sed aliquid extrinsecum, scilicet natura materialis rei.

Et ideo id quod primo cognoscitur ab intellecu humano est hujusmodi objectum ; et secundario cognoscitur ipse actus quo cognoscitur objectum ; et per actum cognoscitur ipse intellectus, cujus est perfectio ipsum intelligere. Et ideo Phlosophus(De Anima II, 4, 415a 16-22. S.Th. lect. 6, 304-308) dicit quod objecta pracecognoscuntur actibus, et actus potentiis.' Cf. In I Sent. d. 17. 1, 5 ad 3. Expositio super liberum de causis 1. 7. Paolo Siweck, Psychologia Metaphysica, 1956, Universitas Gregoriana, Roma pp.465-477.

에서 인격은 아래에서 언급되는 바와 같이 하느님의 모습(imago Dei), 즉 하느님의 본성과 신격(persona divina)의 모습이기 때문에 매우 고귀하다. “다른 실체들 중에서도 이성적 본성을 갖는 개별체들은 특수한 명칭을 갖는다. 이 명칭이 바로 **위격**이다. … 위격의 정의에는 **개체적 실체**가 주어진다. 그것은 실체의 류(가테고리)에 속하는 단일적인 것 또는 개별적인 것을 표시하는 한에서 그런 것이다. 그것은 또한 이성적 실체들 안에서의 개별체를 표시하는 한에서 그런 것이니 **이성적 본성을 갖는다**는 것이 첨가된다.”[6] 이런 성 토마스의 인격(persona humana) 개념 형성에는 보에티우스의 『두 본성론』[7]의 인격정의 “인격은 이성적 본성의 개별적 실체다(Persona est naturae rationalis individua substantia)”의 영향에 의한 것으로 생각된다. 그러므로 성 토마스도 인격을 “이성적 본성의 모든 개별체를 인격이라 한다(Omne individuum rationalis naturae dicitur persona)”[8]라고 규정한다. 그러므로 인격의 특성은 개체적인 실체성(substantia individua)이며 자립성(inseitas, perseitas)이고 완전성(integritas)이며 불양도성(ineimmunicabilitas)이며 불가침성(inviolabilitas)이다.[9] 이렇게 인간 본성은 인격으로 설명된다. 이런 인격은 영성(靈性)

6) S. Th. Ia. 29, 1, c.
'… inter ceteras substantias quoddam speciale nomen habent singularia rationalis naturae, et hoc nomen est 'persona'. Et ideo in praedicta definitione personae ponitur 'substantia individua', inquantum significat singulare in genere substantiae ; additur autem 'rationalis naturae', inquantum significat singulare in rationalibus substantiis.'

7) Boetius, De duabus naturis et una persona Christi, c 3 in Migne, PL 46 col. 1345.

8) S. Th. Ia. 29, 3, c et ad 2.

9) 정의채, 『형이상학』, 열린, 2001 제11판, 305-306쪽.

까지를 띠게 되는데 그것은 인간의 영혼이 물질성(materialitas)을 배제하는 비물질성(immaterialitas)을 갖기 때문이다.

5. 하느님의 모습(imago Dei)

1) 지성과 의지의 소유자

성 토마스는 사람이 하느님의 모습(imago Dei, image of God)으로 만들어진 것에 대해 설명한다. 성 토마스의 견해에 따르면 "인간은 지성적이며 의사 결정에 자유로우며 그 자체로 행동의 주권을 갖는 것으로서 하느님의 모습으로 만들어졌다. … 우리는 하느님의 모습에 대해 고찰하는 것이다. 다시 말해 자유 의사를 갖고 자기 소행들을 (통제할 수 있는) 능력을 갖는 것으로서, 그 자신이 자기 소행들의 근원인 데 대해 고찰하는 것이다."[10) 인간의 하느님과의 관계는 순전히 피조물(creatura, creature)의 창조주(creator)에 대한 인과 관계, 결과의 원인에 대한 인과 관계(relation between effect and cause, relation of the principle of causality)뿐만 아니라 또한 삼위일체 안에서 지성과 의지의 작용, 즉 아들은 지성의 말씀으로, 성령은 의지의 사랑으로 발출

10) S. Th. 1a 2ae, Prologus :

'Sicut Damascenus dicit, homo factus ad imainem Dei dicitur, secundum quod per imaginem significatur intellectuale et arbitrio liberum et per se potestativium, postquam praedictum est de exemplari, scilicet de Deo, et de his quae processerunt ex divina potestate secundum ejus voluntatem, restat ut consideremus de ejus imagine, idest de homine secundum quod et ipse est suorum operum principium, quasi liberum arbiruim habens et suorum operum potestatem.'

되는 것과 같이 인간도 그 안에 인태된 말과 발출하는 사랑이 있는 것으로서, 즉 인격으로서 하느님의 모습으로 창조되었다[11]는 특별한 관계가 있다. 하느님은 피조물(creature) 안에 존재하는 데에 두 가지 양태로 존재한다. 그 하나의 양태로는 작용인(causa agens, the operative way)으로서 모든 피조물 안에 존재하고 다른 양태로는 인식하며 사랑하는 이성적 피조물 안에 특별하게 존재한다.[12]

그런데 "사람 안에 하느님의 모습이 존재한다는 것은 완전하게 있는 것이 아니라 불완전하게 있는 것을 말한다. 그리고 성서가 인간은 하느님의 모습을 따라 창조되었다는 것도 이런 것을 표시하는 것이다. 즉, 이런 전치사 '~에 따라(ad)'라는 전치사는 일종의 접근을 표시하는 것인데 이런 접근은 거리가 있는 것에 적합한 것이다."[13]

---

11) S. Th. Ia. 45, 7, c.

'Processiones autem divinarum Personarum attenduntur secundum actus intellectus et voluntatis ; nam Filius procedit ut Verbum intellectus, Spiritus Sanctus ut Amor voluntatis. In creaturis igitur rationalibus in quibus est intellectus et voluntas, invenitur repraesentatio Trinitatis per modum imaginis, inquantum invenitur in eis verbum conceptum et amor procedens.' Et S. Th. 2ae, Prologus.

12) S. Th. Ia. 8, 3.

'Deus dicitur esse in re aliqua dupliciter. Uno modo per modum causea agentis, et sic est in omnibus rebus creatis ab ipso. Alio modo sicut objectum operationis est in operante, quod proprium est in operationibus animae secundum quod cognitum est in cognoscente et desideratum in desiderante. Hoc igitur secundo modo Deus specialiter est in rationali creatura quae cognoscit et diligit ipsum actu vel habitu. Et quia hoc habet rationalis creatura per gratiam, dicitur esse hoc modo in sanctis per gratiam.'

13) S. Th. Ia. 93, 1, c.

'Et ideo in homine dicitur esse imago Dei, non tamen perfecta sed

2) 삼위일체의 모습

성 토마스가 인간을 하느님의 모습으로 보는 것은 삼위일체(Trinitas, Trinity)의 모습, 즉 하느님의 하나의 본성과 세 위격의 모습으로 보는 것이다.[14]

또한 성 토마스는 하느님의 유사(similitudo Dei)와 하느님의 모습(imago Dei)과 흔적(vestigium)의 개념들을 다음과 같이 명백히 한다. "피조물들에서는 그 어떤 것에도 하느님의 어떤 유사가 있는데 오로지 이성적 피조물들에서만 (그것이) 모습의 양태로 발견되고 다른 피조물들에서는 (그것이) 흔적의 양태로 나타난다."[15] 자연을 하느님의 흔적으로 보는 것은 자연 보호와 자연 사랑에 큰 빛을 던져주는 성 토마스의 탁월한 관점이다.

또한 성 토마스는 다마스케누스의 설을 따라 모습의 개념과 유사의 개념을 명백히 한다. 모습의 양태로 하느님과 같다는 것은 "지성적이며 의사가 자유로우며 자주 독립적인 행위의 힘이 있는 것을 의미한다. 그런데 유사의 양태로 하느님과 같다는 것은 인간 안에 있을 수 있는데 따른 (신적) 덕의 유사를 의미한다."[16]

---

imperfecta. Et hoc significat Scriptura, cum dicit hominem factum ad imagimen Dei ; praepositio enim 'ad' accessum quendam significat, qui competit rei distanti.'

14) S. Th. Ia. 93, 5, c.

'Sic igitur dicendum est in homine esse imaginem Dei et quantum ad naturam divinam et quantum ad Trinitatem personarum ; nam et in ipso Deo in tribus personis una existit natura.'

15) S. Th. Ia. 93, 6, c.

'cum in omnibus creaturis sit aliqualis Dei similitudo, in sola creatura rationali invenitur similitudo Dei per modum imaginis ; in aliis autem creaturis per modum vestigii.'

우리는 여기서 하느님의 모습으로서 인격의 개방성과 초월성을 언급하게 된다. 인간은 물질적 세계에 산다. 이 세계에서 인간은 물질적 대상뿐만 아니라 다른 인격을 만난다. 인간은 다른 인간들과 교류하고 믿음과 사랑을 나눔으로써, 즉 다른 정신적 존재와 교류함으로써 자신을 실현한다. 인간은 타인과의 교류 안에서 자기를 충분히 실현한다. 이렇게 인간은 인격으로서의 자기 자신을 내면성에서 확인하며 다른 인격을 존중하며 교류하여 인간의 공동체(가정, 친구 사회, 종교적 공동체, 국가 사회, 국제 사회)를 형성한다. 이런 공동체 밑바탕에는 사랑이 깔려야 한다. 그뿐만 아니라 인간은 인간과의 교류만이 아니라 인격의 가능성은 무한으로 열려 있기 때문에 초월자, 즉 하느님께로 초월한다. 기실 하느님의 모습으로서의 이런 인격성은 삼위일체, 즉 같은 하느님의 본성(divina natura)과 세 위격(신격, divina persona) 안에 영원에서 영원으로 흐르고 있는 존재와 생명과 사랑의 교류를 이루는 삼위일체(Trinitas)의 모습인 것이다.

우리는 여기에 이르러 하느님의 본성과 하느님의 위격, 즉 신격의 모습인 인간 본성(humana natura)과 인격(humana persona)의 고귀성과 침범할 수 없으며 신성하며 일회적인 인격의 가치를 발견하게 된다. 그러므로 인류는 새 천 년 여명에서 더욱더 인류의 최고 가치인 인간 본성과 인격을 부당한 폭력에서 지켜야 할 필요에 몰리고 있다.

---

16) S. Th. Ia. 93, 9, c.

'et secundum hoc Damascenus dicit (De Fide Orth. II, c. 12) quod id quod est secundum imaginem, intellectuale significat et arbitrio liberum per se potestativium ; quod autem secundum similitudinem, virtutis, secundum quod homini possibile est inesse, similitudinem.' (De Fide Orthodoxa II, 12. PG 94, 920)

6. 정의론(Iustitia, Justice)

폭력에서 평화로 가기 위해서는 정의 실현이 필수적이다. 2001년 미국에서의 9 · 11 비극적 테러 사태 이후 아랍 민족들과 미국(이스라엘까지 포함) 사이에는 정의의 개념 사이에 상당한 괴리가 있어보인다. 또한 서방 세계에서도 9 · 11 사태를 놓고 정의 개념에 대해 의견이 엇갈리고 있는 것으로 보인다. 또한 9 · 11 사태는 물질 중심 문명과 자유 분방에 큰 충격을 주었다. 그것은 물질적 부(富)의 산출처인 미국에서 미국이 개발한 최첨단 기술과 미국의 자유와 미국의 돈으로 미국의 부의 상징인 세계무역센터가 삽시간에 사라졌고 세계에 군림하는 미국 힘의 상징인 펜타곤이 대파됐다. 수천의 생령이 매몰됐다. 전세계는 이런 테러에 경악했다. 그래서 미국은 끝없는 정의(endless justice)의 전쟁을 선포하여 테러의 주범인 오사마 빈 라덴 체포와 알카에다 조직의 박멸과 테러 양성지인 아프가니스탄에 맹렬한 공격을 가했다. 이에 이슬람은 성전으로 맞섰다. 그러나 그것은 드디어 차반의 여론이 뒤끓는 가운데 미 · 영 등 연합군의 맹폭과 막강한 전력 투입의 이라크전으로 이어졌고, 그 막강한 전력은 이라크의 전투다운 전투를 한 번도 허용지 않은 채 미 · 영측의 난시간의 절대 승리로 끝났다. 이슬람은 아브라함의 두 아들 이스마엘과 이사악의 장자권을 들먹이며 이스라엘의 부당한 영토 점령을 주장하며 피비린내 나는 유혈 충돌이 중동에서 계속된다. 물론 오랫동안 서방 세계의 식민 정책에 대한 불만이 잠재해 있음도 간과하기 어렵지 않다.

이제 인류는 새로운 차원에서 정의 문제를 심각하게 재조명하며 대화를 적극 추진해야 할 필요에 몰리고 있다. 가톨릭 교회는 우리 시대에 일어난 크고 작은 여러 폭력을 잠재우는 데 큰 역할을 했다. 특기할 일은 물론 전세계를 해방 전쟁이라는 폭력으로 몰고 간 공산주의와 그 정체(政體)의 몰락에 정신적으로 영적으로 지대한 역할을 했다.

가톨릭 교회의 문제 해결의 핵심은 정의 구현이며 그것은 보편적 인간 가치에 근거하면서 구체적 해결 방안을 제시할 수 있는 인간관, 즉 인격 개념에 근거한 정의 개념이었다. 가톨릭의 인격관과 정의관은 성서에 근거한 성 토마스의 학설이 그 주류를 이끈다.

□성 토마스의 정의관

정의는 폭력을 제거하고 평화를 이루는 직접적 원인이 아니고 간접적 원인이다. 즉, 평화는 정의의 간접적인 작품이다. 그것은 정의가 평화에 장애가 되는 것을 제거하기 때문이다. 평화의 직접적 원인은 사랑이다.[17] 정의는 전쟁(폭력)과 평화에서 사람들에게 유익한 것이다.[18] 정의는 개인적 갈등과 투쟁을 비롯하여 국제적 전쟁까지도 평화로 이끄는 통로의 구실을 한다. 평화를 이루기 위해 정의는 동서양을 불문하고 빼놓을 수 없는 요인이다. 여기서 간략하게 성 토마스의 정의관에 대하여 언급하고자 한다.

---

17) S. Th. 2a 2ae, 29, 3, ad 3.

'Pax est opus justitiae indirecte, inquantum scilicet removet prohibens. Sed est opus caritatis directe, quia secundum propriam rationem caritas pacem causat.'

18) S. Th. 2a 2ae, 58, 12, c.

1) 정의(正義)의 정의(定義)

성 토마스는 "정의는 어떤 사람이 항구하며 지속적인 의지로 각 사람에게 그의 권리를 귀속시키는 습성이다"[19]라고 정의한다.

이런 성 토마스의 정의는 인간의 자연 본성에 근거한다. 즉, 인간은 이 세상에 삶을 받고 난 존재로서 인간적 삶을 영위하기 위해 그 본성이 요구하는 권리를 갖는다. 이런 본성은 공동체성을 지니고 있어 그런 공동체성 안에서 질서 있게 살며 자기를 실현시켜 발전해갈 것을 요구한다. 이런 요청이 바로 정의의 요청이다. 따라서 정의는 타자(他者)와의 관련을 말한다. 이렇게 정의를 성립시키는 인간 본성이 개별체로 고찰될 때 인격으로 표현된다. 그러므로 '각자에게 그의 권리를 귀속시키는(ius suum unicuique tribuens)'이란 표현은 그 고유한 영역과 대상의 관련에서 정의의 개별적인 인격적 행위를 말한다.[20]

---

19) S. Th. 2a 2ae, 58, 1, c.

'iustitia est habitus secundum quem aliquis constanti et perpetua voluntate ius suum unicuique tribuit'

20) S. Th. 2a 2ae, 58, 1, c.

'Dicendum quod praedicta justitiae definitio conveniens est, si recte intelligatur. Cum enim omnis virtus sit habitus qui est principium boni actus, necesse est quod virtus definiatur per actum bonum circa propriam materiam virtutis. Est autem justitia proprie circa ea quae ad alterum sunt, sicut circa propriam materiam. Et ideo actus justitiae per comparationem ad propriam materiam, et objectum, tangitur cum dicitur, jus suum unicuique tribuens.'

Cf. S. Th. 2a 2ae, 58, 7, c.

'ita etiam praeter justitiam legalem oportet esse particularem quamdam justitiam, quae ordinet hominem circa ea quae sunt ad alteram singularem personam.'

Cf. ad 1, 2, 3, Ibid. 11, c.

2) 정의와 덕

성 토마스는 정의를 덕(virtus)이라고 한다. 즉, 정의는 지혜, 정의, 용기, 절제 등 4추덕(四樞德) 가운데 하나다.[21] 인간적 덕(virtus humana)은 인간적 행위(actus humanus)를 올바른 것으로 만들며 인간 자신을 좋은 사람으로 만든다. 그런데 이런 것은 정의에 해당된다. 그러므로 정의는 가장 큰 빛을 발하는 덕이다.[22]

3) 정의의 분류

특수 덕으로서의 정의(iustitia particularis) : 특수 정의는 개별적 인격과 관련된다. 즉, 특수 정의는 개인적 인격이 공동의 것과 관련되는 데 성립된다. 이런 관련은 부분이 전체에 대한 것과 같은 관계다. 그런데 여기에는 이중의 관계가 구별된다. 그 하나는 부분이 부분에 대한 관계인데 이것은 한 개별적 인격이 다른 개별적 인격과 관계되는 경우다. 이런 관계를 이끌어가는 것이 교환 정의며 그것은 두 사람의 인격 사이에 쌍무적으로 이루어지는 데 성립되는 정의다. 또 다른 관계는 전체가 부분에 대한 관계인데 그것은 공동의 것이 개개의 인격과 관계되는 경우다. 그런데 이런 관계를 이끌어가는 것이 분배 정의다. 그것은 비례성(proportionalitas)에 의해 공동적인 것을 분배하는 것이다. 이렇게 정의에는 두 가지, 즉 교환 정의와 분배 정의가

---

21) S. Th. 2a 2ae, 58, 3, Sed contra.
'sed contra est quod Gregorius(Moralium Libri Ⅱ, 49. PL 75, 592) dicit quod in quatuor virtutibus, scilicet temperantia, prudentia, fortitudine et justitia, tota boni operis structura consurgit.'

22) S. Th. 2a 2ae, 58, 3, c.

성립된다.[23)]

a) 교환 정의(iustitia commutativa) : 이 정의는 바로 위에서 본 바와 같이 한 개인적 인격이 다른 개인적 인격에 관계되는 경우에 성립된다. 이런 경우 교환 정의가 성립된다. 이런 정의는 두 인격 사이에 쌍무적(雙務的) 관계에 성립된다. 이런 교환의 정의는 가치의 엄격한 균등성에 따라 사물이나 봉사가 이루어질 것을 명령한다. 이런 균등성을 아리스토텔레스는 산술적 중간성(arithmetica medietas)이라고 한다.[24)] 이런 교환의 정의의 의무와 권리는 주로 계약에 근거한다. 그러므로 이런 교환의 정의를 계약적 정의라고도 한다.[25)] 이때 권리와 의무의 주체는 사회적 관계에서 개인이고 개인적 이익을 지향한다. 이때 권리자는 개

---

23) S. Th. 2a 2ae, 61, 1, c.

'Justitia particularis ordinatur ad aliquam privatam personam, quae comparatur ad communitatem secut pars ad totum. Potest autem ad aliquam partem duplex ordo attendi. Unis quidem partis ad partem, cui similis est ordo unius privatae personae ad aliam ; et hunc ordinem dirigit commutativa justitia, quae consistit in his quae mutuo fiunt inter duas personas ad invicem. Alius ordo attenditur totius ad partes, et huic ordini assimilatur ordo ejus quod est commune ad singulas personas : quem quidem ordinem dirigit justitia distributiva, quae est distributiva communium secundum proportionalitatem. Et ideo duae sunt justitiae species, scilicet commutativa et distritiva.'

24) S. Th. 2a 2ae, 61, 1, c. Ibid. 61, 2, Sed contra.

'Philosophus dicit, in V Ethic. (cc. 6, 7, 1131 a 30 b 15 ; b 32-1132 a 7) quod in justitia distributiva accipitur medium secundum geometricam proportionalitatem, in commutativa autem secundum arithmeticam.' Cf. S. Th. 2a 2ae, 61, c.

25) C. Henry Peschke, Christian Ethics Ⅱ, C. Goodliffe Neale, Dublin, 1978. P.217(a).

인(혹은 법인체 등)이며 권리의 객체는 사적(私的) 이익, 개인의 사적 재산이다.[26)]

b) 분배 정의(iustitia distritiva) : 이 정의는 전체가 부분에 대해 갖는 관계에 성립된다. 이런 관계는 공동적인 것의 개개의 인격과의 관계다. 이때 분배 정의(分配正義)가 성립된다. 이런 분배는 비례성(proportionalitas)에 근거하여 공동의 것이 분배된다. 이런 권리와 의무의 주체는 사회적 관계에서 개인이며 그 목적은 사회를 구성하는 개인의 개인적 이익이다. 그 실현의 책임자는 사회 · 국가 등의 대표자들이다. 분배 정의에서의 중용(中庸, medium)은 사물에 대한 사물의 균등성에 따르지 않고 인격에 대한 사물의 비례(proportio)에 따라 파악된다. 즉, 인간 위치의 상하에 따른 비례가 성립된다. 아리스토텔레스(Ethic. Ⅴ, 3 et 4. 1131 a 29 et b 32)는 이런 비례를 기하학적 비례성(geometirca proportionalitas)[27)]이라고 하였다. 따라서 여기서의 균등성은 일정한 양(量, quantitas)에 의한 것이 아니다.

c) 일반적 정의 혹은 법적 정의(iustitia generalis vel legalis) : 이 정의는 공동체의 구성원들로 하여금 공동선을 추구케 하는 데 성립된다. 이 정의를 일반적 정의라 한다. 그것은 공동체의 일반적 선(善)을 추구하기 때문이다. 국가의 경우 이런 정의는 국민들에게 세제, 군복무 등 법의 정당한 요구를 충족시켜야 할 의무를 부과한다. 따라서 이 정의는 법적 정의라고도 한다.[28)]

---

26) S. Th. 2a 2ae, 61, 1, c.

27) S. Th. 2a 2ae, 61, 1, c, 2, Sed contra and c.

28) S. Th. 2a 2ae, 58, 5c. vol. 37. p.30.

d) 사회의 정의(iustitia sociolis) : 이 정의 개념은 교황 비오 Ⅱ세의 '40주년(Quadragesimo Anno)' 교서에 의해 발전한 개념이며 오늘 인류 사회에 매우 중요한 정의 개념이다. 이 정의는 공동의 선을 도모하는 데 그것은 법에 규정되는 권리보다는 공동체와 그 구성원들의 자연적 권리에 근거한 정의다.

Quadragesimo Anno가 발표될 당시 노동자와 사용자의 관계는 알력이 날로 고조되는 때였다. 이런 사회 정의는 자본과 노동 관계에서 일어나는 문제의 종국 해결(final solution)은 교환 정의도 법 정의나 분배 정의일 수 없고 이런 것들을 넘어가는 인간의 기본적 자연 권리에서 풀어야 한다는 것을 강력히 제시했다. 이 세상에 삶을 받고 오는 모든 사람은 자기가 그 권리를 악행 등으로 포기하지 않는 한 인간답게 살 권리를 사회나 재산을 갖고 있는 사람들로부터 존중받고 보호받아야 한다.

'Justitia ordinat hominem in comparatione ad alium ; quod quidem potest esse dupliciter : uno modo ad alium singulariter consideratum ; alio modo ad alium in communi, secundum scilicet quod ille qui servit alicui communitati servit omnibus hominibus qui sub communitate illa continentur. Ad utrumque ergo se potest habere justitia secundum propriam rationem. Manifestum est autem quod omnes qui sub communitate aliqua continentur comparantur ad communitatem sicut partes ad totum ; pars autem id quod est totius est ; unde et quodlibet bonum partis est ordinabile in bonum totius. Secundum hoc ergo bonum cujuslibet virtutis, sive ordinantis aliquem hominem ad seipsum sive ordinantis ipsum ad aliquas alias personas singulares, est referibile ad bonum commune, ad quod ordinat justitia. Et secundum hoc actus omnium virtutum possunt ad justitiam pertinere secundum quod ordinat hominem ad bonum commune. Et quantum ad hoc justitia dicitur virtus generalis. Et quia ad legem pertinet ordinare in bonum commune, inde est quod talis justitia praedicto modo generalis dicitur justitia legalis, quia scilicet per eam homo concordat legi ordinanti actus omnium virtutum in bonum commune.'

Cf. C. Henry Peschke, Ibid. pp.217-218.

유아는 생존과 양육과 교육을 받을 권리가 있다. 이것은 가정과 국가와 모든 공동체가 존중하고 보호해야 한다. 양친은 사회정의에 근거하여 자연이 공동체 안에서 부과하는 어버이라는 신분에 의해 자녀들을 신체적으로 또 정신적으로 양육·성장시켜야 할 의무를 진다. 자녀들은 자녀들대로 같은 맥락에서 부모에 대한 보은의 의무를 진다.

경제적으로 근로자는 가족 부양자로서 급여를 지급 받아야 한다. 마찬가지로 정치 면에서도 크고 작은 모든 유형의 정부는 그 사회의 각 구성원에 대해 생명·생활·노동의 기회를 보장해줄 의무가 있으며 각 소속원은 그런 사회와 정부를 지탱해야 할 의무가 있다.

사회 정의는 생활이 곤궁한 사람들에게 인간답게 생활할 수 있는 정도의 원조를 해야 할 의무를 부과한다. 이런 원조를 받을 권리는 가난한 자들의 자연적 권리, 즉 생존권에 유래한다. 이런 사회 정의의 근거인 자연적 권리, 생존권은 인류의 삶의 권리를 더 폭넓게 또 더 깊게 천착해야 할 과제로 남는다. 이런 면에서 하느님의 창조 경륜은 사회 정의 인식과 실현에 큰 동기와 동력을 부여할 것이다. 그것은 하느님은 그 선성(善性), 특히 사랑으로 이 세계에 오는 모든 사람을 위해 우주의 부(富)를 창조했기 때문이다.[29)]

e) 보복의 정의(iustitia vindicativa) : 성 토마스는 보복 혹은 복수에 대하여 다음과 같이 생각한다. 보복은 죄를 범한 자, 위해를

29) Pius XI Qudragessimo Anno, 1931.
Cf. Bernard Häring, La Loi Du Christ, Vol. 1, 1955, Desclée & Co., Tournai (Belg) pp.305-307. C. Henry Peschke, Christian Ethics II. pp.218-219.

가한 자에 대한 형벌적 악(惡, malum poenale)이다. 따라서 복수에서는 보복하는 자의 의향(animus)을 고찰하여야 한다. 만일 그가 의도하는 바가 주로 복수를 받는 자의 악 혹은 불행에 있으며 거기에 머무른다면 이런 경우 복수는 전혀 허용될 수 없다. 그것은 다른 사람이 받는 악을 즐거워하는 것으로서 미움에 속하는 것이어서 애덕에 위배되기 때문이다.

그러나 복수자의 의도가 죄를 범한 자를 벌함으로써 주로 어떤 선을 지향한다면, 예컨대 범죄자의 개심, 범법자가 억압됨으로써 다른 사람들이 평온하게 된다든가, 그렇게 함으로써 정의가 보존되고 하느님이 존중된다든가 하는 일들이 있다면 복수는 허용된다.30) 오늘 미국의 이라크 침공에서 보는 바와 같은 보복의 정의에 대한 세기적 논란은 성 토마스의 보복의 정의 관점에서 그 해법의 실마리를 찾을 수 있을 것이다.

---

30) S. Th. 2a 2ae, 108, 1, c.

'vindicatio fit per aliquod poenale malum inflictum peccati. Est ergo in vindicatione considerandus vindicantis animus. Si enim eius in tentio feratur principliter in malum illius de quo vindictam sumit, et ibi quiescat, est ommno illicitum : quia delectari in malo alterius pertinet ad odium, quod caritati repugnant, qua omnes homines debemus diligere. Nec aliquis excusatur si malum intendat illius qui sibi iniuste intulit malum : sicut non excusatur aliquis per hoc quod odit se odientem. Non emin debet homo in alium peccare, propter hoc quod ille peccavit prius in ipsum : hoc emin est vinci a malo, quod Apostolus prohibet, Rom. 12. 21, dicens : Noli vinci a malo : sed vince in bono malum. - Si vero intentio vindicantis feratur principaliter ad aliquod bonum, ad quod pervenitur per poenam peccantis, puta emendationem peccantis, vel saltem ad cohibitionem eius et quietem aliorun, et ad iustitiae conservationem et Dei honorem, potest esse vindicatio licita, aliis debitis circumstantiis servatis.'

4) 정의와 사랑

물론 정의가 실현되지 않고서는 확고한 사회 질서도, 지속되는 평화도 있을 수 없다. 그러나 정의는 사회 질서에서도 사랑에 의해 생기(生氣)를 받아야 한다. 정의가 평화를 위한 불가결한 선행 조건인 것은 확실하지만 진정한 평화는 개인과 민족들에 대한 실천적 사랑에서만 성립될 수 있기 때문에 평화는 사랑의 결실이다. 이런 사랑의 결실인 평화는 정의가 제공할 수 있는 것을 멀리 넘어가는 데에 성립된다.

사실 사랑은 더 폭넓은 덕이고 정의는 최소한의 요구라 할 수 있다. 정의와 사랑의 근본적인 관계는 정의의 모든 의무는 사랑의 의무이지만 사랑의 모든 의무는 정의의 의무가 아니다. 사랑은 정의를 초월한다.

정의는 본질적으로 사랑의 정신을 필요로 한다. 특히 사회 정의의 요구는 형제적 사랑의 관점에서만 그 참모습이 식별되고 풍요롭게 실천될 수 있다.[31] 그러므로 이 세상 질서에서 진정한 정의, 항구한 정의는 사랑의 뒷받침을 받아야 하고 진정한 사랑은 올바른 것, 즉 정의로운 것이어야 한다. 부정한(unjust) 사랑이란 성립되지 않는다.

사실 성 토마스의 정의관은 그리스도의 사랑의 계명, 즉 "예수께서 대답하셨다. '첫째는 이렇습니다. … 네 온 마음으로, 네 온 영혼으로, 네 온 정신으로, 네 온 힘으로 하느님이신 네 주를 사랑하라. 둘째는 이렇습니다. 네 이웃을 네 자신처럼 사랑하라'"(마르 12, 29-31)라는 사랑의 계명 실천의 한 단면이다.

---

31) Cf. C. Henry Peschke, Christian Ethics, vol. Ⅱ. C. Goodliffe Neale, Dublin, 1978. pp.219-220.

7. 평화론

1) 성 토마스의 평화관

성 토마스는 평화의 실상을 그의 『신학대전』 제1권 제29문제 제1절에서 제4절(S. Th. 2a 2ae, 29, 1-4)까지에서 핵심적으로 다룬다.

가. 평화와 합일(pax et concordia)

먼저 그는 제1절에서 평화와 합일(合一, 和合)의 문제를 다루어 평화의 실상을 명시하려고 한다. 여기서 성 토마스는 합일(concordia) 차원에서의 욕구들의 합치를 넘는 평화의 합일, 즉 인간 본성(natura humana) 차원에서 요청되는 한 인격(persona)에서의 욕구들의 합일을 제시한다. 평화는 합일을 내포하며 그것에 어떤 것을 첨가한다. 따라서 엄밀하게 말해 평화가 있는 데는 항상 합일이 있지만 합일이 있는 곳에 항상 평화가 있는 것은 아니다. 엄밀한 의미로 합일은 다른 사람과의 관계에 성립된다. 즉, 합일은 여러 마음의 각기 다른 의지들이 하나의 합의(consensus)를 향할 때 성립된다. 그런데 각기 다른 사람들의 이런 합일의 기본이 되는 한 사람의 마음은 서로 다른 것들로 향할 수 있다. 이것은 두 가지로 될 수 있는데 그 하나는 감각적 욕구가 흔히 있는 바 이성적 욕구와 반대되는 경우이고, 둘째로는 같은 하나의 욕구 능력이 동시에 획득할 수 없는 서로 다른 욕구의 대상으로 향하는 경우다. 이런 경우 여러 운동 사이에는 욕구 능력의 충돌이 불가피하게 된다. 그런데 이런(욕구 능력) 운동들의 합치(unio)는 평화 개념 구성의 본질적 요인이 된다. 따라서 사람은 그가 욕구하는 어떤 것을 갖고 있다 할지라도 동시에 소유할 수 없는 어떤 욕구 대상이 남아 있는 한 평화로운 마음(cor pactum)을 갖지 못한다. 성 토마스는 여기서 여러 사람들의 여러 욕구의 합일(concordia)은 더 근본적인 평화의 합일을 내포한다고 생각한다.32) 우리의 이 논문에서는 여러 사람들의 합일이 근본적인 합일에, 다시 말해 인간 본성이 요청하는 합일, 한 인격(persona)이 요청하는 합일에 근거해야 한다고 풀이해야 할 것이다. 이런 본성, 즉 인격에 외부적 압력이 가해질 때 평화 개념의 반대 개념인 폭력 개념이 성립된다.

성 토마스는 평화의 화합이 한 사람 안에서 먼저 이루어져야 한다는 것을 아우구스티누스의 근본적 평화관, 즉 "사람들 사이의 평화는 질서의 평온이다(pax hominum est tranquillitas ordinis)" (『신국론』 제19권 제13장. PL 41, 640)를 인용, 명백히 한다. 물론

---

32) S. Th. 2a 2ae, 29, 1, c.

'pax includit concordiam et aliquid addit. Unde ubicumque est pax ibi est concordia ; non tamen ubicumque est concordia est pax, si nomen pacis proprie sumatur. Concordia enim, proprie sumpta, est ad alterum, inquantum scilicet diversorum cordium voluntates simul in unum consensum conveniunt. Contingit etiam unius hominis cor tendere in diversa, et hoc dupliciter. Uno quidem modo, secundum diversas potentias appetitivas : sicut appetitus sensitivus plerumque tendit in contrarium rationalis appetitus, secundum illud, Caro concupiscit adversus spiritum(Ad Gal. 5, 17). Alio modo, inquantum una et eadem vis appetitiva in diversa appetibilia tendit quae simul assequi non potest. Unde necesse est esse repugnantiam motuum appetitus. Unio autem horum motuum est quidem de ratione pacis ; non enim homo habet pacatum cor quamdiu, etsi habeat aliquid quod vult, tamen adhuc restat ei aliquid volendum quod simul habere non potest. Haec autem unio non est de ratione concordiae. Unde concordia importat unionem appetituum diversorum appetentium ; pax autem, supra hanc unionem, importat etiam appetituum unius appetentis unionem.'

아우구스티누스는 사람들 사이의 평화에 대해 말한다. 그러나 이때 한 사람과 다른 사람 사이의 평화는 한쪽이 자발적 의지에 의해서가 아니라 강제된 화합에 성립될 수 있으며 그런 화합은 참된 평화를 이룰 수 없다. 그러므로 아우구스티누스가 "평화는 질서의 평온이다(pax est tranquillitas ordinis)"라고 함으로써 이런 평온은 먼저 한 사람 안에서의 모든 욕구 운동이 조화를 이루며 쉼을 의미한다고 성 토마스는 생각한다.[33)]

성 토마스는 모든 것은 평화를 추구하는가 하고 묻는다. 성 토마스는 이 물음에 디오니시우스의 『신명론』과 아우구스티누스의 『신국론』 제19권(PL 41, 638)의 "모든 것은 평화를 욕구한다(omnia pacem appetunt)"를 인용하여 긍정적으로 해명한다.[34)]

나. 평화와 질서(pax et ordo)

인간은 어떤 것을 욕구함으로써 그는 그가 욕구하는 것으로의 도달을 욕구한다. 따라서 그는 그런 도달에 방해되는 것의 제거를 욕구한다는 귀결이 된다. 그런데 욕구된 선(善)에의 도달은 반대·대립적인 욕구에 의해, 즉 그것이 자기 자신의 욕구든 다

---

33) S. Th. 2a 2ae, 29, 1, ad 1.

'Augustinus loquitur ibi de pace quae est unius hominis ad alium. Et hanc pacem dicit esse concordiam, non quamlibet, sed ordinatam ; ex eo scilicet quod unus homo concordat cum alio secundum illud quod utrique convenit. Si enim homo concordet cum alio non spontanea voluntate, sed quasi coactus timore alicujus mali imminentis, talis concordia non est vere pax ; quia non servatur ordo utriusque concordantis, sed perturbatur ab aliquo timorem inferente. Et propter hoc praemittit quod pax est tranquillitas ordinis. Quae quidem tranquillitas consistit in hoc quod omnes motus appetitivi in uno homine conquiscunt.'

34) S. Th. 2a 2ae, 29, 2, Sed contra.

른 사람의 욕구든 간에 반대·대립적인 욕구에 의해 방해될 수 있다. 이런 양자는 위 『신학대전』 제2부의 2, 제29문제 제1절에서 말한 바와 같이 평화에 의해 제거된다. 따라서 모든 욕구하는 것은 필연적으로 평화를 욕구한다. 즉, 모든 욕구하는 것이 모든 욕구하는 것에 평온하게 그리고 어떤 방해도 받지 않고 도달하기를 욕구한다. 이런 것이 평화의 참 의미다. 아우구스티누스는 이런 것을 그의 『신국론』 제19권 제13장(De Civitate Dei XIX, 13. PL 41, 640)에서 '질서의 평온'으로 정의한다.[35)]

이와 같은 성 토마스의 견해, 즉 모든 것은 질서의 평온으로 평화를 욕구한다(목적 추구)는 설명은 존재론적으로 모든 것의 본성에서 특히 모든 인간의 본성에서 고찰되어야 할 것이다. 즉, 이런 평화 추구는 인간 본성의 발로다.

다. 평화와 사랑(pax et caritas)

성 토마스는 제2절에 이어 제3절에서는 "평화는 애덕(caritas, 愛德)의 고유한 결과인가?(Utrum pax sit proprius effectus caritatis?)"라고 물으며 평화의 원인을 애덕으로 설명한다. 따라서 이 절은 제29문제 '평화에 대하여'의 절정을 이룬다고 하여도 과언이 아니겠다.

위(제1절)에서 말한 바와 같이 평화의 본질적 요인에는 이중(二重)의 합일이 내포된다. 그 하나는 (한 인간에) 고유한 욕구들이 하나를 향해 질서지워지는 것이고 또 다른 하나는 (한 인간에) 고유한 욕구가 다른 인간의 욕구와 합일되는 경우다. 이런 두 가지의 합일을 이루어주는 것은 애덕이다. 즉, 첫째의 합일은 마음을 다해 하느님을 사랑하는 데 근거한다. 이런 경우 우리는

35) S. Th. 2a 2ae, 29, 2, c.

모든 것을 하느님과 관계시켜 우리의 모든 욕구가 하나로 향하게 된다. 둘째의 합일은 이웃을 우리 자신과 같이 사랑하는 데 성립된다. 이렇게 함으로써 사람은 이웃의 의지를 자기의 의지인 것처럼 실현하기를 원하게 된다. 이런 것을 성 토마스는 아리스토텔레스의 『윤리학』(*Ethic* Ⅸ, 4, 1166a7)에서 명백한 바와 같이 우애(友愛)를 표시하는 특징의 하나로서 '선택을 같이 하는 것'을 예증으로 들고 있으며 또한 키케로(Tullius Cicero)의 『우애에 대하여』(*De Amicitia Dialogus* Ⅰ, 6)에서의 "같은 것을 좋아하고 또 싫어하는 것은 친구들의 것이다"라는 말도 예증으로 든다.[36)]

이런 논조로써 성 토마스는 하느님에 대한 사랑과 이웃에 대한 사랑, 즉 그리스도교적 사랑에 유래되는 평화론을 제시한다. 다시 말해 사랑이신 하느님의 모습인 인간 본성의 자기 현현(顯現)인 하느님께 대한 사랑과 인간에 대한 사랑에 평화가 유래된다는 것을 제시한다.

그렇지만 성 토마스는 여기에서 인간 본성의 취약성을 염두에 둔다. 죄로 말미암아 사람은 어떤 합당치 못한 것을 목적으로 세

---

36) S. Th. 2a 2ae, 29, 3, c.

'duplex unio est de ratione pacis : quarum una est secundum ordinationem propriorum appetituum in unum ; alia vero est secundum unionem appetitus proprii cum appetitu alterius. Et utramque unionem efficit caritas. Primam quidem unionem, secundum quod Deus diligitur ex toto corde, ut scilicet omnia referamus in ipsum, et sic omnes appetitus nostri in unum feruntur. Aliam vero, prout diligimus proximum sicut nosipsos, ex quo contingit quod homo vult implere voluntatem proximi sicut et sui ipsius. Et propter hoc inter amicabilia unum ponitur identitas electionis : ut patet in Ⅸ Ethic. (c. 4, 1166 a 7-10) ; et Tullius dicit, in libro de Amicitia(c. 17), quod amicorum est idem velle et nolle.'

워 합당한 목적을 배반하게 된다. 따라서 인간의 욕구는 근원적으로 참된 궁극 목적에 부착하여 있지 않고 가시적(假視的)인 궁극 목적에 부착한다. 이런 이유로 하느님의 뜻에 맞게 하는 은총 없이는 참 평화가 있을 수 없고 다만 가시적 혹은 속임수의 평화가 있을 뿐이다.[37)]

성 토마스는 여러 견해들의 차이 때문에 평화가 애덕에 유래된다고 할 수 없다는 소견에 대해 주요(主要)한 선에 대한 합일이 있는 한 사소한 것에 대한 이견(異見)은 불일치(dissensus)라 할 수 없다고 생각한다. 그러므로 이런 것은 애덕을 갖고 있는 어떤 사람들이 의견을 달리할지라도 그것은 애덕에 배치되는 것이 아니다. 그것은 의견은 지성에 속하는 것이며 지성은 욕구, 즉 평화로 말미암아 합일되는 욕구에 선행하기 때문이다. 그러므로 주요한 선들에 대한 합일이 있으면 어떤 사소한 것들에서의 불일치(dissensus)는 애덕에 배치되지 않는다. 물론 이런 사소한 것에 대한 의견의 불일치는 완전한 평화, 즉 진리가 완전히 인식되고 모든 욕구가 완전히 채워지는 그런 완전한 평화와는 일치하지 않지만, 이 지상에서 실현되는 불완전한 평화와 상치되는 것이 아니다.[38)] 또한 평화는 애덕에 의해, 즉 하느님과 이웃에 대한 사랑이라는 애덕의 본질적 요인에 따라 발생하는 것이기 때문에 애덕 이외에 평화를 위한 다른 덕이 있는 것은 아니다.[39)]

---

37) S. Th. 2a 2ae, 29, 3, ad 1.

'a gratia gratum faciente nullus deficit misi peccatum, ex quo contingit quod hono sit aversus a fine debito, in aliquo indebito finem constituens. Et secundum hoc appetites eius non ingaeret principaliter vero finali bono, sed apparenti. Et propter hoc sine gratia gratum faciente non potest esse vera pax, sed solum apparens.'

38) S. Th. 2a 2ae, 29, 3, ad 2.

라. 평화와 정의(pax et iustitia)

성 토마스는 이어서 세 번째 이론에 대한 답변(ad 3)에서 정의가 평화의 간접적 원인임을 주장한다. 우리가 위에 제시한 정의론에서 본바와 같이 정의는 각자에게 그의 권리를 돌려주는 것이다. 이렇게 함으로써 정의는 사람들 사이에 더 나아가서는 크고 작은 단체들 사이에 분쟁의 소지를 또는 평화에 대한 지장을 제거하게 된다. 이렇게 평화는 간접적으로 정의의 작품인 것이다. 그러나 직접적으로는 애덕의 작품이다. 그것은 애덕이 그 고유한 본질적 요인에 의해 평화를 발생시키기 때문이다. 이것을 성 토마스는 디오니시우스가 『신명론』(PG 3, 709)에서 말하는 사랑은 '합일시키는 힘(vis unitiva)'이며 평화는 욕구적 경향성들의 합일이기 때문이라는 것으로 뒷받침한다.[40)]

마. 평화와 지혜(pax et sapientia)

지혜는 평화를 이룬다. 이것을 성 토마스는 아우구스티누스의 말을 따라 설명한다. 아우구스티누스의 『산상 설교에 대하여』(1, 4 PL 34, 1235)의 "지혜는 평화를 이루는 자들에게 적합하다"라는 말과 그들 안에는 반항적 움직임이란 전혀 없고 "모든 움직임은 이성에 따른다"와, 평화는 "질서의 평온이다"(Pax est tranquilitas ordinis, De Citate Dei, XIX)라는 구절을 인용하

---

39) S. Th. 2a 2ae, 29, 4, c.

'Cum igitur pax causetur ex caritate secundum ipsam rationem, dilectionis Dei et proximi, non est alia virtus cujus pax sit proprius actus nisi caritas.'

40) S. Th. 2a 2ae, 29, 3, ad 3.

'Pax est opus iustitiae indrecte, inquantum scilicet rremovet prohibens. Sed est opus caritatis directe, quia secundum propriam rationem caritas pacem causat. Est enim amore vis unitiva, ut Dionusius dicit 4 cap. De Divinis nominibus. Pax autem est unio appetitivarum inclinationum.'

며 질서지워 준다는 것은 지혜에 속하는 것이라고 성 토마스는 설명한다. 이런 질서의 평온은 평화이니 평화를 이루는 것은 지혜에 속하는 것이다. 그런데 평화를 소유하는 것은 사랑에 속하는 것이고 평화를 만드는 것은 질서지워 주는 지혜에 속한다. 이런 것은 『로마인들에게 보낸 편지』 제8장 제29절에서 말하는 사람들이 낳아진 지혜인 아들의 모습과 같아지는 데 근거한다.[41] 그러므로 지혜는 정의와 같이 평화의 간접적 원인이다. 직접적 원인은 사랑이다.

바. 평화와 기쁨, 행복(pax, gaudium et beatitudo)

성 토마스는 이 문제에서 바울로 사도의 『갈라디아인들에게 보낸 편지』(제5장 제22절)의 영의 열두 열매 중 앞의 셋, 즉 사랑, 기쁨, 평화의 관련을 설명한다.

사실 인간의 정신은, 그것이 좋은 것들에서나 악한 것들에서나 좋은 상태에 있을 때, 그 자체에서 (스스로) 잘 질서지워져 있는 것이다. 그런데 인간 정신은 사랑에 의해 제일 먼저 선으로 질서지워지게 된다. 그것은 사랑이 제1정념(affectio, affection)이며 모든 정념들의 근원(radix, root)이기 때문이다. 따라서 성령의 모든 결실 사이에서도 제일 먼저 애덕(caritas, 신적 사랑)이 자리한다. 그것은 성령이 사랑(amor)이기 때문이다.

그런데 애덕이라는 사랑에는 필연적으로 기쁨(gaudium, joy)이 수반된다. 그것은 사랑하는 자는 사랑하는 상대와 결합될 때 기쁨을 느끼기 때문이다. 그런데 애덕은, 사랑하는 하느님을 항상 갖고 있는 것이다. 이것은 『요한의 첫째 편지』 제4장 제16절의 "하느님은 사랑이십니다. 사랑 안에 머무르는 사람은 하느님

41) S. Th. 2a 2ae, 45, 6, c et ad 1.

안에 머물러 있고 하느님도 그 사람 안에 머물러 계십니다"의 말씀에 따를 것이며 애덕에는 기쁨이 따른다.

그런데 사랑의 완성이 평화다. 이것은 두 가지 관련에서 설명된다. 첫 번째로는 외부적 방해에서의 안온함(quies)이다. 그것은 자기가 사랑하는 좋은 것을 향유하는 데에서 타자(他者)로부터 방해를 받는 자는 그 사랑하는 좋은 것을 완전하게 즐거워할 수 없기 때문이다. 더 나아가 어떤 하나로써 완전히 충족하여 평화로운 마음을 갖는 자는 다른 것에 의해 결코 지장을 받지 않는다. 그것은 다른 것들을 무(無), 즉 없는 것과 같이 여기기 때문이다. 여기서 성 토마스는 『시편』 제118편 제165절에서 "당신의 가르침(계명)을 사랑하는 사람들에겐 큰 평화가 있으며 그들에게는 무엇이나 거칠 것이 없나이다"라고 하는 말씀을 인용한다. 그것은 외부적 방해에 의해 하느님을 향유할 수 없게 되는 일이 없기 때문이다. 또한 성 토마스는 (제2부의 2, 45, 6, c에서) "평화를 이루는 자들은 하느님의 아들이라 일컬어질 것이기 때문에 행복한 자들이라고 한다"(마태 5, 9)는 말씀을 인용한다.

두 번째로는 쉴 줄 모르고 동요하는 욕망을 진정시키는 데 관한 것이다. 사실 어떤 것에 대해 기쁨을 누릴지라도 그것으로 충분하지 못한 사람에게는 그것을 완전히 즐길 수 없는 것이다. 그런데 평화는 이 두 가지를 다 내포한다. 즉, 평화에서는 우리가 외부적인 것들에 의해 지장을 받지 않게 되며 또 우리의 욕망들이 하나 안에서 충족하여 쉼에 이르게 되기 때문이다. 이렇게 애덕과 즐거움 다음에 셋째로 평화가 거론되었다.[42]

42) S. Th. 1a 2ae, 70, 3, c.

2) 유가의 평화관

여기서는 공자와 맹자의 평화관에 대해 논한다. 그들은 전국시대를 배경으로 그들의 평화관을 논하기 때문에 당시의 왕정(王政)을 중심으로 정치-사회적 관점에서 인(仁)과 인정(仁政)의 평화관을 수립한다.

가. 공자의 평화관

공자는 외재적 형식적인 예(禮)에 새로운 의미와 내용을 부여하였는데 그것이 바로 인(仁)이었다. 그는 "사람이면서 어질지 않으면 예는 해서 무엇하겠는가?"라고 하여 알맹이 없는 예, 다시 말해 사랑(仁)이 없는 규범(禮)은 아무 소용이 없다고 생각하였다. 인은 남을 사랑하는 것(愛人)과 '자기를 누르고 사회 규범(禮)을 회복하는 것(克己復禮)'이 그 실제 내용이었다. 이 극기(克己)란 바로 "남을 이기기 좋아하고, 자기를 자랑하며, 남에게 원망을 품고, 탐욕 내는 것을 행하지 않는 것이 바로 인을 행할 수 있는 것"으로 보았다.[43)]

공자는 "군주는 군주다워야 하고 신하는 신하다워야 하며 아버지는 아버지다워야 하고 자식은 자식다워야 한다"[44)]는 정명론(正名論)의 입장이다. 공자는 이와 같이 명(名)과 실(實)이 서로 부합되지 않은 때 혼란이 생기고 한 걸음 더 나아가 전쟁까지 일어난다고 본 것이다.[45)]

공자는 '예'에 대한 새로운 질서를 주장하였다. 그것은 '예'가 사랑(仁)에 기초를 두고 있기 때문이었다. 사실 "'예'의 사회적

---

43) 『論語』, 「憲問」, "克伐怨欲 不行焉 可以爲仁矣."

44) 『論語』, 「顔淵」, '君君, 臣臣, 父父, 子子.'

45) 鄭仁在, 「中國의 平和思想」, 『平和의 哲學』, 서강대 철학연구소, 1995, 248쪽.

작용은 화(和), 즉 평화를 귀하게 여기는 것"[46]이다. 이런 공자의 인 사상은 맹자의 인정(仁政), 왕도 정치(王道政治)의 이념으로 계승되었고 또 송명대(宋明代)에는 만물일체론(萬物一體論)으로 확대되어 인간 사이의 평화뿐만 아니라 인간과 만물 사이에서도 일체감을 이루는 적극적 평화 사상으로 전개되기도 하였다.[47]

나. 맹자(孟子)의 평화관

맹자의 사상은 공자를 계승하였으나 구체적인 방법의 제시에서 더욱 뚜렷하였다. 맹자는 그의 힘에 의한 전쟁 반대 사상을 명백히 한다. 맹자는 "전쟁을 잘하는 자는 최고의 형벌을 받아야 한다. 제후를 연결시켜 전쟁하게 만드는 자는 그 다음 형벌을 받아야 하며 황무지를 개간하고 토지를 마음대로 하여 전쟁을 돕는 자는 그 다음 형벌을 받아야 한다"[48]고 역설하였다. 또한 맹자는 그의 평화 사상을 다음과 같이 언급한다. "어떤 사람이 말하기를 '나는 진(陳)치는 것을 잘하고 나는 전쟁하기를 잘한다' 고 하면 커다란 죄다.[49] 정벌한다는 정(征)이란 말은 바로잡음(正)이요 각자가 자기를 바로잡으려는 것이다. 어디에 전쟁을 쓸 것인가?"

맹자가 말하는 왕도 정치, 선왕의 도, 요순의 도, 문왕의 통치 등은 모두 용어만 달리했지 인정(仁政)을 가리키는 것이었다. 인

---

46) 『論語』, 「學而」, '禮之用, 和爲貴.'

47) 鄭仁在, 「中國의 平和思想」, 『平和의 哲學』, 서강대 철학연구소, 1995, 249, 241-250쪽 참조.

48) 『孟子』, 「離婁上」, '故善戰者 服上刑, 連諸侯者次之, 辟草萊, 任土地者 次之.'

49) 『孟子』, 「盡心上」, '有人曰 我善爲陳, 我善爲戰, 大罪也! 征之爲言正也, 各欲正己也 焉用戰?'

정이란 인의 도덕적 요구를 정치, 사회에 적용시킨 것이다. 맹자가 말하는 인정은 그의 성선설(性善說)의 근간이 되는 불인인지심(不忍人之心)에서 시작된다. 맹자는 평화의 구현 방법을 남의 고통을 참아보지 못하는 불인인지심, 즉 인심(仁心)에서 찾았다. 그는 이러한 확신을 가지고 있었음으로 인정(仁政)으로써 하지 않으면 천하(天下)의 평화를 가져올 수가 없다고 하였다.[50]

맹자는 힘에 의한 패도 정치(覇道政治)와 덕에 의한 왕도 정치(王道政治)를 구분한다. 왕도 정치만이 모든 사람이 바라는 것이고 이것만이 모든 사람의 평화를 실현시키는 근본적 방안이라고 보았다. 인정을 행하여 천하를 평화롭게 하는 이유는 통치자가 민심을 얻기(得民心) 때문이다. 맹자는 왕도(王道)·인정(仁政)만이 평화를 가져다줄 수 있는 길임을 역설하면서 "천시(天時)는 지리(地利)만 못하고 지리는 인화(人和)만 못하다"[51]고 하였다. 인화란 바로 인간 사이에 존재하는 평화롭고 화목한 상태를 말한다.[52]

8. 결 론

1) 정당한 폭력

성 토마스는 폭력은 근원적으로 삼위일체의 모습인 인간 본성과 인격성에 배치되기 때문에 또 그리스도교적 사랑의 계명에

50) 『孟子』, 「離婁上」, '堯舜之道 不以仁政, 不能平治天下.'

51) 『孟子』, 「公孫丑上」, '天時不如地利, 地利不如人和.'

52) 鄭仁在, 「中國의 平和思想」, 『平和의 哲學』, 서강대 철학연구소, 1995, 250-253쪽.

배치되기 때문에 거부한다. 그러나 정당한 폭력은 인정한다.

정당한 폭력의 규준은 정당 방위의 차원이며 공동체의 보존과 안녕과 평화의 차원이다. 이런 경우 개인이나 국가나 공공 기관의 주권자가 개인적 보복 내지는 전쟁 등의 폭력을 행사할 수 있다. 그러나 보복 정의의 차원을 넘으면 안 된다. 특히 전쟁의 경우 주권자의 명령, 정당한 근거, 올바른 의도 등이 있어야 정의로운 전쟁이 된다. 군주의 폭정에 대한 항거도 허용된다. 그것은 폭군이 위임받은 공공의 이익과 안녕 보존의 의무를 배신하는 경우다.[53] 따라서 정당한 폭력이란 인간의 생명과 재산을 지키는 정당한 방도로 보아야 할 것이다.

2) 성 토마스와 유가의 평화관 비교 고찰

성 토마스와 유가는 다 같이 정의 없이 평화가 성립되지 못한다고 생각한다. 성 토마스는 이것을 좀더 명백히 설명하여 정의는 평화의 직접적인 원인이 아니고 간접적인 원인이라는 점을 명시한다.

유가 특히 맹자는 전쟁을 악으로 규정하여 전면 거부하며 전쟁 없는 평화로운 이상향, 인정(仁政), 왕도 정치에 의한 이상향을 지향하는 데 대해, 성 토마스는 현재의 인간 삶의 조건 하에서는 개인적이거나 국가적인 정당 방위의 정의로운 폭력을 인정한다. 그러나 이 세상 삶의 질서에서의 평화는 저 세계, 즉 초월적 세계에서 이루어질 폭력 없는 진정한 평화, 즉 전쟁이나 갈등이나 불안이 없는 평화, 영원한 평화에 접근하여 가는 불완전한 평화임을 제시한다.

---

53) Cf. S. Th. 2a 2ae, 44, 64, 66 : 채이병, 「정당한 폭력은 허용되는가」, 『들숨날숨』, 2002, 28-29쪽 참조.

성 토마스는 이런 평화는 먼저 각 사람의 마음 안에 이루어지는 질서의 평온에서 설명하며 그것은 마음의 근본 자세, 즉 하느님의 사랑과 이웃 사랑에서 이룰 수 있다는 점을 강조한다. 여기서 우리는 성 토마스의 정의관과 평화관의 분석적이면서도 종합적인 면을 볼 수 있다. 사랑은 평화의 직접적인 원인이다. 유가의 정의관과 평화관이 거의 현세적 인간상, 즉 내재적 한계 내에서 시종하는 데 반해 성 토마스의 평화관은 내재적이면서도 근원적으로는 계시에 근거하는 초월적 면을 명백히 한다. 또한 그것은 초월적이면서도 내재적이다. 한편, 유가의 하늘을 배경으로 하는 인간관에서 우리는 초월적 요인이 잠재해 있음을 인식할 수 있다. 그러나 그런 요인은 현실적으로는 의인적(anthropomorphic) 차원을 넘기 어렵다.

평화는 질서의 평온(pax est tranquillitas ordinis)이라고 한 아우구스티누스는 전쟁과 평화의 변증법을 흥미롭게 전재한다. "전쟁 없는 평화는 성립되지만 평화 없는 전쟁은 성립되지 못한다."[54] 이렇게 인간의 본성은 폭력을 거부하고 평화를 희구한다.

3) 앞으로 인류의 평화관

우리 시대의 '폭력과 평화' 문제는 먼저 역사적·정치적·경제적·문화적인 차원에서의 '각자에게 그의 것을 돌려주는 것(unicuique suum retribuere)'에서 그 해결의 실마리를 찾아야 할 것이다. 우리 시대의 비폭력적 평화론자들로서는 간디, 슈바이처 등을 들 수 있으며 더 적극적 평화 실천가로서는 사랑의 화신

---

54) Pax quaedam sine ullo bello, bellum vero esse sine aliqua pace non potest. There can be peace without any kind of war, but no war that does not suppose some kind of peace. (De Civitate Dei 19, 3).

인 테레사 수녀(Mother Theresa)를 들 수 있겠다. 그 밖에도 계속적으로 더 큰 영향을 끼친 평화론자로는 우리 시대의 여러 교황들이며, 레오 13세('새로운 사태'; Rerum Novarum), 비오 11세('40주년'; Quadragesimo Anno), 요한 23세('지상의 평화'; Pecem in Terris), 바오로 2세(제2차 바티칸공의회 '기쁨과 희망'; Gaudium et Spes) 등이 하느님의 말씀에 근거하고 성 토마스의 학설에 뿌리를 갖는 인간 본성과 인격관에 바탕하여, 전개되는 새로운 상황들에 따라 교서들을 발표, 부당한 폭력 배제와 평화 건설과 증진에 크게 이바지하였다. 또한 가톨릭 철학자, 신학자 등 여러 학문 분야의 학자들이 다른 많은 평화론자들과 더불어 정의관, 평화관 정립에 이바지했다. 이런 평화의 목적을 달성하기 위해 가톨릭 교회는 유엔을 비롯하여 정의와 평화, 인류애를 실천하는 많은 단체들, 더 나아가서는 선의의 모든 사람들과 협력해야 한다. 우리는 여기서 유가 학자들의 현대적 해석 노력에 주목하게 된다. 기실 한국에서는 유가 학자들 사이에 근년 들어 이런 흐름이 강력하게 형성되고 있다.55)

인류는 오늘 과학 기술의 놀라운 발전에서 과학 기술의 인간 중심화의 필요에 몰리고 있다. 사실 인간의 의식과 삶, 특히 사회적 제도는 과학 기술 발전에 의해 근본적인 변화를 겪어왔다. 예컨대 불의 발견, 청동기 시대의 도래, 지동설, 증기와 전기력의 발견과 이용, 항해술과 항공술의 발전, 로켓과 핵력의 발견, 생의학의 발전 등은 인간 삶에 놀라운 변화를 가져왔으며 많은 혜택을 주고 또 많은 문제들도 제기했다. 이런 변화에 수반되는 새로

55) 함재봉, 이승환, 송영배, 김승혜, 박영일, 정인재 등, 이들은 중국, 미국, 유럽의 명문대에서 Ph.D.를 받은 분들이다.

운 가치관과 윤리관 등을 형성하는 데 종교와 학문, 문화 등은 많은 노력을 해왔다. 이제 과학 기술은 게놈 지도 완성, 인간 복제 가능성, 디지털화, 세계 구석구석과 우주를 종횡무진으로 누비고 있는 인터넷계와 사이버계는 또 다른 혁명적인 인간 삶의 차원을 열어가고 있다. 여기에 이르러 인간은 위대한 능력을 드러낸다. 과학 기술은 현금 일찍이 경험할 수 없었던 공간과 시간을 제로(零)의 상태로 몰아가며, 삶을 크게 연장시키고, 빠르고 안락하며 즐거운 삶을 선사하는 한편, 가치관을 근본적으로 혼란시켜 하느님의 모습으로서의 인간을 크게 훼손시킬 위험도 조장하고 있다. 이런 놀라운 과학 기술 발전은 폭력화되어 인류에게 참극을 초래할 수도 있다. 이 땅의 우리의 현실은 북측의 핵무기 보유 선언과 생화학 무기 보유로 세계 화약고의 초점이 되고 있다. 그렇지만 이번 이라크 전쟁에서 인류를 놀라게 한 것은 그동안 꾸준히 고양되어온 생명 존중 사상이 전쟁의 과학 기술 개발에서도 놀라운 영향력을 행사하고 있다는 점이다. 그것은 그렇게 맹렬한 폭격과 전투에서도 전 같으면 상상도 할 수 없을 정도로 발생했을 인명 피해가 극소화되었다는 점이다. 생명 존중 사상을 더 고양시키면 과학 기술 발전은 인명 피해가 전혀 없는 무혈 전쟁의 가능성 내지는 전쟁무용론을 실현시킬 수 있는 가능성을 보여주었다.

앞으로 새 천 년의 전반 수세기 동안 인류는 폭력을 몰아내고 진정한 정의관과 평화관을 수립하는 데 온 힘을 다 기울여야 할 것이다. 여기에 인류에게 공통될 수 있는 '각자에게 그의 것을 돌려주어야 한다'는 정의관의 더 폭넓고 더 깊은 인식과 실천이 결정적 역할을 할 수 있을 것이다. 이런 인간의 운명(destiny)을 천착해가는 데에 하느님의 모습으로서의 인간관은 크게 이바지할 것이다.

특히 아시아 대륙에서 그렇다. 아시아는 가장 큰 대륙이며 가장 많은 인구를 내포할 뿐만 아니라 모든 위대한 종교들과 종교문화, 정신 문화를 발생시킨 발상지며, 여기의 인구 대부분은 해당 종교 문화를 실천적으로 살고 있다. 또한 그들은 대부분이 수세기 동안 강대국들의 식민 정책에 시달렸고 아직도 정신적으로 억압되고 있으며 경제적으로도 수탈되고 있을 뿐 아니라 많은 문화재들이 약탈당했다고 생각한다. 이런 의식은 앞으로 더욱 강하게 작용할 것이다. 여기에 이르러 인류는 '사물(과 사건)은 주인을 향해 소리지른다(res clamat ad dominum)', 즉 '사물은 주인에 속한다'의 고래(古來)의 명격언에 의해 사태를 올바르게 해결해야 할 것이다. 즉, 가해자는 피해자에게 정당한 대가를 지불함으로써 사태를 바로잡아야 할 것이다. 그 가장 좋은 방법은 대화를 통해, 다시 말해 합의를 도출하여 사태들을 일단락지어야 할 것이다. 사정이 이렇기 때문에 지금은 무엇보다도 그런 것에 대한 격한 반동적 물결이 오기 전에 동서 간의 허심탄회한 대화, 상호 양보와 사랑이 있는 대화를 통해 서로를 이해하고 존중하며 실천해가는 지혜와 용기가 필요한 시기다. 또 한편, 후진국들은 선신국들이 개발한 과학 기술, 경제 발전, 새로운 사회제도의 계발, 복지 시설의 발전, 민주주의 실현, 인권 사상의 발전 등의 혜택을 받고 있음을 생각하여야 할 것이며, 삶의 질을 높이기 위해 스스로 모든 노력을 다하여야 할 것이다. 무엇보다도 현금 이른바 선진국들은 후진국들로 하여금 수많은 생명을 죽음으로 몰고 가는 기아와 질병, 가난에서 탈피케 하고 하느님의 모습으로서의 인간다운 삶을 살 수 있도록 좋은 교육을 받게끔 사심 없는 도움을 주어야 할 것이다. 이런 일의 성취를 위해서는 선진국들의 기술과 자본의 나눔이 필요하다. 우리 시대의 인간 의식은 알게 모르게 이런 전향적 방향을 지향하고 있는 것이다. 즉, 인간 생명과 문화의 역사는 창조주의 창조 경륜에 따라 이런 전향적 방향으로 움직여 가고 있는 것이다. 본인은 이 점에 우리 가톨릭 철학자들과 가톨릭 교회에 큰 사명이 있다고 생각한다. 근래에 이르러 교황청을 위시하여 가톨릭계에서 동서 사상에 대한 수많은 문화적 세미나, 학술 회의 등이 개최되는 것은 극히 희망적인 징조라 생각된다. 이런 일들이 원만히 해결되기 위해서는 역시 인류 공통의 기본 대명제인 인간 생명 사랑과 자연 사랑 그리고 공존(共存, co-existence), 공생(共生, co-life), 공영(共榮, co-prosperity)의 동서 생명철학 탐구가 극히 중요한 것으로 생각된다. 이 면에서 각 종교 문화들은 큰 공헌을 할 수 있을 것이다.[56]

---

56) Tjeng, Eui-Chai. The Philosophy of Life in the Oriental Philosophers and in the Theory of Thomas Aquinas. Presentation in 'Philosophical Perspectives for the Third Millennium' 2000, Fu Jen University, Taiwan.

[초청 논문] ■ ■ ■

헤겔에게서 폭력 지양으로서의 형벌의 목적론적 구조

이 정 일

진지하고 명민한 임마누엘 칸트 같은 사상가도 전쟁이 섭리의 목적에 봉사한다는 입장을 피력했다. 히로시마 이래로 우리는 전쟁이 기껏해야 필요악이라는 것을 알았다. 폭군이 없으면 어떤 순교자도 없다는 이유 때문에 성 토마스 아퀴나스조차 폭군이 섭리에 봉사한다는 입장을 매우 진지하게 대변하고 있다. 하지만 아우슈비츠 이후로 모든 이런 불경한 입장은 유지될 수 없다. … 근대의 계몽된 기술적 세계의 한복판에서 이런 끔찍한 사건들이 벌어진 이래로 사람들은 진보의 필연성을 약속하거나 모든 것을 포괄하고 영향력 있게 작용하는 섭리를 통해 스스로를 증명하는 신을 믿을 수 있는 것인가?

— Emil Fackenheim, *Gods Presence in History*

1. 들어가는 말

헤겔은 죽음과 폭력을 단일 테마로 다루지는 않고 있으며 또한 이것을 상호 연관된 것으로 다루지 않고 있다. 그는 이 테마를 각각

『법철학』과 『정신현상학』에서 독립된 것으로 다루고 있다.[1] 한 가지 공통점이 있다면 그리고 이 두 테마를 연결하는 접점이 있다면 이것은 폭력과 죽음이 인간의 인륜적 삶을 실현하는 데 불가피한 요소는 아니라는 것과 정치 공동체는 이런 원리들에 의해 지탱될 수 없다는 데 있다. 우연은 그 자체로서 질서를 형성하지 못하며 또한 할 수도 없다. 헤겔은 법을 파괴하는 것(Verletzung)이 공적인 질서의 부정으로 이어지기 때문에 파괴를 무화하는 것(Vernichtung der Verletzung)[2]으로서의 공권력의 자기 회복을 다시금 유지해야만 한다고 주장한다. 그러기 위해서는 폭력을 필연적으로 극복하지 않으면 안 된다고 본다. 법과 질서가 같은 것이기 때문에 폭력은 정당하지 못한 것으로서의 모든 형태의 질서 파괴다. 따라서 헤겔은 파괴를 파괴함에 의해 정의와 질

1) G. W. F. Hegel, *Grundlinien der Philosophie des Rechts* (이하 GR로 약칭), Felix Meiner 1955을 따르고 *Phänomenologie des Geistes* (이하 Phä로 약칭), Felix Meiner 1952를 따른다. 폭력의 문제는 GR §§82-104에서 집중적으로 다루어지고 있다. 그리고 죽음의 문제는 Phä 141-150에서 집중적으로 탐구되고 있다. 특히 §§97-100에서 헤겔은 형벌의 필요성과 §§101-103에서는 범법자를 질서 안에 편입시킬 때 처벌의 피할 수 없음과 처벌의 당위가 범법자에게 인간이 될 수 있는 권리에 대해 말하고 있다.

2) 헤겔은 GR §97에서 "파괴를 파괴하는 것(Verletzung der Verletzung)"이라는 표현을 사용하고 있다. 파괴를 파괴하는 것으로서의 공권력의 자기 회복은 더 이상 폭력이나 파괴가 아니다. 헤겔은 "법의 파괴가 파괴다"(GR §95)라고 주장하면서 파괴를 필연적으로 파괴하지 않으면 안 된다고 주장한다. 법을 파괴하는 것을 파괴하는 것은 더 이상 폭력이 아니다. 헤겔은 공권력의 자기 집행은 더 이상 폭력이 아니라고 본다. 헤겔은 파괴가 "아무것도 아닌 것(nichtig)"(GR §83)이라는 것을 강조한다. 따라서 아무것도 아닌 것이 타당성과 효력을 유지할 수 없기 때문에 무에 지나지 않는 것을 무화시키는 것이 가능하게 된다. 헤겔은 이런 점에서 법의 파괴를 아무것도 아닌 것으로 보고 동시에 법의 자기 회복은 바로 아무것도 아닌 것을 무화하는 것으로 본다. 여기에 폭력을 처벌하는 법의 존엄과 자유가 타당성을 발휘하게 된다.

서를 다시 유지하고자 한다.

형벌은 처벌을 통해 인륜적인 질서를 부정하는 것을 필연적으로 부정하는 한에서 질서를 다시 회복하고 집행하는 것을 말한다. 공적인 질서와 삶을 부정하는 자를 필연적으로 처벌함에 의해 질서 자체의 존엄성과 자유를 지키는 것이 요구되는데, 형벌은 바로 이런 질서 지킴을 위해 질서를 부정하는 자를 처벌하는 것을 말한다. 헤겔은 처벌은 외적인 것이 아니라 내적인 것으로서만 범법자의 자기 회복이 된다고 주장한다. 처벌은 공적인 질서의 자기 회복을 다시 완성[3]하는 것으로서만 범법자가 자기에게 스스로를 다시금 화해하는 계기를 준다. 이런 관점에서 헤겔이 자신의 형벌론 분석에서 범법자를 더 높은 인륜적 질서 안에 편입하고자 했다. 바로 이것이 형벌의 목적론적 구조가 밝히고자 하는 내용이다.

2. 법의 파괴에 맞서서 법의 존엄성을 지키는 것

폭력은 그 자체로서 정당화될 수 없다. 왜냐하면 이것은 항상 질서에 대한 파괴로서 작용하기 때문이다. 죽음은 정치 공동체

3) 헤겔은 공법과 사법의 문제를 명백하게 구별한다. 질서는 공법이든 사법이든 다 공적인 차원에 속한다. 범죄자를 통한 법의 파괴는 분명히 사인을 통한 공적인 질서의 침해다. 헤겔은 그러나 공법이 자기를 집행하기 위해서는 사적인 인간의 법 침해를 사적으로가 아니라 공적으로 다룰 것을 요구한다. 왜냐하면 공적인 질서는 모든 사람을 구속하는 질서에 속하기 때문이다. 헤겔은 그래서 형벌의 문제는 사적인 문제가 아니라 공적인 문제라고 명백하게 천명할 수 있었다. 질서에 대한 침해는 필연적으로 범법자가 자기를 해체하는 것을 의미하기 때문에 그는 필연적으로 공적인 질서로부터 처벌을 받지 않으면 안 된다. 공법의 집행은 범법자의 주관적 의지와 무관하게 집행되지 않을 수 없다.

의 성립 요건이 아니라 극복될 것으로서 다루어지고 있기 때문에 상호 인정 이론을 통해서 당연히 극복되지 않으면 안 된다. 폭력과 죽음은 따라서 헤겔 철학 체계 안에서 이것은 목적론적으로만 극복이 된다. 헤겔은 폭력이 철저하게 정당한 질서에 대한 파괴로 뚜렷하게 규정한다. 질서 유지의 정당성과 정당한 질서의 파괴가 부당하기 때문에 필연적으로 질서를 부정하는 것을 극복하는 것으로서 폭력을 다시금 질서로 편입시키는 것이 문제라고 헤겔은 보고 있다. 그 때문에 헤겔은 폭력을 항상 질서의 자기 유지라는 지평에서 해소시켜버리거나 인륜성으로 지양시켜버린다. 바로 이런 점에서 헤겔은 폭력을 철저하게 극복되어야만 하는 것으로 분명하게 주제화한다. 또한 죽음은 이것이 비록 정치 공동체에 내재하는 사실이라고 하더라도 이것이 피할 수 없는 인간의 본성으로 각인되지 않는다.[4] 헤겔은 이 점에서 우연성을 피할 수 없는 인간의 본성으로 각인하는 홉스를 비판[5]

---

4) 헤겔은 정치 공동체의 성립은 우연과 폭력 그리고 죽음의 공포에 의해 성립되는 것이 아니라고 한다. 그렇기 때문에 『정신현상학』에서 헤겔은 죽음을 통한 인정 관계의 불평등으로부터 시작하지만 동시에 인정 관계의 실현에서 죽음의 문제를 해소한다. 인정을 통한 권리의 실현은 죽음이 적극적으로 공동체의 성립 근거가 되지 못한다는 것을 보여준다. 헤겔은 죽음을 심리학적인 범주로서 공동체 성립의 조건으로 보는 것을 비판한다. 죽음을 미화하거나 죽음을 예찬하는 것은 헤겔이 보았을 때 철저하게 인간의 본성을 왜곡한 결과에 지나지 않는다.

5) J. Ritsert, *Systemtheoretische Ansätze in der Soziologie*, Suhrkamp 1991 리체르트는 헤겔의 투쟁이 "홉스적인 만인의 만인에 대한 투쟁 상황의 심사숙고"로 규정한다. 하지만 이것은 헤겔이 이것을 극복 불가능한 것으로 여겼다는 것을 의미하는 것은 아니다. 이 점에서 그는 헤겔의 참된 의도가 홉스를 비판하는 데 있다는 것을 간과하고 있다. 그는 헤겔이 "순수한 인정을 외부로부터 차용함이 없이 힘과 폭력을 주제로 삼는다"(104쪽)고 주장한다. 그러나 이것은 헤겔의 이중적인 의도를 지나치게 단순화하는 위험이 있다. 헤겔은 사실에 대한 적합한 기술이 사실을 정당화하는 것은 아니라고 분명히 말한다. 사실은

한다. 역설이지만 폭력과 죽음에 대한 헤겔의 분석은 폭력과 죽음을 피할 수 없는 인간의 본성으로 인정하려는 데 있는 것이 아니라 바로 이것을 부정해서 이것을 인륜적 삶 한가운데로 지양하려는 데 초점을 두고 있다.

헤겔은 단호하게 폭력이 인간의 본성으로 고착화되는 것을 비판한다. 그러나 헤겔은 폭력이 사실상 역사에서 존재한다는 경험적 사실을 부인하지는 않는다. 사실은 그렇다라는 것만 말하지 우리에게 당위의 모습을 말하지는 않는다. 그렇기 때문에 헤겔은 폭력과 죽음을 인간의 본성으로 고정시키지 않으면서도 법의 파괴로 작용하고 있는 폭력을 목적론적 질서로 편입시킬 것을 요구할 수 있었고 또한 죽음을 인정의 문제로 극복할 것을 제시하고 있다. 모든 존재론적 질서의 해체로 나타나는 폭력은 그 자체가 질서의 파괴이기 때문에 반드시 극복되지 않으면 안 된다고 헤겔은 보았다. 헤겔은 여기서 폭력이 아니라 질서와 질서 유지라는 입장에서 폭력을 극복될 것으로 다룬다. 『법철학』의 「추상법」에서 다루어지고 있는 폭력과 범법의 문제는 이것이 인간의 질서에 대한 근본적인 부정이기 때문에 부정되지 않으면

사실을 사실로서 성립시키는 정당화의 문맥을 반드시 충족시키지 않으면 안 된다. 자연 상태에 대한 홉스의 가설은 하나의 작업 가설에 불과한 것이고 이런 자연 상태에 대한 그의 가정은 자의적인 것에 기초하고 있다. 헤겔은 사실이 아니라 사실의 근거를 물으면서 자연 상태에 대한 가설의 불충분성을 지적한다. 죽음과 폭력 그리고 공포에 대한 작업 가설적 기술은 정당화를 반드시 충족하는 것이 아니라고 주장한다. 리체르트는 헤겔의 홉스 비판을 이런 점에서 충분히 반영하지 못하고 있다. 헤겔이 홉스와의 연관 아래서 현상을 충실하게 기술하는 것으로서 평가할 수 없는 근거는 헤겔이 자연 상태의 가설을 불필요하다고 여기는 데서 분명해진다. 지배의 정당화를 단순히 설명하기 위해 자연 상태에서 계약 상태로의 이행을 주장하는 것은 불필요하다. 왜냐하면 지배의 정당화 하나만으로도 사회 성립의 논리적 근거를 제공할 수 있기 때문이다.

안 된다고 헤겔은 보았다.

헤겔은 홉스 이래 자명하게 여겨져 온 여러 심리학적 가설들과 그것에 기초한 정치 공동체의 성립 근거를 비판한다. 헤겔에 따르면 인간은 죽음이 두려워서 종교를 만든 것이 아니라 자신의 죽음을 죽이는 영원성에 대한 추구 때문에 종교를 요구하게 되었다. 인간은 고독이 무서워서 타인과 거래하고 사회를 만드는 것이 아니라 타인과의 인정 운동을 통해 적극적으로 인간의 인간다운 풍요로움을 즐기고 실현하기 위해 타인과 교제한다. 또한 인간의 정치 공동체는 단지 죽음이라는 공포를 피하기 위해 계약을 필요로 하고 계약을 통해 안정성을 추구하지 않는다. 인간은 자신이 가능적으로 지니고 있는 여러 능력들을 공동체를 통해 적극적으로 실현하며 사는 풍요로운 존재다. 헤겔은 이런 점에서 인간이 자기 본성의 풍요로움과 실현 때문에 적극적으로 공동체를 형성한다는 아리스토텔레스의 입장[6]을 따른다. 헤겔 인륜성 개념의 형성 과정에서 목적론적 지평이 계속해서 영향사적으로 작용하는 것은 부인할 수 없는 사실이다. 이런 점에서 인륜성이란 그냥 살아왔던 아니면 살고 있는 삶의 질서가 아니라 질서를 적극적으로 형성하며 가장 근본적인 것에 의해 삶을 지탱하는 삶을 말한다. 이런 점에서 헤겔은 질서를 파괴하는 범법에 대해 질서를 지키고 질서 유지를 위한 것이 처벌을 불가피하게 만든다고 주장한다.

헤겔은 인간의 인륜성이 자연성을 극복하고 문화화를 거쳐서 도덕성의 현실화에서 궁극적으로 완성된다는 입장을 고수한다. 인간은 보편성이 제거된 채 동물 농장에서 드러나는 바와 같이

6) Joachim Ritter, Metaphysik und Politik. *Studien zu Aristoteles und Hegel*, Suhrkamp 1977.

사적인 개별 이익을 극단적으로 추구하는 자도 아니고 개별성이 거세된 순수 보편성도 아니다. 헤겔은 인간의 개별성을 이기적 존재로서 극단화하면서 단지 생물학적으로 자기 보존에만 국한하는 입장도 비판하며 동시에 인간의 보편성이 개별자의 건전한 자기 형성 욕구에 배타적으로 작용할 때 그런 싸늘한 보편성도 거부한다. 인간은 단적으로 개별화된 보편 내지 보편화된 개별자로서 항상 보편과 개별의 매개된 통일이다. 헤겔 형벌 이론에서 암묵적으로 작용하는 기본 주제는 질서라는 보편적 규범을 사적인 범법자가 파괴한다는 것에 있으며 이런 파괴의 복구는 범법자에게 두 가지 방식으로 전개된다. 첫째 범법자가 자발적으로 자기가 파괴한 질서를 인정하고 법의 존엄성과 질서를 세우는 것이다. 헤겔은 이 점에서 범법자의 파괴 시인과 질서 존중을 강조한다. 둘째는 범법자의 의도와는 무관하게 법이 질서를 부정한 자를 필연적으로 처벌해야만 한다는 것이다. 이 과정에서 법의 존엄성 자체를 부정하는 자에게 법의 존엄성을 확인시키고 처벌이 바로 범법자에게 가해지는 외적인 강제가 아니라 법 자체의 자기 유지에서 나온다는 것을 확인시키는 것이다. 범법자의 질서 파괴는 사적인 개인을 통해 공적인 보편성을 부정하는 것이지만 범법자의 처벌은 공적인 질서가 사적인 범법자에 대해 사적으로가 아니라 공적으로 질서의 존엄성을 확인시키는 것이다.

범법자의 공적 질서 파괴와 법의 질서 회복이 다시금 회복되고 통일된다는 것을 근거로 해서 헤겔은 범법자가 알고 보면 법 질서를 파괴한 것이 아니라 자기가 스스로 자기를 파괴한 것으로 본다. 여기서 헤겔은 범법자가 법의 존엄성을 강요에 의해서가 아니라 자발적으로 인정할 수 있는 계기가 성립된다고 본다.

폭력이 자기 밖에 있는 외부 질서의 파괴가 아니라 바로 그 질서 안에서 사는 자기 파괴로 이어진다는 점에서 헤겔은 이미 폭력의 극복을 질서의 자기 유지 차원에서 완성하고 있다. 폭력은 인륜적 질서에 대한 침범이기 때문에 극복되지 않으면 안 된다. 헤겔에 따르면 폭력은 바로 질서에 대한 파괴이기 때문에 결국은 범법자는 질서를 파괴함에 의해서 자기를 동시에 파괴하게 된다. 따라서 범법자에게 형벌을 주는 문제의 정당성과 형벌을 자발적으로 감수함에 의해서 질서로 편입하려는 범법자의 자기 반전이 불가피하다. 『법철학』은 이 문제를 증명하는 과정에서 한 사태를 두 측면7)에서 각기 고찰하고 있다.

폭력은 헤겔에 따르면 매개된 통일의 부정이다. 헤겔은 폭력이 인간이 보편성을 파괴함에 의해 개별자 자체를 파괴하는 것으로 본다. 형벌의 문제는 공적이고 객관적인 것이기 때문에 사적이거나 심리적인 문제로 축소되면 안 된다. 형벌의 문제는 명백하게 자기 파괴면서 동시에 질서 파괴로 이어지기 때문에 법의 질서 유지를 위해 불가피하다. 헤겔은 처벌의 정당화라는 법철학적 근거를 칸트의 원초적 계약론8)과는 다르게 제시하고 있

7) 헤겔은 불법(das Unrecht)과 기만(der Betrug) 그리고 강제(Zwang)와 법의 파괴(Verbrechen)를 두 관점에서 다룬다. 하나는 법을 파괴하는 자의 자기 파괴이고 다른 하나는 법이 자기를 회복하기 위해 범법자를 필연적으로 처벌하는 근거를 다룬다. 기만은 공적인 질서를 속이는 것으로서 범법자가 공적인 질서를 부정하면서 동시에 자기를 속이는 것을 다룬다. 이 점에서 범법자는 법질서를 파괴하는 것뿐만 아니라 바로 자기를 기만하게 된다. 남을 속임으로써 기만하는 자는 이득을 보는 것 같지만 그는 동시에 자기를 기만하게 된다. 이것이 기만하는 자의 자기 기만이 된다. 왜냐하면 그는 우리 모두가 그 안에서 구속된 삶을 사는 바로 그 공적인 터전을 부정함에 의해서 개인의 자기 삶을 부정하기 때문이다. 공적인 질서의 부정은 동시에 개인적인 삶의 자기 부정이 된다.

8) 칸트는 계약 당사자가 특정한 계약에 실질적으로 동의했는가 아니면 가설적으로(그가 그 상황에 있다는 전제 아래) 동의했는가를 더 이상 묻지 않는다.

다. 목적론적 질서를 회복함에 의해 폭력을 극복하려는 헤겔의 근거 제시는 범법자는 자기 자신이 되는 것을 스스로 차단한 것으로부터 자기를 구제하고 회복하는 과정으로 전개되는 데서 분명하게 드러난다. 자기 파괴로부터 자기 구제로 변화하는 과정에서 폭력은 처벌을 외적인 것이 아니라 바로 내적인 것으로 내면화하지 않을 수 없다. 범법자는 자기가 인간이 될 수 있는 권리로서 형벌을 피하지 않고 자발적으로 감수하지 않으면 안 된다. 왜냐하면 질서 파괴는 외적인 질서를 파괴한 것이 아니라 자기가 사는 바로 그 삶을 스스로 파괴한 것이기 때문이다. 처벌의 내면화는 바로 자기가 파괴시킨 질서로부터 자기를 질서에 편입시키는 한 필연적인 것으로 감수하지 않으면 안 된다. 바로 이 점이 헤겔이 형벌의 처벌을 적극적인 권리로 여기는 점이며 동시에 처벌을 자발적으로 감수[9]함에 의해 인간으로서 인간이 되

칸트는 다만 모든 계약 당사자들이 원초적 계약에 이성적으로 동의해야만 한다고 주장할 따름이다. 칸트는 모든 계약 당사자들이 계약에 왜 동의해야만 하는가에 대한 근거를 주어야만 한다. 칸트는 모두를 법에 묶을 수 있기 위해서라고 말한다. 법의 공공성은 이런 구속력에 기초하기 때문에 사적인 법을 가능하게 한다. 따라서 사법은 공법에 기초하지 않을 수 없다. 공법은 공공적인 구속력이 있는 법질서의 창조에 있다. 칸트는 그렇기 때문에 자신의 형벌론에서 이성적인 존재자로서의 인간이 자기를 일관되게 하지 못했기 때문에 당연히 처벌을 받아야만 한다고 주장한다. 만약에 범죄자가 공적인 질서를 해체하고 처벌받기를 거부한다면 그는 자기 일관성에 위배되게 된다고 칸트는 주장한다. 칸트는 범법자의 자기 일관성 상실을 통해서 그가 공적인 질서와 모순 관계에 빠진다는 것을 분명히 하고 있다(Die Metaphysik der Sitten, AA VI, 331-337). 여기서 칸트는 범법자가 자기 모순에 빠진다는 헤겔의 논리 대신에 그가 자기 일관성을 상실한다는 이유 때문에 그를 처벌할 수 있다고 보았다.

9) 헤겔은 인간이 자유 의지를 지니고 있다는 점을 매우 강조한다. 범법자는 자기가 법을 파괴했지만 형벌을 자유 의지에 반하는 외적인 억압으로 여기는 데 익숙하다고 지적한다. 법을 집행하는 것은 질서의 집행이지 개인에 대한 복수가 아니다. 아니 복수가 될 수는 없다. 헤겔은 이 점에서 공적인 질서가

는 계기가 성립한다고 주장할 수 있었던 근거다.

헤겔은 질서가 계약을 통해 외적인 것으로 제도화된 것이 아니라 바로 인간이 그 안에서 사는 인륜적 장소로 본다. 계약은 파괴될 수 있는 취약성이 있지만 인륜적 질서는 파괴될 수 없다. 질서를 파괴하고 부정하는 자를 처벌할 때 처벌의 근거를 줄 수 있는 것은 바로 질서 파괴의 자기 복구 능력에 있다. 질서의 파괴는 자기 파괴가 된다. 자기 파괴가 불가능한 질서의 파괴 역시 불가능하다. 폭력은 질서의 파괴이기 때문에 자기를 파괴하기에 이른다. 따라서 처벌의 불가피성은 필연적으로 파괴되어서는 안 되는 질서의 파괴를 다시 복구시키는 것을 겨냥[10]한다. 헤겔은 이런 복구를 법 자체가 공적인 방식으로 집행하며 동시에 범법자가 이것을 다시 일으켜 세워야만 한다고 주장한다. 여기서도 처벌은 외적인 강제가 아니라 내적인 편입이라는 것이 분명하게 드러난다. 처벌이 외적인 것이 아니기 때문에 질서는 자기 유지

이것을 부정하는 범법자에 대한 형의 집행이 결코 사적인 문제가 될 수 없다는 것을 분명히 한다. 그렇게 함으로써 그는 이런 집행이 개인의 심리적인 상태나 자유 의지에 관계없이 무제약적으로 집행되어야만 한다고 본다. 왜냐하면 범법자에 대한 법의 공적인 집행은 범법자의 자유 의지에 반하는 것이 아니라 그것을 공적으로 확인하는 것이 된다. 범법자의 자유 의지는 공적인 법의 집행에 대해 저항권을 행사할 자격이 없다. 왜냐하면 그는 법을 파괴함에 의해 바로 자유 의지를 부정했기 때문이다. 헤겔은 자유 의지가 제도 안에서 현존하고 있는 것이 질서라고 보았기 때문에 범법자는 바로 자신의 자유 의지를 스스로 부정한 것이 된다. 따라서 법의 공권력 집행은 범법자의 자유 의지를 부정하는 것이 아니라 자유 의지의 왜곡된 사용에 대한 필연적인 집행을 하지 않으면 안 된다, 법이 이런 처벌을 내리지 않는 것은 필연적으로 법의 자기 유기에 해당한다. 따라서 법의 처벌은 자유 의지를 지키기 위해서 자유 의지를 부정하는 자를 필연적으로 처벌하지 않으면 안 된다.

10) GR §§97-100 그리고 §§100-103의 문제는 바로 이것을 아주 구체적으로 다루고 있다. 앞 절에서는 질서 자체의 자기 유지를 그리고 뒤 절에서는 범법자를 다시금 질서 안으로 편입하는 문제를 다루고 있다.

를 위해 질서 파괴자를 복수하는 것이 아니라 그들을 다시금 인륜적 장소로 편입하고자 한다. 그런 한에서만 처벌은 질서 파괴자에게 그들이 파괴시킨 질서를 지키라는 의미에서 처벌을 내면화할 수가 있다. 자기 파괴가 불가능한 한에서 질서 파괴가 불가능하다는 입장을 고수하기 때문에 헤겔은 질서 복구의 필연적인 근거로서 처벌을 범법자에게 내면화할 수가 있다. 여기서 헤겔 형벌 이론의 목적론적 성격이 분명하게 드러나고 있다.

죽음은 헤겔이 보았을 때 공동체를 성립시키는 적극적인 요인이 되지 못한다. 죽음이라는 극단적인 공포를 통해 질서를 유지하는 것은 일시적이며 또한 이것은 상호 인정에 기초하지 않기 때문에 질서라고 불릴 자격이 없다. 헤겔은 그렇기 때문에 죽음이 정치 공동체 안에서 작용하는 사실이라는 것이 죽음이 정치 공동체의 근본 원리라고 고정화하는 것을 비판할 수가 있었다. 우연적 사실을 마치 필연적 본성으로 실체화하는 것을 비판하는 한에서 헤겔은 죽음을 죽이는 것(Tod des Todes)이야말로 참된 공동체 성립의 근본으로 본다. 폭력과 죽음은 헤겔이 보았을 때 공동체를 지탱하는 논리적 근거가 될 수가 없다. 그러나 죽음의 공포와 폭력이 정치 공동체 안에서 발견되고 있는 것은 부인할 수 없는 사실이다. 헤겔은 그렇기 때문에 폭력과 죽음을 극복하기 위해 이런 극복이 안 되는 인간의 조건에 대한 탐구로부터 논의의 출발점을 찾는다. 이것은 헤겔이 명백히 말한 것처럼 폭력과 죽음을 극복하기 위해서이지 이것에 동화하거나 굴복하기 위해서가 아니다.

3. 범법자의 자기 모순

헤겔은 법을 계약의 결과로서가 아니라 계약이 법에 기초해서 근거지워져야만 한다고 본다. 이 점에서 헤겔에게서 법은 계약을 넘어서 객관 정신의 구체화로 이어지고 이것은 인간이 "제2의 본성"(GR §4)으로 법 안에 산다는 것을 말한다. 헤겔은 그렇기 때문에 법과 그 안에서 사는 인간을 같은 것으로 만들 수가 있었다. 왜냐하면 인간은 자기 본성의 외화를 법이라는 객관성 안에 표현하기 때문이다.

칸트는 법철학의 정언 명령에서 각자의 자의성은 모든 사람을 보편적으로 묶을 수 있는 규범적 토대를 마련할 수 없기 때문에 이것이 극복되지 않으면 안 된다고 주장한다. 나의 자의성과 타인의 자의성이 우연성, 임의성, 홍정, 깨지기 쉬운 취약성에 빠지지 않고 서로 일치할 수 있는 토대를 마련하려면 서로를 묶을 수 있는 규범이 필요하게 된다고 칸트는 보았다. 칸트는 법의 성립 근거에 대한 근거로서 구속력(Verbindlichkeit)의 필요성을 제시한다. 이때 구속력은 지킨다는 전제 아래서만 모든 사람을 법이라는 보편적 규범 밑에 종속시킬 수가 있다. 그렇기 때문에 칸트는 자의성에 사로잡혀서 보편 구속을 만들어내지 못하는 자의성을 법의 기초지움에서 제거할 수 있었다. 자의를 제거해서 보편적인 구속에 스스로를 일치시킨 보편성을 해체하는 자에 대해서 칸트는 철저하게 비판한다. 근원 구속을 형성하지 못하는 자의성의 무능과 근원 구속을 해체하는 의지의 왜곡된 사용에 대해 칸트는 매우 단호하게 질서 파괴자의 의지와 무관하게 범법자를 처벌할 것을 요구한다. 왜냐하면 그는 근원 구속을 스스로 부정했기 때문이다. 칸트는 이 점에서 사법에 앞서가는 논리적 근거로서 공법의 타당성을 상호 주관적으로 구속력이 있는 일반 원칙으로 요구하고 있다. 바로 이것이 그가 말하는 법의 정언 명법이다.

헤겔은 계약론자들과 칸트의 근원 구속에 대한 파괴와는 다른 근거 위에서 계약론자들의 한계를 지적하고 비판한다. 칸트에 따르면 범법자는 자기 일관성을 상실하기 때문에 당연히 처벌을 받아야만 한다. 법이 계약의 결과라면 법의 파괴에 대해서 계약론자들은 처벌의 근거가 일관성을 지키지 않았다는 데서 그 원인을 찾는다. 계약론에 따르면 법을 지키기로 한 사람이 법을 지키지 않았기 때문에 계약을 어긴 자는 자기 일관성 포기 때문에 처벌을 받아야만 한다는 것이다. 헤겔에 따르면 계약을 어긴 자는 계약을 지키지 않았기 때문에 처벌을 받지만 처벌을 통해서 그가 자기가 파괴한 법을 다시 지킨다거나 질서를 다시 회복한다는 보장은 할 수가 없다. 법이 파괴되지 말아야만 하는 데서 오는 감정과 파괴된 법을 복구해야만 한다는 것이 계약에서는 더 이상 자리잡고 있지 않다. 법의 질서 유지는 계약을 지키기 위해 법을 어긴 자에 대해서 그것에 상응하는 형량만 가하면 된다. 여기서는 법이 존엄하고 파괴될 수 없는 것이기에 파괴된 법을 다시금 복구시켜야만 하는 질서 회복은 나타나지 않는다. 헤겔은 이 점에서 계약론이 형벌에서 질서를 유지하는 힘을 제공할 수 없다는 한계를 명백히 보여주면서 비판한다.

헤겔은 계약이 법의 근거가 아니라 법의 결과로 본다. 계약이 법의 근거가 아니라 법의 객관성이 계약의 근거라면 헤겔이 법을 훈정이 아니라 인륜적 삶이 실현되고 유지되는 것으로 보는 데서 극명해진다. 인간은 자신이 자신의 본성을 합리적으로 표현하고 이런 표현 안에서 자기를 증명하며 산다. 따라서 법이 이렇게 이해될 경우 법은 바로 자기 표현이 된다. 자의성이나 자유의지에 기초하는 계약은 계약의 우연성을 배제할 수는 없다. 왜냐하면 합의 형성의 우연성과 합의 형성을 깨는 취약성에 계약은 그대로 노출되기 때문이다. 이런 자의성을 피하기 위해 헤겔은 법이 계약의 자유를 넘어서 항상 의지의 자유가 공적으로 표출된 삶으로 이해한다. 그렇기 때문에 법을 형성한 자와 법 안에서 사는 자는 같다는 결론이 나온다. 여기서 헤겔은 계약론자들의 일관성 상실(Konsistenzverlust)로부터 처벌을 정당화하는 것과는 다른 논리적 근거를 자기 모순을 통해 제시[11]한다.

수행론적 모순(der performative Widerspruch)은 말하는 자가 규칙을 지키지 않을 때 발생한다. 규칙을 따르는 것은 이 규칙이 파괴될 수 없는 한 언제나 모든 사람을 구속한다. 만약에 규칙을 어길 경우 규칙을 어긴 자는 자기를 동시에 모순에 걸려들게 한다. 따라서 자기 파괴 내지 자기 모순을 피하는 것은 자기가 규칙을 지키는 한에서만 해결된다. 규칙의 강제성은 규칙을 준수하도록 모든 사람을 요구하고 있다. 수행론적 모순은 규칙 따르기의 강제성과 구속성을 지키라고 우리에게 요구한다. 그렇지 않을 경우 그 사람은 자기 파괴에 걸려들게 된다. 자기 파괴를 피하는 한 우리는 규칙을 따르도록 강제되지 않을 수 없다.

헤겔은 수행론적 모순과 상당히 유사하지만 약간은 의미의 차이가 있는 자기 모순을 통해서 법의 파괴가 불가능하다고 본

---

11) 헤겔은 이미 『인륜성의 체계(*System der Sittlichkeit*)』에서 범죄자는 자기가 자기를 파괴한다는 논리를 제시하고 있다. 헤겔은 이것을 『정신현상학』에서 더 발전시키면서 법의 파괴를 인정의 파괴(Anerkennungsverletzung)으로 전개하고 있다.

다.[12] 자기 모순(Selbstwiderspruch)은 자기가 자기에게 대립할 때만 발생한다. 파괴될 수 없다는 법과 법이 파괴되었다는 것은 분명히 양립 불가능한 모순이다. 헤겔은 자기 모순을 통해서 파괴된 법이 알고 보면 법을 파괴한 자의 자기 불일치라고 본다. 수행론적 모순에서 규칙의 강제성은 외부로부터 주어지지만 자기 모순에서 규칙의 준수는 바로 자기 자신에게서 유래한다. 왜냐하면 법을 만든 자는 바로 법을 만든 자신의 자유 의지를 공적으로 객관화했기 때문이다. 헤겔은 이 점에서 법을 외부로부터 주어진 외적 강제로 보는 것이 아니라 인간의 자유 의지를 공적으로 객관화하는 삶으로 본다. 그렇기 때문에 자유 의지가 공적으로 드러난 결과로서의 법과 법을 만든 자는 같게 된다. 자기가 자기를 유지하는 것과 같이 질서도 자기 안정성을 유지하기 위해 질서 파괴자에 대해 스스로를 집행한다.

모순이란 사고의 부정적 조건으로서 언제나 피해져야만 한다. 어떤 사고도 모순율에 위배되어서는 성립할 수가 없다. 헤겔은 이 원칙을 아주 충실하게 자신의 형벌 이론에 적용[13]하고 있다. 법은 그것이 인간의 외화이기 때문에 인간의 삶이 된다. 법을 파괴하는 자는 바로 법을 만든 자신의 자유 의지를 부정하게 된다. 법이란 자유 의지가 가장 공적이고 객관화된 것으로서 제도 안

12) Seelmann, *Anerkennungsverlust und Selbstsubsumtion*, Freiburg / München 1995.

13) 헤겔은 GR §92에서 이것을 다음과 같이 표현하고 있다. "왜냐하면 의지가 단순히 현존재를 지니고 있는 한에서만 의지는 이념 내지는 현실적으로 자유롭고 또한 현존재는(그 현존재 안에 의지는 자기를 정립시키는데) 자유의 존재이기 때문에 폭력 혹은 강제는 (의지의 현존재 혹은 표현을 지양하는 의지의 표현으로서) 자기 자신을 직접적으로 파괴하게 된다. 폭력 혹은 강제는 그러므로 추상적으로 수용할 때 불법적이다."

에 현존하고 있는 것을 말한다. 모순율이 성립할 수 없는 것은 자기 파괴가 정당화될 수 없는 것과 같다. 헤겔은 그렇기 때문에 인륜적 질서로서의 법을 파괴하는 자는 동시에 자기를 파괴한다고 주장할 수 있었다. 자기 파괴가 불가능한 법의 파괴는 불가능하다. 따라서 헤겔은 법을 파괴한 자는 동시에 자기를 파괴했다는 논리를 통해 법을 다시금 복구시키는 논리를 내재화할 수가 있다.

계약론자들에게 법이 파괴되었다는 것은 법 주체가 자기 일관성을 상실했기 때문에 그것의 결과로서 처벌이 따른다. 범법자는 질서를 파괴했지만 질서 파괴로부터 주어지는 형량에 대해서는 피하려고 한다. 이때 처벌은 법이 외부에서 범법자에게 가하는 형량이기 때문에 그것을 수용하는 범법자는 형량에 대해 기피하려는 반응을 보인다. 범법자는 법의 파괴가 자기 파괴라고 여기지 않는다. 왜냐하면 그는 법을 파괴한 것이 자기 일관성만 어겼지 자기 파괴를 한 것이 아니라고 여길 뿐이기 때문이다. 법이 나 밖에서 나를 강제하는 외적 질서라면 법의 파괴는 자기 파괴로 이어지지 않는다. 범법자는 법을 어긴 것에 대한 형량을 치르면 그만이지 그가 파괴시킨 법을 다시금 복구시킬 책임이나 의무는 지지 않는다. 계약의 경우에는 파괴된 법을 다시 복구시키는 문제는 나타나지 않는다. 법이 존엄성을 유지하기 위해 범법자에게 법의 존엄성과 위엄을 인정시키는 결과로서 형벌의 불가피성이 계약에서는 드러나지 않는다.

헤겔은 여기서 계약론자들과 확연히 자신을 구별시킨다. 헤겔은 범법자가 법을 파괴함에 의해 자기를 파괴했다는 논리를 철저하게 전개시킨다. 법의 파괴는 자기 파괴이기 때문에 자기 파괴는 불가능하다. 설령 법이 파괴되었다고 하더라도 법은 자기를 회복(restore)하는 힘이 있다. 이 힘은 범법자 밖에서 이루어지는 외적 강제가 아니라 그 안에서 이루어지는 내적 강제가 된다. 범법자의 부정에는 바로 외적 질서에 대한 부정만이 아니라 자기 부정도 함께 있다. 왜냐하면 법과 그 안에서 사는 자는 항상 같기 때문에 그렇다. 헤겔은 법이 계약의 결과라면 법이 자기 존엄성을 유지하는 회복력이 불가능하다고 본다. 헤겔에게서 법이 계약을 넘어서는 것은 법이 인간의 본성의 합리적 표현이기 때문에 그렇다. 따라서 각자는 자신의 자연성을 벗어나서 법이라는 인륜적 삶 안에서 자기를 외화하며 살게 된다. 이 삶의 장소는 바로 인간이 머무르는 삶의 공간이기 때문에 절대로 파괴가 불가능하다. 그리고 이 인륜적 장소는 거룩한 장소다. 따라서 법이라는 질서는 파괴될 수 없고 파괴에 대하여 자기를 지키는 힘이 있다. 바로 이 힘이 법의 강제성이고 구속력이다. 여기서 법은 절대로 파괴될 수 없고 파괴된 법은 자기를 회복하는 힘이 있다는 것을 헤겔은 분명히 보여주고 있다. 문제는 질서를 부정하는 범법자에게 질서의 자기 유지와 질서의 자기 안정성에 대한 법질서의 무제약적 자기 집행이 마련되어야만 한다는 데 있다.

4. 처벌의 목적론적 의미

헤겔은 처벌(Strafe)과 강제(Zwang)를 의미론적으로 구별한다. 전자가 파괴된 질서를 복구하는 데서 오는 강제력이라면 후자는 법이 법을 파괴한 자에게 가하는 외적 강제[14]를 말한다.

14) 헤겔은 정당한 질서에 대한 침해를 모두 다 폭력으로 규정한다. 헤겔은 법이 정당성에 기초하지 않을 때 법의 규범적 폭력을 아울러 언급한다. 또한 정당

강제의 경우 법의 존엄성과 자기 회복력(sich wiederherstellen)에 대한 존중이 주어지지 않는다. 강제의 경우에는 범법자가 파괴된 법을 다시 복구시켜야만 된다는 의무나 존중은 없다. 그러나 처벌의 경우에는 사정이 다르다. 헤겔은 이 차이를 부각시킨다. 헤겔은 이런 처벌에 담겨 있는 목적론적 질서 회복을, 자주 성서에서 표현된 돌아온 탕아의 비유를 들어 설명한다.

신은 자신이 만든 모든 피조물을 사랑했다. 신은 항상 그 자리에서 자기의 아들을 사랑했다. 하지만 탕아는 신을 등졌다. 그는 자기의 길을 고집했고 그 결과 그는 자기를 향해 무한히 주어졌던 신의 사랑을 등지고 자기 중심적으로 살았다. 그러나 그가 다시금 신에게 돌아왔을 때 신은 탕아를 다시 맞아들이고 그를 위로했다. 신이 탕아를 떠난 것이 아니라 탕아가 신을 떠났던 것이다. 그러나 그가 다시금 돌아왔을 때 그는 항상 거기에 계신 그분의 사랑을 다시금 느낄 수가 있었다. 신은 내가 너를 떠난 것이 아니라 네가 나를 떠나 있었기에 나를 떠나 있던 그 시절이 너에게는 얼마나 고통스러웠는가 하고 위로하고 있다. 변한 것은 아무것도 없다. 다만 탕아가 다시 돌아왔다는 것만 변했을 따름이다. 탕아는 자기 반전(metanoia)을 통해서 자기를 새롭게 회복했을 뿐이다. 신은 바로 다시 돌아온 그 아들을 팽개치지 않고 받아들였다. 돌아온 탕아는 항상 거기에서 변함없이 자기를 사랑한 신의 사랑을 다시 깨우친 것이다. 청년 헤겔은 바로 이런

한 질서에 속한 것을 부정하는 것을 헤겔은 폭력으로 본다. 헤겔은 그렇기 때문에 법의 정당한 기초는 일차적으로 구속력이 있고 이 질서를 침해하는 것에 대해 법은 폭력의 극복으로서 강제를 집행하지 않을 수 없다고 본다. 헤겔은 이 점에서 강제를 바로 법 집행을 통한 폭력의 극복으로 본다. 법질서에 거역하는 모든 부당한 힘의 사용을 법은 강제를 통해서 집행하지 않으면 안 된다. 이런 집행의 강제성과 불가피성은 바로 공권력의 자기 유지에서 비롯된다.

논리를 자신의 형벌 이론의 논리적 근거로 채택한다. 『뉘른베르크 예비학』과 말년의 성숙한 헤겔의 『법철학』은 이런 목적론적 질서 회복에서 자신의 형벌 이론을 체계적으로 완성하고 있을 따름이다.

헤겔은 법이 자기를 회복하는 정의의 힘 때문에 이것이 사적인 차원에서 이루어지는 복수로부터 구별되어야만 한다고 본다. 사법이 성립하려면 사법은 공법에 입각해서 그 타당성을 인정받지 않으면 안 된다고 헤겔은 보았다. "복수(Rache)"(GR§102)는 "되갚음(Wiedervergeltung)"(GR§102)이기 때문에 공적인 인정을 얻을 수도 없고 공적인 회복도 기대할 수가 없다. 복수는 법의 보편성에 입각한 것이 아니라 피해자의 자의성에 기초해서 사적으로 이루어진다. 왜냐하면 피해자는 주관적인 동기나 사적인 감정의 차원에서 자기의 피해를 가해자에게 되돌려주고자 하기 때문이다. 이에 반해 처벌은 행위자 당사자들의 사적인 차원이 아니라 공적인 차원에서의 질서 유지에 그 정당성이 있다. 헤겔은 공법의 차원을 사법의 차원의 차원으로 환원하는 것을 비판한다. 따라서 형벌의 주체인 공적 권력이 개인에 대해 내리는 형벌은 사적인 차원에서의 복수와 확연히 구별되어야만 한다. 공권력의 자기 회복은 사적인 복수의 악무한성에서가 아니라 공권력의 자기 회복이라는 정의의 차원에서만 정당화된다.

헤겔은 정당한 질서에 대한 모든 위반을 아주 포괄적인 의미에서 폭력으로 규정한다. 그리고 회복하는 정의는 처벌의 집행을 통해서 질서 자체를 유지하는 것이 가능[15]하다고 헤겔은 보

15) "범법자에게 집행되는 파괴(강제)는 그 자체로서 옳을 뿐만 아니라 그것은 옳은 것으로서 동시에 즉자적으로 존재하는 그의 의지, 그의 자유의 현존성, 그의 법이다. 또한 파괴는 범법자 자체에 대한 법, 즉 범법자의 현존하는 의지

았다. 처벌의 목적은 파괴된 질서가 아니라 파괴로부터 질서를 유지하고 지키는 데 있다. 질서의 자기 회복은 절대적이다. 헤겔은 이 절대성이 절대로 파괴될 수가 없다고 본 점에서 질서 유지를 긍정한다. 처벌은 질서가 자기 유지를 위해 질서를 파괴하는 것에 대해 저항한다.

복수는 복수를 낳는다. 이것은 악무한적으로 진행[16]된다. 복수는 피해자가 복수를 할 수도 있고 하지 않을 수도 있다는 이유 때문에 정의를 반드시 집행한다는 필연성을 보장하지 못한다. 따라서 복수의 경우에는 정의가 회복된다는 필연성이 보장되지 않는다. 그렇다면 질서의 유지와 회복은 우연(Kontingenz)에 좌우되는 위험이 내재한다. 법에 대한 필연적인 존중은 피해자의 우연성에 의해서 유지되기 때문에 복수에는 정의의 자기 회복과 집행이 우연에 의해 이루어지게 된다. 헤겔은 그렇기 때문에 인과적 응보가 아니라 처벌만이 참다운 의미에서 법의 존엄성과 질서를 회복할 수 있다고 보았다. 처벌만이 공적인 차원에서 보편성의 집행이 되고 그런 한에서 질서를 회복하는 힘을 보장한다.

헤겔은 폭력을 폭력으로 대처하지 않는다. 그랬다가는 법의 존엄성은 유지될 수가 없다. 헤겔은 형벌의 문제는 공적인 문제이기 때문에 이것을 사적인 차원으로 환원해서 다루는 것을 비판한다. 범법자를 처벌하는 법의 집행은 공적인 질서의 집행이기 때문에 폭력이 될 수가 없다. 헤겔은 질서를 파괴하는 폭력을 폭력으로서가 아니라 처벌의 내면화로서 강제한다. 범법자가 형벌을 자신의 권리로 인정하든지 아니면 의무로 이해하는 것과

와 그의 행위 속에서 정립되게 된다"(GR §100).

16) GR §101 보충에서 헤겔은 이 문제를 다루고 있다.

관계없이 헤겔은 법이 자기 안정성을 유지하기 위해 처벌을 불가피하게 집행하지 않으면 안 된다고 본다. 법을 통한 처벌의 불가피성은 범법자의 왜곡된 의지로부터 법의 성스러움을 지키기 위해서 불가피하다. 법을 파괴시킨 폭력에 대한 제재는 더 이상 폭력이 아니라 공권력의 정당한 집행으로서 공적인 질서 유지에 속한다. 법이 처음부터 인간의 질서 유지에 속했기 때문에 법은 법을 폭력적으로 파괴한 자에 대해 외적으로 강제하는 것이 아니라 내적으로 처벌할 수 있다. 헤겔은 "강제는 강제를 통해 지양된다"(GR §93)는 것을 통해 폭력과 처벌을 구별한다. 처벌은 법이 제도의 안정성과 정당성을 유지하기 위해 범법자에게 내적으로 가하는 것이다. 폭력은 법의 파괴다. 그런데 법이 폭력에 대해 단순히 물리적 강제만 집행한다면 법은 범법자에게 외적으로 강제를 가하게 된다. 그렇게 된다면 범법자에게 질서를 다시 세우라는 요구를 할 수가 없다. 헤겔은 법을 이렇게 외적으로 집행할 경우 법 자체가 폭력이 될 수 있다는 것을 동시에 지적하고 비판한다.

법은 파괴될 수 없는 인간의 질서를 지키라고 요구하기 때문에 인간은 이것을 지키도록 구속되고 있다. 인간은 자기 파괴가 불가능한 그 질서 안에서 질서를 유지하며 산다. 따라서 범법자에게 법은 외적으로 폭력을 가하는 것이 아니라 그를 법이라는 질서 안에 끌어옴으로써 그를 다시금 질서에 편입시키는 것이 문제가 된다. 그래야만 법이 가하는 처벌은 외적인 강제가 아니라 자발적인 강제가 되게 된다. 형벌이 범법자에게 권리가 되는 것은 그 권리가 바로 자기가 자기를 구제하는 한에서만 그렇다. 범법자는 자기가 파괴한 법이 바로 자기를 파괴한 것임을 내적으로 각성하게 된다. 범법자는 비록 법을 어겼지만 그는 자신이 법을 어겨서는 안 된다는 것을 알고 있다. 처벌은 바로 자기가 자기를 파괴한 데서 오는 필연성이다. 처벌은 범법자에게 질서의 파괴를 의식시키고 이 의식을 통해서 그를 분열로 이끈다. 이런 분열로부터 통일이 가능하게 되는데 이때 통일은 회복하는 통일로서 그가 다시금 인간이 되는 길을 지시한다. 범법자는 이런 분열된 의식을 통해서 자기가 복구시킬 질서의 존엄성을 의식하게 된다. 그래서 처벌은 범법자에게 가해진 외적인 강제가 아니라 자기가 자기를 파괴한 것에 대한 자기 강제로서 자기 회복력이 된다. 범법자는 처벌을 외적으로 받아들이는 것이 아니라 자발적으로 받아들임에 의해 자기가 파괴한 질서를 자기가 다시금 복구하게 된다. 처벌은 바로 이런 편입의 계기가 된다.

질서를 파괴한 자가 바로 질서를 다시 세우도록 요구되고 있다. 그렇기 때문에 질서를 파괴한 자는 처벌을 밖으로부터 주어지는 외적 강제로서가 아니라 자기가 자기에게 가하는 내적 강제로서 이것을 자발적으로 받아들이게 된다. 처벌의 내면화는 여기서 처벌에 목적이 있는 것이 아니라 처벌을 통해서 범법자를 법이라는 제도 안에 편입하는 것을 목적으로 한다. 헤겔은 복수는 복수를 불러일으킨다는 악무한(schlechte Unendlichkeit) 때문에 복수를 금지시킨다.[17] 법이 외적 강제라면 법은 범법자에게 가하는 외적인 복수가 된다. 법이 복수라면 법은 어떤 존엄성도 유지할 수가 없다. 법은 흥정이나 거래 내지는 계약이 될 수 없고 바로 그 안에서 모든 인간이 사는 삶의 장소이기 때문에 존엄하다. 따라서 자신이 사는 장소는 절대로 흥정이나 우연에 의해 유지될 수가 없다.

---

17) GR §102.

헤겔은 법이 자기 안정성과 정당성을 유지하기 위해 처벌이 필수적이라고 한다. 처벌은 바로 법이 파괴될 수 없다는 데서 필수적이다. 처벌의 목적은 복수나 강제가 아니라 범법자를 질서 안에 편입하는 데 있다. 헤겔은 처벌이 "파괴를 무화시키는 것(Vernichtung der Verletzung)"(GR §97)을 의도하기 때문에 항상 질서 편입이라는 것이 불가피하다고 본다. 헤겔은 여기서 질서를 "다시금 세운다(sich wiederherstellen)"(GR §82)는 것을 통해서 처벌이 바로 법을 불구로 만드는 폭력에 대해 "법을 다시 세움(Wiederherstellung des Rechts)"(GR §99)을 목적으로 한다는 것을 분명히 한다. 그래서 처벌은 박탈(Raub)이나 제거가 아니라 다시금 법 안에 편입하는 질서 회복이 된다. 여기서 헤겔 형벌 이론의 논리적 근거는 아주 분명하게 드러나 있다.

처벌은 바로 "파괴를 파괴하는 것(Verletzung der Verletzung)"(GR §101)인 한에서만 범법자를 법이라는 인륜적 질서 안에 다시금 받아들일 수 있다. 법의 목적은 법을 파괴한 자에 대해 그를 제거하는 것이 아니라 처벌을 내면화함에 의해 그를 다시금 인간으로서 받아들이는 데 있다. 여기서 법이 단순히 범법자에게 외적인 폭력이나 물리적 강제를 행사하는 것을 넘어서 인간을 다시금 법이라는 질서 안에 포용하는 것, 즉 처벌의 목적론이 분명하게 드러나고 있다. 헤겔은 처벌이 법을 파괴하는 것을 못하게 하고 파괴된 법을 다시금 복구시키라는 이중의 목적을 지니고 있다고 분명히 한다. 헤겔은 이것을 "저지와 개선하는 것을 목적(Zwecken der Abschreckung und Besserung)"(GR §100)으로 한다고 표현하고 있다.

5. 법질서의 자기 회복으로서의 폭력의 극복

헤겔은 인간의 정신이 발전하는 단계를 항상 자연성과 자의성의 지양 내지는 순화(Domestisierung), 인간의 도야되지 않은 자연성을 문화화(Kultivierung)시키고, 동시에 문화화를 통해 인간을 도덕적으로 완성할 것(Moralisierung)을 요구한다. 헤겔은 그런 한에서 인간의 인륜성은 자유를 공적으로 제도화하면서 사는 것, 즉 삶의 목적이 자기 충족적이라고 말할 수 있었다. 법의 목적은 그런 한에서 정의를 단순히 집행하는 것을 넘어서 더 적극적인 의미에서 각자에게 속하는 가능성을 남김없이 계발하고 완성하는 데 있다고 본다. 이 점에서 헤겔은 법을 너무 좁게 단순히 강제력의 합법적 집행으로 보는 근대 계약론을 비판한다.

헤겔은 사유 재산의 침해 불가능성과 신성함에서 두 가지를 강조한다. 재산에 대한 권리는 로크와 같이 인간의 자연권에 속한다. 헤겔은 재산의 근원이 자기를 창조하는 행위에서 나온다고 본다. 그러나 재산은 점유하고 다르기 때문에 반드시 재산권에 대한 정당한 권리 행사를 위해 이 재산이 공적으로 인정받지 않으면 안 된다고 헤겔은 보았다. 재산은 인정받았다는 것을 전제한다. 그렇지 않을 경우 재산은 일시적이고 우연하고 한정적으로만 유지되게 된다. 이런 것을 극복하기 위해 재산은 이것이 사회적으로 인정받았다는 공적인 인정을 요구하게 된다. 그렇기 때문에 재산의 신성함은 재산을 형성한 주체들의 고유 능력을 인정하는 것을 법적으로 집행하지 않을 수 없다. 사유재산권의 문제는 사적인 차원이 아니라 공적인 인정을 통해서 그 권리에 대한 객관성이 공적으로 인정된다. 따라서 재산의 침해는 사적인 차원에서는 자연권에 대한 침해면서 동시에 공적으로는 질서 자체에 대한 침해가 된다. 헤겔이 범법자를 반드시 처벌해야만 한다고 강조하는 이유는 그가 법을 침해함에 의해 동시에 공적인 삶을 파괴했기 때문에 그렇다. 남의 재산을 침해하는 자는 해당된 개인에 대한 침해만이 아니라 공적인 인정 자체를 파괴했다. 헤겔은 법이 공적으로 인정된 승인이기 때문에 법의 파괴는 상호 주관적으로 구속력을 지니는 인정 관계의 파괴라고 규정한다. 따라서 공권력은 제도의 자기 안정화를 위해 범법자를 필연적으로 처벌하지 않으면 안 된다.

헤겔은 법의 목적이 인간의 도덕성과 인륜성의 완성에 있다는 이유 때문에 모든 인간이 존엄성과 인격의 자기 충족을 누리며 살 것을 요구한다. 그런데 이것이 가능하려면 인간은 자신의 도야되지 않은 조야한 자연성과 자의성을 벗어나서 자신의 의지를 사적인 것이 아니라 공적인 것으로 공공화할 것을 실현할 때만 가능하게 된다. 법은 공적인 차원에서 이 질서의 객관화다. 따라서 자연성과 자의성의 지양은 어떤 형태로든지 간에 법의 인륜적 지배가 이루어지기 위한 필요 조건이 된다. 헤겔은 인간이 자발적으로 자신의 사적인 특수성에 구속된 의지를 해방시켜서 루소가 요구한 의지의 일반화를 충족시킬 때만 법의 지배가 가능하다고 보았다. 국가는 인간의 인륜적 자유가 가장 공적인 형태로 완성된 것을 말하기 때문에 국가는 외적 강제가 아니라 바로 자유에 기초한 질서의 완성이 된다. 헤겔은 따라서 국가로 하여금 공적인 질서를 유지하기 위해 국가의 법을 파괴하는 자를 강제할 수 있는 힘을 국가에게 무제약적으로 부여한다.

국가의 기초가 인륜적 자유가 아니고 계약이라면 국가의 기초는 계약의 임의성, 자의성, 즉흥성, 홍정, 우연성 등에 노출되게 된다. 헤겔이 국가의 기초를 계약이 아니라 인륜적 자유에 두는 이유는 국가의 기초가 우연성과 자의성으로부터 보호하려는 데 있다. 국가는 인륜적 자유를 집행하는 것을 목적으로 하기 때문에 힘을 강제하는 것이지 힘을 합법적으로 독점하기 때문에 강제하는 것이 아니다. 국가를 통한 힘의 집행은 국가가 자유에 기초하는 데 따른다. 그렇기 때문에 국가의 논리적 기초는 절대로 계약을 통한 흥정이 될 수가 없다. 계약은 국가라는 공적인 인륜적 자유의 기초에 입각하지 않을 경우 시민사회에서 개인들 사이에 벌어지는 사적인 차원 이상의 것을 수행할 수가 없다. 헤겔은 시민사회와 국가를 분리함에 의해 이 둘을 범주적으로 오류추리하는 것을 철저하게 금지시킨다. 형벌의 공공성은 개인들 간의 사적인 관계로 환원되어 다루어져서는 안 된다.

헤겔은 베케리아가 사형이 비인도적이기 때문에 국가의 사형 제도를 폐지하자고 주장하는 것에 대해 비판한다.[18] 국가가 시민사회의 연장이라면 그래서 계약을 통해 유지된다면 국가는 임의성과 우연성에 의해 지배되게 된다. 계약을 하는 사람들은 어떤 형태로든지 간에 사형을 계약하지는 않을 것이다. 왜냐하면 계약은 그것을 통해 서로의 이익을 극대화하는 것을 목적으로 하는데 사형은 서로를 부정하게 되는 것으로 귀착되기 때문이다. 그렇다면 사형 제도는 계약론에서는 계약의 대상이 될 수 없기에 애초부터 성립할 수가 없다. 사형을 계약의 대상으로 삼지 않는다는 것이 바로 계약론이 사형을 제도화할 수가 없는 이유다.

베케리아는 사형이 비인도적이라는 것만 강조하지 사형이 파괴될 수 없는 질서를 파괴한 것의 결과로부터 비롯된 것이라는

18) GR §100.

것을 간과한다. 그 결과 사형수는 사람을 죽이면서 동시에 인권과 인권에 기초한 질서를 파괴한 사실에 대해서는 망각하게 된다. 그렇게 되면 훼손된 법의 존엄성은 누가 세우는가? 이런 물음에 대해 베케리아의 사형 폐지는 아무 대답도 주지 못하게 된다. 법의 기초가 계약이라면 계약은 계약 자체를 불구로 만드는 것에 대해 더 이상 자기를 방어하지 못하게 된다. 계약론의 논리 안에서는 사형은 애초부터 성립할 수가 없다. 그러나 계약 자체를 아예 부정하는 살인에 대해서 계약론은 처벌할 논리적 근거가 매우 빈약하다. 계약은 스스로가 전혀 만들지 않은 것에 직면하게 될 때 계약을 부정하는 살인자에 대해 처벌할 규정을 제시하지 못하는 역설에 빠진다. 이런 이론적 난점을 고려하지 않은 채 단순히 사형이 비인도적이라는 박애의 감정을 갖고서 국가에게 귀속된 사형 제도의 정당성을 제거하면 국가는 공적인 질서를 유지할 수 없다는 무기력성에 빠지게 된다. 그렇다면 계약의 질서는 계약 자체를 불가능하게 만드는 자들에 대해 자기를 유지할 수 없다는 난점에 빠지게 된다.

헤겔은 국가가 사형 제도를 유지한다고 해서 국가가 그만큼 비인도적이라는 데 반대한다. 법의 목적은 질서 유지에 있기 때문에 질서 자체를 부정하는 사람들에게 처벌을 가할 수가 있다. 국가가 형벌의 주체로서 살인자에게 생명을 앗아갈 수 있는 근거가 있는 것은 국가가 선한 사람을 지키고 악을 징벌하기 위해서이지 살인자에게 인도주의를 베푸는 데 있는 것이 아니다. 질서 유지는 살인을 금지시킨다. 살인자는 법을 파괴함에 의해 동시에 자기가 사는 질서를 파괴했다. 따라서 살인자는 법을 어기면서 동시에 자기를 파괴한 것이다. 그런 범법자에 대해 국가는 외적으로 살인자를 처벌하는 것이 아니라 질서 유지 차원에서 그를 처벌하는 것이다. 그리고 질서 파괴는 어떤 경우에도 발생해서는 안 된다는 것을 분명하게 각인시킨다. 국가가 살인자를 죽일 권리가 있는 것은 국가가 힘을 외적으로 소유하고 집행하기 때문에 그런 것이 아니라 국가가 질서 유지를 목적으로 하기 때문에 그렇다. 국가가 단순히 비인도적이라는 이유 하나만으로 살인자 집단에게 사형을 집행하는 것을 금지시킨다면 국가의 자기 유지는 살인자 집단에게 면죄부를 주게 된다. 헤겔은 바로 이것이 국가의 무정부화라고 비판한다. 처벌해야만 하는 당위를 포기하는 것은 공권력의 직무 유기다. 범법자에게는 처벌을 외적인 것이 아니라 내적인 것으로 자발적으로 감수하는 것이 그의 권리가 된다. 마찬가지로 형벌의 경우에는 처벌을 필연적으로 범법자에게 가하는 것이 형벌의 권리가 된다. 왜냐하면 오직 그렇게 될 경우에만 형벌은 처벌을 넘어서 처벌을 법의 존엄성으로 연결시키는 것이 가능하기 때문이다.

국가가 사형 제도를 독점한다고 해서 국가가 비인도적이 되는 것은 아니다. 국가가 할 수 있는 것은 살인자에게 처벌을 가함으로써 그를 다시금 법이라는 질서의 존엄성을 회복하게 하는 데 있다. 범법자가 질서 회복에 대한 가능성 자체를 부정할 때 국가는 말할 필요도 없이 법을 부정하는 바로 그 자를 죽일 권한이 있다. 이 권한은 정당하다. 따라서 국가는 사형을 집행하기 때문에 비인도적으로 되는 것이 아니라 범법자를 처형함에 의해서 파괴될 수 없는 법의 존엄성을 집행하게 된다. 국가는 질서 유지를 위해 필연적으로 사형이라는 처벌을 가함으로써 질서를 지킬 의무를 수행하지 않을 수 없다. 헤겔은 베케리아처럼 단순히 인도주의라는 감상에 치우쳐 국가 질서가 유지될 수 없다는 것을 아주 분명하게 한다. 이것은 헤겔이 마치 사형 제도 그 자체를 찬성하는 것으로 오해되어서는 안 된다. 선 하나만으로 질서를 유지하지 못한다는 것이 헤겔의 답이다. 인륜성은 그렇기 때문에 항상 법과 도덕의 구별을 통해서 이 둘을 매개된 것으로 통일하는 것을 목적으로 하지 않을 수 없다.

헤겔은 범법자가 인간이 되는 가능성 자체를 부인하지 않는다. 그러나 그가 인간이 된다는 것은 그 스스로가 포기한 존엄한 질서를 스스로 인정하고 복구하는 한에서만 가능하다. 사형은 국가가 그런 개인에 대해 내리는 최고의 형벌이다. 하지만 범법자가 스스로 자기가 파괴한 질서를 복구시키는 한에서 그에게는 인간으로서 다시금 법에 편입될 가능성은 남아 있다. 형벌은 그로 하여금 스스로가 자기가 파괴한 법을 다시 복구시키라고 명령한다. 그런 한에서만 범법자는 다시금 법의 존엄성을 유지할 자격이 주어진다. 형벌은 이런 점에서 보면 복수나 외적 제재가 아니라 인간을 다시금 법질서 안에 편입시키게 된다. 형벌이 단순히 외적 처벌을 넘어서는 것은 형벌이 인간을 좀더 낳은 상태로 안내하기 때문에 그렇다. 범법자가 스스로 이것을 거부하지 않는 한 범법자는 법을 복구시킴에 의해서 자기를 더 낳은 상태로 만들 수 있다. 이 모든 가능성이 배제될 때 국가는 질서 유지를 위해 범법자를 사형시킬 수가 있다.

헤겔은 형벌의 부과가 단순히 처벌에 그 목적이 있지 않고 인간을 다시금 인륜적 질서 안에 편입시키는 데 있다고 누누이 강조한다. 그렇다면 범법자가 처벌을 자발적으로 감수하는 것은 범법자가 법의 존엄성을 인정하고 자기가 파괴한 질서를 다시 세운다는 목적론적 회복을 완성한다는 것이 된다. 처벌을 자발적으로 감수하지 않고서는 그가 인간으로 회복될 가능성은 없다. 왜냐하면 법을 어긴 자가 의로운 것이 아니고 또한 법이 미화될 수는 없기 때문이다. 범법자는 처벌을 내면화함에 의해서 다시금 법의 존엄성을 복구시키는 한에서만 존엄성을 회복할 수가 있다. 따라서 범법자가 인간이 다시금 되는 것은 그가 피할 수 없이 처벌을 자발적으로 감수하는 것을 통해서만 가능하게 된다. 처벌은 이런 반전의 가능성의 조건을 말한다. 처벌은 이런 점에서 보면 그 자체가 목적이 아니라 범법자가 인간이 된다는 전제 아래서 반드시 거치지 않으면 것이다. 그것을 통해서 범법자는 자기를 다시 회복하고 법은 다시금 처벌을 집행함에 의해 법의 정의를 다시 회복한다. 처벌의 목적은 그래서 파괴된 질서를 회복하는 데 있다는 것이 드러나게 된다. 이것이 헤겔이 형벌을 목적으로 다시 복귀시키는 근거다.

범법자는 법의 실체적 본성을 부정하는 것은 아니다. 법은 범법자의 폭력에 의해 파괴되지 않는다. 범법자는 법의 실체적 보편 의지를 부정하는 것이 아니라 그것의 부인할 수 없는 힘을 인정한다. 법이 처벌을 필연적으로 가하는 것과 범법자가 처벌을 내적으로 수용함에 의해 다시금 인간이 될 수 있는 것은 법의 부인할 수 없는 존엄성에 기초한다. 계약은 존엄성을 대체하지 못한다. 따라서 법은 이것이 파괴될 경우 자기를 복원하는 힘을 항상 갖게 된다. 법은 그것이 인륜적 보편성에 따르기 때문에 무제약적인 타당성을 지닌다. 그렇다면 범법자의 행위를 전체적으로 지배하는 것이 법의 존엄성과 질서라는 것이 정당화된다. 따라서 정당성의 집행이 법이라면 법을 파괴하는 자를 처벌함에 의해 자기의 정의를 다시 회복하는 힘을 지니게 된다.

6. 개별과 보편의 매개된 화해

헤겔은 자연법을 괴롭히는 저 낡은 사실성과 타당성의 저 오래된 대립을 타당성의 자기 사실화로서 해결하고 있다. 법이 질서 유지로서 법이념에 일치하는 한에서만 법은 현실성을 지닌다. 그렇기 때문에 헤겔은 이념을 항상 우리에게 도달 불가능한 피안의 당위로서가 아니라 사실을 사실로서 구속하는 타당성의 힘으로서 제시[19]할 수 있었다. 법의 근거는 법의 이념에 기초한다. 법의 이념은 법이라는 타당성과 법이라는 현실성의 매개된 통일이다. 폭력은 법이념의 부정이 아니라 법 현실의 부정이다. 따라서 법 현실은 법이념에 따르기 때문에 법질서를 부정하는 폭력에 대해 그에 상응하는 처벌을 필연적으로 가한다.[20]

법이 종이 호랑이로 전락하지 못하는 이유는 법이 바로 이념이라는 최고의 현실성을 따르고 반영하기 때문에 그렇다. 법이 계약이 아니라 계약을 넘어서 인륜성으로 확장하는 것은 법이 법이념인 자유를 따르기 때문에 그렇다. 법의 기초인 자유는 절대로 파괴될 수가 없다. 폭력과 범법은 법 현실적인 차원에서 이런 질서의 완전한 부정이기 때문에 법이념은 순수 당위가 아니

19) GR §1, "철학적 법학은 법의 이념, 법의 개념과 이것의 현실화를 대상으로 한다. 철학은 이념들이지 단순히 개념들이라고 불리는 것하고 관계하지 않는다. 개념이 자신을 현실화하는 과정에서 완성하게 되는 형상들은 바로 개념 자체로 인식되기 위해서는 단순히 개념이고자 하는 형식으로부터 구별되고 그런 한에서 이념의 본질적인 계기가 된다."

20) 헤겔은 규형을 유지하는 것(Ausgleich)으로서 형량에 대해서 아주 자세하게 다루지 않는다. 오늘날 법철학의 문제에서 중요한 것은 법이 범법자에게 형량을 가할 때 그 형량의 객관성을 주는 데 있다. 헤겔은 범법자의 법 파괴가 같은 종류의 것이 아닐 때와 같은 종류일 때 이것들 사이의 엄격한 처벌 기준을 제시하고 있지는 않다.

라 법의 현실성 유지를 위해 필연적으로 범법자를 처벌하지 않을 수 없다. 그러나 법이념의 집행은 바로 법의 존엄성을 범법자에게 집행하는 것이기 때문에 외적인 강제력의 행사가 아니다. 헤겔은 범법자에 대한 처벌이 강제성의 외적인 집행이 아니라 법의 존엄성과 위엄을 확인하는 처벌로 근거짓는다. 바로 이 점에서 헤겔은 처벌 이론에 관해 철저하게 계약론자들과 스스로를 구별한다.

헤겔은 실정법이 법이념에 기초하지 않을 때 근거 설정의 부재로 인해 실정법이 지양되지 않을 수 없다고 본다. 실정법은 근거의 요구에서 법이념의 정당화를 반드시 충족하지 않으면 안 된다. 사실은 그렇다라는 것만 말한다. 이에 반해 당위는 타당성의 사실화를 말한다. 따라서 사실과 규범의 충돌은 사실로 하여금 사실을 사실이게 하는 것에 따르도록 강제한다. 헤겔은 그렇기 때문에 자연법과 실정법의 충돌을 항상 자연법에 따르는 실정법의 지양에서 이 문제를 해결할 수 있었다. 그러나 당위가 당위로만 머문다면 당위는 실질적인 구속이 없는 종이 호랑이로 전락하게 된다.

헤겔이 실정법의 지양을 자연법의 요구에 일치시키고 자연법이 종이 호랑이로 전락하는 무기력성을 막기 위해 당위의 사실화를 요구하는 것은 사실 안에서 작용하는 타당성의 무제약적 현실화를 실현시키기 위해서다. 그렇다면 헤겔이 말하는 것과 같이 두 가지가 공존하게 된다. 첫째 최고의 추상법은 이것이 사실성과 타당성의 차원을 결여하는 한에서 법으로서의 자격을 상실하게 된다. 사실성은 타당성에 의존하고 타당성은 근거에 기초한다. 추상법은 그 자체가 근거가 부재한 채 강제력만 집행하려들기 때문에 자기 모순적이다. 둘째는 최고의 불법과 싸우는 저항권은 이것이 당위의 반영인 한에서 반드시 정당하다는 것이다. 공적인 차원에서 저항권이 정당화되는 것은 이것이 정당하지 못한 실정법의 억압을 무기력화하는 한에서만 그렇다.

법이념에 기초한 법의 정당한 질서는 파괴될 수 없다. 이럴 경우 법에 도전하는 것은 모두가 위법이다. 반대로 최고의 추상법=최고의 불법에 저항하는 저항권은 이것이 그 자체로서 이성에 따르는 한 무제약적으로 타당하다. 헤겔은 이 둘이 모순이 아니라고 본다. 왜냐하면 둘 다 질서의 자기 유지가 문제이기 때문이다. 헤겔에 따르면 법은 강제이기 때문에 강제성을 집행하는 것이 아니라 정당하기 때문에 강제성을 집행한다. 그렇다면 정당하지 못한 법은 법을 집행할 자격이 없다. 정당성에 기초하지 않는 법은 공적인 구속력과 강제성을 상실한다. 법의 존엄성은 자유를 현실화하고 완성하는 것에 기초하지 힘의 소유나 집행에 의존하는 것이 아니다. 저항권이 정당한 것은 불법에 대항하는 한에서만 타당하다. 따라서 불법을 인정하지 않는다는 전제 아래서만 헤겔은 저항권의 정당성을 인정한다. 그러나 저항권의 목적은 저항 자체에 있는 것이 아니라 불법을 법으로서 인정하지 않으려는 침된 질서에 그 정당성이 있다. 헤겔은 이런 점에서만 저항권의 타당성을 인정한다. 불법(Unrecht)에 저항하는 것은 불법이 아니라 법의 질서 회복에 기초하는 한에서만 저항권을 불가피하게 인정하게 된다.

헤겔은 이런 문제 제기를 통해서 법의 자기 안정이 어디에서 오는가 하는 물음에 대해 대답하고 있다. 정당한 법질서가 자기 유지를 위해 정당성을 지속적으로 산출하는 것이 바로 법질서의 자기 유지다. 법은 정당하기 때문에 유지된다면 법의 정당성 유지는 법의 제도적 안정으로 이어지게 된다. 정당성의 산출을 통한 법의 자기 안정화는 자연적으로 주어진 것이 아니라 공동체의 구성원을 통해 그 타당성이 계속해서 확인되면서 유지되어야만 한다. 헤겔은 바로 그렇기 때문에 모든 구성원의 의지 안에서 법의 무제약적 타당성이 작동하는 것이 법이 현실적으로 자기를 유지하는 것으로 본다. 그렇다면 개인은 자기의 동의를 통해 법의 객관성이 실현되어 가는 것을 동시에 경험하게 된다. 법의 무제약적 타당성은 개별자의 의지 안에서 보편적으로 작동한다. 개별자 역시 사적인 특수성을 넘어서서 보편화된 모습으로 자기의 의지를 일반화했다. 따라서 개별화된 보편과 보편화된 개별은 서로 서로에게 삼투되어 있기 때문에 법의 제도적 안정성은 개인의 의지를 통해 집행되게 된다. 법의 보편 타당성이 개인의 사적인 의지가 아니라 공적인 의지를 통해 집행되기 때문에 개별 의지는 법의 외적인 질서에 대립하는 것이 아니라는 결론이 나온다. 주관과 함께 그러나 주관을 보편화된 일반 의지로 지양한 결과 개인은 그냥 사적인 차원의 개인이 아니라 보편화된 일반 의지를 대표하는 개인이 된다. 여기서 법의 보편성은 개인에게 밖으로부터 적용된 외적인 보편성이 아니라 바로 그 개인 안에 살아 숨쉬는 그런 보편성이 된다.

개별 인격의 개별성에 기초하지 않고 외부로부터 법의 무제약적 일반성을 적용하면 법은 폭력이 된다. 헤겔은 이것을 규범적 폭력(normative Gewalt)[21]으로 본다. 헤겔은 법이 적용되는 개

21) 헤겔은 최고의 추상법은 최고의 불법이라고 주장한다. 모든 법이 불법이 아니라 인간의 구체성과 본성에 매개되지 않은 법의 무제약적 강제가 바로 불법이 된다. 헤겔은 법이 불법으로 전락될 수 있는 가능성을 인정한다. 따라서 법이 불법으로 전락하지 않으려면 법은 규범적으로 승인된 보편성에 기초하지 않을 수 없다. 헤겔은 이 점에서 법의 인륜성이 필연적으로 도덕적 정당화를 거쳐야만 한다고 주장한다. 인륜성은 도덕적 정당화를 생활 세계 안에서 구체

별 상황에 대한 고려 없이 무제약적 보편성을 집행할 경우 법이 폭력이 될 수 있다고 경고하고 있다. 따라서 법이 사실성에 대해 더 이상 규범적 폭력이 되지 않으려면 법은 개별 질서에 의해 매개되지 않으면 안 된다고 보았다. 여기서 추상법의 형식적 보편성이 자기 반전될 가능성이 있다. 추상법은 바로 불법으로 전화될 수 있는 가능성이 있기 때문에 폭력이 되지 않으려면 항상 개별성에 매개되지 않으면 안 된다. 헤겔은 그렇기 때문에 추상법을 법으로 인정하지 않고 이것을 매개된 것으로 지양할 것을 요구한다.

개별성이 자의성, 임의성, 우연성, 상황성에 의해 대표된다면 그리고 법질서가 이런 우연한 것들에 기초한다면 법의 정당성 요구는 실현될 수가 없다. 헤겔은 그렇기 때문에 보편성에 대립하는 개별성이 아니라 보편화된 개별성을 참다운 의미에서 개별성의 자기 매개로 볼 수가 있었다. 이것은 바로 개별성과 함께 개별성에 거역해서 개별성을 보편화시키는 개별의 보편화 과정과 같다. 바로 이것이 현실적으로 이루어지는 한에서 보편성은 개별성에 의해 삼투되고 개별성은 보편성으로 높여지는 것이 가능하게 된다. 바로 이런 매개된 통일만이 헤겔에게서 폭력에 저항하고 질서를 유지하는 근거를 제공하고 있다.

7. 인정의 해체로서의 법의 파괴

헤겔은 자신의 저서 곳곳에서 아주 산발적으로 죽음의 문제를

적으로 실현하는 것이기 때문에 도덕성의 완성이지 도덕성에 대립하는 것이 아니다. 이 점에서 헤겔은 현실과 유리된 당위의 무제약적 집행이 구체성과의 접촉을 상실하고 절대화될 때 법의 폭력성이 스며들 수 있다고 경고한다.

다룬다. 헤겔의 모든 저작에서 죽음이라는 문제가 단일 테마로서 집중적으로 다루어지고 있지는 않다. 헤겔은 자신의 모든 저서에서 철학의 진정한 주제가 무한성의 추구라는 것을 분명하게 밝힌다. 따라서 헤겔은 죽음을 죽이는 것(Tod des Todes)을 무한성의 추구와 일치시킬 수 있었다. 죽음에 대한 헤겔의 분석은 죽음을 극복하기 위해서이지 죽음에 굴복하거나 미화하기 위해서가 아니다. 헤겔은 죽음을 미화하거나 낭만화하는 것을 심정의 테러(Gesinnungsterror)로 비판한다. 헤겔이 죽음을 정치 공동체의 성립 요건으로 다루는 것은 아마도 『정신현상학』의 자기의식장에서다.

헤겔은 피히테[22] 사회철학의 핵심인 인정(Anerkennung) 문제를 수용[23]하면서 이것을 홉스가 제시한 죽음의 문제를 극복하는 논리적 근거로 발전시킨다. 욕구의 분화와 노동의 문제는 헤겔이 예나 시절 이래로 계속해서 관심을 지닌 문제다. 사회 성립의 논리적 기초인 노동, 욕구, 투쟁, 죽음, 인정의 문제를 하나의 통일된 관점에서 제시하고 풀어가는 데서 헤겔의 독특함이 있다. 헤겔은 이것을 사회현상학적인 측면에서가 아니라 궁극성(Worumwillen)의 관점에서 자세하게 풀어간다.

헤겔 형벌 이론의 독특함은 이것이 인정 이론에 기초하는 한에서 아주 분명해진다.[24] 처벌이 목적론적인 것은 처벌의 목적

---

22) *Fichtes Grundlage des Naturrechts nach den Prinzipien der Wissenschaftslehre von 1796*, Sämtliche Werke, Hg. von. I.H.Fichte, Neudruck 1971, Bd.3, 44쪽.

23) Wildt, *Autonomie und Anerkennung*, Klett-Cotta 1982, 357-393.

24) 범죄를 저지른 의지는 동시에 저지른 범죄를 지양하는 의지도 함께 생겨난다. 이성의 명령과 인륜적 질서를 유지하려는 것에 의해 법은 항상 공공 질서를 집행하고자 한다. 헤겔은 범법자에게 법의 목적을 내면화하고 법의 객관적 질

은 처벌 자체에 있는 것이 아니라 처벌을 통해 법을 어긴 자를 법 안에 다시 편입하는 데 있다. 처벌을 자발적으로 수용함에 의해 범법자는 바로 자기가 사는 질서 안에 다시 편입된다. 처벌은 질서를 파괴한 대가로부터 주어지는 것이지 법이 외부에서 범법자에게 가하는 것이 아니다. 처벌은 그런 점에서 범법자가 자기에게 가하는 형벌이 된다.

헤겔이 형벌 이론의 논리적 근거로서 인정 이론에 기초짓는 것은 다음과 같다. 모든 사람은 법 안에서 법을 형성한 자신의 의지를 다시 발견한다. 법은 개인의 자의에 의해서가 아니라 그 자체로서 타당한 질서에 의해 성립되었다. 법의 보편 타당성과 객관성은 법 주체들에게 구속력을 지니는 것으로서 인정되었다. 동시에 법 주체들은 자신의 의지를 보편적인 것으로 객관화함에 의해 서로를 인정하고 인정받은 존재로 만들었다. 따라서 법 안에서 모든 주체들은 서로 인정되었고 동등한 권리를 지닌다. 모두는 법이라는 객관적 질서 아래 있다.

> "부르주아 시민사회 안에서 재산과 인격성은 법적인 인정과 타당성을 갖는 사실을 통해서 범법은 주관적인 무한성의 파괴가 아니라 확고하고 강한 실존을 지니고 있는 일반적인 사태의 파괴가 된다. 이와 더불어서 공동체를 위한 행위의 위험이 등장한다. 이것을 통해 한편에서는 범법의 크기가 강화되고 다른 한편에서는 크기를 의식하는 공동체의 힘이 범법의 외적인 중요성을 격하시켜버리고 범법

서에 자발적으로 따를 것을 요구한다. 범법자는 바로 이것을 인정하기 때문에 법의 존엄성과 자유를 위해 자기의 범죄 행위를 지양하게 된다. 법을 파괴한 범법자의 자유 의지가 아무것도 아니라는 것을 지적함에 의해 법은 범법자에게 법의 위엄과 공공 질서를 집행하게 된다. 그런 한에서 범법자의 의지는 자기를 지양하게 된다.

을 처벌하는 것 속에서 더 큰 온화함을 산출하게 된다.

공동체의 한 구성원에게 해를 가하는 것은 공동체의 다른 모든 구성원들에게 해를 가하는 것과 같다는 사실은 범법의 본성을 그 개념에 따라서가 아니라 외적 실존의 측면에 따라 변형하는 것을 말한다"(GR §218).

형벌의 목적론적 구조에서는 법이 인륜적 삶의 객관적 질서이기 때문에 질서의 파괴는 자기 파괴로 이어졌다. 법의 승인 이론에서는 법이 바로 보편성의 구현이기 때문에 파괴될 수 없다. 인정의 보편성에 따라 법의 파괴는 자신의 파괴로 이어지고 그런 한에서 인정 관계의 해체로 이어진다. 바로 인정을 통해 각 개인은 타자로부터 인정받았다. 그러나 법의 파괴는 타자로부터 인정된 고리를 스스로 끊는 것이기 때문에 동시에 자기의 존재를 스스로 해체하게 된다. 따라서 자기 해체가 불가능한 인정의 해체는 불가능하다. 인정의 해체가 불가능한 자기 해체 역시 불가능하다. 헤겔은 이런 상호 승인을 법의 객관성의 토대로 본다. 헤겔은 승인 이론을 통해 법의 파괴가 바로 인정 관계 자체의 파괴이기 때문에 필연적으로 자기 파괴로 이어진다고 결론을 내린다. 따라서 처벌은 바로 자기가 자기를 해체한 것에 대한 자발적 복구로 이어지지 않을 수 없다.

여기서도 헤겔은 법이 계약의 객관적 근거라는 것을 분명히 한다. 인정 관계는 침해될 수 없지만 계약은 얼마든지 침해될 수가 있다. 이 점에서 계약은 자의성을 배제할 수 없지만 법의 근거 요구는 자의성의 지양 아래서만 인정된 보편성에 기초하게 된다. 헤겔은 법의 기초가 계약에 기초하는 것이 아니라 계약이 법에 기초한다는 것을 분명히 한다. 만약에 법의 기초가 계약이라면 법은 객관적 질서라기보다는 홍정에 더 가깝다. 계약은 계약을 부정하는 행위에 대해 계약을 복원하는 구속력을 자기 모순으로 끌고 가지 못한다. 왜냐하면 계약에 내재한 우연성, 임의성, 자의성, 깨지기 쉬운 취약성으로 인해 계약에 기초한 법은 인륜적 구속을 보장할 수가 없기 때문이다. 헤겔은 계약을 부정하는 것이 아니라 계약에 내재한 취약성을 지적함에 의해 법을 계약 이상의 것에 기초지워야만 한다고 생각했다. 인정은 인정하고 인정받는다는 보편성 때문에 이미 우연성과 깨지기 쉬운 취약성을 벗어나 있다. 따라서 상호 인정에는 자기를 보편자로 구속한 것이기 때문에 언제나 규칙에 종속하지 않을 수 없다. 이런 자기 강제는 자발적 강제로서 엄격한 의미에서는 강제가 아니라 자발적 구속이다. 칸트의 자율성은 이 점에서 자발적 복종, 즉 의지의 법칙에 대한 자발적 따름을 의미하게 된다. 헤겔은 이 점에서 칸트의 자율성 이론을 인정 이론 안에 수용하고 완성한다. 피히테와 칸트는 법의 보편성을 강조한 점에서는 옳지만 보편성의 확립이 개별자의 매개 과정을 통해 이루어진다는 것에 대해서는 더 이상 탐구하지 않았다.

인정에 기초한 법의 객관성의 제도화는 헤겔에 따르면 바로 보편성이 선험적으로 주어진 것이 아니라 인정 과정을 통해 비로소 실현되었다는 것을 말한다. 보편성은 원초적 계약으로서 미리 주어지거나 확보된 것이 아니라 비로소 인정의 과정 안에서 성립된 것이다. 그렇기 때문에 모든 인정 주체들은 인정을 완성하는 과정에서 인정하면서 인정받은 것이 된다. 이것은 누구도 해체할 수가 없다. 각자가 자기를 사인이 아니라 보편적으로 인정받은 존재로 완성했기에 각자는 개별성이면서 동시에 보편적인 존재가 된다. 바로 여기에 법의 구속력이 자발적 동의를 거치면서 모든 구성원들에게 강제할 수 있는 논리적 근거가 있다. 내용적인 구속력이 있는 법의 객관성에 자발적으로 스스로를 일치시켰기 때문에 법의 객관성은 개별 주체들에 대해 무제약적으로 그 타당성을 집행한다. 헤겔은 그렇기 때문에 법의 구속력이 계약이 아니라 상호 인정에서 유래하는 한 언제나 모든 개인을 처벌하고 강제할 수 있다고 결론을 내리고 있다.

> "법으로서의 법의 파괴가 일어났다는 것은 긍정적이고 외적인 실존이기는 하지만 이런 실존은 그러나 아무것도 아닌 것이다. 파괴가 아무것도 아니라는 것을 분명하게 보여주는 것은 마찬가지로 저 파괴를 무화시키게 된다. 다시 말해서 법의 현실성은 법의 파괴를 지양하는 것과 함께 자기를 자기에게 매개시키는 필연성이 된다(GR §97).

법의 보편적 질서는 언제나 개인들의 욕구나 사적인 자의에 의해 깨질 위험에 노출된다. 국가의 강제는 법을 어기는 자에게 외적인 처벌을 할 수 있다. 그러나 국가가 형벌의 주체로서 힘의 관점에서 단지 외적인 강압으로 범법자에게 처벌을 가한다면 이 처벌은 범법자에게 자발적으로 법을 존중하고 법을 다시 복구시키는 것을 기대할 수가 없다. 왜냐하면 법은 범법자와 무관하게 외부로부터 가해진 것이기 때문이다. 형벌이 목적론적인 근거를 지니는 것은 형벌이 바로 처벌을 내면화함에 의해 범법자로 하여금 자기가 파괴시킨 법을 스스로 복구하라고 명령을 할 수가 있는 한에서다. 계약은 침해될 수 있다는 이유 때문에 헤겔은 법이 계약으로서가 아니라 인륜적 질서로서 기초지워져야만 한다고 보았다. 국가는 시민사회의 논리적 토대인 계약의 자유가 아니라 자유의 완성에 기초한다. 그 결과 자유를 완성하기 위해 공적인 집행을 제도적으로 수행하는 형벌 주체로서의 국가의 강제력은 질서를 유지하게 된다.

헤겔은 범법자들의 사적인 욕구와 국가의 강제성 사이에 내재하는 갈등의 원천을 잘 알고 있다고 주장한다. 범법자는 질서나 존엄성을 부정하는 것이 아니다. 그는 법의 존엄성과 권위를 인정한다. 범법자 안에 내재하는 이런 분열은 추상적인 대립 때문에 극복되지 않으면 안 된다. 자발적 동의를 충족시키지 못하면 개인의 의지는 국가 권력을 지지하지 않는다.[25] 그러나 개인의 자유 의지에 기초할 때 국가의 공권력은 확보되지 않는다. 바로 이 두 일면성이 극복되어야만 하기 때문에 국가의 보편성은 개별자의 자발적 동의를 거치고 개별성은 자유 의지를 공적으로 보편화할 수 있어야만 한다. 헤겔은 이런 대립의 통일을 계약에서가 아니라 상호 인정의 실현에서 근거지우고자 했다. 그렇지 않을 경우 이 둘의 통일은 불가능하고 국가를 통한 강제력의 집행은 내적인 구속력이 아니라 외적인 강제로만 제한되게 된다. 국가를 통한 형벌이 외적으로만 집행된다면 형벌은 범죄의 재발을 막을 아무 예방적 처벌을 내리지 못하고 그때그때 미봉적으로 처벌에만 급급하게 된다. 범법자 역시 그럴 경우 자기가 파괴하지 말아야 할 법이라는 감정 대신에 그와 무관한 질서의 해체로만 법을 생각하게 된다. 헤겔은 이런 극단적인 무규범성과 인륜적 질서의 부재를 피하기 위해 이 둘의 대립을 통일할 것을

25) 헤겔은 어떤 법도 공동체 구성원 전체의 공공 선을 위하지 않을 경우 개인에 대한 강제력의 적용이 불가능하다고 본다. 따라서 법규범의 강제성은 그것을 승인하는 개인들의 자발적 동의를 충족시키지 않으면 안 된다. 개인들이 자발적으로 질서에 스스로를 묶었기 때문에 개인들은 자의적으로 이 질서로부터 일탈할 수가 없다. 처벌은 바로 이런 인정의 파괴나 일탈에 대한 필연적 형량이다.

요구한다. 바로 이것이 법의 논리적 기초인 인정 이론의 실현을 통해서만 완성되게 된다. 왜냐하면 상호 주관적인 인정의 완성만이 개별성과 자기 의식을 매개로 해서 발생하는 조건이기 때문이다.

헤겔은 상호 주관적인 인정이 바로 개별인격들의 공적인 완성으로 본다. 인격은 헤겔에 따르면 기능이 아니라 궁극적인 절대 목적이다. 따라서 인격은 다른 것에 대해 절대적으로 수단이 아니라 자기 목적적이다. 따라서 인격은 각자의 궁극 목적이기 때문에 칸트의 요구처럼 수단이 아니라 절대 목적으로서 존중되어야만 한다. 존중은 주목하라는 요구와 지키라는 명령을 함축한다. 주목하라는 요구는 인격이 절대로 파괴될 수 없다는 것을 가리키고 지키라는 것은 인격이 절대적으로 유지되어야만 한다는 것을 가리킨다. 어느 누구도 자기를 부정하지 않고서는 인격을 부정할 수가 없다. 반대로 자기를 부정하는 자는 동시에 자기가 형성한 인정의 질서를 부정하게 된다. 처벌은 인간이 질서를 파괴했다는 것에 대한 필연적인 대가로서 법으로부터 받는 의무를 말한다. 범법자의 파괴 행위는 그가 스스로 인격이기를 포기하는 것을 말한다. 왜냐하면 그는 타자를 파괴함에 의해 동시에 자기를 파괴했기 때문이다. 그런데 인간이 자기가 파괴한 질서를 다시 복구시키는 한에서 인간은 인간으로서 다시금 인정될 수 있다. 처벌은 바로 이 두 가지 가능성을 다 함축한다. 존엄성과 자유를 파괴했다는 것은 스스로의 존엄성과 자유를 부정했다는 것을 말한다. 파괴된 자유와 존엄성은 반드시 복구되지 않으면 안 된다. 공적인 법은 처벌을 필연적으로 범법자에게 집행함에 의해 바로 그 손상된 존엄성을 회복하고 유지하게 된다. 범법자는 자기 부정을 통해서 자기가 파괴시킨 질서를 스스로 세우도록 강제된다.

범법자가 스스로 자신이 파괴한 질서를 다시 복구하는 한에서 법은 존엄한 것으로서 다시금 그의 내면성 안에 각인된다. 질서가 그의 의지 안에서 존엄한 것으로 작동하기 때문에 범법자는 처벌을 통해 존엄성의 위엄을 다시 확인하게 된다. 따라서 법의 회복은 처벌을 통해 불가피하게 이루어지지 않을 수 없다. 헤겔은 법의 위반이 바로 인정 관계의 교란(Störung der Anerkennungsbeziehung)이기 때문에 필연적으로 처벌받아야만 한다고 결론짓는다. 처벌은 인정 관계 자체를 부정한 데서 필연적으로 집행되지 않을 수 없다. 질서를 교란하고 파괴하는 폭력에 대한 처벌은 폭력이나 처벌이 아니라 정당한 법질서의 집행이다. 이때 법질서는 자기 회복력을 의미한다. 인정 관계의 실현으로서의 법은 법을 파괴하는 자를 처벌함에 의해 법질서의 안정을 지킨 의무가 있다. 따라서 법질서의 자기 안정성은 인정 관계의 집행을 통해 유지되게 된다.

헤겔은 처벌을 내면화함에 의해 범법자에게 바로 법의 존엄성과 위엄을 확인시킨다. 범법자는 바로 그가 파괴시킨 것이 존엄성과 위엄이라는 것을 알게 된다. 처벌은 그가 의식하지 못한 것을 의식하게 함에 의해서 법의 존엄성과 위엄을 확인시키고 그렇게 함으로써 그로 하여금 이것을 지키도록 지시한다. 범법자가 처벌을 내면화함에 의해 지키게 되는 것은 그에게 강요된 외부 질서가 아니라 그에게 내재한 그러나 그가 반드시 복구시켜야만 하는 법의 존엄성과 위엄이다. 계약에서는 위엄과 존엄성이 드러나지 않는다. 그렇기 때문에 위엄과 존엄성이 드러나는 것은 계약을 넘어서는 의미에서 인륜적 질서에서만 가능하다. 인륜적 질서는 우리 모두가 개별자로서 보편성이 되어가는 데서 타당성을 얻는다.

인격은 항상 개별적인 자기 합목적성과 상호 개방성을 포함한다. 모든 인격은 상호 대등한 것으로서 서로에 대한 존중을 포함한다. 그렇기 때문에 인격은 항상 타자에 대한 열린 개방을 요구한다. 범법은 바로 인정 관계의 해체를 의미하기 때문에 동등한 권리 주체들의 관계를 부정 내지 해체하는 것을 말한다. 자기 파괴는 타자에 대한 권리 침해이기 때문에 타자 파괴로 이어진다. 이것은 결국은 범법자가 스스로 인격이기를 포기하는 것으로 이어진다. 인격의 포기는 인격의 공공성에 대한 참여를 스스로 차단하게 된다. 따라서 범법자는 자기가 바로 차단한 그 공공 질서를 다시 복구시키기 위해서 그 공공성의 존엄성과 위엄을 스스로 건설하지 않으면 안 된다. 처벌은 바로 그런 인정 관계의 질서를 복구하는 것을 안내한다. 따라서 처벌의 목적이 외적인 강제가 아니라 내적인 질서 편입이라는 것은 아주 자명한 사실이다. 헤겔은 그래서 인정 관계의 복구(Wiederherstellung der Anerkennungsbeziehung)와 범법 안에 자리잡은 법의 부정을 부정하는 것(Negation der im Verbrechen liegenden Negation des Rechts)은 처벌을 내면화함에 의해서만 가능하다고 결론짓고 있다.

8. 인정 관계의 회복

헤겔의 논리에 따르면 인정은 우리 모두가 구속된 삶을 말하기 때문에 절대로 폐기될 수가 없다. 계약은 인정에 기초하지 인정이 계약에 기초하는 것은 아니다. 왜냐하면 계약은 지키기로

하면서 지키지 않는 경우가 발생하는 것을 원초적으로 막을 길이 없다. 이에 반해 인정은 해체되어서는 안 된다는 것에 기초하기 때문에 절대로 깨질 수가 없다. 바로 이 질서를 파괴하는 자가 폭력을 자기에게 뿐만 아니라 모두에게 가한다. 모두에게 가한 파괴는 법적인 제재를 통해 처벌받게 된다. 자기에게 가한 폭력은 양심의 고통과 인간적인 불인정을 통해서 처벌을 받게 된다.

법을 통한 형벌의 집행은 보편자가 개별자에게 가하는 것이다. 이에 반해 복수는 개인에 대해서 개인이 사적으로 가하는 것이다. 헤겔은 처벌에서 처벌 주체가 공적이고 보편적인 주체라는 것을 강조한다. 처벌은 손상된 법질서의 권위와 존엄성을 회복하기 위해 보편자가 자기 자신과 화해하는 것을 말한다. 그렇기 때문에 보편 의지의 표현인 법이 자기의 타당성을 증명하기 위해서는 법은 처벌을 통해 보편 의지가 절대로 파괴될 수가 없다는 것을 보여주지 않으면 안 된다. 헤겔은 이 점에서 법이라는 질서 안에 이미 처벌이 내재하고 있나고 본다. 복수가 사적이고 개인적인 것이라면 처벌은 공적이다. 처벌의 공적인 성격은 법이 처벌을 자기 안에 이미 포함하고 있다는 것을 의미한다. 범죄는 명백하게 국가 전체라는 질서에 대한 침해이기 때문에 필연적으로 처벌받아야만 한다.[26] 처벌은 법의 자기 복구를 공적으로 회복하는 방식이기 때문에 또한 사적인 복수를 금지시킨다.

자기에게 속한 고유한 것(das Seinige)은 자기에게서 뿐만 아니라 모두를 통해 다시 인정받고 싶어한다. 이런 인정은 언제나 타자의 동의를 자발적으로 거치기 때문에 상호적이다. 우리가 만든 질서는 이것이 언제나 인정에 기초하는 한 깨질 수가 없는

26) GR §220.

것이다. 왜냐하면 우리는 우리 스스로를 파괴하지 않기 때문이다. 여기서 질서가 주체 밖에서 주체를 강제하는 외적인 규범이 아니라 바로 각자가 자기가 사는 삶의 장소라는 것이 확연히 드러난다. 헤겔은 이런 점에서 질서를 외적 강제로서가 아니라 바로 인간이 그 안에서 사는 삶의 인륜적 터전으로 여긴다. 우리는 질서를 통해 질서를 형성한 자신의 삶의 질서를 다시 한 번 확인한다.

> "처벌이 범법자의 고유한 법을 간직하는 것으로 간주될 수 있다는 사실이 바로 범법자가 이성적인 것으로서 존중될 수 있다는 것을 보여준다"(GR §100 Z).

헤겔은 정의를 아주 포괄적인 의미에서 질서와 같은 것으로 다룬다. 질서는 보편 의지의 표현이기 때문에 공적인 삶이다. 모든 개인은 그가 자신의 사적이고 우연한 개별성을 지양해서 보편성을 획득하는 만큼 공적인 질서를 자기의 질서로 여기면서 산다. 그렇기 때문에 헤겔에게서 모든 주체들은 항상 개별자로서 보편자가 되고 바로 이것이 자기가 질서를 형성하며 질서를 지켜야만 하는 이유가 된다. 같지 않은 것을 같지 않게 다루는 것은 분명히 폭력이다. 왜냐하면 이것은 차등의 원칙에 위배되기 때문이다. 반대로 같은 것을 같지 않게 다루는 것 역시 폭력이다. 왜냐하면 이것은 평등의 원칙에 위배되기 때문이다. 갚기로 하고 빌려간 돈을 갚지 않는 것은 분명히 교환의 상호성에 위배된다. 이것은 교환적 정의에 위배된다. 법의 보편 의지는 개별자 모두를 구속하기 때문에 개별자는 예외 없이 법이라는 공적 질서를 자발적으로 지킨다. 헤겔은 이런 점에서 폭력을 정당한 질서에 위배되는 것으로 보면서 이것을 처벌을 통해 필연적으로 극복하지 않으면 안 된다고 본다. 그렇다면 정당한 질서는 어떤 경우에도 폭력에 의해 침범될 수가 없어야만 한다. 모든 부당한 힘의 사용을 통해 질서 자체를 부정하는 것이 폭력으로 정의되기 때문에 헤겔은 폭력을 강제로 극복하기 위해 법에다가 강제력과 힘을 준다. 법의 강제력은 강제력에 그 의미가 있는 것이 아니라, 다시 말해 강제력을 합법적으로 독점하기 때문에 처벌하는 것이 아니라 질서에 따르기 때문에 질서 교란자를 처벌할 수가 있는 것이다.

헤겔은 처벌이 필연적으로 범법자에게 형벌을 가함으로써 범법자로 하여금 자기가 파괴시킨 법의 존엄성을 의식하게 한다. 바로 이것이 형벌의 권리다. 범법자가 형벌을 자발적으로 감수하든 감수하지 않든 간에 관계없이 처벌은 법의 존엄성을 유지하는 법 자체의 자기 증명이다. 헤겔은 법이 자기와 화해하는 것을 법이 바로 존엄성을 지속시키는 것으로 본다. 문제는 범법자가 이성적으로 존중받기 위해서는 그가 자기가 파괴시킨 질서가 알고 보면 자기가 자기를 스스로 파괴한 것임을 알아야만 한다는 것이다. 처벌은 범법자에게 그가 파괴시킨 것이 바로 다름아니라 자기 자신의 인간적 존엄성이라는 것을 알려준다. 이렇게 보면 범법자는 법이라는 공적 질서에 대항할 수가 없으며 자신의 대항 자체가 바로 자기 파괴라는 것을 알게 된다. 따라서 법이 형벌의 주체로서 범법자를 외부에서 처벌하는 것이 아니라 내부로부터 범법자를 처벌하는 계기가 마련된다. 범법자가 자기 파괴를 지양할 때만 그는 바로 존엄성을 회복할 수 있다. 헤겔은 바로 이것이야말로 처벌이 범법자를 인간적 존엄성을 회복하는 계기로 본다. 처벌은 존엄성이 다시 회복될 수 있는 계기를 준다.

범법자가 다시 회복하는 것은 바로 자기 파괴의 지양으로서 자기 존엄성의 회복이다.

소유권은 각자에게 속한 능력을 법적인 인정을 통해 각자에게 고유한 것으로서 존중하는 것을 말한다. 따라서 소유권에는 이미 사회적으로 인정된 공적 질서가 스며들어 있기 때문에 절대적으로 지켜져야만 한다. 각자의 능력은 다 다르다. 각자의 다른 능력을 똑같은 것으로 처리하면 법은 규범적 폭력을 휘두르게 된다. 반대로 인권, 존엄성, 자유, 행복 추구의 정당성은 모든 인간에게 공통적이다. 따라서 이것은 절대적인 의미에서 같은 것으로 인정되어야만 한다. 이것을 차등적으로 대우하는 것 역시 폭력이 된다. 정의란 질서를 유지하는 원리로서 바로 삶의 원리가 된다. 그렇기 때문에 폭력은 삶의 질서를 부정하는 바로 그 이유 때문에 정당화될 수가 없고 그런 한에서 필연적으로 극복되지 않으면 안 된다. 헤겔은 폭력을 인간의 피할 수 없는 본성으로 보는 것을 폭력을 낭만화시키는 것이라고 비판한다. 인간은 자신의 이기적 욕구를 충족하기 위해서만 존재하는 것이 아니다. 인간의 질서 유지는 바로 정의를 세운다는 적극적인 원리에 기초하는 것이지 자연 상태에서의 인간의 무제약적인 폭력적 욕망을 제어하기 위해서 있는 것이 아니다.

폭력은 질서 유지에 비하면 항상 질서에 기생하면서 사는 파괴적 삶에 지나지 않는다. 헤겔은 폭력을 근절하기 위해 폭력이 왜 자립적이지 못하고 질서에 기생하며 사는가에 대해 먼저 그 근거를 제시한다. 그 근거는 각자가 자신의 제어되지 못한 자연성을 넘어서 자기에게 고유한 것을 법적 정의를 통해 다시 한 번 인정받으려는 데 있다. 헤겔은 이 점에서 바로 인정에 대한 인간의 욕구가 가장 근본적인 욕구로 규정하고 인간은 이런 욕구에 의해 질서를 형성한다고 보았다. 따라서 질서 유지는 자기 유지이기 때문에 우리는 폭력을 극복해서 질서에 따라 살지 않으면 안 된다고 헤겔은 주장할 수 있었다. 거짓된 지배 관계의 해체를 통해서 참된 삶을 실현하고자 하는 인간의 질서 추구는 이것이 인간의 근본적인 인정 욕구에 기초하는 한 항상 정당하다. 따라서 정당한 인정의 욕구와 그것에 따르는 인간의 질서 지키기는 언제나 무제약적으로 준수되지 않으면 안 된다. 그런 한에서만 우리는 폭력을 이차적이고 기생적인 것으로 비판하면서 폭력이 들어설 지반을 없앨 수가 있다. 질서는 질서를 부정하는 자의 생명을 앗아갈 권리를 지니고 있는데, 그것은 질서가 잔인해서가 아니라 우리 모두의 삶이 파괴될 수 없는 인정에 기초하기 때문에 그렇다. 폭력을 통해 폭력을 막는 폭력의 악무한성을 비판하면서 헤겔은 질서를 통한 폭력의 극복만이 진정한 의미에서 폭력의 극복이 된다고 보았다.

9. 맺음말

헤겔의 『법철학』은 추상법, 도덕성, 인륜성으로 거쳐간다. 이런 이행[27]은 자유를 실현하는 것에 따른다. 자유는 자기 의식에서 의식의 각성과 진보로 나타난다. 헤겔 『법철학』과 『역사철

27) 추상법은 제도 안에서 현존하는 의지들의 외적인 자유를 다룬다. 도덕성은 의지 주체들의 자기 구속을 보편화 요구에 일치하는 것을 다룬다. 이런 내면적 자유는 자기가 준 법칙에 자기가 일치하는 것을 말한다. 인륜성에는 바로 외적 자유와 내적 자유의 매개된 통일을 다룬다. 이런 점에서 인륜성은 의지와 제도들의 통일이 된다. 자유는 내면과 외면에서 통일된 힘으로서 전개된다.

학』은 자유의 실현에 따르는 한에서만 정당화된다. 헤겔은 추상법의 마지막 절에서 범법을 도덕성을 회복하는 예비적 계기로서 다루고 있다. 『법철학』과 『역사철학』은 자유가 실현되는 지점에서 종결된다. 이때 종결은 시간적인 의미가 아니라 원리적인 완성을 말한다.

제도 안에서 공적으로 완성된 것이 법이기 때문에 법은 객관 정신의 완성이 된다. 객관 정신은 절대 정신을 반영한다. 그런 한에서 법은 단순히 외적인 규범의 총화가 아니라 이성의 질서를 완성하는 것이 된다. 헤겔은 이런 질서의 유지를 위해 질서를 파괴한 자를 다시금 객관 정신 안에 편입할 것을 요구한다. 형벌은 이런 각도에서 질서에 다시 편입되는 것을 말한다. 법은 또한 관용적 개방을 통해 범법자에게 인간으로서 인간을 회복할 수 있는 기회를 주어야만 한다. 그러나 범법자가 인간적인 존엄성을 다시 회복하게 되는 것은 바로 그가 스스로 부정한 법의 존엄성을 다시금 그가 복구시키는 한에서만 가능하게 된다. 처벌은 인간이 자신이 될 수 있는 가능성 아래 따르는 것을 지시한다. 형벌은 처벌의 피할 수 없음을 통해서 범법자가 파괴한 질서가 존엄하다는 것을 각성시키는 계기가 된다. 처벌은 파괴된 법의 존엄성을 다시 회복하는 것을 겨냥하는 한에서만 범법자로 하여금 그가 파괴한 질서를 파괴할 수 없게 만들고 인정하라는 것을 지시하고 그런 한에서 질서를 유지하도록 강제한다. 이때 강제는 외적인 강제가 아니라 자기로부터 비롯되는 자발적인 강제가 된다. 상처를 낸 자가 상처를 치료한다는 것 바로 이것이 처벌의 목적론적 자기 회복이 말하고자 하는 것이다.

헤겔은 폭력이 인간의 본성에 속한다는 주장을 바로 인간성의 규정에 대한 테러로 비판한다. 인간의 본성은 선을 추구하고 선의 실현은 공적인 차원에서 법을 통해 유지되기 때문에 법 역시 질서와 권위를 따른다. 폭력은 인간이 사는 공적인 질서를 부정하는 것으로서 철저하게 극복되지 않으면 안 되는 것이다. 따라서 헤겔은 폭력을 피할 수 없는 인간의 본성으로서 미화하는 자들이 바로 인간성에 대한 왜곡된 주장을 통해 바로 인간성을 파괴하는 자들이라고 비판한다. 인간성의 파괴로부터 인간성을 지키는 것이 요구되는데, 헤겔은 바로 폭력을 인간의 본성으로 규정하는 자들의 자기 기만을 통해 질서를 지키고자 했다. 그런 한에서 그는 질서 파괴자에 대해 자기 파괴를 경고했고 자기 파괴가 불가능하다면 동시에 질서 파괴 역시 불가능하다고 주장한다. 형벌은 파괴될 수 없는 질서를 파괴한 자에 대한 처벌로서 그를 자발적으로 질서 안으로 복구시키는 것을 목적으로 한다. 자기 처벌을 통해 상처를 아물게 하는 것, 바로 이것이 형벌의 역할이다.

필자 소개

□장 욱

연세대 철학과 교수를 퇴임한 뒤 지금은 한국가톨릭철학회 회장과 고전철학연구소 소장으로 활동하고 있다. 연구 분야는 서양 중세 철학으로, 주요 저서로는 『중세 철학의 정신』, 『토마스 아퀴나스의 철학』, 『그리스도교 사상과 철학』이 있으며, 주요 논문으로는 「성 토마스 아퀴나스 정치 철학의 근본 원리들」, 「폭력의 일상화의 문제」 등이 있다.

□김규선

연세대 철학연구소 전문 연구원으로 상명대에 출강하고 있으며, 연구 분야는 서양 근대 철학이다. 저서로는 『서양 근대 철학』(공저), 『서양 근대 철학의 열 가지 쟁점』(공저), 『영원을 향한 철학』(공저) 등이 있다.

□김영선

연세대 철학연구소 전문 연구원으로 한국외국어대에 출강하고 있으며, 연구 분야는 르네상스 철학이다. 주요 논문으로는 「M. 피치노의 사랑론 : De amore를 중심으로」, 「조르다노 브루노의 형이상학」 등이 있다.

□김용환

한남대 철학과 교수로 있으며, 서양근대철학회와 사회윤리학회 회장을 지냈다. 연구 분야는 사회철학으로, 주요 저서로는 『관용과 열린 사회』, 『홉스의 사회정치철학』이 있으며, 주요 논문으로는 「공감과 연민의 감정의 도덕적 함의」 등이 있다.

□김희봉

그리스도대 교수로 있으며 연구 분야는 현상학이다. 주요 저서로는 『해석학과 정신과학적 교육학』, 『현대 문화와 철학의 새 지평』(공저) 등이 있으며, 주요 논문으로는 「과학 기술과 생활 세계 — 후설의 기술 개념에 관한 비판적 고찰」, 「상호 주관성과 공동체 — 후설의 '데카르트적 성찰'을 중심으로」 등이 있다.

□이경재

백석대 교수로 있으며 연구 분야는 중세 철학이다. 주요 저서로는 『중세는 정말 암흑기였나』, 『열 가지 물음으로 보는 아퀴나스 철학』 등이 있으며, 주요 논문으로는 「안셀무스 존재론적 신 존재 증명의 두 전제」, 「형이상학 : 아리스토텔레스 vs. 토마스 아퀴나스」 등이 있다.

□이정일

고전철학연구소 상임 연구원으로 충북대와 명지대에 출강하고 있으며, 연구 분야는 헤겔 철학이다. 저서로는 『칸트의 선험 철학 비판』, 『칸트와 헤겔, 주체성과 인륜적 자유』가 있으며, 주요 논문은 「칸트와 헤겔의 진리 개념」 등이 있다.

□정의채

서강대 석좌 교수로 있으며, 2005년 로마교황청에 의해 몬시뇰에 서임되었고, 지금은 아시아가톨릭철학회 명예회장과 한국가톨릭철학회 명예회장으로 활동하고 있으며, 연구 분야는 중세철학이다. 주요 저서로는 『존재의 근거 문제』, 『중세철학사』(공저)가 있으며, 토마스 아퀴나스의 『신학대전』을 계속 번역, 출간하고 있다.

□최양석

연세대 철학연구소 전문 연구원으로 강릉대에 출강하고 있으며 연구 분야는 플라톤과 플로티노스 철학이다. 저서로는 『영원을 향한 철학』(공저)이 있으며 주요 논문으로는 「플로티노스에게서 전회의 개념」, 「플로티노스의 플라톤 이해」 등이 있다.

□황순우

연세대 철학연구소 전문 연구원으로 홍익대에 출강하고 있으며, 연구 분야는 칸트 인식론이다. 저서로는 *Identitätsbewußtsein und Objeektivität bei Kant* (Würzburg, 2002), 『영원을 향한 철학』(공저)이 있으며, 주요 논문으로는 「칸트의 선험적 종합 인식과 자의식」 등이 있다.

Philosophical Reflection on Violence

폭력에 대한 철학적 성찰

초판 1쇄 인쇄 / 2006년 8월 20일
초판 1쇄 발행 / 2006년 8월 25일

■

지은이 / 장 욱 外
펴낸이 / 전 춘 호
펴낸곳 / 철학과현실사
서울특별시 서초구 양재동 338의 10호
전화 579—5908~9

■

등록일자 / 1987년 12월 15일(등록번호 : 제1—583호)

■

ISBN 89-7775-594-8 03160
*잘못된 책은 바꾸어 드립니다.
*지은이들과의 협의에 따라 인지를 생략합니다.

값 20,000원